Konstanze Röhrmann

Das Ehescheidungsrecht des ALR und die Reformvorschläge im 19. Jahrhundert

Tectum Verlag

Konstanze Röhrmann
Das Ehescheidungsrecht des ALR und die Reformvorschläge im 19. Jahrhundert

Zugleich: Dissertation am Fachbereich Rechtswissenschaft der Freien Universität Berlin
ISBN 978-3-8288-4003-4
eISBN 978-3-8288-6810-6

Umschlaggestaltung: Tectum Verlag, unter Verwendung des Bildes # 22638 | re84 / photocase.de

Druck und Bindung: CPI buchbücher.de, Birkach
Printed in Germany

Besuchen Sie uns im Internet
www.tectum-verlag.de

MIX
Papier aus verantwortungsvollen Quellen
FSC www.fsc.org FSC® C083411

Bibliografische Informationen der Deutschen Nationalbibliothek

Die Deutsche Nationalbibliothek verzeichnet diese Publikation in der Deutschen Nationalbibliografie; detaillierte bibliografische Angaben sind im Internet über http://dnb.ddb.de abrufbar.

Konstanze Röhrmann

Das Ehescheidungsrecht des ALR und die Reformvorschläge im 19. Jahrhundert

Inhalt

Abkürzungen

ADB	Allgemeine Deutsche Biographie
AGO	Allgemeine Gerichtsordnung für die Preußischen Staaten
GesRev	Gesetzrevision
Mot.	Motive zu dem Entwurfe eines Bürgerlichen Gesetzbuches für das Deutsche Reich
NDB	Neue Deutsche Biographie
OAG	Oberappellationsgericht
ObTribE	Entscheidungen des Königlichen Geheimen Ober-Tribunals
Präj.	Die Präjudizien des Geheimen Obertribunals
Prot.	Protokolle der Kommission für die zweite Lesung des Entwurfs des Bürgerlichen Gesetzbuchs
RE	Realencyklopädie für protestantische Theologie und Kirche
SeuffA	Archiv für Entscheidungen der obersten Gerichte in den deutschen Staaten (Seufferts Archiv)
SeuffBl	Blätter für Rechtsanwendung zunächst in Bayern Seufferts Blätter)
StriethA	Archiv für Rechtsfälle aus der Praxis der Rechtsanwälte des Königlichen Obertribunals (Striethorsts Archiv)

A Einleitung

Diese Arbeit soll das Ehescheidungsrecht des Allgemeinen Landrechts in seiner Entstehung und seinem weiteren Schicksal – seiner Anwendung und der Kritik an ihm – darstellen.

Das Preußische Scheidungsrecht trägt ein widersprüchliches Gepräge. Bekannt ist, dass das ALR eine bis dahin beispiellose, auch später niemals erreichte Anzahl von Scheidungsgründen enthält, vor allem aber, dass es die Scheidung aufgrund gegenseitiger Übereinstimmung und sogar wegen einseitiger Abneigung ermöglicht. Darin folgt es dem Geist des Naturrechts und der Aufklärung, auch den Ansichten Friedrichs II., die Svarez bei seinen Gesetzgebungsarbeiten leiteten.

Weniger bekannt, weil weniger auffällig, ist die Traditionsgebundenheit dieses Teils der preußischen Gesetzgebung. An der Spitze der Scheidungsgründe des Landrechts stehen zwei Tatbestände, die das gemeine protestantische Eherecht seit der Reformation niemals bezweifelt hat; die übrigen zur Scheidung führenden Eheverfehlungen waren zum großen Teil in der kirchenrechtlichen Praxis von mehr als zwei Jahrhunderten im Wege der Analogie herausgebildet worden, wenngleich nicht in der Vollständigkeit, die Svarez anstrebte. Der Tradition verbunden ist auch das Scheidungsfolgenrecht, das durchaus auf dem überkommenen Schuldprinzip beruht.

Die erste Aufgabe dieser Arbeit wird also sein, diese beiden Stränge – die Tradition des gemeinen protestantischen Rechts und die preußische Sonderentwicklung – in ihren Grundzügen darzustellen. Wenn zuvor noch kurz das kanonische Eherecht gestreift wird, so deshalb, weil viele seiner Institutionen in spätere Rechtsordnungen, auch noch in das ALR, übergegangen sind.

Den Hauptteil der Arbeit werden die einzelnen Bestimmungen des Scheidungsrechts bilden. Dabei werden für jede Norm ihre Herkunft und ihre Einführung in die von Svarez geleitete Gesetzgebung dargestellt werden. Hier soll nicht nur die allgemeine Tendenz des Gesetzes deutlich werden, sondern vor allem die den einzelnen Tatbeständen gewidmete Arbeit, die Svarez und daneben auch andere an dem Gesetz mitwirkende Juristen geleistet haben.

Das Bild des Landrechts verlangt sodann einen Blick auf die Rechtsanwendung, d.h. auf die Rechtsprechung vor allem des Preußischen Obertribunals. Es ist insbesondere zu untersuchen, ob die Judikatur in dem engmaschigen Regelwerk Freiräume sah und ob sie diese genutzt hat. Unlängst (2008) ist zudem durch Mund die Vermutung aufgestellt worden, das Obertribunal habe sich in den 1840er und 1850er Jahren nach den damaligen (scheidungsfeindlichen) Reformbestrebungen ausgerichtet.

Zum Charakterbild des Scheidungsrechts nach dem ALR trägt es weiterhin bei, dessen Regelung neben das gleichzeitig (d.h. im Wesentlichen: im 19. Jahrhundert) zur Anwendung kommende gemeinrechtliche Scheidungsrecht zu stellen, wiederum für jede Norm besonders. Auch das Scheidungsrecht des Code civil wird dabei in historischer Rechtsvergleichung zu berücksichtigen sein.

Zu jedem Tatbestand gehört die Darstellung dessen, was den Reformbemühungen des 19. Jahrhunderts änderungsbedürftig erschien. Auszugehen ist dabei von dem Revisionsbericht des Jahres 1830, dessen fast namenlos gebliebener Verfasser (der „Revisor“) nicht nur das Verdienst hat, die Materialien des Landrechts aufbereitet und die Anregungen der Justizpraktiker für eine Neugestaltung eingeholt zu haben, sondern der auch selbst zu jeder Norm eigene Gedanken beigebracht hat.

Die Bestrebungen der 1840er und 1850er Jahre, angetrieben und weitgehend auch begleitet von Friedrich Wilhelm IV., waren aus konservativ-religiösen Motiven auf eine umfassende Einschränkung der Scheidungsmöglichkeiten gerichtet. Ihre Gesamttendenz und die weltanschaulichen und rechtspolitischen Ansichten ihrer Hauptvertreter sind vor einiger Zeit in den Arbeiten von Buchholz, Blasius, Schubert und Mund eingehend geschildert worden. Dem Ziel dieser Arbeit gemäß soll hier – wie schon bei der Entstehung des Landrechts – die Arbeit an den einzelnen Tatbeständen gewürdigt werden, d.h. die beispiellose Gründlichkeit und Intensität, mit der die Reformer und ihre Gegner um jede Norm gerungen haben. Dabei soll insbesondere die Leistung Savignys hervortreten, der an dieser Gesetzgebungsarbeit, seiner einzigen großen praktischen Aufgabe, maßgebend beteiligt war und, ohne zunächst äußeren Erfolg zu haben, späterem Scheidungsrecht den Weg gewiesen hat. Noch bei der

Beratung des BGB kehren die meisten der in der Reformdebatte vorgebrachten Argumente wieder.

Zur Vollständigkeit der Arbeit gehört schließlich das bei der Scheidung geltende Prozessrecht. Dass dieses in hohem Maß die Scheidungswirklichkeit beeinflusste, war den Schöpfern des Landrechts, vor allem aber den Reformern des 19. Jahrhunderts deutlich bewusst.

Den Abschluss der Arbeit bildet dann die Zusammenfassung der Ergebnisse.

B Die Entwicklung bis zum ALR

I. Das kanonische Recht (Verbot der Ehescheidung; separatio, dispensatio, annullatio)

„Durch die Erhabenheit christlicher Eheordnung hat dereinst Bonifatius den Grund zur deutschen Gesittung gelegt". Mit diesen Worten rühmte Friedrich Julius Stahl am 13. März 1855 in der großen Ehescheidungsdebatte des preußischen Herrenhauses das Verdienst der christlichen (katholischen) Kirche.[1] Eine kurze Darstellung des kanonischen Eherechts ist hier schon deshalb geboten, weil sich viele seiner Normen auch im protestantischen gemeinen Eherecht und im Landrecht wiederfinden.

In der germanischen Zeit war die Ehe durch übereinstimmenden Willen der Eheleute auflösbar; ebenso durch Verstoßung der Frau (geschah diese grundlos, setzte sich der Mann der Fehde der Verwandten seiner Frau aus, später einer Geldbuße) und teilweise – aber nur bei schweren Verfehlungen des Mannes – durch Aufkündigung seitens der Frau.[2] Die erste Weisung, die fast ganz der kirchlichen Ansicht von der Unauflöslichkeit des Ehebandes entsprach, findet sich in einem Beschluss der westfränkischen Synode von Soissons (744), der zugleich als königliche Verordnung (Capitulare) erlassen wurde.[3] Den maßgebenden Einfluss hierauf hatte Bonifatius.[4] Es dauerte aber noch einige Jahrhunderte, bis

1 Sten. Ber. Herrenhaus 1854-55 1. Bd. S. 257 (Stahl Reden S. 115).

2 Friedberg Kirchenrecht § 159 (S. 436); Dove/ Sehling RE 21, 859; Heilfron Deutsche Rechtsgeschichte S. 657; Mitteis/Lieberich S. 65.

3 Text bei Friedberg a. a. O., Fn. 27; s. auch Dove/ Sehling a. a. O. S. 860. Nur wenn die Ehefrau auf frischer Tat bei einem Ehebruch ergriffen (deprehensa) wird, ist der Mann berechtigt, sie zu verstoßen (dimittere): offenbar eine letzte Konzession an die germanische Rechtsauffassung, die in diesem Fall Ausstoßung der Frau unter entwürdigenden Umständen vorsah (s. Tacitus Germania 19, 2).

4 Werner RE 3, 305. Wenn dieser sagt, dass Bonifatius das „römische Eherecht" durchgesetzt habe, so ist selbstverständlich nicht das Scheidungsrecht des römischen Zivilrechts gemeint, sondern das der römischen Kirche. – Dagegen bleibt

sich das strenge, für beide Gatten geltende Scheidungsverbot in der Rechtswirklichkeit durchsetzte, und hierzu war nötig, dass die Kirche die ausschließliche Gesetzgebung und Gerichtsbarkeit über die Ehe erwarb.[5]

Die endgültigen Festlegungen traf das Konzil von Trient (1545-1563). Die Ehe ist durch göttliche Anordnung und als Sakrament[6] dem Bande nach (quoad vinculum) immer (auch bei Ehebruch) unauflöslich: Iuxta evangelicam et apostolicam doctrinam matrimonii vinculum non posse dissolvi.[7]

Als Ersatz – der die Ehe nicht auflöst, also auch die Wiederverheiratung nicht zulässt – tritt die Trennung der Eheleute ein, die separatio quoad thorum et mensam, als separatio perpetua auf Lebenszeit oder als separatio temporaria für eine bestimmte oder unbestimmte Zeitdauer.[8] Lebenslängliche Trennung kann ein Ehegatte begehren, wenn er dem anderen einen Ehebruch vorwerfen kann, vorausgesetzt, dass er nicht selbst die Ehe gebrochen hat.[9] Mit der separatio perpetua regelt das kirchliche Gericht zugleich die Vermögensverhältnisse der getrennten Eheleute. Die zeitweilige Trennung wird aus verschiedenen Gründen ausgesprochen; die Gründe sind zum großen Teil dieselben, die nach gemeinem protestantischem Kirchenrecht – dem insofern das Landrecht folgte – zur Scheidung führten, etwa gefährliche Misshandlungen, Lebensnach-

die Lex Baiuvariorum, die in derselben Zeit aufgezeichnet wurde, bei altgermanischen Vorstellungen: Der Mann darf die Frau verstoßen, er muss nur, wenn dies ohne Grund (sine aliquo vitio) geschieht, ihren Verwandten eine Buße (compositio) von 48 Schillingen (solidi) zahlen (s. Friedberg a. a. O. Fn. 25).

5 Friedberg a. a. O. S. 437 f.; Dove/ Sehling a. a. O. S. 861; Schwab S. 16 f.

6 Schwab S. 20 Fn. 29: Die Unauflöslichkeit wird seit Augustin insbesondere mit dem Sakramentcharakter der Ehe begründet.

7 Sessio XXIV; verschiedene Stellen bei Friedberg a. a. O. S. 438 Fn. 36 und Hubrich S. 10 Fn. 2. Dasselbe besagt das geltende Kirchenrecht (CIC can. 1141): Matrimonium ratum et consummatum nulla humana potestate nullaque causa, praeterquam morte, dissolvi potest.

8 Das Folgende nach Friedberg S. 438 und Hubrich S. 32 ff.

9 Sog. Kompensationseinrede. Ob diese zuzulassen ist, bildete ein „ewiges" Problem des späteren Scheidungsrechts. Das gemeine protestantische Scheidungsrecht gewährte sie (Friedberg § 160 [S. 448] Fn. 35); das ALR nur dem Mann (II 1 § 671); das BGB (§ 1565 a. F.) und ihm folgend das Ehegesetz vom 20.2.1946 (§ 42) haben sie beseitigt. Seitdem der Ehebruch (wie alle Verschuldenstatbestände) kein Scheidungsgrund mehr ist, hat sich die Frage erledigt.

stellung. Ob Wahnsinn und ekelerregende Krankheiten, insbesondere Aussatz, zur Trennung berechtigten, war in der Lehre umstritten, nach dem Gesetz aber zu verneinen.[10] Mit der zeitweiligen Trennung war einerseits der Schutz des anderen Ehegatten bezweckt, andererseits sollte sie auch den Versuch einer Aussöhnung ermöglichen.

Im gemeinen protestantischen Kirchenrecht erscheint die separatio perpetua nicht, wohl aber die separatio temporaria. Auch noch im preußischen Recht (Project des Corporis Juris Fridericiani von 1749) war bei übereinstimmendem Scheidungsbegehren zunächst eine Trennungsfrist von einem Jahr zum Zweck der Aussöhnung vorgesehen, ebenso bei geringeren Verfehlungen (etwa Tätlichkeiten des Mannes oder Trunksucht der Frau) dieselbe Frist zum Versuch, ob der schuldige Ehegatte von seinem Verhalten abzubringen ist. Die Reformbemühungen der 1840er Jahre wollten bei weniger schwerwiegenden Scheidungsgründen zunächst eine ein- bis zweijährige Trennung eintreten lassen.[11]

Dem Bande nach aufgelöst wird die Ehe durch dispensatio von einer gültigen, aber noch nicht (durch copula carnalis) vollzogenen Ehe durch den Papst.[12] Die Unterscheidung zwischen der vollzogenen und der nicht vollzogenen Ehe ist späteren Rechten fremd. Das Dispensationsrecht selbst ist ein Vorläufer des dem protestantischen Landesherren – zunächst als dem summus episcopus der Landeskirche – zustehenden Rechts zur Ehescheidungserlaubnis[13], das in einzelnen deutschen Bundesstaaten bis 1900 bestand.

Die annullatio (Ungültigkeitserklärung, Anfechtung, Aufhebung) einer Ehe wegen eines Ehehindernisses, die gleichfalls in manchen Fällen als Ersatz einer Ehescheidung dienen konnte, lässt sich begrifflich scharf von der Scheidung (oder Trennung) abgrenzen[14]: Die annullatio beruft sich auf einen Umstand, der schon bei der Eheschließung vorlag (etwa

10 Hubrich S. 40, insbesondere Fn. 1 bis 5.

11 Zum protestantischen Eherecht und zu dem Project von 1749 s. S. 287 f., zu den Reformplänen Savigny Darstellung S. 259 f., 330 ff. Im ALR (II 1 §§ 727 ff.) war eine ähnliche Regelung zu finden, da bei einigen unbedeutenderen Scheidungstatbeständen die Urteilsverkündung bis zu einem Jahr ausgesetzt und für diese Zeit auch das Getrenntleben gestattet werden konnte. Zu den Ansätzen einer separatio temporaria s. u. S. 288 ff.

12 Hubrich S. 21 ff.

13 Stölzel Ehescheidungsrecht S. 52 f.

14 v. Scheurl/ Sehling RE 5, 220; Heilfron Deutsche Rechtsgeschichte S. 660 f.

impotentia matrimonio antecedens oder vis ac metus bei der Heirat), die Scheidung auf spätere Tatsachen.[15] Der Annullationsprozess als solcher ist in das protestantische Kirchenrecht und auch in das weltliche Recht übergegangen.[16]

Die Einwirkung des kanonischen Rechts auf das preußische Scheidungsrecht zeigt sich auch in einer prozessualen Einrichtung. Seit Benedikt XIV. (1740-1758) wurde im kirchlichen Nullitätsverfahren ein defensor matrimonii tätig, der in jedem Fall zugunsten der Ehe (in favorem matrimonii) zu plädieren hatte.[17] Dieses Rechtsinstitut sollte (als staatliches) bei den preußischen Reformbestrebungen der 1840er Jahre für alle Ehesachen, also auch für die Scheidungsprozesse, eingeführt werden und zunächst – worin sich die Abhängigkeit vom kanonischen Recht zeigt – die Bezeichnung „Eheverteidiger" erhalten; an deren Stelle trat aber alsbald der „Staatsanwalt", der in Fällen unbegründeter oder zweifelhafter Scheidungsklagen im öffentlichen Interesse zugunsten der Ehe tätig werden, nicht aber unter allen Umständen die Aufrechterhaltung der Ehe vertreten sollte.[18] Das ist dann – anders als die materiellrechtlichen Absichten der Reformer – verwirklicht worden.[19]

Das Bewusstsein dafür, dass in dem preußischen Scheidungsrecht das kanonische Recht fortwirkte, ist bis zuletzt niemals verlorengegangen: „Das Ehescheidungsrechtdes Allgemeinen Landrechts hat zur Quelle das kanonische Recht" schreibt 1881 ein Justizpraktiker in der Einleitung seines Lehrbuchs.[20]

15 Im protestantischen Kirchenrecht des 16. Jahrhunderts findet hier bisweilen noch eine Verwechslung statt, indem „Scheidung" wegen eines von Anfang an bestehenden Unvermögens oder wegen eines Irrtums über die Virginität der Braut ausgesprochen wird (Hesse S. 38 f.). Sogar noch im Landrecht wird hier nicht deutlich unterschieden (II 1 § 696; s. dazu u. S. 105 ff.).

16 Vgl. noch heute §§ 1313 ff. BGB (Aufhebung der Ehe durch gerichtliche Entscheidung wegen Geschäftsunfähigkeit, arglistiger Täuschung, widerrechtlicher Drohung u. a. bei der Eheschließung).

17 Friedberg § 152 (S. 404).

18 Savigny Darstellung S. 327 f.

19 In §§ 54 ff. der Verordnung über das Verfahren in Ehesachen vom 28. Juni 1844 (Gesetz-Sammlung für die Königlichen Preußischen Staaten 1844 S. 184).

20 Peters S. X.

II. Die Ehescheidung nach protestantischem Eherecht vom 16. bis 18. Jahrhundert

1. Bedeutung für das Scheidungsrecht des ALR

Zum einen folgen die Scheidungsgründe des ALR, soweit sie ein Verschulden des Ehegatten voraussetzen, eng der vorangehenden kirchenrechtlichen Lehre. Es genügt hier, auf die Reihenfolge der Tatbestände hinzuweisen: An der Spitze steht der Ehebruch[21], gefolgt von der böslichen Verlassung[22]; das sind die Gründe, die schon nach den ersten Äußerungen Luthers feststehen und die nach niemals bestrittener Ansicht zur Scheidung führen.[23]

Der zweite Grund, weshalb hier das dem ALR vorangehende protestantische Scheidungsrecht zu erörtern ist, bilden die gleichfalls zum Thema der Arbeit gehörenden Reformbestrebungen in der Mitte des 19. Jahrhunderts. Hätten diese Bestrebungen Erfolg gehabt, wären in Bayern (wo das ALR in den ehemals preußischen Gebietsteilen galt, d. h. in Ansbach-Bayreuth) die entsprechenden Normen des Kirchenrechts wieder in Kraft getreten. In Preußen (wo naturgemäß der Schwerpunkt der Bemühungen lag) sollte ein Gesetz geschaffen werden, das im Wesentlichen auf den Rechtszustand in der ersten Hälfte des 18. Jahrhunderts zurückgeführt hätte. Von diesem sagt ein Hauptvertreter der Reform, er passe auch für seine Gegenwart.[24] Damit hätte sich Preußen im Übrigen nur

21 ALR II 1 § 670.

22 § 677.

23 Blasius S. 28 ff.: Das ALR enthalte das „Ensemble absoluter Scheidungsgründe" des protestantischen Kirchenrechts; es habe dann allerdings als „Sprengsatz" die Scheidung aufgrund von Abneigung eingebaut. Auch diese wird im Übrigen schon vereinzelt von Theologen des Reformationszeitalters für zulässig gehalten (u. S. 20 f.). Ähnlich wie Blasius schon Dernburg (§ 18 [S. 50] Anm. 9): Das landrechtliche Ehescheidungsrecht sei eine „durch die Aufklärungsideen veranlasste Fortbildung des älteren Ehescheidungsrechtes der evangelischen Kirche".

24 Stahl, Rechtsphilosophie II 1 S. 459; ders., Reden S.117 (Sten. Ber. Herrenhaus 1854-55 1. Bd. S. 257). Savigny (Darstellung S. 301) hält jedenfalls das grundlegende Prinzip des Kirchenrechts für richtig, dass nämlich alle Scheidungsgründe durch Analogie aus dem Ehebruch und der böslichen Verlassung abzuleiten seien; dem müsse das staatliche Gesetz darin folgen, dass es nur solche Gründe anerkenne, die gleich schwer wögen wie diese beiden. – Als nach dem Scheitern der Reform das BGB ihre Ziele im Wesentlichen verwirklichte, wurde dies mit

den zahlreichen deutschen Territorien angeglichen, in denen das gemeine Kirchenrecht, soweit es die Scheidung betraf, bis 1900 fortgalt.

Darüber hinaus traten zur gleichen Zeit in der evangelischen Kirche Bestrebungen auf, die Wiederheirat der nach dem ALR Geschiedenen nur dann zu erlauben, wenn ein „schriftgemäßer" Scheidungsgrund bestand. Damit wären die strengsten Regeln des Kirchenrechts wieder aufgelebt, die Ansichten Luthers und der meisten Kirchenordnungen des 16. Jahrhunderts. Solange es keine oder keine als gleichwertig betrachtete Ziviltrauung gab (in Preußen bis 1874, im Reich bis 1875), war es damit der Kirche möglich, einen wenn auch nur mittelbaren Druck auf die Scheidungswilligen auszuüben.[25] Auch diese Scheidungserschwerung macht es erforderlich, das protestantische Scheidungsrecht in seinen Grundzügen darzustellen.

dem Hinweis darauf begrüßt, dass sich der Gesetzgeber „ ganz im Gegensatz zu dem größten deutschen Partikularrecht" (dem ALR) „den Prinzipien des protestantischen gemeinen Eherechts angeschlossen" habe (Dove/ Sehling RE 21, 894).

25 Ein entsprechender Konflikt entsteht immer, wenn ein freieres staatliches Scheidungsrecht mit einem strengeren kirchlichen Eheschließungsrecht zusammenstößt, etwa im spätrömischen Recht (Dove/ Sehling RE 21, 858) und im frühen byzantinischen Recht (Zachariae von Lingenthal S. 76 f.) – Nur scheinbar steht hiermit gleich der gerade in der ersten Zeit der Reformation regelmäßige Fall, dass noch kein ordentliches Scheidungsverfahren ausgebildet ist, so dass die Voraussetzungen einer Wiederheirat bei dieser – z. B. anhand vorgelegter Beweise – festzustellen sind. Diese (vorübergehende) Unsicherheit ist für das vorliegende Thema ohne Bedeutung; vgl. im Übrigen zum Verfahren im Ehescheidungsrecht des 16. Jahrhunderts Stölzel, Ehescheidungsrecht S. 1-38 und Hesse S. 47 ff. – Ebenso ist hier nicht darzustellen, wie sich die Zuständigkeit für Ehesachen entwickelt hat. Sie sind ziemlich bald den Konsistorien übertragen worden, d. h. vom Landesherrn eingesetzten Behörden, die entsprechend der Natur dieser Streitigkeiten als causae mixtae mit Theologen und Juristen besetzt wurden (Hesse S. 51 ff.; zu Sachsen und dem Einfluss Melanchthons hierauf Sohm, Kirchenrecht S. 610 ff.). In Brandenburg wurde das Konsistorium 1543 eingerichtet, also schon vier Jahre nach Einführung der Reformation (Schmidt S. 10).

2. Luther (Scheidungsgründe des Ehebruchs und der böslichen Verlassung)

Schon 1520 sprach sich Luther in seiner Schrift De captivitate Babylonica ecclesiae über die Ehescheidung aus.[26] Nachdem er dargetan hat, dass die Ehe kein Sakrament sei, da sie als solches nicht nach der Bibel von Gott eingesetzt, sondern von der Kirche erfunden worden sei,[27] kommt er auf die Scheidung zu sprechen. Dass nach dem Willen Gottes in den erlaubten Fällen die Scheidung im vollen Wortsinn (divortium) und nicht die bloße Trennung (separatio) stattzufinden hat, sagt Luther mit der Schärfe, die dieser Kampfschrift entspricht.[28] Der schuldlose Ehegatte soll nach dem Wort Christi nicht gezwungen sein, unverheiratet zu bleiben. Die Scheidung sei aber von Christus nur in einem Fall – dem Ehebruch des anderen Ehegatten – erlaubt worden, wofür sich Luther auf Matth. 5, 32 und 19, 9 beruft. Dem gleichzustellen sei jedoch, wenn ein Ehegatte den anderen ohne triftigen Grund verlasse. Das folge aus der von Paulus gegebenen Gestattung, dass der gläubige Ehegatte den ungläubigen, der sich von ihm entfernt, ziehen lasse und sich erneut verheirate (1.Kor.7, 15; sog. privilegium Paulinum).

Schon hier, ganz am Anfang, wird die Entwicklung der protestantischen Lehre durch die Jahrhunderte vorgezeichnet. Sie geht von einem unbezweifelbaren Satz aus und zieht daraus Schlüsse, die in engerem oder weiterem Zusammenhang aus diesem Satz folgen. Dies ist das jeder Wissenschaft, insbesondere der Rechtsdogmatik, eigene Verfahren des Analogieschlusses. Dem Wort Christi entspreche (huc aptari) die Er-

26 WA 6 S. 559 f.

27 Dies ist unverbrüchliche protestantische Auffassung geblieben; vgl. nur Luthardt S. 374, der noch hinzufügt, dass die Ehe am allerwenigsten als Sakrament angesehen werden könne, da sie keine Handlung, sondern ein Zustand sei. Noch ein Jahr zuvor (1519) hatte Luther in dem Sermon von dem ehelichen Stand die Ehe mehrfach als Sakrament bezeichnet (WA 2 S. 166 ff.).

28 Wenn der unschuldige Ehegatte an eine solche Ehe gebunden bleibe, so liege das an der Niedertracht des Satans oder auch der Missachtung des Wortes Gottes. Ähnlich schroff gegenüber dem kanonischen Recht erklärt der enge Mitarbeiter Luthers, Bugenhagen, in der von ihm verfassten Lübecker Kirchenordnung von 1531(Richter Sammlung I S. 148): Wenn man dem unschuldigen Teil nicht die Wiederheirat gestatte, so sei das „wedder Godt, wedder de leve [Liebe], wedder alle byllicheyt unde natuerlicke recht“. Luther verfolgte das kanonische Recht (das die Scheidung dem Bande nach in allen Fällen verbot) „mit einem geradezu abgründigen Hass“ (Schönfeld S. 302).

laubnis des Apostels; was Paulus von dem ungläubigen Gatten sagt, muss auch gelten, wenn ein nomine fidelis, re ipsa aeque infidelis, also ein bloßer Namenschrist seinen Ehegatten verlässt. (Cur non idem valeat? Ego nihil discriminis utrimque deprehendere possum.) In eben dieser Weise werden die späteren Theologen und Juristen die Tatbestände, die eine Scheidung rechtfertigen, weiter ausdehnen, von der desertio auf die quasi-desertio (wenn etwa ein Ehegatte das eheliche Zusammenleben verweigert) und weiter auf Lebensnachstellungen (Insidien), da auch der mörderische Ehegatte die Lebensgemeinschaft aufgibt; oder es werden die Misshandlungen (Sävitien) dem Ehebruch gleichgeachtet.[29] Daneben läuft freilich zunächst noch eine andere Argumentationslinie, wonach diese beiden Handlungen nach weltlichem, aber gleichfalls gottgewolltem Recht verboten sind und der Ehegatte durch die Scheidung vor ihnen geschützt werden müsse.[30] Diese Argumentation ist aber bezeichnenderweise nicht allgemein herrschend geworden.

An diesen beiden Scheidungsgründen des Ehebruchs und der böslichen Verlassung hat Luther stets festgehalten. Die Begründung für diese Ausnahmen hat er jedoch vertieft. Den Ehebruch als Scheidungsgrund stützt er nicht nur auf das Herrenwort Matth. 5, 32; er geht weiter zurück: Weil der Ehebrecher nach Gottes Willen dem Tod verfallen ist (er ist zu steinigen, 3. Mose 20, 10; 5. Mose 22, 22-24) muss er auch geistlich für tot gehalten werden, die Ehe ist schon deshalb durch Gott selbst geschieden.[31] Den Scheidungsgrund der böswilligen Verlassung behandelt er weiterhin in Analogie zum Ehebruch, aber mit dem noch stärkeren argumentum a fortiori: Wer seine Frau verlässt (er „lest haus, hoff, weib und kind sitzen“), ist schlimmer als ein Ehebrecher.[32] (An den umgekehrten Fall denkt Luther hier nicht; er wird unter den Verhältnissen der Zeit auch kaum vorgekommen sein.)

Als neuen Scheidungsgrund benennt Luther den Fall, dass sich der Mann oder – hieran denkt Luther dabei in erster Linie – die Frau nicht an einen unbekannten Ort oder in die Fremde begibt (desertio im enge-

29 u. S. 17 f.

30 u. S. 20 f.

31 Von Ehesachen (1530) WA 3/ III S.241.

32 Wochenpredigten über Matth. 5-7 (1530-32), WA 32 S. 380: „viel erger denn ein heide und ungleubiger, auch weniger zu leiden [dulden] denn ein schlechter [schlichter] ehebrecher“.

ren Sinn), sondern sich dem ehelichen Zusammenleben und der Erfüllung der ehelichen Pflicht entzieht (später sog. quasi-desertio). Dieser Scheidungsgrund ist dann nicht ausnahmslos von allen Autoren und nur von einem Teil der Kirchenordnungen anerkannt worden.[33] Auch in Entwürfen der preußischen Scheidungsreform erscheint er nur vereinzelt.[34] Luther gibt sich mit der Begründung große Mühe. Der widerspenstige Ehegatte beraube den anderen, da die Ehegatten „ein Leib" seien, seines Leibes (1. Kor.7, 4). Eine einfache Analogie zur malitiosa desertio nimmt er nicht vor; er geht einen Umweg, indem er sich auf den Grund beruft, der schon beim Ehebruch die Scheidung durch Gott selbst bewirke, der Tod des Schuldigen, der das Eheband zerrissen hat. Da nun die Gesetze nicht die Todesstrafe für die widerspenstige Frau vorsehen, verlangt er: Die Obrigkeit muss „das weyb tzwingen oder umbringen". Wenn sie das nicht tut, kann der Mann annehmen, seine Frau sei von Räubern entführt und getötet worden, und eine andere heiraten. Es versteht sich, dass diese alternative Forderung an die weltliche Macht später nicht mehr erhoben wurde, auch wo der Scheidungsgrund selbst anerkannt war. Man wird wohl annehmen können, Luther habe hier ein Argument für die Scheidungsmöglichkeit gesucht und nur sagen wollen, die Frau hätte an sich den Tod verdient.[35]

Alle anderen Gründe rechtfertigen eine Scheidung der Ehe dem Bande nach nicht, namentlich nicht Bösartigkeit des anderen Ehegatten, auch wenn dadurch ein unheilbares Zerwürfnis entsteht. Die Bosheit seines Gatten ist dem Unschuldigen „eyn richtiger weg tzum hymell"; allenfalls mag er sich trennen, aber dann „bleybe an [ohne] ehe seyn leben lang"[36].

33 Er ist aber im ALR aufgeführt (II 1 § 694), u. zw. traditionsgemäß im Anschluss an die bösliche Verlassung.

34 Vgl. die Übersicht bei Buchholz Eherecht S. 108 f. Savigny führt als Grund hierfür an (Darstellung S. 304), dieser Tatbestand werde zu häufig dafür benutzt, dass die Eheleute kollusiv die einverständliche Scheidung herbeiführten, und die Verhandlung dieser Sache vor Gericht sei „anstößig". Näheres ist bei der Erörterung des ALR II 1 § 694 ausgeführt (s. u. S. 100 ff.).

35 Vom ehelichen Leben (1522), WA 10/II S. 290 f. – Dass Luther auf diesen Scheidungsgrund so großes Gewicht legt, spätere Zeiten – auch wo sie religiös motiviert waren – sehr viel weniger, erklärt sich vermutlich aus Luthers Eheanschauung (zu dieser: Heussi § 81r [S. 310] und Dilcher S. 321). Nur durch die Ehe ist das Geschlechtsleben gerechtfertigt. Versagt sich die Ehefrau dem Begehren des Mannes, so zerstört sie diesen Sinn der Ehe.

36 Vom ehelichen Leben (1522), WA 10/II S. 291.

Noch weniger rechtfertigt Krankheit des anderen die Scheidung (nicht einmal die Trennung); auch nicht impotentia superveniens.[37] Lebensbedrohende Anschläge sind nicht durch Scheidung, sondern durch obrigkeitliche Mittel abzustellen.[38]

Dies alles gilt jedoch zunächst nur als Weisung für die Christen. Christus „hie nicht setzet und ordnet als ein Jurist oder regent inn eusserlichen sachen, sondern allein als ein prediger die gewissen unterrichtet"[39]. Diese Unterscheidung beruht auf dem Grundgedanken Luthers von den zwei Reichen: Im Reich des Glaubens gilt es, fromm zu werden; im Reich der Welt, äußerlich Frieden zu halten. Deshalb wird allgemein angenommen, dass Luther nichts darüber gesagt habe, wie die weltliche Obrigkeit das Scheidungsrecht gestalten solle.[40] Dem ist zuzustimmen, wenn auch mit einer gewissen Einschränkung. Weder in der angeführten Predigt[41] noch sonst irgendwo[42] hat sich Luther konkret dazu geäußert, ob die Ob-

---

37 a. a. O. S. 291 f.

38 Scheurl Luther S. 477; Richter Kirchenrecht § 287 I (S. 1177); Hesse S. 15. Dies wird bestritten von Elert S. 526 und Friedberg § 160 II (442 m. Fußn. 16). In der von diesen angezogenen Schrift Von Ehesachen (1530), WA 30 III S. 244 ist an der maßgebenden Stelle jedoch nicht von Scheidung die Rede; sondern der Ehegatte müsse, wo der Anschlag heimlich vorbereitet wird, „seine fahr wagen", „offenbarlichem fürnehmen kann die Oberkeit oder freunde steuren und wehren". – Dort nennt Luther auch den Fall, dass der Mann seine Frau zu Diebstahl oder Unzucht zwingen will; dann sollen die Obrigkeit oder „vernünfftige leute" helfen. Anders hatte Luther noch 1523 gedacht: Die Frau habe hier das Recht zur Scheidung (Das siebente Kapitel S. Pauli zu den Corinthern, WA 43 S. 121).

39 Wochenpredigten über Matth. 5-7 (1530-32), WA 32 S. 377.

40 Hubrich S. 46 f.; Friedberg Kirchenrecht § 160 (S. 442 f.); Dove/ Sehling RE 21, 862; Elert S. 527 Fn. 1; Dieterich S. 44, 73 f.; Dilcher S. 318. Zur Zwei-Reiche-Lehre s. Schönfeld S. 292 ff. und Coing S. 26 f.

41 Elert und Dieterich (Fn. 40) meinen zwar, Luther habe dort der Obrigkeit geraten, Eheleute, „die gar nicht zum ehelichen leben dienen", weil sie ganz unverträglich sind, die Scheidung zu gewähren. Zu Recht bemerkt aber Scheurl (Luther S. 483), dass an dieser Stelle nur die tatsächliche Trennung der Eheleute, nicht die Scheidung in vollem Wortsinn (mit dem Recht der Wiederverheiratung) gemeint sein könne; andernfalls hätte Luther das „frivole" Scheidungsrecht des ausgehenden 18. Jahrhunderts vorweggenommen.

42 Auch an der von Hubrich und Dove/ Sehling (Fn. 40) herangezogenen Stelle aus einer Tischrede vom Dezember 1532 (WA [Tischreden] 2, 1 Nr. 414 [S. 179 ff.]) heißt es zwar, „Hoc [das eine] est lex, hoc [das andere] euangelion", und dass die Entscheidungen in Ehesachen dem weltlichen Gericht zu überlassen seien. Als Beispiel für das, was das Gesetz bestimmen könne und solle, nennt Luther dann

rigkeit recht handle, wenn sie andere als die biblischen Scheidungsgründe anerkenne. Dagegen hat er es offenbar gebilligt, wenn in dieser Zeit (1531) die von seinem engen Mitarbeiter Bugenhagen verfasste Kirchenordnung für Lübeck nur die Scheidung wegen Ehebruchs und boslicher Verlassung für Rechtens erklärte.[43] Vielleicht lässt sich Luthers Ansicht am besten dahin charakterisieren, dass er zwar bereit war, jede weltliche Ordnung des Scheidungsrechts hinzunehmen, dass ihm aber gleichwohl deren christliche Gestaltung erwünscht war.

Jedenfalls haben Luthers Ansichten nicht zur Anerkennung bestimmter weiterer Scheidungsgründe (als der biblischen) geführt. Nur Luthers Grundauffassung, Christus habe nicht als Gesetzgeber sprechen wollen, wird immer wieder von Vertretern eines freien Scheidungsrechts aufgenommen, sofern diese es für geboten halten, nicht als Gegner biblischer Weisungen zu erscheinen.

aber keinen zur Scheidung führenden Sachverhalt, sondern den Fall, dass eine Tochter gegen den Willen ihrer Eltern heiratet; dann solle die weltliche Gewalt die Ehe auflösen. Dem stehe auch nicht das Wort Christi entgegen „Was Gott zusammengefügt hat, soll der Mensch nicht scheiden" (Matth. 19, 6); im Gegenteil, diese Ehe war gegen Gottes Gebot (den Eltern zu gehorchen) geschlossen, und die Obrigkeit, die sie wieder auflöst, vollzieht gerade dadurch den Willen Gottes. Es ist unmöglich, dieses Argument auf irgendeinen Scheidungsgrund zu übertragen. Nur ganz am Schluss der Tischrede klingt ein Gedanke an, der noch Jahrhunderte später von den Gegnern eines strengen Scheidungsrechts angeführt werden wird, die sich nicht zu dem biblischen Gebot in Widerspruch setzen wollen, dass nämlich die Ehen, die unbesonnen von unverträglichen Ehegatten geschlossen werden, gar nicht von Gott zusammengefügt seien: „Sed mundus heyst Gott fortunam, quando dicunt: Quod homo coniunxit, id est, furor ille insanus amoris".

43 Richter Sammlung I S. 248. Auch in seiner Schrift „Von Ehebruch und Weglaufen" von 1539 beschränkte Bugenhagen die Scheidungsgründe auf die beiden biblischen, adulterium und desertio (Richter Beiträge S. 24). Seine Auffassung des Scheidungsrechts dürfte den eigentlichen Ansichten Luthers voll entsprochen haben. Dabei ist zu beachten, dass Luther die Ehesachen zwar der weltlichen Obrigkeit überließ, von dieser aber immer hoffte, sie werde die christlichen Grundsätze befolgen (Schönfeld S. 302; Dilcher S. 318 f.).

3. Melanchthon (Scheidungsgründe der Lebensnachstellung und Misshandlungen)

Melanchthon zieht in seiner nach Luthers Tod erschienenen Schrift De coniugio (1551) zwei Tatbestände in den Kreis der Scheidungsgründe, die in das spätere gemeine protestantische Scheidungsrecht und in das ALR übergegangen sind und auch von den Reformbemühungen nicht betroffen waren,[44] die Insidien[45] und die Sävitien.[46] [47]

Beide entnimmt er dem römischen Recht, nämlich der sog. lex Consensu, einer Konstitution der Kaiser Theodosius II. und Valentinian III. aus dem Jahr 449 (C. 5, 17, 8). Der für Melanchthon bedeutsame Teil der Konstitution lautet: Si suae vitae veneno aut gladio vel alio simili modo insidiantem, si se verberibus, qua ingenuis aliena sunt, adficientem probaverit, tunc repudii auxilio uti necessariam ei permittimus libertatem et causas discidii legibus comprobari. Da diese Scheidungsgründe nicht biblisch sind, muss Melanchthon seine Annahme rechtfertigen, nämlich mit der Zwei-Reiche-Lehre: Nur bei denen, die dem Evangelium gehorchen wollten, gelte das reine Wort Christi; die anderen (die Gottlosen, impii) seien durch die Obrigkeit im Zaum zu halten. Also müsse sich, wenn ein Ehegatte dem anderen nach dem Leben trachtet oder ihn misshandelt, der Unschuldige durch Scheidung von dem Eheband lösen können.

Noch weiter in der Rechtfertigung der Scheidung und in ihrer Ausdehnung geht der württembergische Reformator Brenz (1499-1570) in

44 Vgl. die Übersicht bei Buchholz Eherecht S. 108.

45 ALR: Nachstellungen nach dem Leben (II 1 vor § 699).

46 ALR: Tätlichkeiten, welche Leben oder Gesundheit in Gefahr setzen (§ 699). – Rechtsterminologisch ist bemerkenswert, dass Melanchthon hier sprachschöpferisch gewirkt hat. Die von ihm genannte Konstitution umschreibt den Tatbestand („Schläge, wie Freigeborene sie nicht zu bekommen pflegen"). Das technische Wort für vorsätzliche Körperverletzung wäre iniuria, dieses hat aber einen weiteren Sinn, es umfasst etwa auch die Beleidigung (Heilfron Römisches Recht S. 383), war hier also nicht zu verwenden. Melanchthon setzt dafür saevitia ein, was zunächst „Wut, Grausamkeit" bedeutet. Der Plural für die einzelnen Handlungen ist ungebräuchlich, er wird auch von den Autoren anfangs vermieden. Später erscheinen die „saevitiae" und werden dann als „Sävitien" in die deutsche Rechtssprache übernommen.

47 Der einschlägige Text findet sich bei Richter Beiträge S. 33 f. und Friedberg § 160 II (S. 443) Fn. 17.

seinem Kommentar zu Matth. 19.[48] Er bezieht sich u. a. auf die genannte Konstitution von 449 und erklärt, dass die Kaisergesetze, soweit sie iuxta rectam rationem erlassen seien, eine von Gott gewollte Ordnung enthielten und dass sich die Eheleute, die sich nach ihnen scheiden ließen, auf göttliche Vollmacht (auctoritas divina) berufen könnten, anders als die, welche sich aus Leichtfertigkeit und ohne rechtlichen Grund trennten. Angesichts der Vielzahl von Scheidungsgründen, die allein die lex Consensu bietet (Hochverrat, Raub, Aufnahme eines Räubers u. a.) haben sich Lehre und Praxis gescheut, dieser Ansicht ganz zu folgen, und sich – wie Melanchthon – auf Handlungen beschränkt, die sich gegen den anderen Ehegatten richteten; als später allgemein schwere Verbrechen zu den Scheidungsgründen gezählt wurden, geschah dies nicht mehr durch Bezug auf den Katalog der kaiserlichen Konstitution.[49]

Bald danach wurde die Begründung mit dem römischen Recht im Allgemeinen aufgegeben. Den Scheidungsgrund der Insidien und Sävitien stützen die Autoren jetzt, nahe an der Schrift bleibend, auf die Ana-

48 Einschlägiger Text bei Richter Beiträge S. 23.

49 Ob der Rückgriff auf das römische Eherecht bei den Reformatoren auch politische Gründe hatte, nämlich den Gehorsam der Protestanten (der protestantischen Reichsstände) gegenüber dem Kaiser des Heiligen Römischen Reiches zu beweisen (so Sprengler-Ruppenthal S. 369 ff.), erscheint recht zweifelhaft. Als Gegensatz zum römischen Recht bekämpfen die Autoren das päpstliche (kanonische) Recht, nicht irgendein Partikularrecht. Sie sagen auch nicht, dass das römische Eherecht um des Reiches willen gelten solle, sondern betonen, dass es mit der wahren Frömmigkeit übereinstimme. Melanchthon stellt nicht heraus, dass Theodosius (obwohl er ihn mit dem ruhmreichen Theodosius dem Großen zu verwechseln scheint) die Kaiserherrschaft innehatte, sondern dass seine Konstitution von frommen Männern geschaffen sei (gravi deliberatione piorum scriptam). Auch wo ein politischer Bezug kaum denkbar ist, beziehen sie sich auf das römische Recht; so verlangt Bugenhagen in einer Kirchenordnung von 1542 von den Domherren in Schleswig (das nicht zum Reich gehörte): „Se schollen ock wat weten vam Keyser Rechte… Darumme, dath men se moth thom Consistorio vorordenen" (Richter Sammlung I S. 359). Eher überzeugt der von Hubrich (S. 48 f.) vermutete Grund für den Hinweis auf das römische Recht: dass sich der Kaiser und die anderen weltlichen Obrigkeiten, wenn sie sich von dem kanonischen Eherecht lösten und auf das Eherecht der christlichen Spätantike zurückgingen, damit in eine Reihe stellten mit den ruhmvollen frommen Kaisern.

logie zur böslichen Verlassung;[50] vereinzelt wird die Lebensnachstellung auch unmittelbar dem Ehebruch gleichgestellt.[51]

4. Zwingli, Bucer, Sarcerius (Auffassungen zur Scheidungsfreiheit im 16. Jahrhundert)

Nicht der Zeit nach vorgreifend, aber der Sache nach viel spätere Gedanken zur Scheidung vorwegnehmend, sollen jetzt nach dem Schweizer Reformator Zwingli zwei deutsche Theologen behandelt werden, deren Ansichten – wie schon öfter festgestellt –[52] eher in das ausgehende 18. Jahrhundert zu passen scheinen und die in vielem die Normen des ALR vorwegnehmen, mit denen sich dieses Gesetz von dem protestantischen Scheidungsrecht trennte.

Zwingli hat 1525 in seiner Heimatstadt Zürich, kurz nachdem dort die Reformation eingeführt war, als Scheidungsgesetz eine Kirchenordnung[53] eingeführt, die für ihre Zeit außergewöhnlich großzügig war. Nachdem dort der Ehebruch als Scheidungsgrund bezeichnet ist, heißt es in ausführlicher Aufzählung weiterer Gründe und trotzdem noch mit einer Generalklausel[54] schließend: Item grösser sachen denn eebruch, als so eines das leben verwurkte, nicht sicher voreinander wärind, wutende, unsinnige, mit hury tratzen, oder ob eines das ander unerloubt verliesse, lang us wäre, ussätzig und derglychen, darin nieman von unglyche der sachen kein gwüß gsatz machen kann, …

Zu den Scheidungsgründen der beiden deutschen Reformatoren (Ehebruch und böswilliges Verlassen, außerdem Lebensnachstellungen und Gewalttätigkeiten) treten solche, zu denen das gemeine deutsche Kirchenrecht erst im Laufe der Zeit gelangt ist (todeswürdige Verbrechen gegen Dritte), teils überhaupt nicht, jedenfalls nicht in der Zeit vor dem

50 Friedberg § 160 II (S. 443); vgl. die einzelnen Autoren bei Richter Beiträge S. 55, 58, 62f., 64f. Der Theologe Quenstedt (1675) bedient sich hierbei geradezu eines Wortspiels (Text bei Richter S. 64): Desertionis reum non esse tantum qui fugit a coniuge, sed etiam qui eam fugat saevitia et tyrannide.

51 Beispiele bei Richter a. a. O. S. 65, 90.

52 Friedberg § 160 II (S. 443) Fn. 20; Richter Beiträge S. 37; Dove/ Sehling RE 21, 870; Elert S. 538, 541; Hesse S. 25 f.

53 Richter Sammlung I S. 22.

54 Hesse S. 23 und S. 39 Fn. 236.

ALR (abstoßende Krankheit und Wahnsinn). Dazu kommt noch die Ermächtigung, auch in ähnlichen Fällen die Scheidung auszusprechen.

Nicht nur der Katalog der Scheidungstatbestände, sondern auch ihre Begründung[55] zeigt die völlige Unabhängigkeit von der Lehre Luthers. Zwar geht auch Zwingli davon aus, dass Christus nur den Ehebruch als Scheidungsgrund genannt habe, doch löst er sich sogleich von einer Interpretation nach dem Buchstaben (nolumus litterae inhaerere superstitiose) und meint, nach dem Sinn der Bibelstelle seien keineswegs andere Gründe ausgeschlossen. Es sei nämlich jüdische Gewohnheit gewesen, unter einem Begriff alles zu verstehen, was ihm ähnlich oder noch gewichtiger sei. Hier erscheint deutlich die juristische Interpretationstechnik der Analogie („similia") und das argumentum a fortiori („graviora").[56] Während Luther – der sich, wie gezeigt, gleichfalls des Analogieschlusses bedient – den Ehebruch an sich als schwerste Verletzung des Ehebandes betrachtet (weil er nach dem ausdrücklichen Willen Gottes zum Tod des Schuldigen führt) und nur mit Mühe die bösliche Verlassung als gleichartig oder gar schlimmer darstellt, hält Zwingli den Ehebruch für die leichteste Verletzung der Ehe. Diese Anschauung führt auf Erasmus zurück,[57] dessen Anhänger der humanistisch gebildete Zwingli war.[58] Erasmus geht freilich noch darüber hinaus; bei ihm finden sich Ansätze des Zerrüttungsprinzips, wenn er die Frage stellt, weshalb die „dissimilitudo morum et ingeniorum" nicht zur Scheidung führen könne.[59]

Die freiere Auffassung Zwinglis hat auf die deutsche Rechtsentwicklung keinen Einfluss gehabt.[60]

Auch in der reformierten Kirche hat Zwinglis Liberalität keine Nachfolge gefunden. Calvin vertritt in seinen Ordonnanzen für Genf sogar die strengste Auffassung.[61] Seiner Grundannnahme vom Verhältnis der

---

55 Richter Beiträge S. 7; dort die maßgebende Stelle aus Zwinglis Kommentar zu Matth. 19, 9.

56 Hesse S. 23.

57 Richter Beiträge S. 9 ff.

58 Heussi § 77 a, o (S. 292 ff.).

59 Darstellung bei Mikat Zerrüttungsprinzip S. 947 ff. Der Nachfolger Zwinglis in Zürich, Bullinger, nähert sich Erasmus noch mehr, indem er den „gedrängten Ehemenschen" helfen will und die Vertreter einer strengen Ansicht von der Scheidung als Pharisäer bezeichnet (Hesse S. 25 mit Fn. 148).

60 Richter Kirchenrecht § 287 I (S. 1177) Fn. 9.

61 Richter Beiträge S. 25 ff.; Hesse S. 21.

geistlichen zur weltlichen Gewalt entsprechend sollte das Gebot Christi von vornherein nicht nur für die Christen gelten wie Luther gemeint hatte, der hier der weltlichen Obrigkeit ein weites Ermessen zugestand, sondern für alle, auch für die von Gott Verworfenen. Denn gerade diese sind unnachsichtig unter das göttliche Gesetz zu beugen.[62] Später lässt sich in der Auffassung beider Konfessionen kein wesentlicher Unterschied feststellen.[63]

Ein den Schweizern nahestehender, aber lutherischer Theologe, Martin Bucer, kommt in seinem 1550 erschienenen Buch De regno Christi zu einem noch freieren Scheidungsrecht als Zwingli, sowohl was die Scheidungsgründe angeht als auch in ihrer Rechtfertigung[64]. Das Werk ist in England geschrieben und dem König Eduard VI. gewidmet, der sich um die Einführung der Reformation in seinem Reich bemühte. Auch Bucer beruft sich darauf, dass der Ausspruch Christi zur Ehescheidung nicht eng auszulegen sei; weiterhin darauf, dass Christus die jüdischen Normen zur Scheidung nicht habe aufheben wollen, ebenso auch nicht die Gesetze der Heiden, soweit sie gerecht seien und der natürlichen Billigkeit entsprächen, womit die in der lex Consensu genannten Gründe anerkannt sind. Auch Aussatz, Wahnsinn und impotentia superveniens seien Scheidungsgründe. Darüber hinaus aber – dieser Gedanke ist neu – führe auch unüberwindliche Abneigung zur Scheidung, da hier keine christliche Ehe mehr vorhanden sei.[65] Es könne sogar die Pflicht bestehen, sich von dem widerwärtigen Ehegatten durch Scheidung zu lösen, was Bucer mit wenig überzeugendem Hinweis auf den Propheten Maleachi (Kap. 2) begründet.[66]

62 Heussi § 83 h (S. 317). F. Wiegand (S. 116) formuliert: Die Bibel sei für Luther ein „Wegweiser“, für Calvin ein „Gesetzbuch“. Dies trifft das von den beiden Reformatoren gewollte Scheidungsrecht genau.

63 Richter Beiträge S. 71 f.; Hesse S. 45 f. Luthers Meinung, dass die Obrigkeit für die „Unchristen“ ein freieres Scheidungsrecht festsetzen könne, wurde im späteren Luthertum aufgegeben (Hubrich S. 47 f.).

64 Darstellung mit Textstellen bei Richter Beiträge S. 34 ff.; s. ferner Hesse S. 25; Sprengler-Ruppenthal S. 400 ff.

65 Hierzu Sprengler-Ruppenthal S. 404 f.; die Gedanken Bucers entsprächen der – heutigen – evangelisch-theologischen Reflexion über die Ehe.

66 Hier ließe sich fragen, ob Bucers ganz aus der Zeit fallende Ansichten den Umständen geschuldet sind, unter denen er De regno Christi verfasst hat. Nach England hatte ihn der Reformator der englischen Kirche, Erzbischof Cranmer, eingeladen. Dieser war nicht nur – wie Zwingli – von Erasmus beeinflusst, er hatte

Auch Bucer hat auf die deutschen Rechtsansichten nicht eingewirkt.[67] Mitten im Stammland der deutschen Reformation schrieb der Theologe Sarcerius sein Buch Vom heiligen Ehestande (1553), in dem er ebenso weit in der Anerkennung von Ehescheidungsgründen geht wie Bucer.[68] Sein Grundgedanke ist, dass eine wahrhafte, Gott gefällige Ehe nur dort besteht, wo „eins zum anderen lieb und gunst habe". Deshalb sei es gottgewollt, „die weren auseinander, die kein lieb oder gunst zusammen haben köndten. Wo mann dann nu nicht will weiser sein denn Gott, wird man hierauff auch bei den Christen handeln". Wenn der Ehezweck verfehlt ist, kann die Ehe geschieden werden. Die Scheidungsgründe sind deshalb die weitest denkbaren, sie gehen von den Tatbeständen der lex Consensu bis zur Auflösung der Lebensgemeinschaft aus unüberwindlichem Widerwillen. Auch Unglück wie abstoßende Krankheit oder Wahnsinn des Ehegatten berechtigen zur Scheidung, ebenso wie die impotentia superveniens. Hier kommt noch die seltsame Begründung hinzu, der Ehegatte sei „durch Gottes hand untüglich gemacht." Damit ist auf einen Schlag eine schwer zu übertreffende Freiheit der Ehescheidung gefordert, die erst nach zwei Jahrhunderten in einem Teil Deutschlands zum Recht werden sollte.[69] Es versteht sich, dass diese Auffassung im 16.

auch dem Vater Eduards VI., Heinrich VIII., mehrfach dazu geholfen, dass sich dieser von seinen Ehefrauen trennen konnte (Kolde RE 4, 320 ff.). Dass sich in der anglikanischen Kirche eine freiere Auffassung von der Ehescheidung bildete, lässt sich nach Mikat Zerrüttungsprinzip (S. 985) auf Heinrich VIII. zurückführen. Allerdings hatte Bucer seine Ansicht im Wesentlichen schon in Deutschland vertreten, nämlich in einem Eherechtsentwurf für die Reichsstadt Ulm (Sprengler-Ruppenthal S. 400). Gewiss ist nur, dass Bucer eine strenge Auffassung von der Scheidung im England seiner Zeit nicht hätte darlegen können und dass seine Äußerung, gegebenenfalls bestehe sogar eine Pflicht zur Scheidung, von dem König und dem Erzbischof gebilligt werden musste.

67 Richter Beiträge S. 36. Etwas anders Sprengler-Ruppenthal S. 401 („weitere Bedeutung" der deutschen Übersetzung von 1563; jedoch ohne Belege).

68 Richter Beiträge S. 36 ff. (mit Texten); Mejer S. 182 ff.; Elert S. 539 ff.; Hesse S. 25 f. Dass Sarcerius seine Ansichten nicht im eigenen Namen darbietet, sondern sie als Rat „etlicher Theologen" bezeichnet – die er aber nie nennt –, wird allgemein als Fiktion aus Vorsicht angesehen. – Dass Sarcerius von Bucer abhängig sei, meint Richter S. 39; umgekehrt Mejer S. 183.

69 Elert (S. 541) sieht hier sogar eine Vorwegnahme von Gedanken der deutschen Romantik: Nur die gegenseitige Liebe gebe die Normen der Ehe, nicht irgendeine äußere Bindung. Für Sarcerius' Zeit einzigartig und viel spätere – psychologische – Erwägungen vorwegnehmend ist auch, dass er die Interessen der Kin-

Jahrhundert und auch später das Kirchenrecht nicht beeinflussen konnte. Sarcerius selbst – der persönlich ein äußerst korrektes Leben führte –[70] sah sich durch den ihm von mehreren Seiten entgegentretenden Widerspruch veranlasst, seine freie Auffassung in der drei Jahre später erschienenen zweiten Auflage seines Buches mit einem Kommentar zu versehen, der als Widerruf verstanden werden musste.

5. Die Brandenburgische Visitations- und Konsistorial-Ordnung von 1573

Aus der Entwicklung der protestantischen Gesetzgebung soll hier nur eine für die Geschichte des preußischen Eherechts bedeutsame Kirchenordnung Erwähnung finden.

Als in den 30er Jahren des 19. Jahrhunderts der Kampf um das Scheidungsrecht begann, wurde behauptet, die strenge Kirchenordnung von 1573 sei durch das ALR nicht aufgehoben; sie gelte für die Wiedertrauung Geschiedener als Kirchenrecht fort, da das Landrecht als staatliches Recht sie nicht habe aufheben können.[71] Auch wenn diese Ansicht alsbald allgemein zurückgewiesen wurde, so vertrat ein beachtlicher Teil der Gegner des ALR doch den Standpunkt, die Kirchenordnung sei zwar formell aufgehoben, ihr Inhalt aber sei nach wie vor maßgebend, da er der strengen, „schriftgemäßen" Auffassung von den Scheidungsgründen entspreche. Dabei schwang auch die Hoffnung mit, über das Kirchenrecht könne auch das staatliche Ehescheidungsrecht in diese Richtung gelenkt werden.[72] Eine kurze Darstellung der brandenburgischen Kirchenordnung erscheint deshalb geboten.[73]

Unter Johann Georg (1571-1598) kam in Brandenburg das strengste Luthertum zur Herrschaft. Der Kurfürst, die Landstände und der eifern-

der berücksichtigt; diesen sei eine Scheidung nützlicher als die Aufrechterhaltung der zerstrittenen Ehe. Vom favor liberorum hatte zwar schon die lex Consensu gesprochen (C. 5, 17, 8 pr.), aber im umgekehrten Sinn, nämlich als Grund, die Scheidung zu erschweren. Damit war auch kaum gemeint, dass die Scheidung den Kindern seelisch schade, sondern dass sie ihre Rechtslage kompliziere und verschlechtere.

70 Kawerau RE 17, 485 f.

71 Jacobson § 144 (S. 580).

72 Buchholz Eherecht S. 51.

73 Abgedruckt bei Richter Sammlung II S. 358 ff.; die hier genannten Stellen S. 382-384.

de Generalsuperintendent waren sich darin einig, den milderen Ansichten Melanchthons entgegenzutreten und jeden Geistlichen, der sich nicht zu Luthers reiner Lehre bekennen wollte, mit Amtsenthebung zu bestrafen.[74] Unter diesen Umständen ist es nicht zu verwundern, dass die brandenburgische Kirchenordnung zu den strengsten gehört.[75]

Nach der Kirchenordnung erlauben nur der Ehebruch und die böswillige Verlassung (im engeren Sinn) die Scheidung. Weitere Scheidungsgründe sind nicht nur – wie anderswo – nicht genannt, sondern ausdrücklich ausgeschlossen („...die Eheleute aus keinen andern ursachen, dann denen davon oben meldung geschehen, gescheiden werden, ..."). Der Ehegatte, der sich dem ehelichen Leben verweigert, ist nicht zu scheiden; er soll „gefenglich eingezogen" werden, bis er Sicherheit de cohabitando geleistet hat. Trennen sich Eheleute aus „boßheit und muthwillen", so wird ihnen befohlen, sich binnen acht Tagen zu versöhnen; der Ehegatte, der sich sträubt, ist einige Zeit ins Gefängnis zu bringen und, wenn auch diese Zwangsmaßnahme nicht hilft, des Landes zu verweisen.[76] Die

74 Droysen S. 465 ff.; Hintze S. 135.

75 Von einer exakten Parallele zwischen der Strenge der theologischen Dogmatik und der Strenge des Scheidungsrechts kann selbstverständlich keine Rede sein. Sarcerius, der die freiesten Ansichten zur Ehescheidung vertrat, war orthodoxer Lutheraner und kämpfte bis zu seinem Tod gegen die Anhänger Melanchthons. Gleichwohl ist es im Großen und Ganzen berechtigt, hier Beziehungen zu sehen. Auf die bewegten ersten Jahrzehnte der Reformation folgte die Erstarrung der Konfessionen im letzten Drittel des 16. Jahrhunderts, sowohl im Dogma als auch im Scheidungsrecht, wo keine grundlegenden neuen Ansichten hervortraten. Dem „Stillstand" der Dogmatik (F. Wiegand S. 127), ihrer Absicht, „nichts Neues zu wollen" (Luthard S. 50), entsprach das im Wesentlichen bei Luther stehen bleibende Scheidungsrecht.
Deutlicher wird der Zusammenhang allerdings im ausgehenden 18. und im 19. Jahrhundert. Theologischer Rationalismus, der die Dogmen auf Vernunftwahrheiten reduziert, und die Hinnahme des laxen Scheidungsrechts durch die Kirche gehören ebenso zusammen wie das „positive Christentum" und der Kampf gegen das ALR. Dies wird später darzustellen sein.

76 Hier bestand allerdings nach sächsischer Praxis die Möglichkeit, auf einem Umweg schließlich noch zur Scheidung zu kommen (Mejer S. 191; Hesse S. 41 Fn. 243): Der Verbannte wird nach einiger Zeit, wenn er nicht zurückkehren und sich versöhnen will, als malitiosus desertor betrachtet und dann die Ehe aus diesem Grund geschieden. Diese Möglichkeit schließt auch die brandenburgische Konsistorialordnung nicht aus. Hubrich (S. 177) meint, die brandenburgischen Konsistorien hätten hiervon wohl gleichfalls Gebrauch gemacht.

von Melanchthon eingeführten Scheidungsgründe der Misshandlungen und der Lebensnachstellung erkennt die Kirchenordnung nicht an, schließt sie vielmehr ausdrücklich aus, indem sie in diesen Fällen gleichfalls genau bestimmt, wie die Obrigkeit mit dem schuldigen Ehegatten zu verfahren hat. Wer Sävitien begeht, soll – wie der widerspenstige Ehegatte – „gefenglich eingezogen“ werden, bis er Sicherheit für Wohlverhalten leistet. Erlangt das Konsistorium Kenntnis von einem versuchten Mord, übergibt es den schuldigen Ehegatten der Obrigkeit, die dann nach des Heiligen Römischen Reichs peinlicher Halsgerichts-Ordnung mit ihm zu verfahren hat; d.h. die Ehe wird nicht durch die Scheidung, sondern durch die Hinrichtung aufgelöst.[77]

6. Das landesherrliche Scheidungsrecht

Das strenge Recht der Kirchenordnung von 1573 mit seiner polizeilichen und strafrechtlichen Absicherung hat in Brandenburg etwa ein Jahrhundert gegolten.[78] Wegen seiner Enge und Härte entstand das Bedürfnis, dass der Landesherr als summus episcopus, auch wenn dem Gesetz nach ein Scheidungsgrund fehlte, die Scheidung durch Dispens gestattete.[79] Hier war nur die aequitas maßgebend.[80] Seit dem letzten Viertel des 17. Jahrhunderts finden sich Scheidungen wegen aeternae inimicitiae et odia, wo „keine reconciliatio zu hoffen“ und bei Fortdauer der Ehe „viel

77 Vgl. zu der hier „überflüssigen“ Scheidung allgemein (d.h. auch bei einem mit dem Tod bedrohten Verbrechen gegen Dritte) F. Albrecht S. 60. – Die PGO von 1532 sieht zwar für den Versuch eines Verbrechens nicht ohne weiteres die für das vollendete Verbrechen angedrohte Todesstrafe vor (Art. 178). Da sie aber den Mord am Ehegatten als besonders schweren Fall betrachtet (Art. 137), wird hier auch bei einem Versuch regelmäßig die Todesstrafe verhängt worden sein. Spöttisch bemerkt Richter Beiträge S. 55 und S. 92, wer – in der Mitte des 19. Jahrhunderts – meine, dass die Kirchenordnung aus dem 16. Jahrhundert wieder gelte, müsse dann auch solche „Ergänzungen“ wollen.

78 Richter Beiträge S. 77.

79 Richter Beiträge S. 77 ff.; Stölzel Ehescheidungsrecht S. 40 ff.; Dove/Sehling RE 21, 873.

80 Dieses außerordentliche Scheidungsrecht gab es nicht erst im Zeitalter des Absolutismus. Für diesen ist allerdings bezeichnend, dass das Konsistorium zunächst alle Scheidungen durch den Kurfürsten (Friedrich Wilhelm) genehmigen lassen wollte, bis ihm dieser die Scheidungen wegen adulterium und desertio freigab (Stölzel S. 42).

ärgernuß und dem Ehestande nachtheilige sachen entstehen würden"; wegen heftiger Erbitterung ohne Hoffnung auf Versöhnung; wegen „intolerabiles saevitiae", wegen „furor com malitia coniunctus", weil hier kein einziger Zweck der Ehe erfüllt werden könne. Damit werden in der Begründungund im Ergebnis spätere Gesetze – auch das ALR – vorweggenommen.

7. Die Scheidung im gemeinen protestantischen Eherecht

In der Zeit um 1700 entstand ein den Grundzügen nach in allen evangelischen Territorien gleiches Scheidungsrecht. Dieses wird im Folgenden auch schlechthin als gemeines Recht bezeichnet werden. Es ist zu unterscheiden von dem römisch-gemeinen Recht, das im Eherecht nur bei den vermögensrechtlichen Scheidungsfolgen rezipiert war.[81] Es ist jetzt darzustellen, da auch das ALR ihm die wichtigsten Scheidungsgründe entnimmt, vor allem aber, da die Reformbemühungen des 19. Jahrhunderts in größerem oder geringerem Umfang auf das gemeine Kirchenrecht zurückkommen.[82]

Die umfassendste Darstellung des protestantischen Scheidungsrechts in der Zeit seiner Reife stammt von Justus Henning Böhmer (1674-1749, seit 1701 Professor in Halle). Von 1714 an erschien sein Ius ecclesiasticum protestantium, das „Standardwerk des protestantischen Kirchenrechts, das bis zum Ende des 18. Jahrhunderts maßgeblich blieb."[83] [84]

Böhmer nennt – wie alle Autoren – als ersten Scheidungsgrund den Ehebruch. Als zweiten Grund (der vom Ehebruch abzuleiten sei) bezeichnet er die desertio im engeren Sinn der böslichen Verlassung, dann

81 Hierzu S. 268 ff. – Nach herrschender Ansicht im Schrifttum handelte es sich bei dem protestantischen Recht nicht um gemeines Recht i. e. S. (formell gemeines Recht), sondern um sog. allgemeines Recht (materiell gemeines Recht), da die Rechtssätze zwar größtenteils in allen protestantischen Territorien übereinstimmten, die Rechtsquellen aber nicht gemeinsam waren (die partikulären landeskirchlichen Ordnungen); s. Heilfron Deutsche Rechtsgeschichte S. 762 Fn. 5 und eingehend Hubrich S. 61 ff. Das Reichsgericht nahm jedoch regelmäßig an, dass sich auch formell gemeines Recht gebildet habe, das nur durch Auslegung in den einzelnen Territorien z.T. verschiedene Gestalt angenommen habe (Hubrich a. a. O. S. 64 Fn. 2).

82 Vgl. u. bei der Darstellung der einzelnen Tatbestände.

83 Döhring S. 310.

84 Das Folgende nach Hubrich S. 67; Dove/ Sehling RE 21, 873 f.; Hesse S. 78 ff.

aber auch die quasi-desertio, die hartnäckige Verweigerung der ehelichen Pflicht, wobei Böhmer diesen Tatbestand auf schwere Fälle beschränkt und ihre Feststellung dem Konsistorium überlässt.[85] Dem stellt Böhmer die „widernatürliche" Ausübung des Eheverkehrs gleich (perversa debiti coniugalis praestatio), nämlich Empfängnisverhütung, aber auch Abtreibung. Auch hier empfiehlt er den Ehegerichten jedoch Zurückhaltung.[86] Auch wenn ein Ehegatte zu lebenslanger Haft oder ewiger Verbannung verurteilt wird, bestehe nach herrschender Ansicht, der Böhmer zustimmt, der Scheidungsgrund der desertio. Zwar habe der Strafgefangene oder Verbannte seinen Ehegatten nicht freiwillig verlassen; er habe aber bei seiner Tat die Abwesenheit als Folge des Urteils in Kauf genommen, so dass er einem desertor gleichstehe.[87] Für die Lebensnachstellung verwendet Böhmer das immer wiederkehrende argumentum a fortiori: Diese seien schlimmer als der Ehebruch, denn sie zerschnitten nicht nur das Band der Ehe, sondern die zwischen allen Menschen bestehende Bindung (der Koexistenz). Dazu kommt die Begründung mit der lex Consensu; Böhmer bedient sich hier also, seiner Gründlichkeit entsprechend, einer doppelten Beweisführung.[88] Misshandlungen erscheinen in dieser letzten Phase des kirchlichen Scheidungsrechts gleichfalls als Scheidungsgrund, jedoch wird die Scheidung hier meist erst nach einer längeren Trennung von Tisch und Bett ausgesprochen.[89]

---

85 Ebenso das ALR (II 1 § 694), sogar mit der traditionellen Begründung als quasi-desertio („… soll der böslichen Verlassung gleich geachtet werden"). Von den Reformvorschlägen wird dieser Tatbestand ganz überwiegend nicht aufgegriffen (Buchholz Eherecht S. 108 f.). Einzelheiten werden später darzustellen sein.

86 Dieser Scheidungsgrund ist ins ALR aufgenommen (§ 695), allerdings nicht mit einer theologisch-moralischen, sondern einer legalistischen Begründung: Durch Verhütung und Abtreibung werde die Erreichung des „gesetzmäßigen Zwecks" der Ehe verhindert (d. h. die Erzeugung und Erziehung der Kinder, II 1 § 1).

87 Der ALR enthält diesen Tatbestand gleichfalls, erweitert auf alle „groben Verbrechen", deretwegen der Ehegatte eine „harte und schmähliche Zuchthaus- oder Festungsstrafe erleidet" (§ 704). Die Reformentwürfe geben ihn nicht auf; Savigny begründet das im Sinn des gemeinen Kirchenrechts damit, dass diese Strafen in der Tat der böslichen Verlassung zu vergleichen seien (Darstellung S. 305).

88 Dieser Scheidungsgrund ist naturgemäß ebenfalls in das ALR aufgenommen (§ 699); auch die Reformvorschläge tasten ihn nicht an.

89 Die separatio temporaria ist hier die Vorstufe der Scheidung, zu der sie führt, wenn die Ehegatten sich nicht versöhnen.

Ausgeschlossen sind nach dem von Böhmer dargestellten protestantischen Kirchenrecht zwei Kategorien von Scheidungsgründen: Einmal die unverschuldeten Unglücksfälle, insbesondere Wahnsinn und abstoßende Krankheiten; zum anderen Unverträglichkeit und sei es in noch so hohem Grad (animorum totale dissidium).[90]

Diese Grenze – Scheidung ist nur bei Verschulden eines Ehegatten erlaubt – hat das gemeine Kirchenrecht bis zur Mitte des 18. Jahrhunderts nicht überschritten.[91] Das ALR dagegen kennt sowohl die Scheidung wegen abstoßender Krankheit (und impotentia superveniens) und Wahnsinns[92] als auch – wenngleich mit gewissen Einschränkungen – die Scheidung aufgrund beiderseitiger Einwilligung und sogar einseitigen Widerwillens[93]. Hiergegen im Wesentlichen richteten sich die Reformbemühungen des 19. Jahrhunderts.[94]

Das protestantische gemeine Kirchenrecht hat bis 1900 in den Ländern gegolten, die das Scheidungsrecht nicht kodifiziert hatten. Es ist dabei, nachdem sich in der Zwischenzeit eine großzügigere Auffassung durchgesetzt hatte, wieder zu dem klaren Schuldprinzip zurückgekehrt.[95]

---

90 Diese Feststellung (Dove/ Sehling RE 21, 874; Hesse S. 82) wird nicht dadurch widerlegt, dass Böhmer in einem Gutachten die Ansicht vertritt, bei „hoffnungsloser Feindseligkeit und Widerwärtigkeit" der Ehegatten sei die Scheidung zu gestatten (Mikat Zerrüttungsprinzip S. 952 f.) Dies spricht für Großzügigkeit im Einzelfall (wo im Übrigen die Frau den Mann wiederholt verlassen und ihm „alles erdenckliche zuwider gethan" hatte), lässt aber nicht auf eine allgemeine Rechtsansicht schließen. S. Böhmer II 1 § 41 (S. 115): Wenn der Ehemann seine Frau ständig („bishero") mit „unerträglichen Schlägen traktiert" und ihr dabei „kaum das Leben gelassen" hat, ist gleichwohl nur die Klage auf separatio quoad thorum et mensam begründet. Von einem Scheidungsgrund der unversöhnlichen Feindschaft ist dort keine Rede.

91 Richter Kirchenrecht § 287 (S. 1180 Fn. 24); Friedberg Kirchenrecht § 160 (S. 444).

92 ALR II 1 §§ 696-698.

93 §§ 716-718.

94 Die Dreiteilung der Scheidungsgründe findet sich z. B. bei Savigny Darstellung S. 257 (Willkür-Verschuldung-Zufall) und bei Stahl Rechtsphilosophie II 1 S. 461 Fn. (Schuld-wechselseitige Unbefriedigung-Unglück des einen Teils). Abgesehen von dem streitigen Fall des Wahnsinns stimmen die Reformer darin überein, dass nur das Verschulden eines Ehegatten zur Scheidung führen darf.

95 v. Buchka Vergleichende Darstellung S. 322. In zwei Entscheidungen des Reichsgerichts vom Ende des 19. Jahrhunderts wird diese Entwicklung der Rechtsprechung aufgezeigt: Urt. v. 7. Juli 1882 (RGZ 7, 154) für den „unverschuldeten

8. Die protestantische Auffassung von der Ehescheidung zur Zeit des Erlasses des ALR

Bis zur Mitte des 18. Jahrhunderts folgte auch in Preußen die protestantische Scheidungspraxis den soeben dargestellten Grundsätzen.[96] Dies änderte sich, als durch das Edikt von 1748 die Ehescheidungsverfahren von den Konsistorien auf die weltlichen Gerichte übertragen wurden. Insbesondere aber dann, als bald danach durch das Project des Corpus Juris Fridericiani, das im Eherecht Gesetzeskraft erlangte, und später durch das Edikt von 1782, auch im materiellen Recht eine staatliche Regelung in Kraft trat, die in vielem das ALR vorwegnahm.[97] Die Entwicklung einer kirchenrechtlichen Doktrin war damit abgeschnitten; die Kirche hatte gewissermaßen keine eigene Rechtsauffassung zur Ehescheidung mehr zu haben. Gleichwohl bat der Fürstbischof von Speyer 1788 auch das Berliner Oberkonsistorium um ein juristisches Gutachten über die Normen, die nach protestantischer Ansicht für die Ehescheidung maßgebend seien.[98] Die lateinisch abgefasste Antwort[99] zeigt, dass in Preußen am Ende des 18. Jahrhunderts eine eigenständige Ansicht der protestantischen Kirche zum Scheidungsrecht nicht mehr existierte. Das Gutachten stellt fest, dass die Theologen in ihrer großen Mehrheit (plerique) meinten, auch die starke und unüberwindliche Abneigung (invincibilis aversatio) löse die Ehe auf, und dies aus zwei Gründen: Einmal werde durch den Widerwillen der Ehezweck verfehlt, und zum anderen habe Christus nur die Ehescheidung nach Lust und Laune (pro lubitu) und ohne Gerichtsverhandlung verboten. Eine solche Scheidung aber gab es in Preußen auch nach staatlichem Recht nicht; ein Gerichtsverfahren war stets erforderlich, und selbst nach der großzügigsten Bestimmung musste die Feindschaft der Eheleute wenigstens „gehörig erwiesen" sein.

Wahnsinn" und Urt. v. 12. Januar 1886 (RGZ 15, 189) für die „einseitige oder gegenseitige unüberwindliche Abneigung der Ehegatten".

96 Jacobson S. 575.

97 Vgl. die Darstellung u. S. 37 ff.

98 Richter Beiträge S. 89 f.

99 Sie stammt von dem bekannten rationalistischen Theologen Wilhelm Abraham Teller (1734-1804). Zu diesem vgl. Wolff RE 19, 475 ff. Für seine Auffassungen kennzeichnend ist es, wenn er sagt, das Christentum sei nichts anderes als „die beste Weisheitslehre zu einer immer höher steigenden Glückseligkeit".

Demnach hätte die Auskunft des Konsistoriums auch lauten können: Zwischen dem Gebot Christi und der preußischen Gesetzgebung besteht kein Widerspruch. Oder der Theologe hätte erklären können, er stimme völlig dem Kameralisten Justi zu; dieser hatte drei Jahrzehnte zuvor gemeint, eine Scheidung wegen Unverträglichkeit sei im Staatsinteresse geboten (um die Eheunlust zu bekämpfen), und er hatte hinzugefügt: „Die wahre Religion selbst ist weit entfernt, hierin etwas der Vernunft Widersprechendes anzuordnen“[100]. Dem entspricht es, dass in den ersten Jahrzehnten nach dem Erlass des ALR nichts davon zu bemerken ist, dass die Kirche dem staatlichen Scheidungsrecht entgegengetreten wäre, auch nicht indem Geistliche die Wiederverheiratung Geschiedener verweigert hätten.[101] Erst um 1830 trat eine Reaktion ein.

9. Zwischenergebnis

Es hat sich gezeigt: Von der strengen Beschränkung, die das 16. Jahrhundert auf die „schriftmäßigen“ Scheidungsgründe des Ehebruchs und der böslichen Verlassung vornahm (einzelne abweichende Ansichten sind in ihren Begründungen originell und kehren später wieder, sind aber zunächst ohne Folgen geblieben), führt eine im Ganzen gerade Linie über die zahlreichen „Analogien“ zu der freien Auffassung von der Möglichkeit der Scheidung, die für die Epoche der rationalistischen Theologie am Ende des 18. Jahrhunderts kennzeichnend ist. Diese stimmt nahezu vollständig mit dem rein weltlichen Scheidungsrecht des ALR überein. Für die spätere Auseinandersetzung über die Abkehr vom Landrecht und die Rückkehr zu einem konfessionellen Scheidungsrecht bedeutsam sind Äußerungen Luthers, in denen die Gegner der Reformbewegung, die sich aber nicht von der protestantischen Lehre trennen wollten, ihre Auffassung bestätigt sahen, der Reformator habe die biblischen Weisungen nicht als Gesetz gewollt.

100 Zitat bei Buchholz Recht S. 411 f.

101 Jacobson S. 579 f.; Buchholz Eherecht S. 49. Drastisch sagt Sohm (Kirchengeschichte S. 173), seit der Mitte des 18. Jahrhunderts habe der Staat die Kirche äußerlich und innerlich geformt „wie Wachs in seiner Hand“.

III. Voraussetzungen und Entstehung des Scheidungsrechts im ALR – der Einfluss Friedrichs II.

1. Das Naturrecht (Pufendorf, Thomasius, Cocceji)

Wird im Folgenden der Einfluss naturrechtlicher Lehren auf die preußische Gesetzgebung zum Scheidungsrecht besprochen, so ist vorab festzustellen, dass damit nur die neuzeitlichen, mit Grotius beginnenden und mit dem Ende des 18. Jahrhunderts abschließenden vernunftrechtlichen Anschauungen gemeint sein können.[102]

Der Grundgedanke des neuzeitlichen Naturrechts ist, dass sich alle Rechtssätze rational begründen lassen müssen. Die menschliche Vernunft ist der Maßstab dessen, was gerecht ist. Ausgehend von der das Zusammenleben (die Gesellschaft) fordernden menschlichen Natur werden die Normen des natürlichen Rechts vom Vertrag her entwickelt, beginnend mit dem (meist als fiktiv angesehenen) Gesellschaftsvertrag. Das folgerichtige Naturrecht muss deshalb die Freiheit des Einzelnen von allen überindividuellen Bindungen behaupten, die nicht vertraglich begründet sind.[103]

Hieraus ergeben sich die Rechtssätze, die für das Recht der Ehescheidung gelten sollen und die denn auch – mit einer sich im Verlauf der Säkularisierung steigernden Konsequenz – von den Rechtsphilosophen aufgestellt worden sind. Zunächst wirken noch moraltheologische Bindungen; am stärksten bei Pufendorf, bei Thomasius jedenfalls noch zu Anfang und in den praktischen Folgerungen, bei Cocceji am wenigsten. Dabei soll hier lediglich die Scheidung im gegenseitigen Einverständnis dargestellt werden; einmal, weil dieser Scheidungsgrund vernunftrechtlichen Argumenten am meisten unterlag, vor allem aber, weil er das Kennzeichen des preußischen Eherechts geworden ist, auch im ALR, und weil sich die meisten Angriffe gegen dieses auf ihn richteten.

---

102 Vgl. zu den drei Ausgestaltungen des Naturrechts: Coing S. 20 ff. (historisch dargestellt: antikes, mittelalterliches und neuzeitliches Naturrecht) und Hoffmeister [Larenz] s.v. Naturrecht S. 424 ff. (inhaltlich: Idealrecht bei Platon und seinen Nachfolgern; das Streben der Natur nach Verwirklichung des in ihr Angelegten bei den Aristotelikern; das neuzeitliche Vernunftrecht).

103 Vgl. die Ausführungen bei Stahl Parteien S. 17 f., 21 ff., die stets die Beziehung zum Staatsrecht und auch zum Recht der Ehescheidung herstellen.

Pufendorf (1632-1694) nennt – durchaus konservativ – den Ehebruch und die bösliche Verlassung als Scheidungsgründe, wobei er zur Begründung nicht mehr ein göttliches Gebot heranzieht, sondern naturrechtlich den in diesen Handlungen liegenden Vertragsbruch, was ihn allerdings zu demselben Ergebnis führt.[104] Dass auch andere Vertragsverstöße des Ehegatten zur Scheidung berechtigen können, ist damit nicht ausgeschlossen. An sich wäre es nun nach der Vertragslehre folgerichtig, auch die Scheidung im gegenseitigen Einverständnis als vernunftrechtlich statthaft anzusehen.[105] Dies lehnt Pufendorf jedoch ab, mit der Begründung: Einmal untergrabe diese Erlaubnis die Ordnung in der Familie und dem Staat; zum anderen folge aus der Natur der Ehe, dass sie – abgesehen von Ehebruch undböslichem Verlassen – immerwährend sein solle.

Thomasius (1655-1728)[106] ist konsequenter. Er hält einverständliche Scheidung ohne weiteres für naturrechtlich erlaubt. Dabei trennt er – anders als Pufendorf – das Recht scharf von der Moral (das iustum von dem honestum). Aus Rechtsgründen könne die einverständliche Scheidung der Ehe nicht zu beanstanden sein, ebenso wenig wie es der Gerechtigkeit widerspreche, wenn die Ehe nur für einen bestimmten Zeitraum eingegangen werde und sich der eine Ehegatte dann – vertragsgemäß – von dem anderen lossage. Ob eine Scheidung aufgrund beiderseitigen Einverständnisses der Moral (dem honestum) oder der Schicklichkeit, dem Anstand in der Gesellschaft (dem decorum) widerspreche, sei für das ius naturale ohne Bedeutung.

Erkennt Thomasius die Scheidung im gegenseitigen Einverständnis nach dem Naturrecht als zulässig an, so besteht doch nach seiner Auffassung neben dem ius naturale das ius divinum positivum, das in der Bibel offenbarte göttliche Gebot, und hiernach hat die neutestamentliche Strenge des Eherechts zu gelten, auch als Rechtsweisung für den weltlichen Gesetzgeber, der sich zum Christentum bekennt.[107] Insofern weicht Thomasius dann doch nicht von der protestantischen Tradition ab, ins-

104 Erle S. 145 ff., 282 ff.; Dove/ Sehling RE 21, 874.

105 Vgl. Wieacker S. 310. Dort wird die systematische Aufstellung der Gründe für Vertragsbeendigung gerühmt, die Pufendorf als erster geleistet habe; zu diesen Gründen gehört auch der mutuus dissensus.

106 Erle S. 246 ff., 284 f.; Schwab S. 171 f., 187 ff.

107 Buchholz Recht S. 95 ff.

besondere verwirft er die Scheidung wegen bloßer disparitas animorum ausdrücklich. Dies war allerdings nur seine ursprüngliche Auffassung, die er 1688 in den Institutiones Iurisprudentiae Divinae niedergelegt hatte. In späterer Zeit (in den Fundamenta iuris naturae et gentium von 1705) erklärt Thomasius: Die Gebote der Schrift seien für das Reich Gottes, für das ewige Heil der Seele, erlassen; in der Welt könnten als Recht nur die staatlichen Gesetze gelten, die, mit Zwangsgewalt durchsetzbar, dem Glück des gegenwärtigen Lebens dienten. Der Fürst müsse sich deshalb in seiner Ehegesetzgebung nicht an die biblischen Gebote zur Ehescheidung halten. Allerdings werde die einverständliche Scheidung zumeist dem decorum widersprechen.

Trotz dieser grundlegenden Wende lässt sich sagen: Hätte Thomasius – wie Friedrich Wilhelm I. es zu Beginn seiner Regierungszeit wünschte – ein Gesetzbuch für die preußische Monarchie geschaffen, so wären darin vermutlich die Scheidungsgründe nicht weiter gegangen als in der von seinem Professorenkollegen in Halle, J.H. Böhmer, dargestellten Praxis der Konsistorien. Dies schon aus dem Grund, weil Friedrich Wilhelm I. ein allgemein geltendes „laxes" Scheidungsrecht nicht geduldet hätte, unbeschadet seiner landesherrlichen Befugnis, im Einzelfall bei völlig zerstrittenen Eheleuten den Dispens zu gewähren.[108] Thomasius, dessen „Dexterität" bekannt war, wäre wendig genug gewesen, sich hierin dem König anzuschließen.

Die einverständliche Scheidung nach dem von ihm gelehrten Naturrecht und in der Gesetzgebung durchzusetzen, blieb Samuel von Cocceji (1679-1755) vorbehalten. Sein rechtsphilosophisches System ist nicht originell; er folgt hierin seinem Vater Heinrich von Cocceji (1644-1719)[109],

108 Friedberg (Beiträge S. 69) zitiert zwar die Marginalverfügung des Königs in einer Scheidungssache, in der er um Dispens angegangen war: „So sie alle Beide von einander wollen – gut, aber wenn eine Partei nit will, können nit geschieden werden." Da die Akten selbst nicht erhalten sind, lässt sich aus der Randverfügung wenig entnehmen. In einer anderen Verfügung bemerkt der König ausdrücklich, dass nach göttlichem Recht nur Ehebruch scheide, „hat er gehuret, soll lohs sein, sonst nit." Die scheinbar ohne weiteres die einverständliche Scheidung billigende Marginalie dürfte den Fall von Eheverfehlungen betroffen haben, bei denen es für sich genommen zweifelhaft sein konnte, ob sie einen anerkannten Scheidungsgrund bildeten oder zu beweisen waren.

109 Trendelenburg S. 4, 7. Bezeichnend ist, dass Stahl (Rechtsphilosophie I S. 190 Fn.) die Dissertatio de principio iuris naturalis von 1699 dem Heinrich v. Cocceji zuschreibt, nicht – wie es richtig wäre – seinem Sohn.

er hat sich auch immer mehr der positiven Jurisprudenz zugewandt. Sein Grundgedanke ist: Quelle des Naturrechts ist der Wille Gottes; dieser ist aber nicht einer besonderen Offenbarung zu entnehmen, da er allgemein gelten muss; zu erkennen ist er vielmehr aus der Vollkommenheit des göttlichen Wesens und aus der Schöpfung. Konkrete Rechtssätze lassen sich schwer daraus ableiten. Cocceji greift deshalb überall auf das römische Recht zurück, in dem nach seiner Meinung das Naturrecht am besten verwirklicht ist.[110] Für das Eherecht konnte Cocceji seine Ansicht allerdings nicht vertreten, ohne in Widersprüche zu geraten. Das klassische römische Recht gewährte beiden Eheleuten die freie Scheidungsmöglichkeit; dies zu übernehmen, verbot Cocceji aber die Tradition.Seit Konstantin waren bestimmte Scheidungsgründe festgesetzt. Anschließen konnte Cocceji sich an die Nov. 140 vom Jahre 566, in der Justinus II., der Nachfolger Justinians, das von seinem Vorgänger erlassene Verbot der Scheidung aufgrund beiderseitiger Übereinkunft, ohne einen anerkannten Scheidungsgrund, aufhob.[111] Diese Bestimmung entsprach in ihrer Begründung dem von Cocceji herangezogenen Gutachten der theologischen und juristischen Fakultät der Universität Frankfurt an der Oder vom 17. August 1714, das in einer Dispenssache erstattet worden war.[112] Mit dem klassischen römischen Recht stimmt Cocceji darin überein, dass er von jeder über den Willen der Vertragsparteien hinausgehenden Bindung an die Ehe absieht; er betrachtet sie geradezu als eine Art locatio conductio, der Miete bzw. des Dienstvertrages, zu dem Zweck, eigene Kinder zu haben[113]: Der Mann „mietet“ die Frau, sie dient ihm. Das ius divinum positivum, die Gebote der Bibel, lässt er wie Thomasius in des-

110 Stahl a. a. O. S. 192 f.; Trendelenburg S. 8 ff.; Dilthey S. 139.

111 Es heißt dort u. a.: Durch den unversöhnlichen Hass der Eheleute entstünden Zwietracht und Streit, die oft genug Anschläge auf das Leben zur Folge hätten. Hinzugefügt ist noch – und das entspricht der naturrechtlichen Auffassung von der Ehescheidung durch mutuus dissensus –, dass ebenso wie die Willensübereinstimmung zur Schließung der Ehe führe, auch der gegenteilige Wille ihre Auflösung herbeiführen müsse.

112 Es heißt dort zur Zerrüttung der Ehe: Wenn die Obrigkeit die Ehe der völlig verfeindeten Eheleute nicht scheiden wolle, so „würde sie dadurch keine Ehe erhalten, sondern einen Sitz oder Zunder alles unchristlichen und höchstärgerlichen Lebens, so mit Leibes- und Seelen-Gefahr verknüpfft ist, anrichten“ und den Eheleuten eine „Hölle schon in diesem Leben“ bereiten (Text bei Buchholz Recht S. 32 Fn. 65).

113 Trendelenburg S. 12.

sen späterer Zeit[114] vollständig beiseite, da diese Gebote nicht als Gesetze des bürgerlichen Lebens verbindlich seien, sondern nur der moralischen Vervollkommnung der Christen dienten.[115] Cocceji hat deshalb als Erster stets und ohne Einschränkung ausgesprochen, dass die beiderseitige Einwilligung einen genügenden Scheidungsgrund bilde, in seinem Ius controversum von 1727, dann noch einmal in seinem Novum systema iuris naturalis et Romani von 1740[116].

Der Rückgriff auf eine verständnisvolle Praxis bei der Dispensgewährung[117] zeigt, dass das Vernunftrecht zwar die Möglichkeit bot, die Scheidung aufgrund einer Übereinkunft mit rationaler Begründung (Vertragsauflösung durch mutuus dissensus) zu rechtfertigen, dass aber das Motiv für ihre Zulassung noch tiefer lag, nämlich die Rücksicht darauf, dass den verfeindeten Eheleuten die Bindung durch das strenge traditionelle Eherecht unerträglich geworden war.[118]

Durch Cocceji wurde dann die naturrechtliche Auffassung von der Ehescheidung, die zuvor Theorie geblieben war, zum ersten Mal in der Gesetzgebung verwirklicht.[119] Hierzu musste der Rechtslehrer durch einen Monarchen, der die gleichen Ansichten vertrat, zur Gesetzgebung berufen werden.

114 S. o. S. 32.

115 Schwab S. 186.

116 Trendelenburg S.41 f., S. 71 Fn. 57. – Die Hinweise auf das römische Scheidungsrecht folgen Kaser/ Knütel/ Lohsse S. 354 ff. Müller-Kabisch hat für das römische Recht der vorklassischen und klassischen Zeit eine Parallelität zwischen der Scheidung und der Kündigung einer Gesellschaft und eines Mietvertrages dargelegt (insbesondere S. 126 ff.).

117 Bei Cocceji durch die Bezugnahme auf das Gutachten vom 17. August 1714.

118 Stahl sieht als Beweggründe des Scheidungsrechts in der zweiten Hälfte des 18. Jahrhunderts „Humanität und Sentimentalität“ (Sten. Ber. Herrenhaus 1854-55 1. Bd. S. 255 [Stahl Reden S. 108]). Rommen (S. 110) sagt ganz allgemein, das Naturrecht des 18. Jahrhunderts habe überhaupt nur den Zweck gehabt, das von der Zeit Gewollte mit dem Schein der Notwendigkeit auszurüsten; ähnlich Stahl Parteien S. 22.

119 Trendelenburg S. 41 f.

2. Friedrich II. und die Aufklärung in Preußen

Die philosophischen – auch rechtsphilosophischen – Ansichten Friedrichs des Großen blieben seit seinem Regierungsantritt (1740) fast unverändert.[120] Von Voltaire und der französischen Aufklärung übernahm er insbesondere die Ablehnung jeder theologischen Begründung des Rechts und damit auch des Eherechts. Daraus ergab sich ohne weiteres, dass er entgegen der biblischen Offenbarung und im Sinne des konsequenten Naturrechts die Ehe als bloßen Vertrag ansah. In seinem Politischen Testament von 1752 ist dies in aller Deutlichkeit ausgesprochen: „Ich erteile Ehedispense [d.h. Scheidungserlaubnisse, die er als summus episcopus oder Landesherr aussprechen konnte] und bin in diesem Punkt sehr nachsichtig, da die Ehe im Grunde nur ein bürgerlicher Vertrag ist, der gelöst werden kann, sobald beide Parteien damit einverstanden sind".[121]

In diesem Sinn ergingen die Dispense vom 10. November 1746 (wegen „animosität und Uneinigkeit") und vom 7. Juli 1747 („weil keine versöhnung, sondern vielmehr größere Verbitterung, wan sie länger zusammen bleiben wollen zu vermuthen stehet").[122] Als einmal das Konsistorium dem königlichen Willen nicht völlig nachkam, vermahnte er es scharf in der Kabinettsorder vom 20. August 1751:[123] „... Es ist also Mein ernstlicher Wille, dass in Zukunft bei solchen Fällen nach Meiner ordre und Vorschrift schlechterdings verfahren, keines weges aber dabey Moyses und die Propheten zu rathe gezogen werden sollen, als welche hier im Lande nichts zu thun haben". Moses und vor allem die Propheten stehen an sich zu dem von den Konsistorien praktizierten Ehescheidungsrecht in keiner Beziehung. Die Formulierung hat der König offenbar deshalb gewählt, weil die eher treffende Bezeichnung „Christus und sein Apostel" dem Grundsatz[124] widersprochen hätte, dass der Herrscher die religiösen Gefühle seiner Untertanen nicht verletzen soll,

120 W. Wiegand S. 25 ff.

121 Friedrich der Große, Die Politischen Testamente, übers. von F. v. Oppeln-Bronikowski, 2. Aufl. München 1936 S. 36.

122 Friedberg Beiträge S. 97 f. In beiden Fällen war eine erfolglose Trennung von Tisch und Bett vorangegangen; auch dieses Erfordernis ließ der König später fallen.

123 Friedberg a.a.O. S. 99 f.

124 Politisches Testament von 1752 (Fn. 121) S. 35.

auch wenn er – wie Friedrich – die Religionen für ein „mehr oder minder widersinniges System von Fabeln" hält.[125]

Der erste (und einfachste) Schritt zur Säkularisierung des Eherechts war die Übertragung der Ehegerichtsbarkeit von den Konsistorien auf die weltlichen Gerichte. Dies geschah im Rahmen der Justizreform durch das Edikt vom 15. Mai 1748 für die Marken und dann allgemein unter dem 8. August 1750.[126] Es versteht sich, dass schon diese prozessrechtliche Maßnahme, unabhängig von der danach erfolgenden Änderung des materiellen Rechts, einen nicht geringen Einfluss auf die Rechtsprechung in Scheidungssachen haben musste. Eine – rhetorische – Übertreibung ist es freilich, wenn Stahl in seiner Rede vom 13. März 1855 eine unmittelbare Beziehung zwischen der Verordnung von 1748 und der genau ein Jahrhundert später ausgebrochenen Revolution, der „Katastrophe" von 1848, herstellt.[127]

Samuel v. Coccceji – schon seit 1738 Chef de Justice, seit 1747 Großkanzler – wurde von Friedrich II. durch Verfügung vom 31. Dezember 1746 beauftragt, ein „in der Vernunft und den Landesverfassungen gegründetes Landrecht" auszuarbeiten. Der erste Teil des daraufhin entstandenen „Project des Corporis Juris Fridericiani"[128] erschien 1749. In ihm waren als zweites und drittes Buch das Eherecht und das Vormundschaftsrecht enthalten. Allein diese Vorschriften haben Gesetzeskraft er-

125 Ein weiteres Motiv des großzügigen Scheidungsrechts – bevölkerungspolitische Zwecke – wird später besprochen werden, da es erst gegen Ende der Regierung Friedrichs II. deutlicher hervortritt.

126 Jacobson S. 576 Fn. 15; Kamptz' Jahrbücher Bd. 59 [1842] S. 157 Fn. (Übertragung der Eheprozesse in der Kurmark auf das Kammergericht mit Wirkung vom 1. Juli 1748).

127 Sten. Ber. Herrenhaus 1854-55 1. Bd. S. 259 (Stahl Reden S. 122): „ein merkwürdiges Zusammentreffen in unseren preußischen Verhältnissen".

128 „Project" bedeutete nach dem Sprachgebrauch der Zeit nicht „Entwurf", sondern ein Gesetz, das (unter dem Vorbehalt seiner Revision) bereits anzuwenden war (Heilfron Deutsche Rechtsgeschichte S. 374 Fn. 1). Ferner: Da sich „Fridericiani" sowohl auf „Corporis" als auch auf „Juris" beziehen kann, kommen bei Weglassung des Wortes „Project" als Bezeichnung des Gesetzbuchs sowohl „Corpus Juris Fridericianum" als auch „Corpus Juris Fridericiani" in Betracht. Von jeher wurde beides im Schrifttum vertreten, die erste Bezeichnung z. B. bei Trendelenburg S. 36, die zweite bei Savigny Darstellung S. 257.

langt, jedoch auch nur in einzelnen Provinzen[129], insbesondere in der Altmark und in Ostpreußen.

Von der Ehescheidung handelt der dritte Teil des zweiten Buchs. Die hier vor allem interessierende Bestimmung über die einverständliche Scheidung war – als allgemeine gesetzgeberische Regelung – völlig neu,[130] sie entsprach aber dem naturrechtlichen Denken, insbesondere – wie dargestellt – den Auffassungen Coccejis und Friedrichs II. Begehren beide Ehegatten die Scheidung, ist zwar zunächst für ein Jahr die Trennung von Tisch und Bett auszusprechen; gelingt aber die Versöhnung nicht, bestehen vielmehr die Ehegatten auf ihrem Willen, wird die Ehe vollständig geschieden. Darauf, ob aus der Ehe Kinder hervorgegangen sind, nimmt das Gesetz keine Rücksicht; insofern geht es noch weiter als die späteren Gesetze, d. h. das Edikt von 1782 und das ALR. Dies ist die Folge der rein vertragsrechtlichen Anschauung, wonach der Wille der Vertragsparteien in keiner Weise beschränkt werden kann.

Die verschuldensabhängigen Scheidungsgründe[131] entsprechen zumeist der Tradition: Ehebruch – mit praktisch gedachter Beweiserleichterung, z. B. genügt es, wenn eine Ehefrau „Liebesbriefe schreibet"; bösliche Verlassung im engeren Sinn, d. h. wenn der Entwichene an unbekanntem Ort weilt oder sonst unerreichbar ist; „tödliche Feindschaft" eines Teils gegen den anderen, wenn sich diese in schweren Eheverfehlungen äußert, wobei auch die traditionellen Scheidungsgründe der Sävitien („mit Schlägen tractirt") und Insidien („nach dem Leben stehet") wieder erscheinen, ebenso wie die Verurteilung zu schimpflicher Strafe. Bei minderen Verfehlungen (etwa bei geringeren Sävitien des Mannes, Verschwendung oder Trunksucht der Frau) muss der Schei-

129 Diese Provinzen sind aufgeführt in Kamptz' Jahrbüchern Bd. 59 S. 146 ff. Fn. Anderswo galt an sich das materielle Eherecht der Konsistorien weiter, soweit nicht der König – 1751 für die Kur- und Neumark – besondere Vorschriften erließ. Savigny (Darstellung S. 261) weist jedoch darauf hin, dass das Project auch in den übrigen Provinzen „mit der Kraft einer großen Autorität" wirken musste. Das zeigte sich z. B. in Pommern, wo die zahlreichen Scheidungsprozesse Anlass zu dem Edikt von 1782 gaben; s.u. S. 45.

130 Savigny S. 258; Hubrich S. 179 ff („eine vollständige Revolution"); Schwab S. 246.

131 Vgl. Savigny a. a. O. S. 259 f.; Hubrich S. 180 f. Savigny meint, unter "tödlicher Feindschaft" sei die des verletzten Ehegatten gegen den Verletzer zu verstehen; das erscheint etwas gezwungen, es steht auch im Widerspruch zu dem hier zugrunde liegenden kanonischen Recht, wo das capitale odium des Verletzers gegen seinen Gatten zur separatio führt (Hubrich S. 37 f.).

dung eine einjährige Trennung von Tisch und Bett vorausgehen, als Versuch, ob sich der Ehegatte durch Ermahnungen von seiner Lebensführung abbringen lässt. Aber auch langjähriger Wahnsinn rechtfertigt die Scheidung; dabei werden – ganz im Sinne der Aufklärung – praktische Gründe herangezogen; denn die Scheidung soll auf Begehren der Frau insbesondere dann ausgesprochen werden, wenn diese für ihr Handelsgeschäft oder die Verwaltung ihrer Güter den Beistand eines (geschäftsfähigen) Mannes braucht.[132] Anders als später das ALR gestattet Cocceji die Scheidung wegen impotentia superveniens nicht; er hatte diesen Scheidungsgrund schon 1740 in seinem Novum systema abgelehnt.[133]

Diese Regelungen entsprachen durchaus den Ansichten des Königs; es ist deshalb nicht zu verwundern, dass sich Friedrich nicht um Einzelheiten des Gesetzes gekümmert hat. Offenbar war er sich gewiss, dass Cocceji hier seinen Intentionen entsprechen werde; jedenfalls findet sich nichts darüber, dass er einzelne Bestimmungen genehmigt oder beanstandet hätte.[134]

---

132 Hierauf – und wohl auch auf die Scheidung im Einverständnis – dürfte sich die Bemerkung Wiegands beziehen, in dem Gesetzbuch Coccejis zeige sich „ethische Seichtigkeit“ (W. Wiegand S. 72).

133 Trendelenburg S. 71 Fn. 57. Dasselbe hatte Pufendorf gesagt, mit der Begründung, es handele sich um Zufall, nicht um einen Vertragsverstoß; Thomasius dagegen hatte diesen Scheidungsgrund als naturrechtlich zulässig anerkannt, da der Vertragszweck dann nicht mehr erreicht werden könne (Erle S. 147, 249). Wie schwer hier mit bloßer Vernunft eine Entscheidung zu treffen war, zeigt sich später an prominenter Stelle. Kant (Metaphysik der Sitten, Rechtslehre § 24) bezeichnet den genannten Scheidungsgrund als unzulässig. Die Begründung ist aus einer Naturrechtsvorlesung Kants von 1784 (Nachschrift bei Horn S. 52) zu ergänzen. Die Ehe ist nach Kant die Verbindung von Mann und Frau zum lebenswierigen wechselseitigen Besitz ihrer Geschlechtseigenschaften. Wird nun ein Teil „untüchtig zu dem Geschlechtsgeschäfte“, „dann heißts casum sentit dominus“. D. h. der andere Teil (die Ehefrau) ist durch die Ehe gewissermaßen dominus dieser „Eigenschaft“ geworden; geht sie zufällig unter, so trägt selbstverständlich der Eigentümer den Schaden. (Auch die Rechtsregel „Species perit ei cui debetur“ würde „beweisen“, dass die impotentia superveniens keinen Scheidungsgrund bilden kann.)

134 Trendelenburg S. 57; Koser S. 60. Dabei ist zu beachten, dass Friedrich d. Große an Einzelheiten des Zivilrechts kein Interesse hatte und nur in ganz wenigen Bereichen Einfluss nehmen wollte. Dazu gehörte allerdings in erster Linie das Eherecht. Sonst ist nur der Fall des Wassermüllers Arnold bekannt und sogar berühmt geworden, der zu einer Bestimmung des ALR führte (II 15 § 246) und

Für die Ehegerichte in der Kur- und Neumark (wo das Project des Corporis Juris Fridericiani nicht eingeführt wurde), insbesondere also für das Kammergericht, erließ der König unter dem 27. September 1751 im gleichen Sinn einen Runderlass, wonach den Eheleuten Scheidungen „nicht schwer gemacht" werden sollten, sondern wenn zwischen ihnen inimicitiae capitales[135] herrschten, die Scheidung sogar „sofort", d. h. ohne vorherige Trennung von Tisch und Bett gewährt werden musste. Damit war die einverständliche Scheidung noch mehr als im Project erleichtert. Der in dem Zirkular an sich geforderte Beweis der feindlichen Gesinnung ließ sich bei übereinstimmendem Scheidungsbegehren ohne weiteres unterstellen.

Diese Leichtigkeit der Scheidungen im gegenseitigen Einverständnis beherrschte die Rechtsprechung in den folgenden Jahrzehnten in allen Teilen der Monarchie, ohne Rücksicht darauf, welche Normen im Einzelnen galten.[136] Es lässt sich sagen, dass die Gerichte, dem Zeitgeist und dem Willen des Königs, wohl auch der eigenen Bequemlichkeit folgend, sich und den Parteien die Scheidung nicht schwer gemacht haben.[137]

---

sogar den ersten Anstoß zu dieser Kodifikation gab, wobei aber der König – wiederum mit Ausnahme des Scheidungsrechts – keinen weiteren Einfluss auf den Gang der Gesetzgebung nahm.

135 „Capitalis": eigentlich „tödlich", hier aber zu „verderblich, gefährlich" abgeschwächt, wie auch in der „tödlichen Feindschaft" des Projects von 1749.

136 Savigny Darstellung S. 261 f.

137 Wie wenig hier formale Bedenken eine Rolle spielten, wird später bei der Entstehung des ALR darzustellen sein (S. 46 f.): Es genügte, dass der König in einer Kabinettsorder an einen Gerichtspräsidenten die „Richtung" vorgab; das kurz zuvor ergangene Edikt mit seinen ausführlichen Bestimmungen wurde dann durch kühne Ausdehnung beiseite geschoben.

3. Die Entstehung des Scheidungsrechts im ALR (Svarez; das Edikt vom 17. November 1782; die Kabinettsorder vom 22. Mai 1783; die Verhandlungen zum ALR)

Die Wirrnisse des 1779 durch königlichen Machtspruch beendeten Müller-Arnold-Prozesses dazu geführt, dass Friedrich der Große die Arbeiten an einem allgemeinen Gesetzbuch, die dreißig Jahre unterbrochen waren, wieder aufnehmen ließ.[138] Alsbald beauftragte er durch Kabinettsorder vom 6./14. April 1780 den von ihm neu ernannten Großkanzler von Carmer hiermit.

Den Hauptteil der Arbeiten leistete – wie gleichfalls allgemein bekannt ist – Carl Gottlieb Svarez (1746-1798). Dieser schuf insbesondere die das Eherecht enthaltenden Teile des Gesetzbuchs.[139]

Svarez stand auf dem Boden der friderizianischen Aufklärung.[140] Der Staat hatte durch seine Gesetze nicht nur Sicherheit und Ruhe zu gewährleisten, sondern als Erziehungsanstalt die Bürger zur Selbstvervollkommnung anzuhalten; diese bestand im Dienst an der Gemeinschaft und im pflichtgemäßen Handeln in Staat und Beruf, ohne Bindung an die Kirchenlehre.

Es versteht sich danach, dass Svarez mit dem weltlichen Scheidungsrecht, wie Cocceji es geschaffen hatte und wie es in der Praxis aller Gerichte gehandhabt wurde, im Grundsatz einverstanden war. Hierin bestärkt wurde er durch seine regelmäßige Teilnahme an den Sitzungen der „Mittwochsgesellschaft", in der sich seit 1783 die führenden Köpfe der Berliner Aufklärung regelmäßig trafen.[141] Zu ihnen gehörten der bekannte Schriftsteller Friedrich Nicolai, aber auch die Oberkonsistorialräte Zöllner und Teller. Zu Teller trat Svarez in besonders enge Beziehung. Dass sich die Auffassung dieses Theologen zur Ehescheidung in keiner Weise von der preußischen Gesetzgebung entfernte, ist bereits gesagt worden.[142] Zöllner wiederum war der Verfasser des Aufsatzes „Ist es ratsam, das Ehebündnis ferner durch die Religion zu sanzieren?", der

---

138 Wieacker S. 329; Kunisch S. 293 ff.; Schieder S. 292 ff.; Karst S. 185 ff.

139 Zur Verteilung der Vorarbeiten zu dem Gesetz vgl. Pätzold S. 358; Wieacker S. 330: eingehend Stölzel Svarez S. 151 ff. und Karst S. 180 ff.

140 Wieacker S. 329

141 Stölzel Svarez S. 178 ff. Zur Bedeutung der Diskussionszirkel für die Entstehung des ALR s. auch Hattenhauer S. 6 f.

142 o. S. 28 f.

Anlass gab für die berühmte Abhandlung Kants „Was ist Aufklärung?“ von 1784.

Es kann also nicht verwundern, dass im ALR die größte Anzahl von Ehescheidungsgründen erscheint, die jemals ein Gesetzbuch geboten hat. Allerdings hat dieses „Füllhorn“ von Gründen[143] nicht so sehr den Zweck, die Scheidung noch weiter zu erleichtern als es schon nach geltendem Recht möglich war. Svarez war von moralischer Lässigkeit weit entfernt.[144] Wie alsbald zu zeigen sein wird, hat er in der Einleitung des Edikts von 1782 alle gegen eine leichte Scheidung sprechenden Gesichtspunkte eindringlich dargestellt und in der Schlussrevision des ALR bei den zwei streitigsten Scheidungsgründen – beiderseitige und einseitige Abneigung – alle Argumente mit großem Ernst erwogen. Die zahlreichen weiteren Scheidungsgründe sind zwar mit ungewöhnlicher Vollständigkeit gesammelt;[145] jedoch ist dies schon aus Svarez' Absicht zu verstehen, größtmögliche Rechtssicherheit zu gewähren und mit den Tatbeständen des Gesetzes alle denkbaren Lebenssachverhalte zu erfassen.[146] In einem Vortrag in der Mittwochsgesellschaft hatte Svarez ausgeführt, undeutliche oder sehr knappe Gesetze seien für die bürgerliche Freiheit eine Gefahr, da sie dem Richter zu große Macht gäben. Dieses Misstrauen gegen willkürliche Gesetzesinterpretation hat dazu geführt, dass nach Erlass des ALR die Gerichte Auslegungsfragen der Gesetzeskommission vorzulegen hatten, was sich freilich nicht lange durchführen ließ.[147] Die Ausführlichkeit des Ehescheidungsrechts hatte somit vor allem den Zweck, die bis dahin bestehende willkürliche Gewährung von Scheidungsgründen zu beenden. Der Detailgenauigkeit bei den Scheidungsgründen entspricht im Übrigen die Ausführlichkeit bei der Festlegung der aus der Ehe er-

---

143 Stahl in der Generaldebatte des Herrenhauses (Sten. Ber. Herrenhaus 1854-55 S. 255 [Stahl Reden S. 109]).

144 Wolf S. 453 ff. Auch Stahl (a. a. O. S. 257) rühmt bei aller Abneigung gegen das Scheidungsrecht des ALR die „Rechtlichkeit“, durch die sich die Schöpfer des Gesetzes ausgezeichnet hätten.

145 Wegen der Gliederung und Untergliederung des Abschnittes wäre eine genaue Zahlenangabe willkürlich. Mitteis/ Lieberich S. 66 zählen „etwa 30“ Scheidungsgründe.

146 Stölzel Svarez S. 183 f.; Wolf S. 443 f.; Hinschius S. 10 f.

147 Heilfron Deutsche Rechtsgeschichte S. 380; Wieacker S. 332. Schon durch Kabinettsorder vom 8.3.1798 wurde der Richter zu eigener Auslegung ermächtigt.

wachsenden Pflichten; allein für die personenbezogenen Pflichten enthält das ALR 32 Bestimmungen (II 1 §§ 173-204).

Auf dem Boden des Naturrechts und der Aufklärung steht Svarez auch insofern, als er die Ehe als (bloßen) bürgerlich-rechtlichen Vertrag auffasst.[148] Dies ist zwar bestritten worden,[149] aber mit kaum überzeugenden Argumenten. Wenn die Ehe im ALR nicht zusammen mit den Verträgen des Vermögensrechts geregelt ist, hat das angesichts des Aufbaus dieses Gesetzes wenig zu bedeuten. Denn im ersten Teil des ALR wird das Vermögensrecht der einzelnen Rechtsteilnehmer abgehandelt, also (nach heutiger Einteilung) das Schuldrecht, das Sachenrecht, aber auch das Erbrecht; im zweiten Teil das Recht der Vereinigungen, d.h. das Familienrecht einschließlich des Gesinderechts, das Recht der „verschiedenen Stände im Staate" und das Verfassungs- und Verwaltungsrecht. Dass die Ehe zu den Vereinigungen gehört und deshalb nicht mit dem Kauf usw. im ersten Teil zu regeln war, entspricht der naturrechtlichen Systematik.[150] Schon im Corpus Juris Fridericiani war die Ehe als „Vereinigung eines Mannes und Weibes" (nicht als „Vertrag") definiert worden, ohne dass deshalb an der vernunftrechtlichen Auffassung der Ehe als Vertragsverhältnis zu zweifeln wäre. Wenn als zweite Begründung dafür, dass Svarez die Ehe nicht als bloßes Vertragsverhältnis betrachtet habe, angeführt wird, er habe die rechtliche Besonderheit dieses Lebensgebietes herausgestellt, so ist auch dies keineswegs zwingend. Dass sich die Ehe und ihre Auflösung von dem Abschluss und der Kündigung eines Mietvertrages ganz wesentlich unterscheidet, ist natürlich richtig, die begriffliche Einordnung hängt aber davon nicht ab. Im Übrigen ist diese für die Regelung der Rechtsfolgen, auf die es dem praktischen Juristen ankommen musste, nicht von wesentlicher Bedeutung.[151]

148 Gitzler S. 180; Hauser S. 17; Hubrich S. 60 Fn. 1, S. 186.

149 Wolf S. 453 („Von der naturrechtlichen Auffassung, wonach die Ehe nur ein Vertrag … sei, war Svarez weit entfernt"). Anders Wieacker S. 333, wonach das Scheidungsrecht des ALR „vernunftrechtlich" sei.

150 Wieacker S. 332.

151 In seinen Vorträgen vor dem Kronprinzen (1791/92) sagt Svarez, die Ehe sei zwar ein Vertrag, seine Auflösung könne aber aus Gründen der Moral nicht – wie bei den anderen Verträgen – der willkürlichen gegenseitigen Einwilligung der Partei überlassen bleiben (Svarez Vorträge S. 323; so auch in der schriftlichen Zusammenfassung [Svarez Die Kronprinzenvorträge S. 720]).

Als Svarez die Arbeit an dem neuen Gesetz aufgenommen hatte, führte die großzügige Scheidungspraxis zu solchen Missständen, dass sich der König zum Einschreiten gezwungen sah. Auf einer Reise durch Pommern erfuhr Friedrich, dass in dieser Provinz eine Unmenge von Scheidungsprozessen anhängig war. In der Kabinettsorder aus Stargard vom 4. Juni 1782[152] an den Großkanzler Carmer forderte er diesen auf, diesen Zustand abzustellen und vor der Abfassung des allgemeinen Gesetzbuchs das Ehescheidungsrecht neu zu ordnen; dabei sei zu beachten, dass nur wenige Scheidungsgründe zulässig sein könnten. Carmer ließ nun durch Svarez alsbald ein dem Willen des Königs entsprechendes Edikt ausarbeiten. Es wurde am 17. November 1782 verkündet und schuf zum ersten Mal ein für die gesamte Monarchie geltendes Scheidungsrecht.

Die – gleichfalls von Svarez verfasste – einleitende Begründung des Edikts ist sehr ausführlich. Da die Argumente, die Svarez hier gesammelt hat, in den Reformbestrebungen des 19. Jahrhunderts gegen sein Gesetz, das ALR, geltend gemacht wurden, soll hier eine Gliederung der im Edikt als Fließtext aufgeführten Gesichtspunkte folgen:

1. Der öffentliche Wohlstand wird durch die übertriebene Leichtigkeit der Scheidung beeinträchtigt.
2. Die Zügellosigkeit der Sitten und der Hang zur ungescheuten Verletzung der „heiligsten Verbindungen“ werden verstärkt.
3. Wegen der Mühelosigkeit der Scheidung werden unschickliche und unüberlegte Ehen geschlossen.
4. Die dem Staat schädliche Ehelosigkeit wird befördert, weil bedenkliche Gemüter vor einer so unzuverlässigen Bindung zurückschrecken.

152 Savigny Darstellung S. 262 (das daraufhin erlassene Edikt teilweise wiedergegeben S. 263 f. und bei Hubrich S. 183 ff.; ein umfangreicher Abdruck findet sich in den Verhandlungen des 20. Deutschen Juristentags [1889] 2. Bd. S. 226-234). – Für den Regierungsstil Friedrichs ist bezeichnend, dass er erst am 2. Juni, aus Küstrin kommend, in Stargard eingetroffen war, um dort „Revue“ (Truppeninspektion) zu halten (Tagebuch oder Geschichtskalender aus Friedrich's des Großen Regentenleben, 3. Bd. 1842 [Nachdruck Bad Honnef 1982] S. 279). Die Befassung mit den Scheidungsverfahren kann also nicht sehr gründlich gewesen sein. Die Befehle des Königs mussten dann aber immer „cito citissime“ ausgeführt werden (Treue S. 176). Auf die „unstete“ Regierungsweise Friedrichs weist Thieme (S. 364 Fn. 1) hin; diese zeigt sich auch hier, indem er ein Jahr später wieder ganz anders entscheidet, s. sogleich.

5. Der zur häuslichen Glückseligkeit nötigen Bereitschaft der Eheleute, sich in einander zu schicken und jeden Anlass zum Missvergnügen zu vermeiden, wird die Triebfeder genommen.
6. Den schädlichen Eindrücken der Verführung wird freier Zugang eröffnet.
7. Die Kinder leiden unter der Scheidung, weil die geschiedenen Eheleute sie mit Kaltsinn und Abneigung behandeln und ihre Erziehung vernachlässigen, aber auch, weil das elterliche Vermögen zersplittert wird.

Ferner beklagt die Begründung des Edikts, dass die Gerichte in den Ehescheidungssachen nicht mit der Vorsicht handeln, die in diesen so wichtigen Angelegenheiten geboten wäre; auch legten sie die gesetzlichen Bestimmungen oft unangemessen weit aus – hier kommt der Wille Svarez' zum Ausdruck, durch genaue Fassung der Gesetze derartiger Willkür vorzubeugen.

In dem Edikt ist namentlich die Scheidung aufgrund beiderseitiger Einwilligung weit strenger geregelt als in dem Gesetz von 1749. Diese wird grundsätzlich abgelehnt und nur als Ausnahme unter zwei Voraussetzungen zugelassen: Vor allem dass die Ehe mehrere Jahre kinderlos geblieben ist, ferner, dass die Scheidung nach zuverlässiger Überzeugung des Richters aus völlig freiem Willen beider Parteien und nach reiflicher Überlegung begehrt wird. Zu den sonstigen Scheidungsgründen erklärt sich das Edikt nicht wesentlich anders als das frühere Gesetz.

Kaum ein halbes Jahr später, am 23. Mai 1783, äußert sich der König in einer Kabinettsorder an den Regierungspräsidenten von Tevenar in Magdeburg[153] wieder in ganz anderem Sinn. In der Verfügung äußert der

153 Da diese Kabinettsorder (Text bei Hubrich S. 185 f.) einen locus classicus in der Geschichte des preußischen Scheidungsrechts bildet und da immer wieder von dem „Regierungspräsidenten" die Rede ist, kann zum Verständnis dienen, dass „Regierung" im Preußen des 18. Jahrhunderts die Bezeichnung der gerichtlichen Mittelinstanz war, die später als „Oberlandesgericht" bezeichnet wurde (E. Schmidt S. 25, 35). Der Gerichtspräsident von Tevenar war im Übrigen auch als juristischer Schriftsteller tätig und stand im Gedankenaustausch mit Svarez (Thieme S. 359 Fn. 5), woraus sich vielleicht erklärt, dass Svarez später – wie darzustellen sein wird – den Gedanken der Kabinettsorder, die seinen Darlegungen in dem Edikt widersprachen, so große Bedeutung beimaß. – Als Kuriosum der Rechtsgeschichte kann man die Tatsache ansehen, dass der Adressat der „laxen"

König, dass die Gerichte mit der Scheidung zwar „nicht so gar facil" sein dürften, dass Missbräuche entstünden, aber auch „nicht gar zu difficil", „sonsten hindert das die Population. Denn sobald ... die Gemüther in beständiger Verbitterung wider einander verbleiben, so werden sie auch keine Kinder mit einander erzeugen und das ist der Population zum Nachtheil. Dagegen wird ein solches Paar geschieden, und das Weib heirathet dann einen anderen Kerl, so kommen doch eher Kinder davon ..."

Diese Erwägungen, die – wie zu zeigen sein wird – noch in den abschließenden Beratungen zum ALR eine ganz erhebliche Bedeutung hatten, waren für das Scheidungsrecht neu;[154] sie lagen aber im Sinn des Merkantilismus, der dem Fürsten die vordringliche Aufgabe stellte, auf jede Weise die Wirtschaftskraft des Staates zu stärken. Dazu gehörte vor allem die Vermehrung der (arbeitenden) Bevölkerung. Den Gedanken hieran brauchte Friedrich II. nicht einem bestimmten Autor zu entnehmen; er lag gewissermaßen in der Luft.[155] Schon Leibniz hatte gesagt: Vera regni potestas in hominum numero consistit; ubi enim sunt homines, ibi substantiae et vires,[156] und Friedrich Wilhelm I. hatte „Menschen für den größten Reichtum" des Landes gehalten.[157] Im Vergleich mit der ungeheuren Zahl der nach Preußen Eingewanderten konnte eine großzügige Scheidungspraxis zwar die Wirtschaftskraft schwerlich nennenswert

Kabinettsorder von 1783 Vorgänger des schärfsten Gegners eines freien Scheidungsrechts war, Ernst Ludwig von Gerlachs, der 1844 Präsident des Oberlandesgerichts Magdeburg wurde.

154 Allerdings hatte Friedrich II. schon früher (1751 und 1754) im Interesse der Einwanderung in zwei Einzelfällen verfügt: Wenn die Ehefrau des Einwandernden diesem nicht nach Preußen folgen will, so ist sofort die Scheidung zu gewähren, ohne dass ein förmlicher Prozess wegen Desertion der Frau stattfinden muss (Friedberg Beiträge S. 103). Auch hatte der Kameralist Justi geäußert: Die Scheidung sei allgemein zu erleichtern, um die staatsschädliche Eheunlust zu bekämpfen (Buchholz Recht S. 411 f.; s. auch o. S. 29). Das ist aber immer noch ein etwas anderer Gesichtspunkt als der von Friedrich in der Kabinettsorder ausgesprochene.

155 Zur Bevölkerungspolitik insbesondere des Merkantilismus vgl. Roscher S. 811 ff. Dass der Staat auch die Ehegesetzgebung im Interesse der Bevölkerungsvermehrung regeln müsse, war ein verbreiteter Gedanke, z. B. in Österreich vertreten durch Martini (seit 1754 Professor in Wien), vgl. v. Voltelini S. 102. Allerdings war damit vor allem die Aufhebung von Ehehindernissen gemeint.

156 Zitat bei Roscher S. 820 Fn. 2.

157 Treue S. 170.

stärken, aber ähnlich kleine oder kleinliche Maßnahmen wurden auch anderswo versucht; so empfahl der österreichische Merkantilist Sonnenfels, Mörder statt zum Tod zur Zwangsarbeit zu verurteilen, nicht aus Gründen der Humanität, sondern um ihre Arbeitskraft dem Staat nützlich zu machen.[158] Spätere Zeiten empfanden die Kabinettsorder Friedrichs als roh,[159] und die Gegner des ALR griffen bei ihren Reformbemühungen gern diesen schwachen Punkt an. Während Savigny die bevölkerungspolitische Begründung nur als wertlos ansah,[160] diente sie Stahl in seiner Rede vom 13. März 1855 zu der sarkastischen Bemerkung, der Gesetzgeber der Aufklärungszeit habe die Bevölkerung als nutzbringende Schafherde angesehen.[161]

Auffällig ist an der Kabinettsorder – wie bereits angedeutet – der Gegensatz zu der Order vom 4. Juni 1782, auf der das Edikt von 1782 beruhte. Im ganz klaren Widerspruch zu der Order an den Gerichtspräsidenten steht ein früheres Reskript Friedrichs an das Kammergericht (vom 27. November 1765); dort wird gefordert, den gar zu häufigen Ehescheidungen müsse auch deshalb vorgebeugt werden, weil viele Eheleute die Scheidung nur suchten, um „einen anderen Mann oder eine andere Frau zu haben"[162] – also aus dem Grund, der nach der Kabinettsorder von 1783 gerade dem Staat nützlich sei.

Die Kabinettsorder vom 22. Mai 1783 hatte zur Folge, dass zahlreiche Gerichte – entgegen dem klaren Wortlaut des Edikts – Ehen auch dann schieden, wenn nur auf einer Seite unüberwindliche Abneigung herrsch-

158 Treue S. 236 f.

159 Roscher a. a. O.

160 Savigny Darstellung S. 288 („wird jetzt wohl keine Verteidiger mehr finden"). Auch Gerlach ließ es sich in der Generaldebatte des Abgeordnetenhauses nicht nehmen, die Kabinettsorder zu zitieren; dass sei der „Ton" gewesen, in dem man „damals die Scheidung behandelt" habe (Sten. Ber. Abg. – Haus 1856-57 1. Bd. S. 273). Die Pointe, dass v. Tevenar sein Amtsvorgänger gewesen war, entging ihm, er bezeichnete die Kabinettsorder irrig als „Reskript an die Konsistorien".

161 Sten. Ber. Herrenhaus 1854-55 1. Bd. 5. 255 [Stahl Reden S. 108] („gleich als handle es sich um eine Herde Schafe"). Dieser spöttische Vergleich war nicht ganz unberechtigt, da Friedrich II. selbst, in freilich vornehmerer Ausdrucksweise, an Voltaire geschrieben hatte (1741): Die Menschen seien eine „Herde von Hirschen, welche im Wildpark eines großen Herren weidet, um sich zu mehren und den Park zu füllen" (Kulischer S. 33, bei der Darstellung der Bevölkerungspolitik des Merkantilismus).

162 Hubrich S. 183 Fn. 5.

te ohne dass hierzu ein Grund im Verhalten des anderen Ehegatten vorliegen musste, ferner auch dann, wenn bei übereinstimmendem Scheidungsbegehren Kinder vorhanden waren.[163] Hieran ist zunächst die Unbekümmertheit auffällig, mit der ein für die gesamte Monarchie erlassenes Gesetz (das Edikt von 1782) nach Ansicht der Gerichte beiseite gesetzt werden konnte durch die an einen Gerichtspräsidenten gerichtete Kabinettsorder, die keine bestimmten Normen enthielt, auch das Edikt nicht nannte, sondern nur eine Richtung vorgab („nicht gar zu difficil"). Dabei ließ sich die Order, so wie sie von den Gerichten angewandt wurde, auch nicht als bloße Auslegungsregel verstehen, da der Wortlaut und die Entstehungsgeschichte des Edikts eine Ausdehnung auf die einverständliche Scheidung von Ehen mit Kindern und auf die Scheidung wegen einseitigen Widerwillens nicht zuließ.[164] Die Rechtsprechung erklärt sich aber zwanglos daraus, dass die preußischen Gerichte wegen der langen Zersplitterung der Rechtsquellen gewohnt waren, mehr der allgemeinen Tendenz des Gesetzgebers – des Monarchen – und ihren eigenen, zeitbedingten Ansichten zu folgen als eine exakte Auslegung der Normen zu unternehmen.

Diese Rechtsprechung wirkte aber zunächst auf die Arbeiten am ALR nicht ein. Der Entwurf von 1784 verbietet wie das Edikt von 1782 in der Regel die Scheidung aufgrund gegenseitiger Übereinkunft und gewährt sie nur als Ausnahme, und auch nur bei mehrjähriger unfruchtbarer Ehe; die Scheidung wegen einseitigen Widerwillens lässt auch der Entwurf nicht zu. Dasselbe bestimmt die nach dem Regierungsantritt Friedrich Wilhelms II. (1786) erschienene erste Fassung des Gesetzes (1791), wobei – genauer als zuvor – die kinderlose Ehe vier Jahre gedauert haben muss, bevor sie aufgrund übereinstimmender Willensbekundungen geschieden werden kann. Zwei an sich beachtliche (wenn auch wenige Fäl-

163 Vgl. den Vortrag Svarez' zum Ehescheidungsrechts des ALR, im Staatsrat beraten am 20./ 27. Januar 1794 (Kamptz' Jahrbücher Bd. 41 [1833] S. 156 ff.); ferner die Darstellung dieser Rechtsprechung im Beschluss des Obertribunals vom 16. Dezember 1839 (ObTribE 5, 180 ff.).

164 Svarez versuchte in seinem S. 50. genannten Vortrag diese Rechtsprechung gleichwohl zu begründen: Bei der Ehe mit Kindern könne gerade diesen die einverständliche Scheidung von Nutzen sein (jedenfalls nach heutiger Ansicht ein Argument für die Gesetzgebung, aber keine Auslegung); bei dem Scheidungsbegehren wegen einseitiger Abneigung sei dem Richter ein „gewisses Arbitrium" eingeräumt worden – als Auslegung des Edikts ebenso wenig überzeugend.

le betreffende) Abweichungen vom Edikt sind später nicht wieder streitig geworden (II 1 § 696, Scheidung wegen impotentia superveniens, und § 697, Scheidung wegen ekelerregender Krankheit; ferner die zu den „groben Verbrechen" gezählten Scheidungsgründe der unerlaubten Handlung, durch die der Ehegatte Leben, Ehre, Amt oder Gewerbe verlieren kann (§ 706) und des schimpflichen Gewerbes (§ 707)).

Die erste Fassung des „Allgemeinen Gesetzbuchs für die preußischen Staaten" sollte am 1. Juni 1792 in Kraft treten, die Gesetzeskraft wurde aber durch Kabinettsorder vom 18. April 1792 auf unbestimmte Zeit verschoben.[165] Mit dem Ehescheidungsrecht hatte dies nichts zu tun. Vielmehr betrafen die Bedenken den staatsrechtlichen Teil des Gesetzes, ferner unter anderem einige Bestimmungen des Erbrechts; aus dem Familienrecht die Ausdehnung der Ehe zur linken Hand (morganatische Ehe) auf alle Angehörigen des Adels.[166]

Auf das Ehescheidungsrecht wirkte die religionspolitische Reaktion, die mit Friedrich Wilhelm II. einsetzte,[167] in keiner Weise ein, ganz im Gegensatz zu der Zeit nach 1840, als mit dem Regierungsantritt Friedrich Wilhelms IV. das freie Scheidungsrecht des ALR dem vollen Angriff der konservativen Kräfte ausgesetzt war. Der Hauptgrund dürfte gewesen sein, dass die erotische Libertinage Friedrich Wilhelms II. ihn kaum veranlassen konnte, gegen das großzügige Scheidungsrecht des entstehenden Gesetzbuchs Stellung zu beziehen.[168]

165 Heilfron Deutsche Rechtsgeschichte S. 377.

166 Stölzel S. 381, 386, 389. Bei dem Eintreten für die morganatische Ehe bediente sich Svarez des offenbar gängig gewordenen Hinweises auf die Förderung der Population, die von der Regelung zu erwarten sei (Stölzel S. 390 f.). Praktische Folgen hatte aber auch diese Maßnahme nicht: In einem Jahrhundert kamen morganatische Ehen im preußischen Adel nur dreimal vor.

167 Vgl. hierzu Hintze S. 411 f.; Heussi § 107 f (S. 406 f.). Die Maßnahmen der mit dem Religionsedikt Wöllners (1788) beginnenden Ära sollten den Rationalismus der Aufklärung in Kirche und Schule bekämpfen. Die Ehegesetzgebung blieb davon unberührt. Auch die zugleich einsetzende, von der kirchenpolitischen Reaktion unabhängige konservative Strömung (Buchholz Recht S. 432 f.) beeinflusste das ALR nicht mehr.

168 Einen guten Eindruck von der ganz anderen Konstellation in den 1780er Jahren gibt die „Fahrländer Chronik" des Pastors Johann Andreas Moritz (teilweise wiedergegeben bei Fontane, Wanderungen durch die Mark Brandenburg, Havelland). Moritz war entschiedener Rationalist und treuer Anhänger des schon mehrfach genannten „aufgeklärten" Theologen Teller, zugleich aber von großer

Verfehlt erscheint die Ansicht[169], für die endgültige Fassung des landrechtlichen Scheidungsrechts seien die „revolutionären Ereignisse in Frankreich“ von Bedeutung gewesen: diese hätten auf die Verweltlichungstendenz des ALR Einfluss gehabt. In der Schlussrevision (Ende 1793/ Anfang 1794) neu zur Sprache gekommen war aber nur die Scheidung aufgrund einseitigen Widerwillens. Diese entsprach nun zwar -in gemäßigter Form - der Scheidung „sur la simple allégation d'incompatibilité d'humeur ou de caractère“ des französischen Gesetzes vom 20. September 1792. Dass dieses auf die preußische Legislation eingewirkt hat, ist aber ausgeschlossen. Wie Svarez in der Schlussrevision des ALR ausführte (s.u.), beruhte die preußische Praxis auf der Kabinettsorder von 1783, sie geht also dem französischen Gesetz zeitlich voraus. Hiervon abgesehen, waren die seit dem Herbst 1792 wahrgenommenen Ereignisse in Frankreich nicht so beschaffen, dass sie Anregungen für den preußischen Gesetzgeber bieten konnten (sog. Septembermorde in Paris; gerade am 20. September 1792 die berühmte Kanonade von Valmy, die den preußischen König zum Rückzug veranlasste). Schon das bloße Wort „Bürger“ in der Einleitung des ALR führte zum Widerspruch, da es an den „citoyen“ der Revolution erinnerte.[170]

Durch Kabinettsorder vom 17. November 1793 erhielt der Großkanzler von Carmer den Auftrag, das Gesetz umzuarbeiten, insbesondere dessen staatsrechtliche Normen und „alle neue, aus den bisher bestandenen Gesetzen nicht fließende und zu deren Bestimmung und Ergänzung nicht dienende Vorschriften wegzulassen“. Mit dieser Aufgabe betraute Carmer wieder Svarez, der schriftliche Vorträge ausarbeitete und diese im Staatsrat zur Beratung stellte.[171]

Strenge, was die Ehemoral betraf. Ehewidrige Beziehungen in der Oberschicht und leichtfertige Heiraten und Scheidungen bei den einfachen Leuten missfallen ihm im höchsten Grad. An Friedrich Wilhelms II. Regierung empört ihn, dass dieser Monarch, als wäre es seine Hauptsorge, gleich nach seiner Thronbesteigung den Predigern befohlen hatte, uneheliche Mütter „von allem Schimpf und aller Schande“ zu verschonen. (Der König selbst hatte mehrere uneheliche Kinder. Er war im Übrigen einmal geschieden und hatte neben seiner zweiten Ehefrau zweimal eine Hofdame „zur linken Hand“ geheiratet [Hintze S. 405 ff.]. Dass er nicht auf ein strengeres Eherecht drang, war verständlich.)

169 Blasius S. 28.

170 Stölzel Svarez S. 386.

171 Das Folgende nach der Wiedergabe der Akten in Kamptz' Jahrbüchern Bd. 41 [1833] S. 156 ff.

Im Ehescheidungsrecht trug Svarez seine Berichte in den Sitzungen vom 20. und 27. Januar 1794 vor. Dabei kamen die minder wichtigen Abweichungen von dem Edikt des Jahres 1782[172] nicht zur Erörterung, da sie als bloße Ergänzungen des Edikts erschienen, die keiner Rechtfertigung bedurften. Ausgiebig erörtert wurde dagegen die Scheidung aufgrund übereinstimmenden Willens und aufgrund einseitiger Abneigung, also die schon zuvor lebhaft umstrittenen und für das preußische Eherecht kennzeichnenden Scheidungsgründe. In Svarez' Vortrag zu beiden Tatbeständen waren alternative Vorschläge einander mit eingehenden Begründungen gegenübergestellt. Entweder könne es bei der Regelung des Edikts und der ersten Fassung des Gesetzes verbleiben. Oder aber bei beiderseitigem Einverständnis könne die Scheidung auch dann ausgesprochen werden, wenn aus der Ehe Kinder hervorgegangen seien, vorausgesetzt, die gegenseitige Abneigung sei tief eingewurzelt und die Trennung diene auch dem – von einem Kurator festzustellenden – Kindeswohl. Bei einseitigem Widerwillen solle der Richter „in besonderen Fällen", wenn alle Hoffnung auf Wiederversöhnung ausgeschlossen sei, diese „unglückliche Ehe" scheiden dürfen.

Nach der ersten Sitzung hatte der Staatsrat beschlossen, über diese Alternativen nicht selbst zu entscheiden, sondern die Entscheidung dem König zu überlassen. Eine Woche später lautete der endgültige Beschluss (das ultimum conclusum) ganz anders. Die Scheidung aufgrund übereinstimmenden Willens sollte auch dann zulässig sein, wenn Kinder vorhanden waren, hier (und nur hier) nach einer Prüfung, ob die Scheidung aus freien Stücken und nach reifer Überlegung begehrt wurde; von der Hinzuziehung eines Kurators war keine Rede mehr. Kinderlose Ehen sollten auf übereinstimmenden Antrag ohne weiteres geschieden werden. Die Scheidung aufgrund einseitiger Abneigung sollte unter den bereits von Svarez für diesen Fall genannten Voraussetzungen als Ausnahme gestattet sein. In dem Anschreiben an den König vom 28. Januar 1794 wies der Großkanzler darauf hin, dass die Scheidung wegen einseitiger Abneigung vorgeschlagen werde, weil insofern die Strenge des Edikts von 1782 „die Population verhindere" und dadurch „dem Staate nachtheilig

172 Vgl. o. S. 47 f.

werden dürfte". Carmer selbst hatte diese Neuerung abgelehnt, die Gesetzeskommission war ihm aber nicht gefolgt.[173]

Das ultimum conclusum des Staatsrates wurde dann am 30. Januar 1794 in einer persönlichen Audienz dem König (und seinem Kabinett) vorgetragen und von ihm gebilligt; jedoch in der Weise, dass die Scheidung aufgrund beiderseitigen Willens nur bei kinderlosen Ehen gestattet werden sollte und auch nur, wenn nicht Leichtsinn, Übereilung oder ein heimlicher Zwang gegenüber einem Ehegatten festzustellen seien. Insofern wurde also die Radikalität des Beschlusses wieder gemildert. Hinsichtlich der als Ausnahme zu gewährenden Scheidung wegen einseitiger Abneigung verblieb es bei der vorgeschlagenen Regelung.

Schon am 5. Februar, einen Tag nach der Approbation auch des vierten Bandes, wurde das gesamte Gesetz unter dem Titel „Allgemeines Landrecht für die Preußischen Staaten" publiziert. Es trat am 1. Juni 1794 in Kraft.[174]

4. Zwischenergebnis

Es hat sich gezeigt, dass das Scheidungsrecht des ALR – soweit seine Tatbestände nicht traditionell (d. h. dem protestantischem Kirchenrecht entnommen) waren – seine Entstehung und seine Gestalt dem Willen Friedrichs II. verdankte. Dieser hatte schon in Cocceji einen überzeugten Vertreter seiner Ansichten gefunden und auch in den von ihm großzügig ausgesprochenen Dispensen den rein weltlichen Charakter der Ehe und ihre deshalb zu erleichternde Auflösung betont. Svarez hat dann die allgemein ausgesprochenen Absichten des Königs in die abschließende Gesetzesreform gebracht. Für Svarez' Folgsamkeit ist es kennzeichnend, dass er zunächst aufgrund einer weniger scheidungsfreundlichen Kabinettsorder Friedrichs mit dem Edikt vom 17.11.1782 ein etwas strengeres Scheidungsrecht verfasst hatte, dann aber unter dem Eindruck einer weiteren Kabinettsorder vom 23.05.1783 ein großzügiges Scheidungsrecht

173 Savigny Darstellung S. 269. Man geht wohl nicht fehl, wenn man in dem Anschreiben eine gewisse Distanzierung zu sehen glaubt: Während der Großkanzler die übrigen vorgeschlagenen Änderungen kommentarlos mitteilt, fügt er hier hinzu, dass die Strenge des Edikts „nach Meinung des Justizdepartements" (Justizministeriums) habe gemildert werden müssen.

174 Das Ehescheidungsrecht des ALR galt sofort und auch nicht nur subsidiär (vgl. hierzu Heilfron, Deutsche Rechtsgeschichte S. 379 f.).

entwarf, das schließlich nach einigen Abänderungen im Gesetzgebungsverfahren in das ALR von 1794 Aufnahme fand. Der Regierungswechsel von 1786 hatte keinen Einfluss auf das Scheidungsrecht, obwohl sich Friedrich Wilhem II. von der Gleichgültigkeit in religiösen Fragen abwandte, die Friedrich II. während seiner Herrschaft gezeigt hatte. Svarez blieb der Gedankenwelt Friedrichs II. und dem protestantischen Rationalismus verbunden.

Inwiefern diese Tendenz die einzelnen Tatbestände des landrechtlichen Scheidungsrechts geformt hat und wie die im 19. Jahrhundert einsetzende konservativ konfessionelle Gegenbewegung hier Änderungen schaffen wollte, wird nunmehr zu zeigen sein.

C Scheidungsgründe und Scheidungsfolgen nach dem ALR

Nunmehr werden die Gründe (II 1 §§ 669 ff.) und – in geringerem Umfang – die Rechtsfolgen (§§ 732 ff.) der Ehescheidung nach dem preußischen Recht dargestellt. Die Darstellung stützt sich auf dreierlei: auf die Materialien zum ALR; auf die Auslegung des Gesetzes durch Gerichte; auf die Ansichten des Schrifttums zu dem Gesetz und zu seiner Interpretation. Immer wird auch die Rechtsprechung des 19. Jahrhunderts zum gemeinen protestantischen Eherecht heranzuziehen sein; zunächst dort, wo die Scheidungsgründe (wie beim Ehebruch und der böslichen Verlassung) mit dem ALR übereinstimmen, wodurch festgestellt werden kann, ob bestimmte Rechtsansichten der Gerichte von dem Gesetz erzwungen waren oder auf einer hiervon unabhängigen Wertung beruhten;[175] sodann aber auch, um durch den Vergleich des (auf der Judikatur beruhenden) gemeinen protestantischen Rechts mit dem Landrecht den eigentümlichen Charakter des preußischen Rechts hervortreten zu lassen. In etwas geringerem Maß wird zur historischen Rechtsvergleichung auch das französische Ehescheidungsrecht zu beachten sein.

Bei den Gerichtsentscheidungen zum ALR sind in erster Linie die des Preußischen Obertribunals heranzuziehen, dann die des Reichsgerichts, in einigen Fällen auch Erkenntnisse des Oberappellationsgerichts München (ergangen für die landrechtlichen Teile Bayerns).

175 Auffällig ist, dass die Gerichte fast nie für ein Rechtsgebiet auf das andere Bezug nehmen, auch wo dies nahe lag. So wiederholt das Obertribunal in seiner gemeinrechtlichen Entscheidung vom 4.9.1874 (SeuffA Bd. 32 Nr. 53) seine ständige landrechtliche Rechtsprechung zum versuchten Ehebruch (der keinen Scheidungsgrund bilde), ohne diese auch nur zu erwähnen. M. Albrecht weist (S. 80 ff.) darauf hin, dass schon zu Anfang der Rechtsprechung nach dem ALR (1794-1810) die Bezugnahmen auf das gemeine Recht von 15,5 % der Urteile auf 0,2 % zurückgegangen seien.

Die in den Reformplänen der 40er und 50er Jahre des 19. Jahrhunderts erstrebten Änderungen der einzelnen Tatbestände werden jeweils im Anschluss bereits hier dargestellt.

Die von Savigny in die Reform eingeführte Unterscheidung der relativen von den absoluten Scheidungsgründen wird in die Erörterung der sechsten Marginalie eingefügt werden, da sich hier am ehesten Ansätze für diese äußerst bedeutsame (und später vom BGB übernommene) Tatbestandsgestaltung finden lassen.

I. Ehescheidungsgründe

1. Die Marginalien (1) bis (3)

Diese werden in der Reihenfolge der von dem Gesetz selbst angegebenen Marginalien (am Rande vermerkte Inhaltsangaben) aufgeführt. Dabei sind unter den einzelnen Überschriften wiederholt nicht nur verschiedene, sondern manchmal auch unpassende Tatbestände genannt; besonders deutlich bei der Marginalie „Nachstellungen nach dem Leben", wo dann unter anderem in § 700 „grobe und widerrechtliche Kränkungen der Ehre des anderen Ehegatten" erscheinen.

a) (1) Ehebruch

aa) II 1 §§ 670-672

Ehebruch, dessen sich ein Ehegatte schuldig macht, berechtigt den unschuldigen Teil, auf Scheidung zu klagen.

Wie im 3. Kapitel dargestellt, ist der Ehebruch der älteste und als solcher unbestrittene Scheidungsgrund. Deshalb, also der Tradition folgend, hat ihn Svarez an die Spitze des umfangreichen Katalogs gestellt.[176]

176 Der Ehebruch als erster Scheidungsgrund hat auch das ALR überlebt (§ 1565 BGB a. F.; § 47 EheG von 1938; § 42 EheG von 1946). Durch das Erste Gesetz zur Reform des Ehe- und Familienrechts vom 14.6.1976 ist diese Jahrhunderte alte Tradition abgebrochen, und auch bei den als Rest des Verschuldensprinzips gebliebenen Gründen für eine Beschränkung der Unterhaltspflicht (§ 1579 BGB n. F.) ist er nicht aufgeführt, sondern allenfalls unter Nr.6 der genannten Bestimmung zu subsumieren.

Bei der Ausarbeitung des Gesetzes traten Svarez allerdings auch Bemerkungen entgegen, die den Ehebruch des Mannes ganz oder jedenfalls in bestimmten Fällen als nicht zur Scheidung geeignet anerkennen wollten, womit sich das preußische Recht auch in dieser Hinsicht von der übereinstimmenden Auffassung des gemeinen Rechtes abgesondert hätte.[177]

Selbst Carmer hat nach einer Bemerkung Svarez' dahin geneigt, „der Frau nicht paria jura zur Scheidung ex capite adulterii mit dem Mann zu geben". Einige Einsender von Monita (Stellungnahmen), d. h. der von Svarez erbetenen Stellungnahmen einzelner Juristen, preußischer Justizkollegien und preußischer Landstände,[178] wollten den Scheidungsgrund Ehebruch bei Entfernung oder Krankheit der Frau ausschließen, einer schlechthin dem Mann den Ehebruch freigeben, da die Untreue der Frau dem „Staatswohl" abträglicher sei. Der an der Gesetzgebung maßgeblich mitbeteiligte von Grolmann[179] trat dieser Ansicht entgegen und äußerte, dem Staat sei der Ehebruch der Frau nicht schädlicher als der des Mannes, da die Kinder der Frau zunächst als ehelich gälten, die Kinder des untreuen Mannes aber als unehelich. Ohne Rücksicht auf Erwägungen zur Natur des Mannes und der Frau und zum Staatswohl (das er sonst, wenn es um Bevölkerungspolitik ging, durchaus berücksichtigte) blieb Svarez bei seiner ursprünglichen Ansicht, dass die „servatio fidei conjugalis" eine „gemeinschaftliche Pflicht beider Eheleute" sei, dass bei deren Verletzung „ billig für beide gleiche Rechte" gelten müssten. Damit war die Tradition gewahrt, da weder das kirchliche Eherecht noch das Project von 1749 noch das Edikt von 1782 einen Unterschied zwischen dem Ehebruch des Mannes und dem der Frau machten.

Es versteht sich von selbst, dass bei den Reformen seit 1842, obwohl sie auf eine Erschwerung der Ehescheidung zielten, die Abschaffung des § 670 niemals zur Erörterung gestanden hat. Selbst der Revisor,[180] der 1830 einen noch sehr stark an der Aufklärung und am Landrecht orien-

177 Darstellung nach GesRev 1 S. 367 ff.

178 Zu den Monita s. Schwennicke S. 29 ff.

179 Über Heinrich Dietrich v. Grolmann siehe Teichmann in ADB 9, 713. Grolmann, damals Kammergerichtsrat, war eines der aktivsten Mitglieder der Gesetzeskommission und später Präsident des Obertribunals.

180 Der Oberlandesgerichtsrat (spätere Kammergerichtsrat) Wünsch; vgl. zu ihm und seinen konfessionell ungebundenen Entwurf W. Schubert in der Einleitung zu GesRev 1 S. XIX ff.

tierten Änderungsentwurf vorlegte, hatte sich schließlich entschieden, es bei der Gleichbehandlung beider Ehegatten zu belassen.[181]

Eine Ungleichbehandlung der Geschlechter enthält jedoch der nachfolgende § 671:

> Wenn aber die Frau sich des Ehebruchs schuldig gemacht hat, so kann sie, unter dem Vorwande, dass dem Manne ein gleiches Vergehen zur Last falle, der Scheidung nicht widersprechen.

Diese Vorschrift bildet eine Ausnahme von dem sonst im ALR vorgesehenen Ausschluss der Kompensation. Grundsätzlich wird der beklagte Ehegatte mit der Einwendung, der klagende Gatte habe die gleiche (oder eine andere) Eheverfehlung begangen, nicht gehört. Dass hier zu Gunsten des Ehemannes eine Ausnahme gemacht wird, war schon bei der Ausarbeitung des Gesetzes getadelt worden, und auch Svarez hatte sich gegen diese Sonderregelung und gegen die populäre Meinung erklärt, „dass das Extragehen beim Manne so viel nicht zu bedeuten habe". Dem gemeinen protestantischen Recht war diese Ungleichbehandlung nicht bekannt, vielmehr stand die Kompensationseinrede beiden Ehegatten zu.[182] Weshalb gleichwohl die Bestimmung des § 671 im Gesetz aufgenommen worden ist, lässt sich aus den Materialien nicht erkennen.[183] Während der Revisor diese Ausnahme abschaffen wollte, da sie – was unzweifelhaft zutraf – mit der Anerkennung des Ehebruchs des Mannes als gleichwertigem Scheidungsgrund in Widerspruch stehe, kamen die späteren Reformvorschläge auf diese Frage nicht mehr zurück, sondern wollten es bei dem § 671 belassen. Der Grund dürfte gewesen sein, dass die Aufhebung dieser Bestimmung eine weitere Scheidungsmöglichkeit (nämlich zugunsten der Frau) bedeutet hätte; ferner auch,

181 Der Revisor neigte allerdings ziemlich zu der Regelung des Code civil, wonach der Ehebruch des Mannes nur dann einen Scheidungsgrund bildet, wenn der Mann die Konkubine in gemeinsamer Wohnung hielt (Art. 230). Letztlich aber wollte auch er „Ausschweifungen" des Mannes nicht begünstigen; auch hatten sich mehrere Gerichte in ihren Stellungnahmen gegen eine Übernahme der Bestimmung ausgesprochen (vgl. GesRev. 1 S. 367 ff.). Duncker (S. 1013 f.) nennt die Ungleichbehandlung der Geschlechter im Code civil bei der Behandlung des Ehebruchs „beispiellos".

182 Hubrich S. 126.

183 Vgl. GesRev. 1 S. 365.

dass die dem § 671 zugrunde liegende Annahme, die Treue des Mannes und die Treue der Frau hätten verschiedenen Wert, den allgemeinen Anschauungen der Reformer nicht widersprach.[184]

Die Rechtsprechung wandte die Vorschrift des § 671 ohne Bedenken an.[185] Im Schrifttum wurde die Ungleichbehandlung der Geschlechter teilweise mit dem Unterschied der Geschlechter begründet[186], überwiegend aber ohne eigene Stellungnahme nur wiedergegeben.[187]

Gegen § 671 hatte Grolmann den Einwand erhoben, dass sie den Ehemann, wenn die Frau einmal die Ehe gebrochen habe, dazu ermächtige, seinerseits in beständigem Ehebruch zu leben und sich geradezu „ein ordentliches Serail" zu halten.[188] Diese Bedenken äußert auch Dernburg und meint, der Mann, der weitere Ehebrüche begehe, könne der Frau schwerlich lange zurückliegende Vergehen entgegenhalten; einen „Freibrief" für ihn dürfe es nicht geben.[189]

Hier hat das Obertribunal in seiner Entscheidung vom 3.4.1868[190] folgende Konstruktion zu Hilfe genommen: Nach § 721 endet das Recht auf Scheidung, wenn der verletzte Ehegatte die Ehe ein Jahr fortsetzt, nachdem er von dem Scheidungsgrund Kenntnis erlangt hat. Diese zunächst für den klagenden Gatten geltende Bestimmung wendet das Obertribunal nun – ohne dies freilich deutlich zu sagen – entsprechend auf den Kompensationseinwand an, das heißt dass sich der Ehemann nach einem Jahr nicht mehr für weitere Ehebrüche auf den Ehebruch seiner Frau berufen und damit die Klageabweisung erreichen kann. Das Oberappellationsgericht Dresden hatte – für das gemeine Recht – dasselbe Ergebnis damit erzielt, dass es „der Moral und der Natur der ehelichen Verhältnisse entgegenlaufen" würde, wenn der einmalige Ehebruch eines Ehegatten dem anderen den „Freibrief" gäbe, nunmehr „für alle Zeiten" die eheliche Treue zu verletzen.[191] Das ist für die Rechtsprechung des 19.

184 So hatte Friedrich Wilhelm IV. ausdrücklich gewünscht, das der Ehebruch der Frau härter bestraft werde als der des Mannes (Blasius Reform S. 659 f.).

185 Obertribunal Urteil vom 3.4.1868 (StriethA 70, 285).

186 Bielitz §§ 670-676 Anm. 3.

187 Bornemann V S. 182; Koch § 671 Anm. 4; Förster/ Eccius § 212 Anm. 1 (S. 93); Peters S. 30.

188 GesRev 1 S. 365.

189 Dernburg § 19 Fn. 15 (S. 59).

190 StriethA 70, 285.

191 Undatiertes Erk. des OAG Dresden von 1848 (SeuffA Bd. 2 Nr. 194).

Jahrhunderts bezeichnend: Während das landrechtliche Gericht sich so lange wie möglich an dem Gesetz festhält, nimmt das gemeinrechtliche mangels eines Gesetzes allgemeine – ethische und naturrechtliche – Erwägungen zur Hilfe.[192]

In § 672 werden gleichgeschlechtliche Unzucht („Sodomiterei") und „andere unnatürliche Laster dieser Art" als Scheidungsgründe dem Ehebruch gleichgestellt. Diese Bestimmung hatte Svarez nicht in den Entwurf aufgenommen; jedoch war es zweifelhaft geworden, ob auch derartige Verfehlungen einen Scheidungsgrund bildeten; deshalb wurden sie durch Beschluss der Gesetzeskommission in das Gesetz einbezogen.[193] Die vorangehenden preußischen Gesetze hatten sie nicht genannt, auch fehlten sie in den etwa gleichzeitigen Gesetzen (Code civil und ABGB); jedoch standen auch sie in der Tradition des gemeinen Rechts.[194] Die Reformbestrebungen der Jahrhundertmitte fochten diesen Scheidungsgrund nicht an.[195] Entscheidungen hierzu finden sich nicht, vermutlich aus den Gründen, die in einzelnen Stellungnahmen bei der Revision von 1830 anklingen.[196]

192 Vgl. hierzu Döhring S. 345. Dies gilt uneingeschränkt von dem gemeinen protestantischen Eherecht. Sonst herrschte im 19. Jahrhundert, vor allem in seiner zweiten Hälfte, allgemein der Positivismus (Wieacker S. 441 ff.; Ebel/Thielmann S. 353 ff.) mit der Folge, dass sich die Gerichte möglichst eng an die ihnen vorliegenden Normen hielten. Zu der Bindung der landrechtlichen Urteile an das Gesetz, ohne Argumentation mit der Billigkeit, s. M. Albrecht S. 221 f.

193 GesRev 1 S. 373.

194 Hubrich S. 77 m. Fn. 6. In einigen partikulären Gesetzgebungen des 19. Jahrhunderts waren sie ebenfalls dem Ehebruch gleichgestellt, vgl. Friedberg Kirchenrecht § 160 III a Fn. 32 (S. 448).

195 Auch das BGB nannte diesen Tatbestand (§ 1565 I 2. Alt. a. F.), das Ehegesetz von 1938 nicht mehr, es ließ aber ohne weiteres die Subsumtion als „andere Eheverfehlung" (§ 49) zu.

196 GesRev 1 S. 373: Das OLG Paderborn hatte sich dafür ausgesprochen, den § 672 aufzuheben, da der Beweis schwierig sei und die Verhandlung derartiger Verfehlungen die öffentliche Moral gefährde.

bb) § 673 (unerlaubter Umgang)

Ganz anderes ist von dem nachfolgenden, lebhaft diskutierten § 673 zu sagen:

> Eben das [Gleichstellung mit dem Ehebruch] gilt von unerlaubtem Umgange, wodurch eine dringende Vermutung der verletzten ehelichen Treue begründet wird.

Hier ist zunächst in aller Kürze die geschichtliche Entwicklung darzustellen. In der bereits öfter erwähnten sogenannten lex Consensu (C. 5, 17, 8) und in der Novelle 117, 8, 4-6 wird ein bestimmtes verdächtiges Verhalten der Ehefrau als Scheidungsgrund bezeichnet, ohne dass der Mann einen wirklichen Ehebruch zu beweisen hätte (etwa Besuch des Theaters oder des Zirkus ohne Wissen und Zustimmung des Mannes). Im kanonischen Recht war als allgemeiner Grundsatz die Rechtsvermutung aufgestellt, wonach bei dringenden Verdachtsgründen ein vollendeter Ehebruch angenommen werden konnte.[197] Diese Vermutung ging in das gemeine protestantische Eherecht über, wobei als dringende Indizien zum Teil wieder die genannten Tatbestände des römischen Rechts erschienen.[198] Im Project des Corporis juris Fridericiani von 1749 waren gleichfalls bestimmte Sachverhalte als Indizien für einen Ehebruch aufgeführt, etwa verdächtiger Umgang der Frau mit Männern oder Liebesbriefe.[199] Dringend zu vermutende Verletzung der ehelichen Treue genügt auch nach dem Edikt von 1782 (§ 3) zur Scheidung wegen Ehebruchs. Diese Bestimmung übernahm Svarez aus seinem Edikt in das ALR. Beanstandungen gab es dabei nicht, nur dass einzelne Kritiker einwandten, die Verdachtsgründe seien bei Mann und Frau verschieden; das veranlasste Svarez mit Recht nicht zu einer Abänderung, da die Vielzahl möglicher Verdachtsmomente ohnehin eine kasuistische gesetzliche Regelung ausschloss.[200]

Die Notwendigkeit, den dringenden Verdacht des Ehebruchs als Ehescheidungsgrund genügen zu lassen, ergab sich wie schon nach dem ge-

197 Hubrich S. 78 f.
198 Hubrich S. 78 Fn. 4.
199 Hubrich S. 180.
200 GesRev. 1 S. 374.

meinen protestantischen Eherecht aus der Schwierigkeit, den Vollbeweis des Ehebruchs zu führen. Dies um so mehr, als auch das preußische Zivilprozessrecht der formellen Beweistheorie folgte.[201] Nach der – gleichfalls von Svarez verfassten – Allgemeinen Gerichtsordnung von 1793 (AGO) war der Ehebruch wie jede andere beweisbedürftige Tatsache entweder durch zwei unverdächtige Zeugen zu beweisen – was meist ausgeschlossen erscheinen konnte – oder dadurch, dass der Beweispflichtige (der verletzte Ehegatte) dem Gegner (dem mutmaßlichen Ehebrecher) den Eid zuschob (AGO I 13 § 10 Abs. 1 S. 2 Nr. 3, 8). Es lag nahe, dass der Gegner ohne größere Gefahr eidlich die Verfehlung abstritt.

Durch die Verordnung vom 28.6.1844 über das Verfahren in Ehesachen wurde nun zwar die freie Beweiswürdigung eingeführt.[202] Gleichwohl ist der § 673 unangefochten in Geltung geblieben. Um eine Begründung hierfür hat sich eingehend Stölzel bemüht.[203] Er meint, dass § 673 den Richter bei dringendem Verdacht nötige, das Scheidungsurteil auszusprechen, § 39 der Verordnung ihm dies lediglich gestatte. Eher ließe sich wohl sagen, dass eine Vermutung nach materiellem Recht nicht von einer prozessualen Neuregelung berührt werden kann, auch wenn sie danach kaum noch Bedeutung hat. Das BGB hat dann keine derartige Bestimmung mehr in das Scheidungsrecht aufgenommen, da die in der ZPO angeordnete freie Beweiswürdigung diese Vermutung überflüssig zu machen schien.

Zur Würdigung des § 673 ist nunmehr die Rechtsprechung des Obertribunals zu betrachten, durch welche die Scheidung wegen Ehebruchs eingeschränkt wurde; das heißt es ist zu fragen, ob diese Einschränkung durch das Gesetz geboten war, das dann – wie zu zeigen sein wird – bei bestimmten Fallgestaltungen zu einem sehr unbefriedigenden Ergebnis geführt hätte.

201 Zu diesem Verfahrensgrundsatz vgl. Heilfron Rechtsgeschichte. Civilprozeß S. 255 f.

202 § 39 der Verordnung: „In Ermangelung eines nach positiven Beweisregeln vollständig geführten Beweises hat das Ehegericht nach seiner, aus dem Inbegriff der Verhandlungen und Beweise geschöpften Überzeugung zu beurteilen, ob und inwieweit der für die Scheidung … der Ehe angegebene Grund bewiesen ist". Damit war in Preußen erstmals – für ein Teilgebiet – die formelle Beweistheorie beseitigt, vgl. Heilfron a. a. O. (Fn. 193) Fn. 7.

203 Stölzel in Gruchot Bd. 21 S. 333 (339 f.).

Ein Bedenken betrifft die Auslegung des Wortes „Umgang“. Als erstes Erkenntnis sieht das Urteil vom 7.5.1856[204] hierin einen der Interpretation bedürftigen Begriff. Der beklagte Ehemann hatte „die unverehelichte P. oft zur Vollziehung des Beischlafs überreden wollen“. Das Obertribunal lehnte eine Scheidung wegen dringenden Verdachts des Ehebruchs bereits deshalb ab, weil „ein Umgang dem Wortbegriffe nach notwendig eine Gegenseitigkeit des Verhältnisses erfordert“. Diese nicht weiter begründete Annahme lässt sich kaum zwingend aus dem Gesetz entnehmen. Auch wenn „Umgang“ im gewöhnlichen Sprachgebrauch tatsächlich ein gegenseitiges Verhältnis bedeutet,[205] so ist diese Einengung gleichwohl abzulehnen.[206] Dabei kann sich der Vorwurf weniger darauf richten, dass das Obertribunal die Belange des verletzten Ehegatten zu wenig berücksichtigt habe;[207] denn eine Freiheit, so weit über die von ihm angenommene Wortdeutung hinauszugehen, hatte das Gericht nicht.[208] Es ist vielmehr zu fragen, ob diese Interpretation des Wortes „Umgang“ zwingend geboten war. Dies ist zu verneinen. Der dringende Verdacht setzt lediglich ein Verhalten des vermutlichen Ehebrechers voraus, aus welchem mit größter Wahrscheinlichkeit auf einen Ehebruch geschlossen werden kann. Das kann ein einverständliches Treffen mit einer Frau ebenso sein wie der Angriff eines Mannes auf eine Frau.[209] Auf das Verhalten des anderen dürfte es für § 673 nicht ankommen. Der unbefangene erste Kommentator des ALR versteht mit Recht unter „Umgang“ „ein geflissentliches Aufsuchen des geliebten Gegenstandes“.[210]

---

204 StriethA 21, 173.

205 Auch zur Zeit der Urteilsabfassung war das der Fall; vgl. die Beispiele in Grimms Deutschem Wörterbuch s.v. Umgang.

206 Zutreffend Mund S. 80.

207 So aber Mund a.a.O, wo jedoch zusätzlich auch auf die gebotene weite Auslegung des „Umgangs“ hingewiesen wird.

208 Vgl. zur Auslegung allgemein Bornemann I S. 68 f.: Selbst wenn eine Norm dem Geist der Gesetzgebung widerspricht, darf der Richter von ihrem Sinn nicht abweichen, sondern muss die Abhilfe dem Gesetzgeber überlassen.

209 Hinschius in Behrends Zeitschr. Bd. 3 S. 572.

210 Merckel (1812) Anm. zu § 673. – Zu beachten ist ferner, dass der „Umgang“ in § 673 aus dem Edikt von 1782 stammt und weiterhin aus dem Project von 1749 (vgl. Hubrich S. 180, 184); dort heißt es, das es ein zur Scheidung der Ehe ausreichendes Indiz ist, wenn die Frau „wider ihres Mannes Willen und Verbot mit anderen Mannesleuten einen verdächtigen Umgang hat“. Das heißt, Cocceji dachte zunächst nur an die Untreue der Frau, von der er sich nicht vorstellte,

Bei seiner Auffassung des „Umganges“ ist das Obertribunal verblieben.[211] Ob diese enge Auffassung darauf beruhte, dass das Gericht den gleichzeitigen Reformbestrebungen – die auf eine erschwerte Scheidung abzielten – entgegenkommen wollte,[212] erscheint zweifelhaft. Dem Gericht war aus den Darstellungen Savignys (1844/1850) und Bornemanns (1845) bekannt, dass die Reform den Ehebruch als Scheidungsgrund nicht antasten wollte. Eher handelt es sich wohl um eine enge (geradezu ängstliche) Wortauslegung.[213]

Das Reichsgericht hat sich von dieser einschränkenden Auslegung nicht ausdrücklich gelöst, immerhin aber einmal im Widerspruch zur Annahme der Berufungsinstanz (des Kammergerichts) gesagt, es genüge auch ein einmaliges Zusammentreffen, um den Tatbestand des § 673 zu verwirklichen.[214] Ob bei einem einmaligen Treffen noch von einem „Umgang“, wie ihn das Obertribunal verstanden hatte, gesprochen werden kann, ist recht zweifelhaft.

Dieselbe Tendenz des Obertribunals zur Einschränkung der §§ 670, 673 zeigt sich in der Behandlung des versuchten Ehebruchs. Zunächst hatte das Gericht ausgesprochen,[215] der aus einem dringend verdächtigen Umgang genommene Ehescheidungsgrund werde nicht dadurch beseitigt, dass der Beischlaf erweislich nicht vollendet (konsummiert) worden ist. Dies hat das Gericht in einer späteren Entscheidung so interpretiert, dass damit nur der bereits begonnene, aber nicht zum Abschluss gekommene Verkehr gemeint sei, nicht aber der bloße Versuch,

dass sie sich anders als im Einverständnis mit dem anderen Mann zeigen konnte.

211 Erk. vom 2.12.1859, StriethA 36, 54; ferner das alsbald zu besprechende Urteil vom 29.6.1868 (ObTribE 60, 164).

212 Diese Vermutung äußert Mund, wenn auch mit Vorsicht (S. 81 f.).

213 Dies obwohl Bornemann a. a. O. (Fn. 200) dem Richter die Befugnis zuspricht, nicht am Buchstaben des Gesetzes zu kleben, sondern danach zu suchen, was der Gesetzgeber ersichtlich hat bestimmen wollen.

214 Reichsgericht Urt. v. 3.2.1887 (Gruchot Bd. 31 S. 982).

215 Erk. v. 3.4.1848 (Präj. Nr. 1994 in ObTribE 16, 499). Ähnlich noch das Erk. vom 2.12.1853 (StriethA 10, 301), wonach es zur Scheidung ausreiche, wenn der beklagte Ehegatte die „eheliche Treue“ gebrochen zu haben dringend verdächtig sei; das sei die gebotene „generelle Deutung des Ehebruchs“.

mag dieser auch schon in unzüchtigen Handlungen zum Ausdruck gekommen sein.[216]

Diese Auffassung hat das Obertribunal mit aller Konsequenz verfolgt, bis zu der dem Rechtsempfinden widersprechenden Entscheidung vom 29.6.1868,[217] die noch kürzlich Gegenstand eingehender Kritik geworden ist.[218] Im Rahmen dieser Arbeit ist allerdings nur zu prüfen, ob das Urteil – unter Berücksichtigung der zu seiner Zeit geltenden Interpretationsregeln – zwangsläufig aus dem ALR hervorging oder ob das Gesetz auch eine andere Lösung ermöglicht hätte; mit anderen Worten, ob sich der unabweisliche Vorwurf gegen das Gericht oder das Gesetz zu richten hat.

Die Klägerin jenes Falles begehrte die Scheidung wegen Ehebruchs des Mannes aufgrund folgenden Sachverhalts: Der Ehemann hatte im Jahr 1860 die Tochter der Klägerin aus erster Ehe, seine Stieftochter, mehrfach zu vergewaltigen versucht. (Diese Verfehlungen waren gemäß § 721 wegen zwischenzeitlicher Fortsetzung der Ehe nicht mehr zu beachten.) Im Sommer 1866 hatte er erneut versucht, seine Stieftochter zur Vollziehung des Beischlafs zu zwingen. Die daraufhin von der Klägerin angestrengte Scheidungsklage wurde abgewiesen. Das Obertribunal begründete dies damit, dass der Versuch eines Ehebruchs kein Scheidungsgrund sei; ferner sei auch § 673 nicht einschlägig, einmal weil zwischen dem Vergewaltiger und seinem Opfer kein „Umgang" im Sinne der ständigen Rechtsprechung stattfinde, zum anderen, weil die „verletzte eheliche Treue" des § 673 dasselbe bedeute wie „Ehebruch", so dass, wenn der Geschlechtsverkehr nicht gelinge, auch diese Norm nicht angewandt werden könne.

Der negativen Bewertung dieses Urteils durch Mund[219] lässt sich nicht widersprechen. Durch den Versuch einer Vergewaltigung – der Tochter

216 Erk. v. 16.7.1866 (StriethA 63, 314). Sprachwidrig ist es, wenn das Obertribunal hier und später von „konsumiertem", das heißt verbrauchtem, statt von „konsummiertem", das heißt vollendetem Ehebruch spricht.

217 ObTribE 60, 164.

218 Mund S. 85 f.

219 Mund S. 85 f. Hier ist nur einzuwenden, dass die Autorin annimmt, die Vergewaltigung sei zur Zeit des Urteils nicht strafbar gewesen (S. 85 mit Fn. 536). Nach § 144 I Nr.1 des preußischen Strafgesetzbuchs von 1851 wurde die Vergewaltigung mit Zuchthaus bis zu 20 Jahren geahndet, also sogar strenger als nach dem Strafgesetzbuch von 1871 (Zuchthaus bis zu 10 Jahren, § 177 I).

der Klägerin – wurde die eheliche Lebensgemeinschaft in keinesfalls geringerem Maß schuldhaft zerstört als durch einen vollendeten „gewöhnlichen" Ehebruch. Mund legt dar, dass die Entscheidung an sich methodisch korrekt ergangen sei. Die Frage ist deshalb: War das Gericht gezwungen, die Klage abzuweisen, oder hätte es, immer nach den zeitgenössischen Regeln der Gesetzesinterpretation, eine gleichfalls korrekte Begründung für das gegenteilige Ergebnis finden können?

Dass ihre Entscheidung unbefriedigend ist, erkennen die Richter selbst an, indem sie von den angeführten Tatsachen sagen: „So verwerflich sie auch in moralischer Beziehung erscheinen ..."; sie bezeichnen das Verhalten des Beklagten als „moralischen Ehebruch". Dies allein konnte aber nach der unbestrittenen Auffassung der Zeit keine Befugnis geben, der „besseren Überzeugung" zu folgen, vielmehr hatte der Richter diese Überzeugung „dem Buchstaben unterzuordnen"[220]. Wenn Zeitgenossen an dem Urteil Kritik übten, so suchten sie doch nur das gegenteilige Ergebnis mit dem Gesetz und seinem Wortlaut zu begründen. Hinschius[221] wendet sich zunächst gegen die enge Auslegung des Wortes „Umgang" in § 673; dass diese Kritik berechtigt war, ist hier bereits gesagt worden. Sodann stützt er seine Ablehnung der besprochenen Entscheidung darauf, dass „verletzte eheliche Treue" in § 673 etwas anderes – Weiteres – bedeute als der „Ehebruch" in § 670. Dies ist nun allerdings zweifelhaft. Der Wechsel im Ausdruck wird eher stilistische Gründe gehabt haben. Das Edikt von 1782 hatte von der Vermutung verletzter ehelicher Treue gesprochen; im Entwurf des ALR war daraus die Vermutung des Ehebruchs geworden; diese wurde in der endgültigen Fassung des Gesetzes wieder zur Vermutung der verletzten ehelichen Treue.[222] Damit scheint Svarez wieder auf die sprachlich gefälligere Formulierung des Edikts zurückgekommen zu sein, ohne dass eine sachliche Änderung gegenüber dem Entwurf gewollt war. In den Materialien findet sich hierzu keine Erläuterung, insbesondere keine Äußerung, wonach § 673 nicht nur die Überzeugung von einem begangenen Ehebruch erleichtern, sondern ei-

220 Bornemann I S. 68.

221 In Behrends Zeitschr. Bd. 3 S. 571 f. (1869). Zu Paul Hinschius (1835-1898) s. Stutz in ADB Bd. 50 S. 344 ff., wo namentlich auf die positivistische Denkweise dieses Rechtslehrers hingewiesen wird. Diese Haltung ist für die hier angestellte Untersuchung bedeutsam, da es Hinschius fernlag, die Rechtsprechung des Obertribunals unter Hinweis auf übergesetzliche Wertungen zu kritisieren.

222 Stölzel in Gruchot Bd. 21 S. 336 f.

nen über diese Vermutung hinausgehenden erweiterten Ehescheidungsgrund ergeben sollte. Damit scheint sich die Bemerkung des Biographen von Hinschius zu bestätigen, man könne bisweilen an der Schlüssigkeit von dessen Argumenten zweifeln, wenn auch niemals an seinem Willen, sich an das positive Recht zu halten.[223]

Im Schrifttum wurde die Rechtsprechung des Obertribunals zumeist nur wiedergegeben.[224]

Den Knoten der unbefriedigenden Einschränkung des Ehebruchsparagraphen aufzulösen hätte wohl nur gelingen können, wenn bei § 670 als „Ehebruch" auch dessen vollendungsnaher Versuch, nicht nur die vollendete Tat, verstanden worden wäre. Dass dies nicht unmöglich war, lässt sich an der gleichzeitigen Rechtsprechung zum Scheidungsgrund des Ehebruchs im gemeinen protestantischen Recht zeigen. Hier wird in etwa gleichem Umfang angenommen, dass der Ehebruchsversuch einen Scheidungsgrund bilde[225] wie auch, dass dies nicht der Fall sei.[226] Das Reichsgericht hat sich dann der zweiten Ansicht angeschlossen;[227] die Begründung ist sehr dürftig: „Zweifellos" sei der Versuch eines Ehebruchs kein Scheidungsgrund.

Für den Vergleich mit der kritisierten landrechtlichen Rechtsprechung des Obertribunals ist die Entscheidung des OAG Darmstadt vom 26.10.1853 aufschlussreich.[228] Auch dort hatte der beklagte Ehemann versucht, zwei seiner Stieftöchter (der Töchter der klagenden Ehefrau) zu vergewalti-

223 Stutz a. a. O. (Fn. 213).

224 Dernburg § 18 Anm. 1 Fn. 11 (S. 51); Förster/ Eccius § 212 Fn. 5 (S. 92); Peters S. 31; Hubrich S. 187 Fn. 5 ; Erler S. 66; anders natürlich Hinschius in der von ihm bearbeiteten 8. Aufl. (1884) des Kommentars von Koch (§ 673 Anm. 7). Koch selbst hatte sich für die Meinung des Obertribunals ausgesprochen (§ 673 Anm. 5).

225 OAG Celle Urt. v. 8.6.1855 (SeuffA Bd. 12 Nr. 38) und v. 15.1.1862 (SeuffA Bd. 31 Nr. 237); OAG Darmstadt Urt. v. 26.10.1853 (SeuffA Bd. 25 Nr. 31); OAG Wiesbaden Urt. v. ? 1858 (SeuffA Bd. 20 Nr. 229); OLG Braunschweig Urt. v. 14.11.1879 (SeuffA Bd. 35 Nr. 131; d. h. dort für ältere Entscheidungen des Gerichts angegeben, in dem Urt. selbst unentschieden gelassen).

226 OAG Oldenburg Urt. v. ? 1858 (SeuffA Bd. 14 Nr. 142); OAG Rostock Urt. v. 10.7.1856 (SeuffA Bd. 13 Nr. 147); Preußisches Obertribunal Urt. v. 4.9.1874 (SeuffA Bd. 32 Nr. 53).

227 Reichsgericht Urt. v. 23.6.1881 (RGZ 5, 403), bestätigt durch Urt. v. 2.6.1883 (RGZ 9, 189).

228 SeuffA Bd. 25 Nr. 31.

gen. Nach Ansicht des Gerichts begründeten diese Verfehlungen die Scheidung wegen Ehebruchs. Zwar sei nicht jeder entfernte Versuch eines solchen geeignet, den Anspruch auf Scheidung zu gewähren; wenn aber mit dem Ehebruchsversuch der Versuch einer Notzucht (und auch der Blutschande) zusammenfalle, sei die Scheidung gerechtfertigt. Dieses Urteil zeigt nicht nur die (bereits angesprochene) größere Flexibilität der gemeinrechtlichen Rechtsprechung im Vergleich mit den Entscheidungen der preußischen Gerichte, sondern auch, dass es diesen vielleicht möglich gewesen wäre, den Rechtsbegriff des Ehebruchs – wenn auch nicht uneingeschränkt – auf dessen Versuch auszudehnen. Denn auch im gemeinen Recht war mit „Ehebruch" zunächst die vollendete Tat gemeint.[229]

Somit lässt sich zu dem Ehebruchstatbestand des ALR sagen, dass er bei sehr großzügiger Auslegung genügt hätte, jedenfalls Fälle wie die von dem Obertribunal entschiedenen zu erfassen und damit zur Trennung einer schuldhaft völlig zerrütteten Ehe zu führen.

Bei einfachem sexuellem oder erotischem Fehlverhalten bestand nach dem Landrecht dagegen keine Möglichkeit, sich von dem „unmoralischen" Ehegatten zu trennen. Wenn das Obertribunal in einem hierher gehörenden Fall angenommen hat,[230] die Ehefrau habe einen „groben Verstoß gegen alle sittliche Zucht und Ordnung" begangen und einen „sehr hohen Grad von Mangel an Schamgefühl und ein gänzliches Verkennen der ehelichen Pflichten" gezeigt, damit aber noch keinen Grund zur Scheidung gegeben, so ist das als völlig korrekte Rechtsanwendung zu bezeichnen.

Dass hier eine Lücke bestand, lässt sich kaum leugnen. Sie lag an der kasuistischen Fassung der Ehescheidungsgründe, die nicht nur auf der geschilderten Absicht Svarez' beruhte, dem Richter möglichst wenig Ermessensspielraum zu lassen, sondern auch darauf, dass sich der Gesetz-

229 Das sagt auch Hubrich (S. 79 f.), der dann den Ehebruchsversuch – falls er der Vollendung nahe war – für das gemeine Recht als Scheidungsgrund bejaht (ganz eindeutig S. 120 f.), während er ihn für das ALR verneint (S. 187 Fn. 5). Weshalb nach preußischem Recht der Ehebruch erst mit der Vollendung gegeben sei, im gemeinen Recht aber der Versuch genügen soll, begründet der Autor nicht.

230 Erk. v. 23.10.1865 (StriethA 61, 159): Die Beklagte hatte sich in einer Mühle zusammen mit dem Sohn des Müllers in ein Bett gelegt, jedoch angekleidet und ohne dass eine weitere Annäherung festgestellt wurde.

geber im Wesentlichen an die Tatbestände des gemeinen Ehescheidungsrechts anschloss. Auch in diesem Rechtsgebiet war es nicht möglich, die den strengen Moralvorstellungen des 19. Jahrhunderts entsprechenden Ehescheidungsgründe des „unsittlichen" ehewidrigen Verhaltens mit dem Begriff des Ehebruchs zu erfassen. Am weitesten geht hierin noch ein Urteil des OAG Celle vom 15.1.1862.[231] Danach können „unzüchtige Handlungen" unter Umständen als eine zur Scheidung berechtigende „Untreue" angesehen werden. Gerade gegen diese Rechtsprechung wandte sich aber die strengere Auffassung im Schrifttum.[232] Erst die Generalklausel des § 1568 BGB a. F. ermöglichte, unabhängig von einem Ehebruch, die Scheidung allgemein wegen unmoralischer Handlungen (Zerrüttung der Ehe „durch schwere Verletzung der durch die Ehe begründeten Pflichten oder durch ehrloses oder unsittliches Verhalten")[233].

cc) §§ 675 f. (Verkehrsuntersagungsmandat)

Eine dem preußischen Recht eigentümliche Möglichkeit, die Scheidung bei dem Verdacht des Ehebruchs herbeizuführen, findet sich in den §§ 675 f. Der Ehegatte, der seinen Argwohn glaubhaft macht, kann einen Gerichtsbeschluss erwirken, der dem anderen Ehegatten den Umgang mit einer bestimmten Person verbietet (Verkehrsuntersagungsmandat). Handelt der Verdächtige dem gerichtlichen Befehl zuwider, ist in einem Urteilsverfahren die Scheidung auszusprechen. Die Scheidung erfolgt dann nicht wegen Ehebruchs, sondern nur wegen Verstoßes gegen die genannten Bestimmungen; es handelt sich um einen selbstständigen

231 SeuffA Bd. 31 Nr. 37.

232 S. Buchka Ehescheidungsrecht S. 101 Fn. 10.

233 Später § 49 des Ehegesetzes von 1938 und § 43 des Ehegesetzes von 1946. – Mit dem neuen Gesetz, das an sich die Ehescheidung gegenüber dem ALR erschweren sollte, wurde nun der äußerste Gegensatz zu der besprochenen Entscheidung des Obertribunals erreicht; vgl. Reichsgericht Urt. v. 15.11.1913 (WarnR 1914 Nr. 86): Der Ehemann hatte sich ohne sexuelles Interesse vor dem Dienstmädchen die Hose „ganz heruntergestreift" und sich von der Angestellten das Knie einreiben lassen. Das widerstreite den „herrschenden Sittlichkeitsbegriffen". Dabei rügt das Reichsgericht beiläufig das Berufungsgericht (das die Klage abgewiesen hatte) mit der Bemerkung, es bestünden Zweifel, ob dieses eine zutreffende Auffassung über „sittliche Wesen der Ehe" habe. Dies erscheint ebenso unbefriedigend wie – in anderer Richtung – die Rechtsprechung des Obertribunals im Fall einer versuchten Vergewaltigung.

Scheidungsgrund.[234] Dieser ist dem gemeinen Recht fremd, ebenso auch dem Project von 1749. Er findet sich aber in etwas anderer Gestalt schon in dem Edikt von 1782 (§ 5). Dort hatte das Nichtbefolgen des Gerichtsbefehls freilich nur die Wirkung, dass nunmehr die dringende Vermutung eines Ehebruchs bestand, wogegen aber immer noch der Beweis zulässig war, der Beischlaf sei nicht vollzogen worden.[235] Im Landrecht dagegen gibt der Ungehorsam gegen das gerichtliche Mandat einen für sich ausreichenden Scheidungsgrund.

Dieser Scheidungsgrund hat bereits bei der Revision von 1830 keinen Fürsprecher gefunden. Der Revisor bemerkt, dass zur Erwirkung eines gerichtlichen Besserungsbefehls „Verleugnung alles Zartgefühls" gehöre und dass gerade der unbefangene Ehegatte der schikanösen Überwachung durch den anderen ausgesetzt sei. Das Kammergericht hatte in seiner Stellungnahme den ungerechtfertigten „Eingriff in die allgemeine bürgerliche Freiheit" gerügt, der in einem solchen Verfahren liege.[236] In der Tat wird nicht zu leugnen sein, dass hier ein praktisch gedachter, aber allzu „schneidiger" Scheidungsgrund aufgeführt ist. Er ist denn auch kaum von den Rechtsunterworfenen angenommen worden.[237] Jedenfalls findet sich fast keine veröffentlichte Entscheidung zu den §§ 675 f. Hierbei ist zwar zu berücksichtigen, dass der Unterlassungsbefehl von den Untergerichten – den Kreis-bzw. Stadtgerichten, später den Landbzw. Amtsgerichten – zu erlassen war, deren Entscheidungen im Allgemeinen nicht veröffentlichungswürdig erschienen; das endgültige Scheidungsurteil fällte aber wie auch sonst das Obertribunal, später das Reichsgericht. Nahezu der einzige Hinweis auf die tatsächliche Geltung der §§ 675 f. lässt sich dem Umstand entnehmen, dass das Stadtgericht Berlin in seinen in Ehesachen zur Anwendung kommenden Grundsätzen eine Einzelheit zum Scheidungsverfahren in diesem Fall aufführt, was darauf schließen lässt, dass die Regelung jedenfalls in der Hauptstadt einige Male anzuwenden war.[238]

234 Hubrich S. 188; Dernburg § 18 Anm. 1 Fn. 13 (S. 51); Stölzel in Gruchot 21, 338 f.

235 Vgl. Bornemann V S. 184; Hubrich S. 188 Fn. 1.

236 GesRev. 1 S. 375 f.

237 Zur Unpraktikabilität der genannten Bestimmungen vgl. Savigny Darstellung S. 292; Bornemann V S. 184; Förster/ Eccius § 21 Anm. 1 Fn. 6 (S. 93); Peters S. 32.

238 Rönne §§ 675, 676 Anm. 2. Außerdem enthält nur noch ein Urteil des Reichsgerichts vom 18.1.1892 (JW 1892, 158 Nr. 2) Ausführungen zu dem Umgangsverbot.

Die angeführten Bestimmungen sollten nach den Reformvorschlägen der 1840er Jahre aufgehoben werden, wobei als Argument hinzutrat, dass sie den Eheleuten gar zu leicht kollusives Erreichen der Scheidungsabsicht ermöglichten; auch bestehe für sie angesichts der Vermutungsregelung in § 673 kein praktisches Bedürfnis.[239] Für den fehlenden Nutzen dieses landrechtlichen Scheidungsgrundes (und wohl auch für eine allgemeine Abneigung gegen eine derartige Gängelung des Ehegatten) spricht, dass die preußische Bestimmung in keines der dem ALR nachfolgenden Gesetze der deutschen Einzelstaaten aufgenommen worden ist.[240] Gleichwohl wurde bei der Beratung des BGB noch einmal der Vorschlag gemacht, wie im ALR verdächtigen Umgang entgegen einer gerichtlichen Anordnung als eigenen Scheidungsgrund aufzuführen, was aber unterblieben ist.[241]

239 Savigny a. a. O. (Fn. 229). Mit denselben Argumenten begründeten auch die Gesetzesentwürfe der 1850er Jahre den Wegfall dieses Scheidungsgrundes (Sten. Ber. Herrenhaus 1854/55 2. Bd. 2. 115; Sten. Ber. Abg.-Haus 1856/57 3. Bd. S. 116).

240 Friedberg (Kirchenrecht § 160 III Fn. 32 [S. 448]) erwähnt § 77 des Ehegesetzes für Gotha vom 17.8.1834, wo in gleicher Weise ein gerichtliches Verbot des unerlaubten Umgangs geregelt sei. Jedoch ist in dem von ihm genannten Gesetz (vgl. Gesetzsammlung für das Herzoghtum Gotha 1834, S. 595 ff.) nur von mehrmaligen Warnungen die Rede, deren Nichtbeachtung einen Scheidungsgrund gibt. Damit dürfte sich das Gesetz eher an die Bestimmung in Nov. 117, 9, 5 anschließen, wo von zweimaliger Abmahnung des Mannes durch Verwandte oder andere vertrauenswürdige Personen die Rede ist; haben diese Ermahnungen keinen Erfolg, ist die Scheidung begründet. Hätte das Ehegesetz von 1834 mit den „Warnungen" etwas anderes, nämlich einen Gerichtsbefehl, gemeint, hätte es dies ausgedrückt und auch Bestimmungen über das Verfahren in diesem Fall getroffen; im prozessrechtlichen Teil des Gesetzes findet sich jedoch hierzu nichts.

241 Die Erste Kommission hatte dies nicht einmal einer Erörterung für wert gehalten; in den Motiven ist die preußische Bestimmung nur angeführt (Mot. IV S. 583). Eine letzte – erfolglose – Verteidigung der §§ 675 f. führte der Berliner Rechtsanwalt Jacobi dann auf dem 20. Deutschen Juristentag (Verhandlungen 2. Bd. S. 203 f.). Er betonte, dass der Beweis des Ehebruchs – auch mit Hilfe von Indizien – oft ganz unmöglich sei und dass sich schon in dem trotz gerichtlichen Verbots fortgesetzen Umgang eine ehefeindliche Haltung des Ehegatten zeige, die zur Scheidung berechtigen müsse. Es gehöre zu den Pflichten beider Gatten, bereits den bösen Anschein zu vermeiden (II 1 § 183).

b) (2) Bösliche Verlassung

aa) Begriff

Ebenso wie der Ehebruch stammt auch die bösliche Verlassung aus der ältesten Tradition des gemeinen protestantischen Eherechts.[242] Und gleich dem Ehebruch hat auch dieser besondere Scheidungsgrund das ALR überlebt, wenn auch nicht so lange.[243]

Auf eine Begriffsbestimmung hat Svarez verzichtet. Auch die Kommentare und Lehrbücher geben meist keine Definition für diesen durch die Überlieferung ausgebildeten Scheidungsgrund. In einem Kommentar heißt es knapp: Bösliche Verlassung sei die „widerrechtliche, unbegründete Aufhebung der Gemeinschaft"; noch weniger inhaltsreich ist eine andere Begriffsbestimmung: „Wenn der eine Teil dem anderen die Gemeinschaftlichkeit des Lebens verweigert"[244].

Im gemeinen Recht war hier sehr bald die Unterscheidung zwischen der desertio malitiosa i. e. S. (bei der sich der entwichene Ehegatte an einem unbekannten oder der Obrigkeit nicht erreichbaren, d. h. regelmäßig in einem anderen Land gelegenen Ort aufhält) und der quasi-desertio getroffen. Hier ist der abtrünnige Ehegatte zwar erreichbar, er weigert sich aber beharrlich, die eheliche Gemeinschaft fortzusetzen.[245] Dabei war die eigentliche desertio malitiosa von vornherein für sich ein Scheidungsgrund, während bei der quasi-desertio zunächst und teilweise auch später noch obrigkeitliche Maßnahmen den widerspenstigen Ehegatten

242 Hubrich S. 80; Friedberg Kirchenrecht § 160 II (S. 442). Außerhalb der Tradition des protestantischen Eherechts spielt die Verlassung keine herausgehobene Rolle; dafür ist bezeichnend, dass sie unter den Scheidungsgründen des Code civil nicht erscheint und lediglich als eine von zahlreichen anderen Fällen der „injures graves" (Art. 231) zur Scheidung führen kann.

243 § 1567 BGB a. F. führt die bösliche Verlassung noch auf, mit einigen knappen Regelungen, die einen Missbrauch des Scheidungsgrundes zum Zweck einverständlicher Trennung verhindern sollen; im Ehegesetz von 1938 und dem von 1946 fehlt eine Erwähnung, der Sachverhalt muss hier wie im Code civil unter die Generalklausel subsumiert werden (§ 49 bzw. § 43).

244 Rehbein/ Reinke § 678 Fn. 261; Förster/ Eccius § 212 Anm. 2 (S. 93).

245 Buchka Ehescheidungsrecht S. 111 f.; Scheurl Eherecht S. 324 f.; Hubrich S. 80 ff. und 88 f. – Der gleichfalls quasi-desertio genannte Fall, dass ein Ehegatte die Erfüllung der ehelichen Pflicht verweigert, wird später (3) erörtert werden, da das ALR ihn von der böslichen Verlassung trennt.

zum Zusammenleben zwingen sollten und sich erst bei deren Erfolglosigkeit ein Scheidungsgrund ergab. Diese staatlichen Zwangsmaßnahmen sind im ALR dahin geschrumpft, dass der Richter die entwichene Ehefrau zur Wiederaufnahme des gemeinsamen Lebens „anhalten" soll; was das bedeutet, wird später zu erörtern sein.

bb) Folgepflicht und Rückkehr

Zur Abgrenzung von erlaubter Entfernung ist zunächst darzustellen, in welchen Fällen das ALR diese gestattet und ob das Gesetz hieraus für den Zurückgebliebenen sogar einen Scheidungsgrund herleitet. Ausgangspunkt ist der Grundsatz, dass die Frau den Wohnsitz des Mannes teilt, d.h. dass sie ihm zu folgen verpflichtet ist (II 1 § 679).[246] Dies entsprach schon der unbestrittenen Auffassung des gemeinen Rechts. Besonders schroff, die Autorität des Ehemanns betonend, sagt der Code civil (Art. 214): La femme est obligée d'habiter avec le mari et de le suivre partout où il juge à propos de résider.[247]

Der erste Punkt, in dem sich das ALR von dem gemeinen Recht trennt, betrifft die Frage: Kann der Frau diese Pflicht im Ehevertrag erlassen werden oder ist ein solcher Vertrag unwirksam? Nach herrschender Auf-

246 Da ALR II 1 § 679 von einem „Wohnort" des Ehemanns spricht, braucht die Ehefrau ihrem vagabundierenden Mann nicht zu folgen. Schon das Reskript des Justizministers vom 5.11.1811 (bei Rönne §§ 679, 680 Anm. 1) hatte unter dem Begriff des Wohnorts ein „beständiges Domizilium" verstanden. Wie schon eine Stellungnahme zum Entwurf des Landrechts gemeint hatte (GesRev 1 S. 377), musste etwas anderes gelten, wenn der Ehemann durch seinen Beruf zum Umherziehen gezwungen war, etwa als „Komödiant" oder „Marktschreier". Zu veröffentlichten Entscheidungen hierüber ist es aber nicht gekommen; in der Rechtswirklichkeit haben sich offenbar keine Probleme ergeben, obwohl – wie Erler (S. 76) bemerkt – die Gewerbebetriebe im Umherziehen immer größere Bedeutung erlangten.

247 Lückenlos wird die Folgepflicht vom römischen über das kanonische Recht bis zum gemeinen Eherecht dargestellt in dem Urt. des Obertribunals vom 17.5.1867 (ObTribE 58, 409).Bei den Beratungen des Code civil im Staatsrat hatte Napoleon geäußert: „Le mari a le droit de dire à sa femme: Madame, vous m'appartenez corps et âme" (Schreuer S. 390 Fn. 6).

fassung im gemeinen Recht war eine solche Einschränkung der Folgepflicht nichtig.[248]

Diese Regel wollte Svarez auch im Landrecht gelten lassen; die Gesetzeskommission beschloss jedoch das Gegenteil,[249] d.h. nach § 682 ist ein derartiger Vertrag wirksam, wenn er vor der Heirat und bei einem Gericht oder einem Notar abgeschlossen wird (II 1 § 82). Mit einer für ihn ganz ungewöhnlichen moralischen Entrüstung fordert der Revisor die Aufhebung des § 682, der dem Wesen der Ehe widerstreite. „Unsittlich und irreligiös" seien derartige Verträge, und es sei „trostlos", dass der preußische Gesetzgeber sie sanktioniert habe.[250] Es sei der Gesetzeskommission nur darum gegangen, einen weiteren Scheidungsgrund zu finden. Auch werde schwerlich noch jemand Verträge dieses Inhalts verteidigen wollen.

Diese Angriffe erscheinen unberechtigt. Dass vor und nach der Revision von 1830 auch im gemeinen Recht die Auffassung vertreten wurde, vertraglich könne der Frau die Folgepflicht erlassen werden, zeigt sich in der Gegenüberstellung der im Schrifttum geäußerten Ansichten.[251] Die preußische Rechtsprechung zu § 682 wandte die beanstandete Norm ohne Bedenken an.[252] Auch das Schrifttum zum Landrecht fand hier nichts zu rügen.[253]

Ob die Norm dem sittlichen und religiösen Wesen der Ehe entsprach, ließ sich bezweifeln; doch ist dabei zu beachten, dass auch die Reformen seit 1842 diese Bestimmung unangetastet ließen.[254] Zu kritisieren könn-

248 Hubrich S. 94. Eine Gegenüberstellung der Vertreter beider Ansichten findet sich in der redaktionellen Einleitung zu einem Erk. des OAG Oldenburg aus dem Jahre 1843 (SeuffA Bd. 13 Nr. 38).

249 GesRev 1 S. 385.

250 Der Revisor zitiert hier (GesRev 1 S. 385) zustimmend Worte des Rechtslehrers Hasse (d.h. Johann Christian Hasse [1779-1830]; vgl. zu diesem Teichmann in ADB Bd. 10 S. 759).

251 Vgl. Fn. 248. Auch in der Rechtsprechung wird nicht durchgehend die Auffassung vertreten, derartige Verträge seien unwirksam. Das OAG Wiesbaden lässt die Frage in seinem Urt. vom 15.2.1837 offen (SeuffA Bd. 1 Nr. 237).

252 Z.B. in dem Urt. des Obertribunals vom 22.1.1866 (StriethA 63, 57). Nach Duncker (S. 1075) war die Bestimmung des Landrechts im 19. Jahrhundert ein „Bollwerk der Frauen" gegen eine sonst oft patriarchalische Rechtsprechung.

253 Bielitz §§ 677-693 Anm. 2 (S. 238); Koch § 682 Anm. 10; Dernburg § 18 Anm. 2 (S. 52); Förster/ Eccius § 212 Anm. 2 (S. 93); Peters S. 39.

254 Savigny Darstellung S. 292 ff.

te sein, dass der Gesetzgeber hier nur das Entweder-Oder bedacht und dem Richter keine Möglichkeit einer Abwägung gegeben hat. Die ältere gemeinrechtliche Literatur hatte teilweise eine eingeschränkte Folgepflicht der Frau angenommen; d.h. wenn sich der Mann vertraglich verpflichtet hatte, bei dem Wohnsitz der Frau zu bleiben, sollte er dennoch von dieser Pflicht befreit sein, wenn er eine iusta et honesta causa locum mutandi hatte; dann musste die Frau ihm folgen.[255] Zu einem derartigen Vertrauen auf das richterliche Ermessen waren aber weder Svarez noch die Kommission bereit; deshalb musste es bei dem preußischen „Schwarz-Weiß" verbleiben.

Eine weitere für die Auseinandersetzungen bei der Schaffung des ALR kennzeichnende Regelung enthält § 681, wonach die Frau dem Mann nicht zu folgen braucht,

> wenn derselbe, wegen begangener Verbrechen, oder sonst wider die Gesetze, sich aus den Königlichen Landen entfernt hat.

Hier hatte Svarez die Ansicht vertreten, die Frau müsse dem Mann überhaupt nicht ins Ausland folgen, auch wenn der Staat die Auswanderung gestatte. Dem schloss sich die Gesetzeskommission nicht an, so dass der Paragraph die genannte Fassung erhielt.[256] Die Materialien lassen weder für die Auffassung von Svarez noch für den gegenteiligen Beschluss der Kommission eine Begründung erkennen. Für Svarez' Ansicht sind drei Motive denkbar. Entweder sollte die Frau einen weiteren Scheidungsgrund erhalten unter Voraussetzung, dass der Wegzug des Mannes sie nicht zum Bleiben berechtigte, sondern ihr die Scheidung gestattete; hierzu vgl. die späteren Erörterungen. Dies erscheint wenig überzeugend, da Svarez sich bei den pacta antenuptialia gerade im umgekehrten Sinn entschieden hatte. Ferner ließe sich denken, Svarez habe hier die Interessen der Frau schützen wollen. Auch gegen diese Interpretation spricht, dass er bei dem Ehevertrag diese Belange gerade nicht berücksichtigen wollte. Schließlich ist an die von Svarez auch sonst immer wieder herangezogene bevölkerungspolitische Absicht zu denken. Die von ihm vorgeschlagene Norm hätte wie eine Verhinderung des Auswan-

255 Nachweise bei Hubrich S. 94 Fn. 9. Namentlich der berühmte Rechtslehrer Samuel Stryk (1640-1710; Professor in Halle) hatte diese Ansicht vertreten.

256 Darstellung in GesRev 1 S. 384.

derns gewirkt, da der Ehemann, wenn er sich nicht von seiner Frau trennen wollte, auf den Wegzug aus Preußen hätte verzichten müssen. Diese Bestimmung hätte einen rigorosen Eingriff in die persönliche Freiheit bedeutet (der allerdings dem friderizianischen Staat nicht fremd gewesen wäre): Gleichgültig, ob der Ehemann von Halle nach Leipzig oder nach Pennsylvania zog, ihm drohte der Verlust seiner Ehefrau. Das tatsächlich beschlossene Gesetz wahrte die Einheit der Ehe und auch die Übereinstimmung mit dem gemeinen Recht, da dieses bei Auswanderung des Mannes die Frau zur Folge verpflichtete, es sei denn, dass der Mann das Land wegen einer turpis causa verließ, vor allem – wie bei § 681 – wegen eines von ihm begangenen Verbrechens.[257] Ob die Folgepflicht aus anderen Gründen unzumutbar war, konnte in beiden Rechtsgebieten der Lehre und der Rechtsprechung überlassen bleiben. Eine Folgepflicht innerhalb Europas war niemals zweifelhaft. Das Obertribunal in seiner schon mehrfach festzustellenden Rigidität sprach freilich in seiner Entscheidung vom 30.11.1860[258] schlechthin aus, dass ein Ehemann, der in die Vereinigten Staaten (den Bundestaat Iowa) ausgewandert war, seine Frau zur Nachfolge anhalten könne, ohne dass das Gericht im Mindesten auf die Verhältnisse an jenem Ort einging,[259] und lediglich mit der Begründung, gemäß Art. 11 Abs. 1 der preußischen Verfassung von 1850 bestehe Auswanderungsfreiheit. Im landrechtlichen Schrifttum wurde die Folgepflicht teils schlechthin bejaht,[260] teils wegen der Lebensgefahr einer Auswanderung über das Meer verneint,[261] teils von den konkreten Umständen im Einzelfall abhängig gemacht.[262] Dieses Eingehen auf die Umstände zeigt auch die gemeinrechtliche Literatur[263] und – anders als

257 Hubrich S. 95.

258 ObTribE 44, 225. So auch das Urt. des Obertribunals vom 2.11.1874 (ObTribE 73, 155) bei Auswanderung nach Kalifornien, wobei die Gründe hierfür nicht abgedruckt sind; die Entscheidung im Übrigen betrifft die später zu erörternde Frage, ob bei fehlender Folgepflicht die Frau einen Scheidungsgrund hat, wenn der Mann auswandert.

259 Immerhin zeigt die im Urteil (S. 226) dargestellte prozessuale Vorgeschichte, dass in dem genannten Bundesstaat eine ordnungsgemäße Rechtspflege geübt wurde und es sich nicht um den „Wilden Westen“ handelte.

260 Förster/ Eccius § 212 Nr. 2 (S. 93); Peters S. 39.

261 Koch § 681 Anm. 9.

262 Dernburg § 18 Nr. 2 (S. 52) Fn. 17. So auch Erler (S. 76): Es könnten die „abenteuerlichsten und solidesten Unternehmungen“ in Betracht kommen.

263 Hubrich S. 95 Fn. 1.

in Preußen – die Rechtsprechung: Bei Auswanderung nach Boston müsse die Frau „nicht ohne weiteres" folgen;[264] gar nicht bei einer Auswanderung nach Nordamerika (an einen nicht genannten Ort), wenn der Ehemann heimlich und ohne Entlassung aus dem (hessischen) Untertanenverband entweicht und wegen der Gefährlichkeit der Reise sowie der Aufgabe einer gesicherten Existenz im Elternhaus der Frau.[265] Nur das OAG Rostock scheint bei einer Auswanderung nach Amerika wie das Obertribunal die Pflicht zur Folge allgemein zu bejahen.[266]

Erneut zeigt sich also hier die größere Flexibilität der gemeinrechtlichen Judikatur, die aber auch darin ihren Grund hatte, dass dort kein Gesetz bestand, das den Sachverhalt abschließend regelte, während das Landrecht eben nur zwei Ausnahmen von der Folgepflicht festlegte, die Auswanderung entgegen staatlichen Normen oder wegen eines begangenen Verbrechens. Für weitere Einschränkungen der Folgepflicht schien dem Gericht keine Möglichkeit zu bestehen.

In den beiden genannten Fällen (Wegzug des Ehemanns entgegen ehevertraglicher Vereinbarung und Auswanderung wegen eines Verbrechens oder entgegen preußischen Gesetzen) stellte sich die Frage, ob diese Bestimmung nur die Folgepflicht der Frau ausschließen oder der verlassenen Ehefrau ein Recht auf Scheidung gewähren sollte. Der Revisor[267] nahm in beiden Fällen das zweite an und berief sich vor allem auf die von ihm herangezogenen Materialien. In der von Svarez verfassten Revisio monitorum, der Durchsicht der Stellungnahmen, heißt es dazu:

> Ist der Mann aus dem Lande gezogen, so ist zuvörderst kein Zweifel, daß wenn dies ohne Erlaubnis geschehen ist, die Frau ihm nicht folgen dürfe,[268] sondern auf Scheidung zu klagen berechtigt sei.

Und zu der Bestimmung, dass die Frau nicht zu folgen brauche, wenn ihr dies durch Ehevertrag erlassen ist, fand sich zu dem Beschluss der Gesetzeskommission als Anmerkung:

264 OAG Dresden Urt. vom 24.10.1850 (SeuffA Bd. 4 Nr. 126).
265 OAG Darmstadt Urt. vom 10.10.1855 (SeuffA Bd. 10 Nr. 174).
266 OAG Rostock Urt. vom 14.10.1861 (SeuffA Bd. 17 Nr. 54).
267 GesRev 1 S. 384.
268 D.h. nach dem Sprachgebrauch der Zeit: Dass sie ihm nicht zu folgen brauche (vgl. H. Paul, Deutsches Wörterbuch 5. Aufl. s.v. „dürfen" [S. 144]).

Doch kann der Mann nicht in poena divortii kondemniert werden.

D.h. dass er an sich zur Scheidung gezwungen, aber nicht zu einer Scheidungsstrafe verurteilt werden sollte, da er nicht als schuldig gelten dürfe.

Dadurch sei es – sagt der Revisor – „ganz klar", dass die Frau „nicht bloß das Mitziehen soll verweigern, sondern auch auf Scheidung klagen können". Allein dies entspreche auch dem System des Landrechts, da sonst eine tatsächliche Trennung der Eheleute die Folge wäre, also eine separatio wie nach kanonischem und gemeinem Recht.

Für diese „ganz klare" Interpretation findet sich nach dem Urteil des Obertribunals vom 2.11.1874[269] in dem Gesetz „nicht die geringste Andeutung". In dem vom Gericht entschiedenen Fall war der Mann wegen mehrfacher Veruntreuungen in die Vereinigten Staaten ausgewandert. Die Frau klagte auf Scheidung, vor dem Gericht des ersten Rechtszuges mit Erfolg; in zweiter und dritter Instanz wurde ihre Klage abgewiesen. Das Obertribunal meinte, in den §§ 681 f. finde sich kein Anhaltspunkt dafür, dass dort über die Verneinung der Folgepflicht hinaus der Frau ein Scheidungsausspruch entstehen solle. Den Bestimmungen gehe der Ausspruch über das Scheidungsrecht des Mannes für den Fall voraus (§ 680), dass die zur Folge verpflichtete Frau an dem alten Wohnsitz verbleibe; die beiden nächsten Paragraphen bestimmten nur, in welchen Fällen diese Pflicht entfalle.

Dieser Entscheidung ist das Schrifttum nicht entgegengetreten.[270]

Erst vor kurzem hat Mund sie einer umfassenden Kritik unterzogen,[271] der sich durchaus zustimmen lässt. Wie schon bei der Rechtsprechung zum Ehebruch kann sich der Vorwurf allerdings nicht so sehr gegen die vom Obertribunal unbeachtet gelassene Wertung der Interessen der Ehegatten richten, da – wie dort ausgeführt – eine so weitgehende Freiheit

269 ObTribE 73, 155.

270 Dernburg § 18 Nr. 2 (S. 52) Fn. 18; Förster/ Eccius § 212 Nr. 2 (S. 93) Fn. 11. Bornemann (V S. 185) hatte diesen Fall noch nicht behandelt. Koch (§ 682 Fn 10) hatte sich schon vor der Entscheidung des Obertribunals dahin geäußert, dass ein erlaubtes Getrenntleben der Eheleute die Folge sei, also wohl gleichfalls einen Scheidungsgrund für die Ehefrau abgelehnt.

271 Mund S. 106 f.

der Interpretation nicht bestand, und zwar im Jahre 1874 – dem Jahr der Entscheidung – noch weniger als zuvor.[272] Gleichwohl wird man sagen können, dass auch eine gesetzestreue Auslegung zu dem entgegengesetzten Ergebnis hätte kommen können. Ergab sich aus den Materialien, dass sowohl Svarez als auch die Kommission die fehlende Folgepflicht der Frau mit einem ihr zustehenden Scheidungsspruch verbinden wollten, so brauchte dem nicht ohne weiteres entgegenzustehen, dass die §§ 681 f. nur die Folgepflicht verneinen, nicht aber ausdrücklich besagen, dass die Frau sich scheiden lassen kann, wenn der Ehemann dem Gesetz oder dem Ehevertrag zuwider seinen Wohnsitz verlegt. Eine überlegene Interpretation hätte gerade auch im Fall der Flucht wegen begangener Verbrechen auf § 704 hinweisen[273] und dabei sogar das argumentum a fortiori verwenden können: Hat die Ehefrau einen Scheidungsanspruch, wenn der Mann wegen eines groben Verbrechens verurteilt ist, so erst recht, wenn er ein solches begeht, sich aber der Verurteilung durch Auswanderung entzieht. Das Obertribunal hat sich jedoch auf eine sehr anfechtbare enge Wortauslegung zurückgezogen.[274]

Der bei der Behandlung des Scheidungsgrundes Ehebruch hilfreiche Vergleich mit der gemeinrechtlichen Rechtsprechung ist hier wenig ergiebig. Wohnsitzwechsel des Mannes entgegen einem pactum antenuptiale kommt hier kaum in Betracht, da diese Verträge im gemeinen Eherecht meist als unwirksam angesehen wurden. Für die Verneinung der Folgepflicht bei Auswanderung bestanden keine so bestimmten Voraussetzungen wie im ALR (Flucht wegen eines Verbrechens oder Gesetzeswidrigkeit). Immerhin findet sich in einer Entscheidung des OAG Darmstadt vom 10.10.1855[275] ein gewisser Anhalt dafür, dass die gemeinrechtliche Praxis, anders als die Rechtsprechung des Obertribu-

---

272 Treffend weist Mund (a. a. O.) darauf hin, dass die von ihr kritisierte Entscheidung nur positivistisch verstanden werden könne. Der Positivismus strebte in den 1870er Jahren seinem Höhepunkt zu (Rommen S. 135 ff.; Coing S. 75 f.; Wieacker S. 441 ff.; Ebel/Thielmann S. 354 ff.). Deshalb ist es durchaus nicht wahrscheinlich, dass sich das Gericht hier – wie Mund es immerhin für möglich hält – auch nach Absichten des aktuellen Gesetzgebers richten wollte.

273 So Mund S. 107.

274 Diese ist bei der Auslegung des ALR besonders unangemessen. Das Gesetz ist volkstümlich und pädagogisch abgefasst, aber nicht immer technisch präzise (Hattenhauer S. 21).

275 SeuffA Bd. 10 Nr. 174.

nals, der Frau, die nicht zu folgen braucht, auch einen Anspruch auf Scheidung zu geben geneigt war. In dem entschiedenen Fall war der Ehemann „ohne Entlassung aus dem hessischen Untertanenverbande" ausgewandert. Darauf stützte die Frau zunächst das Scheidungsbegehren. Im Verlauf des Rechtsstreits wurden allerdings noch weitere Tatsachen bewiesen, die den Tatbestand der böslichen Verlassung erfüllten, etwa Vagabundieren des Mannes in Amerika, so dass es für die Entscheidung, die der Klägerin Recht gab, auf ihren ursprünglichen Sachvortrag nicht mehr ankam. Immerhin lassen auch die weiteren Ausführungen des Oberappellationsgerichts erkennen, dass ihm die vom Obertribunal vorgenommene Trennung (keine Folgepflicht – aber auch kein Scheidungsanspruch) fremd war. Auch hieraus lässt sich ableiten, dass die preußische Rechtsprechung, die sich allein auf den Wortlaut des Paragraphen und seine Stellung zwischen zwei anderen Normen berief, jedenfalls nicht zwingend geboten war.

Eine für das ALR und auch seine Anwendung kennzeichnende Norm ist § 685:

> Verlässt die Frau den Mann ohne dessen Einwilligung oder rechtmäßigen Grund der Entfernung, so muss sie der Richter zur Rückkehr anhalten;

mit der Folge des § 686:

> Bleibt die richterliche Verfügung fruchtlos, so kann der Mann auf Trennung der Ehe dringen.

Das gemeine Recht hatte sich in diesem Fall der sog. quasi-desertio zunächst darauf beschränkt, den abtrünnigen Ehegatten (in dem durch § 685 geregelten Fall also die Ehefrau) durch Zwangsmaßnahmen der Obrigkeit zur Rückkehr zu bringen, namentlich durch Geldstrafen und Gefängnis (Beugehaft). Erst später wurde, wenn diese Vollstreckung erfolglos blieb, die Scheidung ausgesprochen.[276] Im 18. Jahrhundert wur-

276 Hubrich S. 88 ff.

den diese Voraussetzungen des Scheidungsausspruchs immer weniger ernst genommen;[277] im 19. Jahrhundert lebten sie dann wieder auf.[278]

Das preußische Recht ging hier seit dem Project von 1749 einen Sonderweg. Das Project[279] erwähnt die quasi-desertio überhaupt nicht als Scheidungsgrund; die Praxis gelangte hier gleichwohl zur Scheidung, aber auf dem Umweg, dass wegen des Entweichens die zeitweilige Trennung von Tisch und Bett angeordnet und bei Hartnäckigkeit des Entwichenen die Scheidung ausgesprochen wurde, wie es bei Sävitien des Mannes und Trunksucht der Frau vorgesehen war. In dem Edikt von 1782 war dann wieder von Zwangsmitteln die Rede. Das ALR spricht nur noch davon, dass der Richter die Frau zur Rückkehr „anhalten" müsse. An diesem Wort entzündete sich alsbald eine heftige Kontroverse: ob i. S. des älteren (und späteren) gemeinen Rechts Zwangsmaßnahmen gemeint seien oder aber nur eine Vorhaltung, ein Befehl.

Die Materialien besagen hierzu nichts.[280] Der Wortsinn spricht zunächst nur für eine bloße Aufforderung.[281] Es kommt hinzu, dass bei der sonstigen Ausführlichkeit des ALR zu erwarten wäre, dass der Gesetzgeber – wenn er Zwangsmaßnahmen gemeint hätte – diese genannt hätte. Demgemäß wurde auch schon im Jahre 1820 ausgesprochen, dass hier keine körperlichen Zwangsmittel, sondern nur „ernstliche, der Wichtigkeit der Sache angemessene Zurückweisungen" auszusprechen seien, „die dem retinierenden Teil dabei die gesetzlichen Folgen mit Nachdruck vor Augen halten"; dem anderen Ehegatten sei es dann überlassen, den Scheidungsantrag zu stellen.[282]

277 Sie führten nach Buchka (Ehescheidungsrecht S. 114) „ in den Lehrbüchern ein schattenhaftes Dasein".

278 Scheurl Eherecht S. 329.

279 Vgl. Hubrich S. 181 f.; Savigny Darstellung S. 293.

280 GesRev 1 S. 381.

281 Dies sagt bereits der Revisor (GesRev 1 S. 382). Vgl. auch Grimms Deutsches Wörterbuch s.v., wo in keinem Fall mehr als ein bloßes Auffordern vermerkt ist.

282 Reskript des Justizministeriums vom 13.12.1820 an das Stadtgericht Berlin, abgedruckt in Kamptz' Jahrbüchern Bd. 16 S. 227. – Auch im gemeinen Recht wurde jedenfalls der unmittelbare Zwang, der dem Empfinden des 19. Jahrhunderts widersprach, stets abgelehnt: OAG Darmstadt Urt. vom 9.10.1832 (SeuffA Bd. 7 Nr. 133); OAG Rostock Urt. vom 19.6.1862 (SeuffA Bd. 17 Nr. 55); AG Flensburg Urt. vom 20.2.1867 (SeuffA Bd. 20 Nr. 230), mit der Begründung, der „zwangsmäßige Transport" der Ehefrau sei „mit dem sittlichen Charakter der Ehe unvereinbar".

Dennoch haben verschiedene Gerichte unmittelbaren Zwang (vis absoluta) für zulässig gehalten, und zwar auch noch nach dem soeben genannten Reskript.[283] Als Argument diente dabei – abgesehen von einer wenig überzeugenden Auslegung des Wortes „anhalten" – die allgemeine Erwägung, das Recht des Mannes, dass seine Frau bei ihm lebt, müsse wie jedes andere Recht durchsetzbar sein. Teilweise wurde nur wenn die Parteien dem „niederen und ungebildeten Stand" angehörten, die Frau mit „mechanischem Zwang" zur Ehewohnung gebracht.[284]

Diese Handhabung des § 685 widersprach nicht nur dem offenbaren Willen des Gesetzgebers, sie konnte auch dem Zweck einer Aufrechterhaltung der Ehe nicht dienen, da der unmittelbare Zwang in der Ehefrau eine noch größere Abneigung gegen ihren Mann hervorrufen musste; ganz abgesehen von dem peinlichen Schauspiel, wenn eine Frau durch den Gerichtsvollzieher und beauftragte Transporteure zurückgeschafft wird.[285]

Das Schrifttum hat deshalb stets die Ansicht vertreten, dass „anhalten" nichts anderes bedeute als „auffordern, dringlich ermahnen".[286] Eine höchstrichterliche Entscheidung, die dem entgegenstünde, ist niemals ergangen.

In den Reformbemühungen der 1840er Jahre kam jedoch die Problematik des § 685 wieder zur Sprache. Es lag auf der Hand, dass der Scheidungsgrund der böslichen Verlassung ein bequemes Mittel bot, eine einverständliche Scheidung zu erreichen, auch wenn die Voraussetzungen des § 716 (insbesondere also Kinderlosigkeit der Ehe) nicht vorlagen. Die Frau brauchte sich nur mit Willen des Mannes einige Zeit zu entfernen; kehrte sie dann nach Erlass des Rückkehrbefehls nicht zurück, konnte der Mann – wie geplant – die Ehescheidungsklage erheben. Über die

283 Vgl. GesRev 1 S. 381. Das Reskript war eben nur für den Einzelfall verbindlich.

284 Dies berichtet der Revisor (a. a. O.) von der ihm aus eigener Tätigkeit bekannten Praxis des OLG Naumburg.

285 GesRev 1 S. 383; Koch § 685 Anm. 15.

286 So schon Bielitz (1827) §§ 677 bis 693 Anm. 8; ferner Bornemann V S. 189, der mit Recht sagt, allein dies entspreche dem Geist des Landrechts; Förster/ Eccius § 212 Nr. 2 (S. 94) Fn. 17. Dernburg (§ 18 Nr. 2 [S. 52 f].) erwähnt nicht einmal die Möglichkeit, außer dem Rückkehrbefehl noch Zwangsmaßnahmen anzuordnen; ebenso Peters S. 36.

Nachteile, die die Frau (als den schuldigen Teil) an sich trafen, konnten sich die Ehegatten zuvor anderweit einigen.[287]

Demgemäß ist am Anfang der Reform, nämlich von der Gesetzeskommission, ein Gesetzesentwurf erarbeitet worden, wonach der abtrünnige Ehegatte zunächst durch unmittelbaren Zwang zur Rückkehr zu bringen war; schlug dieser fehl ,etwa weil die entwichene Ehefrau wieder fortlief, sollte eine Beugehaft von drei Monaten gegen ihn verhängt werden. Wenn auch diese seinen Willen nicht brechen konnte, war die Scheidung auszusprechen.[288] Die Fassung des geplanten Gesetzes war hinsichtlich des unmittelbaren Zwanges einigermaßen zurückhaltend; Voraussetzung sollte ein Antrag des verlassenen Ehegatten sein, und die Anordnung dieser Vollstreckungsmaßnahme sollte im Ermessen des Gerichts stehen.

Bereits in der anschließenden Beratung des Staatsrats wurden diese Zwangsmittel wieder verworfen, ganz offenbar weil sie der öffentlichen Meinung – die ohnehin der Reform feindlich gegenüberstand – nicht zugemutet werden konnten. Der Beschluss des Staatsrats kehrte im Großen und Ganzen zum geltenden Recht zurück, nur dass nach dem Erlass des Rückkehrbefehls ein Jahr fruchtlos verstreichen musste, ehe die Scheidungsklage erhoben werden konnte.[289] Im Wesentlichen in dieser Gestalt hat die Regelung dann Gesetzeskraft erlangt.[290]

Gegenüber dem gemeinen Recht, das im Allgemeinen vor der Scheidung wegen malitiosa desertio den Versuch einer zwangsweisen Herstellung des Ehegemeinschaft verlangte, blieb es also bei der milderen, sich auf eine Abmahnung beschränkenden Anordnung des Gerichts als Voraussetzung des Scheidungsanspruchs. Allerdings war in zwei Territorien des gemeinen Rechts, nämlich in Württemberg und in Hannover, nicht

287 Savigny Darstellung S. 294 ff.; Bornemann V S. 190. Auch im gemeinen Recht wurde hierüber geklagt (Scheurl Eherecht S. 326), und sogar unter der zeitweiligen Herrschaft des französischen Rechts (im Königreich Westfalen) waren angebliche Verlassungen missbräuchlich als „injures graves" benutzt worden, um einverständliche Scheidungen zu erreichen (GesRev 1 S. 393).

288 §§ 61 f. des Entwurfs vom Oktober 1842, abgedruckt bei Savigny Darstellung S. 369 f.

289 §§ 67 f. des Entwurfs vom April 1844, abgedruckt bei Savigny Darstellung S. 404.

290 § 67 der Verordnung über das Verfahren in Ehesachen vom 28.6.1844. Die Länge der für die Rückkehr festzusetzenden Frist steht danach jedoch im Ermessen des Gerichts.

einmal ein Rückkehrbefehl Klagevoraussetzung.[291] Sehr bemerkenswert ist nun, dass nach der Annexion Hannovers (1866) dort u. a. das Institut des Rückkehrbefehls eingeführt wurde.[292] Damit bestand in der gesamten Monarchie, natürlich mit Ausschluss des französischen Rechtsgebiets in Rheinpreußen, das den Tatbestand der böslichen Verlassung gar nicht kannte, ein Mindestmaß an Klagevoraussetzungen bei diesem Scheidungsgrund, d. h. im Gebiet des ALR und der Provinz Hannover der erfolglose Rückkehrbefehl, in den übrigen Gebieten die nach gemeinem Recht erforderlichen Zwangsmaßnahmen. Die entsprechende Verordnung beweist, welche Bedeutung der preußische Gesetzgeber, der sonst das Privatrecht neuer Provinzen grundsätzlich unangetastet ließ, gerade dem Scheidungsrecht beimaß.

Eine weitere Norm, an der sich zeigen lässt, dass das ALR manchmal biegsam war, aber durch die Rechtsprechung des Obertribunals regelmäßig in starrer (nicht notwendigerweise scheidungsfreundlicher oder scheidungsfeindlicher Richtung) ausgelegt wurde, findet sich in § 686. Dort heißt es von dem soeben behandelten Rückkehrbefehl:

> Bleibt die richterliche Verfügung fruchtlos, so kann der Mann auf Trennung der Ehe dringen.

Es soll nicht erörtert werden, was das Gericht zu der Ernsthaftigkeit des Rückkehrwillens ausgesprochen hat. Hier hat es lebensnahe und überzeugende Lösungen gefunden.[293] Wohl aber ist von Interesse, was die Rechtsprechung zu dem Fall gesagt hat, dass die Frau das gerichtli-

291 Hubrich S. 95 f.

292 § 32 Abs. 2 des Gesetzes, betreffend die Gerichtsbarkeit und das gerichtliche Verfahren in Ehe- und Verlöbnissachen in der Provinz Hannover vom 1.3.1869 (Gesetzes-Sammlung für die Königlichen Preußischen Staaten 1869 S. 357 [363]).

293 In dem geradezu erheiternden Urteil vom 6.10.1871 (StriethA 84, 32) ist als Sachverhalt festgestellt: Die Ehefrau hatte sich am Abend des letzten Tages der ihr gesetzten Frist unangemeldet bei ihrem Ehemann eingefunden, ihn aber sogleich wieder verlassen, da nicht jedes Zimmer geheizt sei (es war 3. Januar) und er ihr Bett nicht vorbereitet hatte. Hier habe die Frau – sagt das Obertribunal – den Rückkehrbefehl tatsächlich nicht befolgt. Es ist fast zu spüren, wie sich das Gericht hier ausnahmsweise von der Pflicht befreit fühlte, einen Sachverhalt streng unter einen Tatbestand zu subsumieren. Ähnliches gilt für die Rechtsprechung zur „Böslichkeit" der Verlassung, d. h. zur Frage, wann die Entfernung der Ehefrau von ihrem Mann gerechtfertigt war und wann nicht; hier kommt nach dem

che Rückkehrmandat zwar befolgt, jedoch erst nach Ablauf der gesetzten Frist (aber natürlich vor Rechtskraft des Scheidungsurteils). Der Gesetzeswortlaut zwingt hier zu keiner Entscheidung; gedacht hat der Gesetzgeber an diesen Fall offensichtlich nicht, jedenfalls bieten die Materialien zum Landrecht hierzu nichts. Der Revisor schlug vor, die vom Gesetzgeber offen gelassene Rechtsfrage durch folgenden zusätzlichen Paragraphen zu entscheiden:

> In allen Fällen kann, wenn der Verlassende noch vor rechtskräftiger Entscheidung zurückkehrt, und die Ehe fortzusetzen bereit ist, aus der böslichen Verlassung allein kein Ehescheidungsgrund entnommen werden.

Diese Anregung, welche die Aufrechterhaltung der Ehe befördert hätte, ist in den Reformvorschlägen seit 1842 nur einmal aufgenommen worden. In dem Entwurf des Staatsrats war bestimmt (§ 72), dass die Nichtbefolgung des Rückkehrbefehls allein nicht ausreiche, dass vielmehr die hartnäckige Böswilligkeit des Entwichenen festgestellt werden müsse.[294]

Das Obertribunal hatte sich ziemlich bald darauf festgelegt,[295] dass die verspätete Rückkehr nicht mehr helfen könne, dass vielmehr der Ehemann durch die Nichtbefolgung des Rückkehrmandats seitens der Frau ein Recht auf Scheidung erlangt habe, das ihm die Frau nicht mehr entziehen könne, selbst wenn sie sich schon längere Zeit vor Erlass des Urteils letzter Instanz wieder bei ihm befinde.

Dieser Ansicht ist Bornemann alsbald entgegengetreten.[296] Eine Frau, die (wenn auch verspätet) zu ihrem Ehemann zurückkehre, zeige damit, dass ihre Handlung kein „bösliches" Verlassen gewesen sei, nämlich keine hartnäckige Verweigerung ehelichen Zusammenlebens. Begrifflich

---

Urteil des Obertribunals vom 14.7.1865 (StriethA 60, 122) alles „auf Sachlage in jedem einzelnen Falle" an.

294 GesRev 1 S. 392; Savigny Darstellung S. 405.

295 Erk. vom 28.9.1840 (ObTribE 6, 320).

296 Bornemann V S. 191 f. Das übrige Schrifttum zum ALR folgt dagegen – soweit es das Problem anspricht – dem Obertribunal; s. Peters S. 38; wohl auch Dernburg § 18 Nr. 2 (S. 53), wonach der verlassene Ehegatte, nachdem der abtrünnige den Befehl unbeachtet gelassen habe, nicht zur Fortsetzung der Ehe verpflichtet sei.

schärfer kommt Scheurl[297] zu demselben Ergebnis. Er unterscheidet den Scheidungsgrund einer Tat (Ehebruch) von dem Scheidungsgrund eines Verhaltens (bösliche Verlassung) und sagt, nur der erste könne nicht aufgehoben (wie jede Tat nicht ungeschehen) werden; ein Verhalten aber könne enden und der Scheidungsgrund entfalle dann.

Das ist begrifflich klar und unter der Voraussetzung, dass die Verlassung ein fortdauerndes Verhalten und nicht ein einmaliger vergangener Akt ist, auch zwingend. Ebenso wie der Anspruch auf Unterlassung einer Eigentumsstörung erlischt, wenn der Störende (bindend) sein Verhalten aufgibt, ebenso erlischt der Anspruch auf Ehescheidung, wenn die Ehefrau (ernsthaft) zu ihrem Mann zurückkehrt. Auf diese Unterscheidung beruft sich auch Hubrich, aber mit dem entgegengesetzten Ergebnis: Die Störung des ehelichen Verhältnisses liege in der Vergangenheit, der verletzte Ehegatte habe durch diese Tat ein unentziehbares Recht auf Scheidung erworben.[298] Dabei ist freilich zu beachten, dass im gemeinen Recht – wie ausgeführt – vor dem Scheidungsurteil regelmäßig Zwangsmaßnahmen zu versuchen waren. Blieben diese erfolglos, so sprach mehr für eine hartnäckige bösliche Verlassung als bei bloßer Nichtbefolgung des Rückkehrbefehls nach dem ALR.

Das Obertribunal ist bei seiner Rechtsprechung geblieben.[299] Das Reichsgericht ist ihm gefolgt, ohne eine weitere Begründung zu liefern.[300] In einer späteren Entscheidung hat es die Frage offen gelassen.[301] Die Rechtsprechung des gemeinen Rechts hat sich großenteils gleichfalls dafür entschieden, bei der verspäteten Rückkehr des abtrünnigen Ehegatten den Anspruch des verlassenen auf Scheidung fortbestehen zu las-

297 Scheurl Eherecht S. 324, 328 f. Dass sich Scheurl auf das gemeine Eherecht bezieht, ist dabei ohne Bedeutung; die Rechtsbegriffe sind dieselben.

298 Hubrich S. 88, 96.

299 Urt. vom 1.2.1850 (Präj. Nr. 2176 in ObTribE 18, 534). Bemerkenswert ist, dass das Gericht die inzwischen ergangene Verordnung vom 28.6.1844 unbeachtet ließ, nach deren § 67 der Richter (entsprechend dem Entwurf des Staatsrats) nicht schon wegen der bloßen Nichteinhaltung der im Rückkehrbefehl gesetzten Frist die Scheidung aussprechen durfte.

300 Urt. vom 20.11.1879 (Gruchot 24, 495) unter Bezug auf die soeben genannte Entscheidung des Obertribunals. Eine gewisse Vorsicht zeigt das Reichsgericht aber, indem es zusätzlich sagt, der entwichenen Ehefrau sei es mit der Fortsetzung der Ehe kaum ernst gewesen.

301 Urt. vom 12.2.1883 (Gruchot 28, 953).

sen.[302] Seltsamerweise hat sich gerade das Obertribunal in einer gemeinrechtlichen Sache zu der entgegengesetzten Ansicht bekannt, dass nämlich auch bei verspäteter Rückkehr der Ehefrau der Scheidungsanspruch des Mannes entfalle.[303] Damit setzte sich das Gericht in Widerspruch nicht nur zu seiner Auffassung bei der Auslegung des Landrechts, sondern auch – ohne dies zu erwähnen – zu der früheren in diesem Gebiet (dem Herzogtum Nassau, das 1866 von Preußen annektiert worden war) herrschenden Rechtsauffassung.[304] In eingehender Argumentation lehnt das Obertribunal die Auffassung ab, der verlassene Ehemann habe ein unentziehbares Recht auf die Scheidung erworben; vielmehr sei das „sittliche Moment" einer „tunlichsten Aufrechterhaltung des ehelichen Bandes" zu berücksichtigen. Das ist eine für das Obertribunal ganz ungewöhnliche Erwägung, wie sie das Gericht für die Interpretation des Landrechts niemals zum Ausdruck gebracht hatte.[305] Am Schluss seiner Darlegungen führt das Gericht etwas zum Prozessrecht aus, was die Abneigung der meisten Richter gegen die Auffassung, auch die verspätete Rückkehr beseitige den Scheidungsanspruch, jedenfalls zu einem Teil zu erklären vermag. Die Klage werde dann nämlich ohne weiteres unbegründet (mit der Folge, dass der Kläger auch die Prozesskosten zu tragen hätte): Dies erschien dem Obertribunal offenbar unbillig. Der heute selbstverständliche Ausweg – die Hauptsache ist erledigt – war noch nicht gangbar.[306]

302 OAG Dresden Urt. vom 5.9.1849 (SeuffA Bd. 3 Nr. 67, wo aber – wie in der Entscheidung des Reichsgerichts vom 20.11.1879 – zusätzlich gesagt ist, die Rückkehrbereitschaft könne auch ein leerer Vorwand sein, um den verlassenen Ehegatten in neue Verwicklungen zu stürzen (Die ältere sächsische Praxis hatte angenommen, der Ehemann müsse die verspätet zurückkehrende Frau aufnehmen, vgl. GesRev 1 S. 392); ferner OAG Wiesbaden in einem undatierten Erk. von 1852 (SeuffA Bd. 13 Nr. 36).

303 Urt. vom 19.6.1875 (SeuffA Bd. 33 Nr. 136).

304 Vgl. die Entscheidung des OAG Wiesbaden von 1852, s. Fn. 304.

305 Hier zeigt sich erneut der in dieser Arbeit schon wiederholt dargestellte Unterschied zwischen der starren, oft buchstabengemäßen Auslegung des ALR und der beweglicheren des gemeinen Rechts. Für die landrechtlichen und die gemeinrechtlichen Ehescheidungssachen waren im Übrigen zwei verschiedene Senate zuständig.

306 Vgl. zur Einführung der prozessualen Erledigungserklärung durch die Vereinfachungsverordnung vom 16.5.1942 und zu den früheren, recht unbeholfenen

Die strenge und im Ergebnis ehefeindliche Auffassung des Obertribunals in seiner landrechtlichen Rechtsprechung zu § 686 ist somit nicht so sehr durch das Gesetz erzwungen als vielmehr die Folge einer recht starren Interpretation.[307]

In den Beratungen des Entwurfs zum BGB wurde diese Frage wegen ihrer praktischen Bedeutung gründlich besprochen. Die Erste Kommission stellte dabei weniger auf dogmatische Erwägungen ab als vielmehr darauf, dass die Zulassung verspäteter Rückkehr unpraktikabel sei: Der Prozess verlange „feste Formen und Abschnitte", auch sei nie mit Sicherheit festzustellen, ob es dem zurückkehrenden Ehegatten ernst sei.[308] In der zum Gesetz gewordenen Fassung des BGB ist die Frage in diesem Sinn gelöst, wobei aber zugleich die Scheidung wegen böslicher Verlassung weiter erschwert wurde. Der verlassene Ehegatte muss zunächst auf Herstellung der häuslichen Gemeinschaft klagen; nach Rechtskraft des Urteils ist der Scheidungsanspruch begründet, wenn der entwichene Gatte ein Jahr lang nicht zurückgekehrt ist (§ 1567 Abs. 2 Nr. 1 BGB a. F.).

Ein für das ALR kennzeichnendes Element des Scheidungsrechts enthält § 687:

> In keinem Falle ist der Mann die Frau, welche sich eigenmächtig ohne rechtmäßigen Grund von ihm getrennt hat, wenn sie in der Folge zurückkehrt, eher anzunehmen schuldig, als bis sie ihren inzwischen geführten unbescholtenen Wandel durch glaubhafte Zeugnisse nachgewiesen hat.

Der Verdacht, dass der abtrünnige Ehegatte während seiner Abwesenheit die eheliche Treue verletzt haben könnte, lag nicht fern. Das ge-

---

Versuchen einer sachgerechten Lösung: Bork bei Stein/ Jonas, ZPO, 22. Aufl. § 91 a Rn. 1.

307 So auch Mund S. 93: „Sinn und Zweck der Normen" hätten auch eine andere Entscheidung ermöglicht. – Auf den ersten Blick hätte auch eine reine Wortauslegung zu dem entgegengesetzten Ergebnis führen können („Bleibt die richterliche Verfügung fruchtlos, ..."). Hier ist jedoch erneut der Sprachgebrauch der Zeit zu beachten. „Bleiben" bezeichnet im 18. Jahrhundert auch das Ergebnis eines Vorgangs, d. h. hier die bloße Nichtbefolgung des Rückkehrmandats, nicht das Verharren in einem bestimmten Zustand (vgl. Paul Deutsches Wörterbuch 5. Aufl. s.v. [S. 103]).

308 Mot. IV S. 591 f.

meine Recht hatte hierfür das Rechtsinstitut des vom Rückkehrenden abzuleistenden Reinigungseides (ius iurandum purgatorium, auch nur Purgatorium) ausgebildet.[309] Sowohl nach dem Anwendungsbereich dieser Verdachtsreinigung als auch nach ihrer Art hat das ALR bemerkenswerte Neuerungen eingeführt. Einmal muss nur die Frau eine derartige Bescheinigung beibringen. Dies lag nicht in der ursprünglichen Absicht von Svarez; die Gesetzeskommission hat es aber durchgesetzt.[310] Eine Begründung findet sich in den Materialien nicht. Man geht aber sicherlich nicht fehl, wenn man hierin – ebenso wie in der nach dem Willen der Kommission nur dem Ehemann zustehenden Kompensationseinrede beim Ehebruch (§ 671) – eine gewisse Bevorzugung des Mannes sieht, dessen Ehebruch verständlicher und verzeihlicher erschien als der Ehebruch der Frau.

Wird hierdurch der Anwendungsbereich der Entlastung eingeschränkt, so bezieht sich andererseits der § 687 nicht nur – wie das Purgatorium des gemeinen Rechts – auf die bösliche Verlassung i. e. S. (d. h. bei Unerreichbarkeit des Entwichenen), sondern schlechthin auf alle Desertionsfälle. Dies erscheint durchaus sinnvoll, es ist auch (bei aller sonstigen Kritik an § 687) niemals beanstandet worden.

In der Sache erhält die Bestimmung dadurch den Anschein größerer Gewissheit, dass statt des Eides der zurückkehrenden Frau eine Bekundung Dritter verlangt wird. Auf die Bedenklichkeit des Eides als Mittel der Wahrheitsfindung war Svarez bei den Gesetzgebungsarbeiten durch v. Grolmann hingewiesen worden.[311] Es lag nahe, den Eid jedenfalls bei diesem Nebenpunkt zu vermeiden und an seine Stelle ein vermeintlich brauchbareres Erkenntnismittel zu setzen.

309 Hubrich S. 85. Zum Reinigungseid allgemein s. Heilfron Rechtsgeschichte. Civilprozess S. 256 Fn. 7; S. 405 Fn. 46. Im Zivilprozess war der vom Richter aufgegebene Reinigungseid erst nach einer Beweisaufnahme statthaft, die dem Beweisführer nicht gänzlich gelungen war. Mit dem Reinigungseid des Desertionsprozesses wird also gewissermaßen unterstellt, dass der verlassene Ehegatte die Untreue des entwichenen schon halb bewiesen hat.

310 GesRev 1 S. 387. (Als Vermerk zu Svarez' Vorschlag heißt es: „approbatum in Ansehung der Frau".).

311 GesRev. 1 S. 436 f.; allerdings in anderem Zusammenhang, nämlich bei der Eideszuschiebung zum Beweis eines Scheidungsgrundes.

So praktisch gedacht das Attest des § 687 war, so wenig war es im Grunde für seinen Zweck geeignet. Schon Bornemann[312] wies darauf hin. Entweder besage das von der Ehefrau beigebrachte Zeugnis nur, dass dem Aussteller nichts Verdächtiges bekannt geworden sei; dann könne jede Frau, die nicht gerade eine stadtbekannte Ehebrecherin sei, solche Atteste beibringen. Oder aber, wenn die Zeugnisse aussagekräftig sein sollen, müssten sie sich auf eine ununterbrochene Beobachtung der Frau stützen, was kaum möglich sein werde. Andere Bedenken hatten sich schon bei der Revision von 1830 ergeben.[313] Insbesondere widerspreche der § 687 dem Grundsatz der Unschuldsvermutung (Quilibet praesumitur bonus, donec probetur contrarium). Der Revisor schlug vor, die Bestimmung zu beseitigen. Auch bei der Reformdebatte der 1840er Jahre sollte die Norm aufgehoben werden, da sie für eine tatsächlich unschuldige Frau unbillig hart sei und zudem einer leichten Kollusion dienen könne.[314]

Ebenso wurde die Norm in den scheidungsrechtlichem Auseinandersetzungen der 1850er Jahre angegriffen; einerseits erneut mit der Darlegung Bornemanns, dass der Beweis der Unbescholtenheit meist unmöglich sei, zum anderen mit der ehefreundlichen Begründung, dass die zurückkehrende Frau nicht mehr abtrünnig sei; schließlich auch mit dem schon vom Revisor angeführten Argument, dass es Sache des Ehemanns sei, eine etwaige Verfehlung der Frau zu beweisen. Bemerkenswert ist immerhin, dass dieser Vorschlag im Gesetzesentwurf der Regierung von der Gesetzeskommission des Abgeordnetenhauses zwar angenommen wurde, aber mit der geringstmöglichen Mehrheit von 10 zu 9 Stimmen.[315] Über die Gründe der Gegner besagt der Bericht der Kommission nichts.

312 Bornemann V S. 188. Auch Merckel (§ 687 Anm.) hatte sich dahin geäußert, dass der Nachweis der Unbescholtenheit „selten überzeugend geführt" werden könne.

313 GesRev 1 S. 388 f.

314 Savigny Darstellung S. 296 f.

315 Vgl. die Motive zu dem Entwurf eines Gesetzes über Ehescheidungen (Sten. Ber. Abg.-Haus 1856-57 3. Bd. S. 119) und den Bericht der Kommission zur Beratung des Entwurfs (a. a. O. S. 129). Dagegen hatte die Kommission des Herrenhauses die in der Vorlage enthaltene Aufhebung des § 687 einstimmig gebilligt (Sten. Ber. Herrenhaus 1854-55 2. Bd. S. 125). In der Plenardebatte des Abgeordnetenhauses fand sich gleichfalls kein Abgeordneter, der gegen die Aufhebung des § 687 sprechen wollte (Sten. Ber. Abg.- Haus 1856-57 1. Bd. S. 315).

Es lässt sich nur vermuten, dass sie auf den „unbescholtenen Wandel" der Frau Wert gelegt haben. Damit hätte sich hier ein innerer Konflikt in der konservativen Argumentation gezeigt: Einerseits der Wille zur Aufrechterhaltung der Ehe (durch Abschaffung der Scheidungsmöglichkeit wegen § 687)[316] , andererseits eine hohe Anforderung an die eheliche Zucht, zumindest der Frau (durch Aufrechterhaltung des § 687).

Wegen der Erfolgslosigkeit der Reformbestrebungen blieb der § 687 bis 1900 in Geltung.[317]

Zu der Art des Zeugnisses findet sich in den veröffentlichten Entscheidungen nichts. Nur in den Grundsätzen des Stadtgerichts Berlin ist ausgesprochen, dass ein Attest der Ortspolizei ausreiche, wonach „nichts Nachteiliges gegen die Frau bekannt geworden ist".[318] Über den recht geringen Wert einer derartigen Bescheinigung hatte sich schon Bornemann geäußert. Umso mehr musste dann ins Gewicht fallen, wenn die Frau nicht einmal einen so dürftigen Nachweis erbringen konnte. In diesem Fall entstand eine Kontroverse, der für die Auslegung des § 687 und den Gesamtcharakter des landrechtlichen Scheidungsrechts aufschlussreich ist. Die Frage lautete: Ist der Ehemann, der die Wiederaufnahme seiner entwichenen Ehefrau wegen des fehlenden Führungszeugnisses verweigert, verpflichtet, die Scheidungsklage zu erheben? Und wenn er es nicht tut, kann dann die Ehefrau Scheidung begehren? Nachdem dies zunächst streitig gewesen war, erklärte das Obertribunal in dem Plenarbeschluss

316 Begrifflich überscharf bemerkt Hubrich (S. 223 Fn. 3), § 687 sei in der Reformdebatte stets zu Unrecht als „Scheidungsgrund" bezeichnet worden. Gewiss ist Scheidungsgrund hier die bösliche Verlassung, aber § 687 weitet diesen auf den Sonderfall aus, dass die Frau zwar rechtzeitig zurückkehrt, aber den Nachweis der Unbescholtenheit nicht erbringt.

317 Dass die preußische Gesetzgebung dort, wo es ihr möglich war, von dem Nachweis unbescholtenen Wandels absehen wollte, zeigt sich in § 25 Abs. 1 des Gesetzes vom 1.3. 1869 (s. Fn. 292). Danach wird in der Provinz Hannover in Ehescheidungssachen die Auferlegung eines Reinigungseides für unstatthaft erklärt. Auch in den Beratungen zum BGB fand der Scheidungsgrund keine Fürsprache; ihm wurde vor allem entgegengehalten, dass er für die unschuldige Frau eine unzumutbare Härte bedeute (Mot. IV S. 590 f.)

318 Bei Rönne § 687 Anm. 4 (S. 179). Schon Bielitz (§ 677 bis 693 Anm. 13 [S. 241] hatte „ein von der Frau beigebrachtes Attest der Obrigkeit an ihrem Aufenthaltsorte" für genügend erklärt; Merckel (§ 687 Anm. [S. 80]) hatte als Fassung vorgeschlagen: „Dass die Frau sich bisher an einem honetten Orte unter honetten Menschen aufgehalten habe, und einen unbescholtenen Ruf gewahrt habe".

vom 5.5.1851[319] entgegen seiner früheren Rechtsprechung, dass dem Gesetz jede Pflicht, eine Ehescheidungsklage zu erheben, unbekannt sei und dass dies auch gelten müsse, wenn er bei Rückkehr der nicht entlasteten Frau nur die Wahl hätte, sie entweder aufzunehmen oder aber die Scheidung zu fordern. Noch weniger könne sich die Frau in diesem Fall von dem ihre Aufnahme verweigernden Ehemann scheiden lassen.

Die Argumentation ist durchweg überzeugend. Aus § 687 ergibt sich keine Pflicht des Ehemanns zur Scheidung, sondern nur ein Recht, die Frau nicht aufzunehmen, wenn sie das geforderte Zeugnis der Unbescholtenheit nicht beibringt. Noch weniger verschafft die Bestimmung der Frau einen Anspruch auf Scheidung; vielmehr folgt aus § 684 das Gegenteil, indem dort unter Bezug auf § 687 ein Scheidungsrecht der Frau (nur) für den Fall bestimmt ist, dass der Ehemann grundlos ihre Aufnahme ablehnt. Eine sachgerechte Auslegung des § 687 konnte nur zu diesem Ergebnis führen.[320]

Das Schrifttum hat dann auch die Auffassung des Obertribunals durchweg übernommen.[321] Entscheidungen des gemeinen Rechts zur Rechtslage bei fehlendem Reinigungseid sind nicht aufzufinden; sie sind auch kaum zu erwarten, einmal weil in diesem Rechtsgebiet der Reinigungseid nur bei unbekanntem (oder ausländischem) Aufenthalt des abtrünnigen Ehegatten gefordert werden konnte, zum anderen, weil die Rechtsauffassung des 19. Jahrhunderts zur gänzlichen Abschaffung des Purgatoriums neigte.[322]

---

319 ObTribE 21, 1. Die abweichende frühere Entscheidung (Erk. vom 15.6.1835) ist dort wörtlich wiedergegeben.

320 Mund S. 96. Ob daneben auch eine scheidungsfeindliche Tendenz das Ergebnis beeinflusst hat, lässt Mund (a. a. O.) letztlich dahinstehen. Es ist wenig wahrscheinlich.

321 Koch § 687 Anm. 16 (S. 176 f.); Dernburg § 18 Nr. 2 (S. 52) Fn. 20; Förster/Eccius § 212 Nr. 2 (S. 94); Peters S. 39 f. Bornemann, dem nur die ursprüngliche Ansicht des Obertribunals bekannt war, hatte diese wiedergegeben, ihr aber entgegengehalten, dass § 687 systemwidrig sei (Bornemann V S. 187).

322 Hubrich S. 88.

cc) Desertionsverfahren

Die eigentliche Desertion ist in den §§ 688 bis 693 besonders geregelt. Diese Bestimmungen weichen nur in Einzelheiten von der gemeinrechtlichen Praxis ab. Nur diese Abweichungen sollen erörtert werden, im Hinblick darauf, was sie zur Kennzeichnung des ALR beitragen.

Die Definition der böslichen Verlassung i. e. S. und die dazu festgesetzte Rechtsfolge könnten auch aus einem Lehrbuch des gemeinen Rechts stammen (§ 688):

> Ist der Aufenthalt des entwichenen Ehegatten unbekannt, oder dergestalt außerhalb der Königlichen Staaten entlegen, daß keine richterliche Verfügung zur Wiedervereinigung der getrennten Ehegatten stattfinden kann: so ist der zurückgebliebene Teil auf öffentliche Vorladung, und wenn auch diese fruchtlos wäre, auf Scheidung anzutragen berechtigt.

Auch dass der Antrag auf öffentliche Ladung (Ediktalzitation) voraussetzt, dass der entwichene Ehegatte schon eine gewisse Zeit unerreichbar ist, versteht sich von selbst. Das gemeine Recht überließ im Allgemeinen die Bestimmung dieser Frist dem Richter.[323] Entsprechend seiner Absicht, richterliches Ermessen möglichst einzuschränken, bestimmte Svarez die Frist mit einem Jahr.[324] Während dieses Jahres hat sich der verlassene Ehegatte angestrengt zu bemühen, den Aufenthalt des entwichenen zu ermitteln (§ 691; auch dies war nicht anders als im gemeinrechtlichen Desertionsprozess[325]).

Nähere Betrachtung verdienen die beiden letzten Paragraphen.

323 Hubrich S. 84 Fn. 5; Scheurl Eherecht S. 328. In Sachsen war die Frist bemessen, u. zw. mit sechs Monaten sehr kurz (GesRev 1 S. 390 unter Hinweis auf fortgeltende kurfürstliche Reskripte von 1608).

324 Nach dem Entwurf war die Frist ab dem Entweichen des Ehegatten zu berechnen, nach dem Gesetz ab dem Bekanntwerden (GesRev 1 S. 389 f.). Der Revisor bemerkt dazu mit Recht, dass der Unterschied schwerlich praktisch Bedeutung habe. Es finden sich hierzu auch weder Gerichtsentscheidungen noch Änderungsabsichten des Gesetzgebers.

325 Scheurl Eherecht S. 327.

§ 692:

> Erhellet aus den Umständen, daß der abwesende Ehegatte aus erheblichen und erlaubte Gründen sich entfernt habe: so muss der zurückgebliebene den zehnjährigen Zeitraum nach der Entfernung abwarten, und alsdann auf die Todeserklärung antragen.

Hier handelt es sich erkennbar gar nicht um einen Fall der böslichen Verlassung, vielmehr um einen Sachverhalt aus dem Verschollenheitsrecht, der in den Abschnitt über die Scheidung geraten ist. Systematisch ist das anfechtbar – dem Gesetzgeber des BGB wäre es nicht unterlaufen; verständlich ist es aus dem Bestreben von Svarez, ein belehrendes Gesetzbuch zu schaffen.

Bei der Revision von 1830 forderte der Referent des Kammergerichts, diesen Sachverhalt zum Scheidungsrecht zu ziehen und den Verlassenen nicht auf die Todeserklärung nach zehn Jahren zu verweisen.[326] Entferne sich der Ehegatte aus erlaubtem Grund, lasse dann aber jahrelang nichts von sich hören, so müsse sich der andere – die Frau – von diesem ihr alle Unterstützung versagenden Gatten scheiden lassen können. Hier solle die zweijährige Wartefrist des § 693 gelten.

Der Revisor schlug die Beibehaltung der Norm vor, zumal Härtefälle dieser Art gar nicht vorgekommen seien. Wenn aber einmal – so konstruiert er einen Sachverhalt – ein Weltumsegler nach zwei Jahren nicht zurückgekehrt sei, dann dürfe dies nicht gleich zur Scheidung führen. Hier hat der Revisor vielleicht an Chamisso gedacht, der 1815 an einer mehr als dreijährigen wissenschaftlichen Expedition teilnahm. Vagabundierendes Herumziehen in der Welt wäre ohne weiteres bösliche Verlassung.[327] Auch später wurde niemals ein Wunsch nach Aufhebung des § 692 geäußert; Gerichtsentscheidungen finden sich nicht.

Hat diese Norm auch weder in der Theorie noch in der Praxis Beachtung gefunden, so ist sie doch für den Charakter der preußischen Gesetzgebung bezeichnend. Einmal weil sie die lässige Gliederung des ALR zeigt –worauf bereits hingewiesen ist; zum anderen weil die Folge der Todeserklärung für die Ehe im Einklang mit den scheidungsrechtlichen

326 GesRev 1 S. 391 f.

327 So schon das Reskript des Justizministeriums an das Kammergericht vom 2.9.1815 (abgedruckt in Kamptz' Jahrbüchern Bd. 6 S. 5).

Grundsätzen steht. Die Todeserklärung hatte nach preußischen Recht die Folge, dass sich der hinterbliebene Ehegatte neu verheiraten konnte, vor allem aber, dass die neue Ehe bestehen blieb, auch wenn der Verschollene später zurückkehrte (II 1 § 666). Hier unterschied sich das preußische Recht von dem kanonischen und dem gemeinen protestantischen Eherecht; nach diesen Rechtsordnungen gilt die erste Ehe, wenn der für tot Erklärte zurückkehrt, als fortbestehend, die neue Ehe wird wieder vernichtet.[328] In der Gleichstellung der Todeserklärung mit der Scheidung – beide vernichten die Ehe – lässt sich der auf Kosten der bestehenden Ehe Klarheit schaffende Charakter des preußischen Gesetzes erkennen.

Die letzte Vorschrift der Marginalie „Bösliche Verlassung" lautet (§ 693):

> Kann von den eigentlichen Gründen der ersten Entfernung mit hinlänglicher Wahrscheinlichkeit nichts ausgemacht werden, so findet die Klage auf Trennung der Ehe, nach Ablauf zweier Jahre … statt.

Hier wird offenbar der Fall angenommen, dass weder eine Verlassung ohne Rechtfertigungsgrund bewiesen werden kann (mit der Folge des Scheidungsanspruchs nach einer Wartefrist von einem Jahr) noch die Entfernung aus rechtmäßigen Gründen (mit der Folge der Todeserklärung nach zehn Jahren bei Verschollenheit). Sachverhalte dieser Art sind schwer vorstellbar. Weder in der Rechtsprechung noch im Schrifttum wird hierzu etwas gesagt. Gleichwohl sollte die Vorschrift nach den Entwürfen sowohl der Gesetzeskommission (1842) als auch des Staatsrats (1844) als einzige Norm der § 688 ff. aufgehoben werden.[329] Der Grund war offensichtlich, dass der scheidungswillige Ehegatte zum strikten Beweis der Verlassung in böslicher Absicht gezwungen werden sollte, an-

328 Mitteis/ Lieberich S. 37. Später versuchte man, ausgleichende Lösungen dieses Konflikts zu finden. – Beiläufig erwähnt Stahl in der Debatte über den Scheidungsgrund des Wahnsinns auch den § 666 und nennt ihn eine „ärgerliche Bestimmung des Landrechts"; nach den richtigen Grundsätzen müsse (wie im gemeinen Recht) die zweite Ehe annulliert werden (Sten. Ber. Herrenhaus 1854-55 1. Bd. S. 302).

329 § 73 des Entwurfs von 1842; § 74 des Entwurfs von 1844 (Savigny Darstellung S. 373 und S. 406).

dernfalls er sich von der Ehe nur durch die Todeserklärung sollte lösen können.[330]

In der dann erlassenen Verordnung vom 28.6.1844 wird die Norm aber, offenbar weil sie als bedeutungslos erschien, nicht aufgehoben, vielmehr ist für das Verfahren bei Unerreichbarkeit des entwichenen Ehegatten angeordnet, dass es „bei den jetzt geltenden Bestimmungen (§§ 688 u. f. Tit. 1 Theil II ALR)" verbleibe (§ 68 der Verordnung).[331] Auch später ist dieser Nebenpunkt des Scheidungsrechts nicht wieder aufgegriffen worden.

c) (3) Versagung der ehelichen Pflicht

Dieser Scheidungsgrund entstammt – wie die beiden vorangehenden – der Tradition des gemeinen protestantischen Eherechts, das ihn als Sonderfall der böslichen Verlassung (bei der quasi-desertio) herausgebildet hatte.[332] Die Herkunft äußert sich im ALR zweifach; einmal indem die einschlägige Vorschrift (II 1 § 694) unmittelbar nach der böslichen Verlassung eingeschaltet ist, und zum anderen dadurch, dass es heißt:

> Halsstarrige und fortdauernde Versagung der ehelichen Pflicht soll der böslichen Verlassung gleich geachtet werden.

Diese Formulierung („gleich geachtet") gab dann zu einer Zweifelsfrage Anlass, die darzustellen sein wird.

Der Ehescheidungsgrund des § 694 war ohne weiteres aus § 10 des Edikts von 1782 übernommen. Bei der Ausarbeitung des ALR fand Svarez hier keinerlei Widerspruch.[333] Erörtert wurde jedoch bei der Redaktion, ob nicht der Zeitraum der Verweigerung bestimmt werden müsse,

---

330 Vgl. schon Bornemann V S. 185. Dies lässt sich auch aus dem Wortlaut des § 73 in dem ersten Entwurf schließen, wonach § 693 die Ehescheidungsklage auch dann zulasse, wenn von den Gründen der Entfernung nichts festgestellt werden kann; diese Vorschrift werde aufgehoben. Man wollte also einen (weiteren) Ehescheidungsgrund beseitigen.

331 Bezeichnenderweise erwähnt Savigny in seiner „Darstellung" diesen Punkt der Reform überhaupt nicht, obwohl er sowohl die beiden Entwürfe als auch die Verordnung vom 28.6.1844 zu vertreten hatte.

332 Scheurl Eherecht S. 325; Buchka Ehescheidungsrecht S. 117; Hubrich S. 89.

333 GesRev 1 S. 398.

nämlich mit einem Jahr, was aber von Svarez und der Gesetzeskommission ohne Angaben von Gründen verworfen wurde. Bei der Revision von 1830 forderten mehrere Richter jedoch wieder, dass in den § 694 eine Frist aufgenommen werde.[334] Wie sehr diese Eindeutigkeit einem Bedürfnis der Justizpraktiker entsprach, beweist der Grundsatz Nr. 48 des Stadtgerichts Berlin, wonach die Nichtvollziehung des Beischlafes mindestens ein Jahr gedauert haben muss, bevor § 694 die Scheidung ermöglicht.[335]

Die anderen preußischen Gerichte, insbesondere das Obertribunal, haben sich dieser Rechtsprechung aber nicht angeschlossen, sondern die Frist in das Ermessen des Richters gestellt, ohne sich mit der Praxis des Stadtgerichts Berlin auseinanderzusetzen. Schon der Revisor hatte hierzu geäußert, dass sich die verwerfliche Widersetzlichkeit nicht nach starren Fristen richten könne.[336] Ebenso vertritt auch das Schrifttum einhellig die Auffassung, dass der Begriff „halsstarrig und fortdauernd“ keine genaue Zeitangabe gestatte oder gar erfordere.[337]

Damit stand das Landrecht in diesem Punkt dem gemeinen Recht gleich, dass auch hier die Entscheidung dem richterlichen Ermessen überließ.[338] Immerhin erscheint es für das preußische Recht kennzeichnend, dass nur hier der Gedanke auftauchte, eine starre Zeitbestimmung an die Stelle der richterlichen Beurteilungsfreiheit zu setzen.

Bereits eingangs der Darstellung dieses Scheidungsgrundes ist auf eine Auslegungsfrage hingewiesen: Der Wortlaut des Gesetzes („… soll der böslichen Verlassung gleich geachtet werden“), der sich nur aus der Tradition des gemeinen Rechts verstehen lässt, ist zweideutig. Er kann – modern gesprochen – eine Tatbestands- oder Rechtsfolgenverweisung be-

334 GesRev 1 S. 399.

335 Rönne § 694 Anm. Nr. 3. Die vom Stadtgericht angenommene Analogie zu § 690 (bei der böslichen Verlassung i. e. S. kann die öffentliche Ladung des Entwichenen erst nach einem Jahr seit dem Bemerken der Flucht stattfinden) überzeugt wenig.

336 GesRev 1 S. 399.

337 Bornemann V S. 193; Dernburg § 18 Nr. 13a (S. 53) Fn. 24; Förster/ Eccius § 212 Nr. 3 (S. 95) Fn. 24; Peters S. 41. Gewissermaßen eine Mittelmeinung hatte Bielitz (§§ 694 und 695 Anm. 3) vertreten: Zwar lasse sich nicht allgemein angeben, wie lange die Versagung der ehelichen Pflicht gedauert haben müsse, jedoch solle die Verkündung des Scheidungsurteils ein Jahr ausgesetzt werden, weil so lange die „Hoffnung der Wiedervereinigung“ erhalten bleibe. (Das ALR sah die Aussetzung nur bei anderen Scheidungsgründen vor, nicht bei § 694; s. II 1 § 727).

338 Scheurl Eherecht S. 328.

deuten.[339] Diese Unklarheit war bei der Redaktion des ALR schon v. Grolmann aufgefallen; er meinte, die Wendung könne nicht bedeuten, dass wie bei der böslichen Verlassung dem Scheidungsurteil eine erfolglose Mahnung des Richters (entsprechend § 685) vorausgehen müsse. Svarez forderte dies jedoch; vor der Scheidung sei der Refraktarius (der Widerspenstige) richterlich zur Erfüllung der ehelichen Pflicht anzuhalten.[340]

Eine unbefangene Betrachtung des Gesetzestextes wird hier nur der Ansicht v. Grolmanns zustimmen können, die sich auch, wie zu zeigen sein wird, im Laufe der Zeit vollständig durchgesetzt hat. Es erscheint schon einigermaßen willkürlich, dass von den zahlreichen Normen über die bösliche Verlassung gerade nur diese bei dem Scheidungsgrund der Verweigerung der ehelichen Pflicht angewandt werden soll. Ferner spricht § 685 nur von dem Ehemann, der ein gerichtliches Mandat gegen seine Frau erwirken kann und muss; § 694 betrifft jedoch beide Ehegatten, und dabei ist – was sich schon der Äußerung Svarez' entnehmen lässt und später durch die entschiedenen Fälle bestätigt wird – durchaus an die Beischlafsverweigerung des Ehemanns zu denken. Es hätte im Übrigen nahe gelegen, diese Voraussetzung in das Gesetz aufzunehmen.[341]

Eine Entscheidung des Inhalts, dass der Scheidung eine gerichtliche Aufforderung zum Beischlaf vorauszugehen habe, findet sich nicht.[342] Seit

339 Diese Begriffe erscheinen bei der Erörterung der Streitfrage nicht; sie waren offenbar unbekannt. Das lässt sich zwanglos daraus verstehen, dass dem für die Dogmatik des 19. Jahrhunderts maßgebenden römisch-gemeinen Recht (Mitteis/ Lieberich S. 20) als nicht kodifiziertem Recht Verweisungen fremd sind. Erst das BGB mit seinen zahllosen Verweisungen gab Anlass, diese Frage begrifflich zu klären. In der Sache trifft schon Koch (§ 694 Anm. 24) das Problem: Die Wendung bedeute, dass dieses Verhalten „in seiner Wirkung, als Scheidungsgrund" der böslichen Verlassung gleichgeachtet werden sollte. Die hier nicht weiter begründete Annahme entspricht bemerkenswerterweise der heutigen Auffassung, dass meist nur auf die Rechtsfolge der genannten Norm verwiesen werden soll (Larenz S. 198 f.).

340 GesRev 1 S. 400.

341 Wie es der Revisor für den Fall vorschlägt, dass die Voraussetzung klargestellt werden soll (GesRev 1 S. 400): „... wenn die deshalb an den versagenden zu erlassende richterliche Aufforderung fruchtlos bleibt".

342 Das von Mund S. 108 ff. dargestellte und besprochene Erkenntnis des Obertribunals vom 23.4.1838 erwähnt zwar, dass eine richterliche Anordnung ergangen sei, verhält sich aber nur zu der Frage, ob die Verweigerung als halsstarrig

dem Erkenntnis des Obertribunals vom 21.4.1844[343] stand es für die Gerichte fest, dass ein gerichtliches Mandat keine Voraussetzung des Scheidungsanspruchs war. Auch das Schrifttum teilte diese Ansicht ohne Widerspruch.[344]

Damit trennt sich das Landrecht auch in diesem Punkt vom gemeinen Recht. Dort war bis zum Ende des 19. Jahrhunderts fast überall anerkannt, dass dem Scheidungsurteil nicht nur eine richterliche Verfügung, sondern versuchte Zwangsmaßnahmen vorauszugehen hätten.[345] Es versteht sich von selbst, dass dabei unmittelbarer Zwang nicht zur Anwendung kommen konnte, wohl aber mittelbarer, nämlich Geldstrafen und auch Gefängnis als Beugemittel. Die Beibehaltung dieser Voraussetzung ist nicht etwa nur der Tradition geschuldet. Auch wo im Gebiet des gemeinen Rechts eine Kodifizierung des Eherechts stattfand, hielt der Gesetzgeber an dem Erfordernis vorangehender erfolgloser Zwangsmaßnahmen fest.[346] Für die größere Geschmeidigkeit des gemeinen Rechts ist es aber wiederum bezeichnend, dass je nach Lage des Einzelfalls auf die Zwangsmaßnahme verzichtet werden konnte, wenn die nicht zu brechende Widerspenstigkeit des verklagten Ehegatten feststand.[347]

---

bezeichnet werden könne. Immerhin lässt sich ihm entnehmen, dass die Anordnung in der Praxis tatsächlich ausgeübt wurde.

343 Präj. Nr. 1465.

344 Bornemann V S. 227; Koch § 694 Anm. 22, 24; Dernburg § 18 Nr. 3a (S. 53) Fn. 24 („keinenfalls" sei eine gerichtliche Anordnung notwendig); Peters S. 41; Hubrich S. 191 f. Anders noch Bielitz §§ 694 und 695 Anm. 3, aber bezeichnenderweise nicht, weil § 695 auf die Regeln der böslichen Verlassung verweise, sondern weil eine „halsstarrige und fortdauernde Verweigerung" nur angenommen werden könne, wenn der widerspenstige Ehegatte wenigstens einmal durch den Richter auf seine Pflichten hingewiesen worden sei.

345 GesRev 1 S. 400; Scheurl Eherecht S. 329; Buchka Ehescheidungsrecht S. 118 f.; Hubrich S. 95 f. In dem Urteil des OAG Lübeck vom 24.9.1863 (SeuffA Bd. 17 Nr. 56) wird gesagt, dass „Doktrin und Praxis" des protestantischen Eherechts „stets davon ausgegangen" seien.

346 §§ 108 f. des Ehegesetzes für das Herzogtum Gotha vom 15.8.1834 (Gesetzsammlung für das Herzogthum Gotha 1834 S. 646): „Geldstrafen, mehrwöchentliche Haft usw.".

347 Buchka Ehescheidungsrecht S. 119. Einen einschlägigen Fall bietet ein undatiertes Erkenntnis des OAG Celle aus dem Jahr 1875 (SeuffA Bd. 31 Nr. 240). Danach sei an dem Erfordernis richterlicher Maßnahmen zwar festzuhalten; im entschiedenen Fall habe der Beklagte jedoch in Wort und Tat eine so deutliche Widerspenstigkeit gezeigt, dass von einer richterlichen Verfügung kein Erfolg

Für das Bestreben der preußischen Justizpraktiker, im Landrecht starre, aber damit die Rechtsprechung erleichternde Regeln zu finden, ist ein weiterer Streitpunkt aufschlussreich. Schon v. Grolmann hatte vorgeschlagen, für die Pflicht zum Beischlaf eine feste Altersgrenze zu setzen, etwa für die Frau ein Alter von 50 Jahren, da danach die Zeugungsfähigkeit in jedem Fall aufhöre.[348] Diese Anregung hatte Svarez nicht einmal beachtet. Gleichwohl machte bei der Revision des Jahres 1830 das OLG Magdeburg erneut denselben Vorschlag. Dieser wurde vom Revisor mit der Begründung abgelehnt, dass Gesetz könne hier keine scharfe Grenze ziehen, da auch die Natur keine gezogen habe.[349] In der Folgezeit ist man auf dieses Begehren nicht mehr zurückgekommen. Die Rechtsprechung hat sich in die naturgegebene Ungleichheit gefügt und je nach den Umständen über eine fortdauernde Pflicht zum Beischlaf entschieden.[350]

In diesem Punkt stimmt das preußische Recht also – trotz der gelegentlichen Versuche, das zu ändern – wieder mit dem gemeinen Recht überein, das hier keine festen Fristen kennt, sondern „im einzelnen Fall nach den Umständen" entscheiden lässt.[351]

Gleichfalls keine nennenswerte Abweichung vom gemeinen Recht findet sich in der preußischen Rechtsprechung und Lehre in der Frage, ob die Ehefrau, die ihren Gatten wegen Nichterfüllung der ehelichen Pflicht

---

zu erwarten sei. Diese Entscheidung wird von Friedberg Kirchenrecht § 160 (S. 449) Fn. 43 dahin missverstanden, dass in der Provinz Hannover überhaupt keine Zwangsmaßnahmen der Ehescheidung wegen Versagung der ehelichen Pflicht vorangehen müssten. Tatsächlich brachte das OAG Celle jedoch den verständigen allgemeinen Rechtsgrundsatz zur Anwendung, dass Aufforderung und Fristsetzung bei erkennbarer Nutzlosigkeit eine zwecklose Förmelei sind (vgl. heute im Schuldrecht § 281 Abs. 2 BGB n. F.; für den § 326 Abs. 1 S. 1 BGB a. F. zuerst ausgesprochen in der Entscheidung des Reichsgerichts vom 27.5.1902 [RGZ 51, 347]).

348 GesRev 1 S. 401.

349 GesRev 1 S. 400.

350 Z. B. in dem Urt. vom 19.12.1851 (StriethA 4, 207): Der Beklagte war 62 Jahre alt, aber „nach der Versicherung seines Hausarztes noch ein gesunder kräftiger Mann", so dass ihm der eheliche Verkehr durchaus zugemutet werden könne.

351 Reichsgericht Urt. vom 15.11.1884 (SeuffA Bd. 40 Nr. 116). Dort heißt es zu einem Ehemann, der sich im 63. Lebensjahr befand, schon wegen dieses Alters könne die Frau keinesfalls die Leistung der ehelichen Pflicht fordern – also, wie bei Ermessensentscheidungen unvermeidlich, das gerade Gegenteil dessen, was das Obertribunal in seiner soeben (Fn. 350) zitierten Entscheidung ausgesprochen hatte.

auf Scheidung verklagt, ihn zuvor ausdrücklich zum Beischlaf aufgefordert haben muss. Hierüber trifft das Gesetz verständlicherweise keine Aussage. Eine Aufforderung hielt Bornemann für notwendig; auf weibliche Schamhaftigkeit könne hier keine Rücksicht genommen werden.[352] Die hierzu ergangene Rechtsprechung konnte die heikle Frage umgehen, indem sie mehrmonatige Teilung des Ehebettes als hinreichenden Anlass für den Vollzug des Beischlafs genügen ließ.[353] Ob auch schon die Ehe an sich den Mann zur Erfüllung seiner Pflicht anhalte, lässt die Rechtsprechung dahinstehen.[354] Dabei ist es verblieben,[355] auch wenn das Reichsgericht sich hier nicht ganz deutlich ausgedrückt hat.[356] Das Schrifttum sah gleichfalls in einer ausdrücklichen Aufforderung keine Voraussetzung des Scheidungsverlangens.[357]

Anders als sonst oft im Scheidungsrecht lässt sich hier nicht sagen, dass die Rechtspraxis des ALR starrer oder scheidungsfreundlicher gewesen sei als die Judikatur im gemeinen Recht. Auch hier wird von den Umständen abhängig gemacht, ob es einer ausdrücklichen Aufforderung zum Vollzug des Beischlafs bedurfte oder nicht. Einjähriges Teilen des Ehebettes soll genügen.[358]

352 Bornemann V S. 195: Die Aufforderung müsse „durch Wort oder Tat“ (!) zum Ausdruck gebracht werden.

353 Urt. des Obertribunals vom 8.9.1851 (ObTribE 22, 38); die Redaktion weist dort auch auf ein weiteres Erkenntnis des Gerichts hin, das in diesem Sinn ergangen sei (Urt. vom 27.10.1851).

354 Insofern noch anders – eine Aufforderung verlangend – das Urt. des Obertribunals vom 28.2.1837 (Präj. Nr. 156, wiedergegeben in der in der vorstehenden Fußnote genannten Entscheidung).

355 Vgl. auch den Grundsatz Nr. 48 des Stadtgerichts Berlin (bei Rönne § 694 Anm. 2).

356 Vgl. die (allerdings etwas unklare) Zusammenfassung des Urteils vom 20.11.1879 in JW 1880, 14: Der Mann müsse in der Regel der Behauptung, er habe zur Beiwohnung keine Anregung gegeben, durch Beweis entgegentreten.

357 Dernburg § 18 (S. 53) Fn. 24; Förster/ Eccius § 212 Nr. 3 (S. 95); Peters S. 41; Hubrich S. 191 (dort Fn. 10: Es komme auf das „tatsächliche Verhalten“ an, womit die biegsame Rechtsprechung kurz zusammengefasst ist).

358 Urt. des Obertribunals vom 5.12.1870 in einer nassauischen Sache (SeuffA Bd. 34 Nr. 48 I). Die folgende Entscheidung (Urt. des Obertribunals vom 24.1.1878 in einer hessischen Sache, a. a. O. Nr. II) widerspricht dem nur scheinbar. Dort heißt es zwar, eine Aufforderung durch die Klägerin sei erforderlich gewesen; im Fall wird das aber damit begründet, dass die Parteien, die einer Sekte angehörten, 26 Jahre ohne sexuelle Beziehung gelebt hätten, so dass die Klägerin, wenn sie eine solche nunmehr verlangte, dies hätte zum Ausdruck bringen müssen.

Die bösliche Verlassung i. e. S. erschien auch bei der Reform als Scheidungsgrund unangreifbar und unterlag nur – wie dargestellt – in einzelnen Punkten der Kritik. Anders die Verweigerung der ehelichen Pflicht, obwohl dieser Tatbestand nach der Tradition des gemeinen protestantischen Eherechts auf das Engste mit der böslichen Verlassung verbunden war.[359]

Schon der Revisor – der freilich einen rein weltlichen Standpunkt vertrat – hatte sich, wie auch mehrere Justizpraktiker in ihren Stellungnahmen, für die Aufhebung des § 694 ausgesprochen.[360] Als Hauptgrund nannte er, dass dieser Scheidungsgrund regelmäßig nur vorgeschoben (simuliert) sei; jedenfalls sei ihm kein Fall bekannt, in dem das Scheidungsbegehren tatsächlich auf Versagung der ehelichen Pflicht gestützt werden konnte. Dass dies nicht ausnahmslos so war, zeigt sich an dem im Vorstehenden erwähnten (späteren) Entscheidungen des Obertribunals. Gleichwohl bleibt es richtig, dass die Bestimmung des § 694 leicht zum Missbrauch verführen konnte, zumal da hier – anders als bei der böslichen Verlassung – nicht einmal die räumliche Absonderung eines Ehegatten zu beweisen war. Die Reformbemühungen der 1840er Jahre erfassten deshalb diese Norm in vollem Umfang. Zunächst – auf Grund der Beratung in der Gesetzeskommission – wurde die Aufhebung des § 694 beschlossen, mit der von Savigny in der „Darstellung" gegebenen doppelten Argumentation: vor allem, dass dieser Scheidungsgrund in der Praxis der Kollusion diene, dann aber auch, dass die Verhandlung dieses Gegenstandes vor einem Gericht „höchst anstößig" sei.[361] Der Staatsrat war zunächst derselben Auffassung. Es ließ sich aber nicht verkennen, dass nach Aufhebung der Norm auch berechtigte Ansprüche

359 Noch die ersten Kommentatoren des ALR stellen diesen Zusammenhang heraus, indem sie die Versagung der ehelichen Pflicht als unsichtbare Verlassung oder desertio invisibilis bezeichnen (Merckel § 694 Anm. und Bielitz §§ 694 und 695 Anm. 3).

360 GesRev 1 S. 396 ff. Der Revisor meint ferner (a. a. O. S. 398), durch die auf § 694 gestützte Klage einer Frau werde der Staat „zum Diener einer unsittlichen und gemeinen Denkart" gemacht – eine sonderbare Bemerkung, der die Urteile aller Rechtsgebiete drastisch widersprechen. In dem Urteil des Obertribunals vom 8.11.1851 (ObTribE 22, 38) wird zur Stützung des Anspruchs auf die Erfüllung der ehelichen Pflicht ALR II 1 § 1 (Hauptzweck der Ehe ist die Erzeugung und Erziehung der Kinder), in der Entscheidung des Reichsgerichts vom 15.11.1884 (SeuffA Bd. 40 Nr. 116) sogar eine Bibelstelle (1. Kor. 7, 3) bemüht.

361 Savigny Darstellung S. 304.

auf Scheidung von den Gerichten hätten abgelehnt werden müssen.[362] Deshalb beschloss der Staatsrat, den § 694 nicht schlechthin aufzuheben, sondern ihn – wie andere weniger schwerwiegende Ehescheidungsgründe – dem § 2 des Entwurfes eines Gesetzes über Ehescheidung (April 1844) zu unterstellen, wonach die Scheidung nur dann auszusprechen ist, wenn durch das Fehlverhalten die Ehe „in nicht minderem Grade zerrüttet sein würde" als durch Ehebruch und bösliche Verlassung.[363] Wenn Savigny meint, damit seien die Fälle erfasst, in denen die Verweigerung der ehelichen Pflicht eine gehässige, lieblose Gesinnung ohne Aussicht der Besserung zeige, so geht das im Grunde nicht über die ohnehin in § 694 aufgestellten Voraussetzungen hinaus. „Halsstarrige und fortdauernde Versagung der ehelichen Pflicht" ist das, was der Richter feststellen kann; die lieblose Gesinnung muss er daraus folgern. Aussicht auf Besserung wird dann gleichfalls in der Regel nicht bestehen. Beruht aber die Verweigerung auf verständlichen Gründen, konnte auch nach geltendem Recht die Scheidung nicht ausgesprochen werden. An den früher besprochenen Entscheidungen des Obertribunals hätte sich auch dann nichts geändert, wenn der Entwurf von 1844 Gesetz geworden wäre.

Im Laufe der Reformbemühungen der 1850er Jahre kam die Regierung erneut auf die strenge, scheidungsfeindliche Auffassung der Gesetzeskommission von 1842 zurück. Der § 694 sollte wiederum gänzlich aufgehoben werden.[364] Als Begründung erscheinen zunächst dieselben Argumente wie schon bei der Revision von 1830 und den Beratungen von 1842 bis 1844: vor allem Simulation, dann auch das sittliche Ärgernis der auf § 694 gestützten Klagen. Dazu kommen zwei Argumente, die als sophistisch bezeichnet werden müssen. Einmal soll die Norm im Widerspruch dazu stehen, dass nach II 1 § 2 des ALR Ehen auch „zur wechselseitigen Unterstützung allein" geschlossen werden können. Jedoch folgt daraus, dass solche Ehen statthaft sind, nicht, dass sich in jeder Ehe der eine Ehegatte, ohne dass dies als ausschließlicher Zweck vereinbart wor-

362 Savigny a. a. O. – Hier sei darauf hingewiesen, dass hartnäckige Beischlafsverweigerung nicht nur nach gemeinem Recht – wie dargestellt – einen traditionellen Scheidungsgrund bildete, sondern auch im französischen Recht (Hubrich S. 211).

363 Dieser höchst bedeutsame Grundsatz der Reform wird später besprochen werden, S. 154 ff.

364 Entwurf eines Gesetzes über Ehescheidungen in: Sten. Ber. Abg.-Haus 1856-57 3. Bd. S. 116 ff.; die Begründung S. 119 f.

den wäre, darauf berufen darf, dass es hätte vereinbart werden können.[365] Das zweite der neuen Argumente stützt sich darauf, dass im Rheinischen Zivilgesetzbuch (d. h. dem Code civil, wie er in Rheinpreußen galt) die Versagung der ehelichen Pflicht nicht als Scheidungsgrund genannt sei, dass sich also der Gesetzesentwurf der preußischen Regierung für das Gebiet des Landrechts mit dem rheinischen Recht in Übereinstimmung befinde. Es ist bereits gezeigt worden,[366] dass der generalklauselartige Art. 231 des Code civil allgemein von injures graves als Scheidungsgrund spricht, so dass daneben eine besondere Aufführung der hartnäckigen Beischlafsverweigerung weder erforderlich noch auch nur möglich war, dass aber die Rechtsprechung diese ohne weiteres unter die genannte Vorschrift subsumiert hat.

Die Gesetzeskommission des Abgeordnetenhauses lehnte die gänzliche Streichung des § 694 ab und behielt sich nur die Herabstufung zu einem relativen Scheidungsgrund, also zu einem Grund, der nur bei einer den beiden ersten Scheidungsgründen (Ehebruch und bösliche Verlassung) gleichkommenden Schwere der Verfehlung zur Scheidung berechtigen sollte, im Sinne des Staatsratbeschlusses von 1844 vor.[367] Der Simulation sei durch Verordnung über das Verfahren in Ehesachen vom 28.6.1844 vorgebeugt, da das Gericht nicht aufgrund eines Geständnisses oder eines zugeschobenen Eides allein entscheiden dürfe, sondern nach seiner aus dem Inbegriff der Verhandlungen geschaffenen Überzeugung. Skandalöse Untersuchungen seien auch bei anderen Scheidungsgründen nicht zu vermeiden, im Übrigen sei die Öffentlichkeit in allen Ehesachen ausgeschlossen. Auf die weiteren Argumente der Regie-

365 Hiervon abgesehen, hätte sogar eine Vereinbarung, dass ein Gatte ohne Anlass von der Leistung der ehelichen Pflicht entbunden sein soll, keine Rechtswirkung, vgl. schon GesRev 1 S. 401 und Bornemann V S. 196 f., die sich darauf berufen, dass die Gesetzeskommission des ALR beschlossen habe, dass auch bei einer Ehe nach II 1 § 2 der Scheidungsgrund des § 694 erhalten bleiben solle; später unbestritten aus dem Wesen der Ehe gefolgert (Koch § 694 Anm. 23 c; Dernburg § 18 S. 53 Fn. 24).

366 Oben Fn. 242. Bezeichnend für das ständige Hin und Her der Reformbewegung in diesem Punkt ist, dass im Plenum des Abgeordnetenhauses dann wieder der Regierungsentwurf (gänzliche Aufhebung des § 694) angenommen wurde (Sten. Ber. Abg.-Haus 1856-57 1. Bd. S. 316).

367 Sten Ber. a. a. O. S. 129 – Zu dem Begriff des relativen Scheidungsgrundes s. u. S. 154 ff..

rung, die sie offenbar nicht für widerlegungsbedürftig hielt, ging die Kommission nicht ein.

Zu der Marginalie „Versagung der ehelichen Pflicht" zieht das Landrecht auch den § 695:

> Ein Ehegatte, welcher durch sein Betragen, bei oder nach der Beiwohnung, die Erreichung des gesetzmäßigen Zweckes derselben vorsätzlich hindert, gibt dem anderen zur Scheidung rechtmäßigen Anlass.

Damit sind also Verhütung und Abtreibung gemeint, die ein Ehegatte gegen den Willen des anderen vornimmt. Auch diese äußerste Erweiterung der desertio malitiosa folgt der Tradition des gemeinen protestantischen Eherechts und zwar ist der Tatbestand von dem gründlichen und scharfsinnigen Kirchenrechtslehrer Justus Henning Böhmer[368] herausgearbeitet worden.[369] Svarez' Entwurf des ALR enthielt ihn noch nicht, er wurde dann durch v. Grolmann vorgeschlagen und ohne Widerspruch angenommen.[370] Folgt der Tatbestand selbst der gemeinrechtlichen Doktrin, so ist doch die Begründung, weshalb er zur Scheidung berechtigen soll, bei Böhmer und im Landrecht verschieden und für den grundlegenden Wandel der Rechtsauffassung bezeichnend. Bezeichnet der Jurist vom Anfang des 18. Jahrhunderts diese Verfehlung als perversa debiti coniugalis praestatio – also als eine religiös-moralische Verfehlung –, so beruft sich der Gesetzgeber vom Ende des Jahrhunderts darauf, dass der schuldige Ehegatte hier gegen den gesetzlichen Zweck der Ehe (ALR II 1 § 1) verstoße.

Praktische Bedeutung hat die Vorschrift kaum erlangt; weder finden sich veröffentlichte Entscheidungen noch äußert sich das Schrifttum zu diesem Scheidungsgrund.[371] Der Revisor schlug dringend die Aufhebung

368 Zu diesem s. o. S. 25 f.

369 Hubrich S. 94 m. Fn. 6.

370 GesRev 1 S. 401.

371 Koch § 695 Anm. 24 a gibt nur eine Erklärung des mit der Norm Gemeinten. Dass aber immerhin in der Hauptstadt Scheidungsbegehren auf § 695 gestützt wurden, beweist der Grundsatz Nr. 50 des Stadtgerichts Berlin (bei Rönne § 695), wonach nur wiederholte Zuwiderhandlungen und mehrfacher Widerspruch des anderen Ehegatten diesem einen Anspruch auf Scheidung gewähren. In einer Statistik für das Jahr 1841, die vier Oberlandesgerichtsbezirke erfasste, war da-

dieser ein „schmutziges Detail" ans Licht ziehenden Norm vor und wies darauf hin, dass, wenn die Frau gegen den Willen des Mannes eine Abtreibung vorgenommen habe, bereits ihre Bestrafung einen genügenden Scheidungsgrund ergebe (§ 704).[372] Bei den Reformbestrebungen der 1840er und 1850er Jahre erfuhr § 695 keine gesonderte Behandlung, er folgte stets ohne eigene Erörterung dem Bestreben, § 694 zu beseitigen oder einzuschränken.

d) Zwischenergebnis

Bei den im protestantischen Eherecht seit jeher unumstrittenen und als „schriftmäßig" bezeichneten Scheidungsgründen des Ehebruchs und der böslichen Verlassung (desertio malitiosa) zeigt sich deutlich die eine – traditionsgebundene – Komponente des ALR. Hier entfernte es sich am wenigsten von der überkommenen Rechtsauffassung und damit auch von der gemeinrechtlichen Judikatur des 19. Jahrhunderts.

Abweichungen betreffen nur Einzelheiten, die immerhin für das preußische Recht kennzeichnend sind. So bildete der bloße Versuch des Ehebruchs – auch in schweren Fällen – für das Obertribunal keinen Scheidungsgrund, da das Gesetz ihn nicht ausdrücklich nannte, während die biegsamere gemeinrechtliche Rechtsprechung hier kein unüberwindliches Hindernis sah, eine schuldhaft zerstörte Ehe aufzulösen. Bei der böslichen Verlassung sah das gemeine Recht – falls der Aufenthalt des entwichenen Ehegatten bekannt war – zunächst vor, ihn möglichst zur Rückkehr zu zwingen (wenn auch nicht gerade durch unmittelbaren Zwang), während das Landrecht hier als Voraussetzung des Scheidungsanspruchs nur eine einfache Aufforderung an den Entwichenen verlangte; das entsprach der Absicht des Gesetzgebers, das Scheidungsrecht zu vereinfachen und den Prozess von allen Vorbedingungen zu entlasten. Bei der böslichen Verlassung im engeren Sinn – der Aufenthalt des treulosen Ehegatten ist unbekannt oder er ist, etwa im Ausland, nicht zu er-

gegen kein einziges Urteil zu § 695 aufgeführt, auch nicht bei dem Stadtgericht Berlin (GesRev 3 S. 678).

372 GesRev 1 S. 402. Auch noch in der zweiten Hälfte des 19. Jahrhunderts wurde die Frau, die ihre Leibesfrucht abtrieb, hart, nämlich mit Zuchthaus bis zu fünf Jahren bestraft (§ 181 Abs. 1 des preußischen StGB von 1851; § 218 Abs. 1 des StGB von 1871).

reichen – war der Desertionsprozess des gemeinen Rechts so gut entwickelt, dass sich Svarez auf eine Übernahme seiner Bestimmungen beschränken konnte.

Die Traditionsgebundenheit des Landrechts bei diesen Tatbeständen zeigt sich auch bei dem im Anschluss an die bösliche Verlassung gebildeten Scheidungsgrund der Verweigerung des ehelichen Verkehrs, den das gemeine Recht als einen Fall der quasi-desertio angesehen hatte. In der Reformbewegung wurde dieser Tatbestand allerdings anders behandelt als die beiden vorangehenden. An diesen hielten die Reformer unverbrüchlich fest; gegen den Scheidungsgrund der Verweigerung des Eheverkehrs hattten sie Bedenken; werde dieser behauptet, so liege eine kollusive Erschleichung der an sich ungerechtfertigten Scheidung nahe.

2. Die Marginalien (4) bis (10)

a) (4) Unvermögen

Mit dieser Marginalie verlässt das ALR die gebahnte Straße der Tradition. Es ist deshalb nicht zu verwundern, dass hier sogleich eine Fülle von teilweise grundlegenden Kontroversen aufgekommen ist, die im Gegensatz steht zu der geringen praktischen Bedeutung, die dieser Scheidungsgrund erlangt hat.

> II 1 § 696:
>
> Ein auch während der Ehe erst entstandenes, gänzliches und unheilbares Unvermögen zur Leistung der ehelichen Pflicht begründet ebenfalls die Scheidung.
>
> § 697:
>
> Ein Gleiches gilt von anderen unheilbaren körperlichen Gebrechen, welche Ekel und Abscheu erregen, oder die Erfüllung der Zwecke des Ehestandes gänzlich verhindern.

Schon gesetzessystematisch sind zwei Fragen zu behandeln. Einmal, wie der Wortlaut des § 696 zu verstehen ist, wonach „auch" eine erst während der Ehe entstehende Beischlafunfähigkeit zur Scheidung berechtigt. Hieraus ließe sich der Schluss ziehen, dass ein schon vor der Eheschließung bestehendes Unvermögen gleichfalls einen Anspruch auf Scheidung gewähre. Dies stünde im Widerspruch dazu, dass Umstände, die vor der Eheschließung liegen, nicht zur Scheidung, sondern zur Anfechtbarkeit der Ehe führen. Hier wären die Vorschriften in II 1 § 971 und II 1 § 39 f. (Ungültigkeit [Anfechtbarkeit] der Ehe wegen Betruges oder wegen Irrtums über eine wesentliche persönliche Eigenschaft) einschlägig. Dies hat die Literatur auch alsbald erkannt.[373] Auch bei den Reformbestrebungen wurde stets hervorgehoben, dass dieser Fall überhaupt nicht zum Scheidungsrecht gehöre und deshalb nicht vom Gesetzgeber behandelt werden solle.[374]

Wie es zu diesem – jedenfalls missverständlichen – „auch" gekommen ist, muss anhand von Svarez' Äußerungen erschlossen werden.[375] Den Fall, dass der untüchtige Ehegatte sein Gebrechen verheimlicht hat, erörtert Svarez gar nicht. Hierfür nimmt er offenbar an, dass der getäuschte Ehegatte die Annullation der Ehe erreichen kann. Er bespricht nur den Fall, dass dem anderen Ehegatten die Unfähigkeit bekannt war. Eine Anfechtung war hier nicht möglich. Auch eine Scheidung könne an sich nicht stattfinden; der andere Teil sei „nach der Strenge" verpflichtet, die Ehe fortzusetzen. Jedoch werde auch hier der Hauptzweck der Ehe (die

373 Bielitz §§ 696 und 697 Anm. 1), der den „großen Unterschied" zwischen Ungültigkeitserklärung und Scheidung betont. Ganz deutlich auch das Reichsgericht in seiner landrechtlichen Entscheidung vom 22.11.1886 (RG JW 1887 S. 8 Nr. 16): Die Scheidungsklage und die Ungültigkeitsklage seien „grundverschieden"; die Scheidungsklage berufe sich auf Vorkommnisse innerhalb einer gültigen Ehe, die Ungültigkeitsklage darauf, dass schon vorher vorhandene Umstände überhaupt keine unanfechtbare Ehe entstehen ließen. In dem Urteil des Obertribunals vom 13.9.1869 (ObTribE 62, 160) wird gleichwohl ohne jede Erörterung angenommen, dass eine abstoßende Krankheit (§ 697), die schon vor der Ehe bestand und sogar als mögliches Ehehindernis ausdrücklich besprochen worden war, „unzweifelhaft" zur Scheidung berechtige.

374 Savigny Darstellung S. 306 („Von Scheidung ist dabei nicht die Rede"); Regierungsentwurf eines Gesetzes über Ehescheidung (Sten. Ber. Abg.-Haus 1856-57 3. Bd. 3 S. 116, 120 (die schon vor der Ehe bestehende Impotenz werde „natürlich" von § 696 nicht berührt).

375 Diese sind in Kamptz' Jahrb. Bd. 52 (1838) S. 49 wiedergegeben. Dabei ist zu beachten, dass Svarez in dem Entwurf des ALR (Erster Teil Abt. I Titel I § 506) nur das „während der Ehe entstandene" Unvermögen als Scheidungsgrund genannt hatte, was systematisch korrekt war (Svarez Entwurf S. 121).

Kindererzeugung, II 1 § 1) nicht erreicht: außerdem gehe dem Staat – und damit nimmt Svarez einen seiner Lieblingsgedanken auf – der „Beitrag dieses letzteren [des Gesunden] zur Population verloren". Deshalb solle auch in diesem Fall „ex rationibus utilitatis publicae" die Scheidung statthaft sein. Nur müsse hier der Scheidungswillige (der Gesunde) dem Beischlafunfähigen die volle Scheidungsstrafe zahlen.

Alle diese Erwägungen sind dann aber im Laufe der Redaktion des Gesetzes wieder verloren gegangen. Weder ist in § 696 eine Beschränkung auf das offenbarte Unvermögen zum Ausdruck gekommen, noch findet sich bei den Vorschriften über die Scheidungsstrafen ein Hinweis auf diese Fallgestaltung. In II 1 § 748 ist von der selbstverschuldeten Impotenz gesagt, dass sie den Untüchtigen zur Strafe verpflichte; das ist aber gerade die umgekehrte Anspruchsrichtung. In § 760 ist bei dem Fall, dass kein Teil für den allein Schuldigen erklärt werden kann, ausdrücklich nur von einem während der Ehe eingetretenen Unvermögen oder unheilbaren Gebrechen die Rede.

Der von Svarez systemwidrig gewollte Scheidungsgrund der offenbarten vorehelichen Impotenz hat also im Gesetz keinen zulänglichen Ausdruck gefunden; zu Recht hat man also später den § 696 (und den § 697) so aufgefasst, dass nur die nach der Eheschließung eingetretenen Umstände von dieser Vorschrift erfasst werden.[376] Für die Gerichte waren die Bedenken systematischen Charakters ohne Bedeutung. Ihnen musste es im Gegenteil willkommen sein, wenn sie in diesen Fällen einen fest

376 Anders zwar Peters S. 41, wo aber im Grunde nur der Gesetzestext wiederholt wird. Erler (S. 86 Fn. 1) meint, dass hier sowohl eine Annullation als auch die Scheidung in Frage kämen (ähnlich wie in der sogleich anzuführenden Regelung des Gothaischen Ehegesetzes). Eindeutig im Sinn der begrifflichen Trennung dagegen Hubrich S. 192. – Dass hier auch außerhalb des ALR nicht klar unterschieden wurde, zeigen die §§ 14 und 104 des Gothaischen Ehegesetzes vom 15.8.1834 (Gesetzsammlung für das Herzogthum Gotha 1834 S. 612, 645). Nach der erstgenannten Vorschrift soll die schon vor der Ehe bestehende Untüchtigkeit, die dem anderen Ehegatten unbekannt war, zur Nichtigkeit der Ehe führen („null und nicht geschehen"); nach der zweiten gibt eben derselbe Sachverhalt einen „rechtmäßigen Scheidungsgrund" ab. (Die von Svarez erörterte Fallgestaltung – die Beischlafunfähigkeit ist dem anderen Teil bekannt – wird hier, systematisch richtig, weder als Anfechtungs- noch als Scheidungsgrund aufgeführt.) Systemwidrig war auch § 520 a des Entwurfs zum ALR: Die Scheidung sei zu gewähren, wenn ein Ehegatte „schon vor der Heirat mit geheimen Gebrechen … behaftet gewesen ist".

umrissenen gesetzlichen Tatbestand zu beurteilen hatten statt des Irrtums über „solche persönlichen Eigenschaften, welche... vorausgesetzt zu werden pflegen" (ALR II 1 § 40), wenn sie ferner nicht festzustellen brauchten, seit wann der beklagte Ehegatte an einer Impotenz oder dem unheilbaren Gebrechen litt, und wenn sie schließlich in dem gewohnten Verfahren der Ehescheidung und nicht in dem seltenen der Ungültigkeitsklage zu entscheiden hatten. Es ist deshalb sehr verständlich, wenn das Obertribunal in der angeführten Scheidungsklage nach § 697 systematische Bedenken, so nahe sie dort auch lagen, nicht einmal erwähnt hat.

Die zweite systematische Unklarheit betrifft den § 697. Wegen der Marginalie „Unvermögen" wäre zu erwarten, dass hier nur solche unheilbaren körperlichen Gebrechen gemeint sind, die Ekel und Abscheu erregen und damit den Zweck des Ehestandes verhindern. So wird die Norm tatsächlich vereinzelt aufgefasst.[377] Dem steht aber entgegen, dass im Gesetzestext ausdrücklich „oder" gesagt ist und nicht etwa „und dadurch". In diesem Sinn hat die Rechtsprechung die Norm denn auch verstanden.[378]

Bei der Entstehung und Bewertung der Marginalie „Unvermögen" stand naturgemäß vor allem die Frage im Streit, ob es gerechtfertigt sei, auch unverschuldetes Unvermögen (unverschuldete Gebrechen) in den Kreis der Scheidungsgründe zu ziehen. Das ALR konnte sich hier – anders als bei den vorangehenden Scheidungsgründen – nicht auf eine gemeinrechtliche Tradition stützen. Im gemeinen protestantischen Eherecht war der Scheidungsgrund der impotentia superveniens und des morbus immedicabilis höchst umstritten, wobei die Rechtsauffassung geschwankt hat und, von der anfänglichen Strenge abkommend, im Laufe des 18. Jahrhunderts immer stärker dazu neigte, die Scheidung aus diesen Gründen zu gestatten, auch wenn den Ehegatten keine Schuld traf. Im 19. Jahrhundert wurde die Scheidung wegen unverschuldeter Gebrechen dieser Art gemeinrechtlich wieder ausgeschlossen. Das Project von 1749 hatte es ausdrücklich abgelehnt, die impotentia superveniens zum

377 Förster/ Eccius § 212 Nr. 4 (S. 95 f.).

378 Erk. des Obertribunals vom 13.9.1869 (ObTribE 62, 160): Der beklagte Ehemann litt an Epilepsie; bei der Subsumtion unter § 697 sagt das Gericht nur, diese Krankheit errege Ekel und Abscheu, ohne dass es von einer Nichterreichung der Ehezwecke spricht.

Scheidungsgrund zu erklären. Das Edikt von 1782 hatte die Impotenz nur dann anerkannt, wenn sich der verklagte Ehegatte diese durch unerlaubte Handlung selbst zugezogen hatte,gedacht war etwa an eine durch Ausschweifungen erworbene Geschlechtskrankheit. Dasselbe bestimmte noch der Entwurf zum ALR. [379] Bei den Beratungen traten aber viele Juristen – unter ihnen auch v. Grolmann – dafür ein, dass Impotenz oder ekelhafte Krankheiten auch dann einen Scheidungsgrund bilden sollten, wenn sie ohne Verschulden entstanden waren.[380] Svarez erwog die für und gegen diese Ausweitung sprechenden Gesichtspunkte. Er sagt, dass an sich ein Unglücksfall nicht zur Scheidung führen dürfe, dass vielmehr beide Eheleute ihn zu tragen hätten. Andererseits könne dann der finis matrimonii primarius nicht mehr erreicht werden; auch werde der gesunde Teil ad delinquendum (zum Ehebruch) gereizt; und schließlich stellt Svarez auch für diesen Fall seinen immer wiederkehrenden Gedanken – die Förderung der Bevölkerungspolitik – heraus, den er von Friedrich II. übernommen hatte. Hierfür entschied er sich letztlich auch deshalb, weil „ex capite impotentiae" keine häufigen Ehescheidungsklagen zu erwarten seien. Dass darin ein gewisser Widerspruch zu dem Argument der Bevölkerungsvermehrung lag, scheint Svarez nicht aufgefallen zu sein. Diese Annahme hat sich in der Tat als richtig erwiesen.[381]

Angesichts des klaren Wortlauts ist niemals bezweifelt worden, dass de lege lata auch unverschuldetes Unvermögen und unverschuldete

379 Zum gemeinen Recht s. die ausführliche Darstellung bei Hubrich S. 130 ff. und kürzer bei Koch § 696 Anm. 25 und § 697 Anm. 28 a sowie – zum 19. Jahrhundert – Friedberg Kirchenrecht § 160 (S. 450) m. Fn. 55 und 56 sowie Hartitzsch § 317 (S. 336) Nr. 4 (wonach aber – zu Beginn des 19. Jahrhunderts – bei impotentia superveniens oft die landesherrliche Dispensation erteilt wurde). Der Entwurf zum ALR bestimmte (Erster Teil Abt. I Titel I § 505), dass sich der Ehegatte das Unvermögen „durch unerlaubte Handlungen zugezogen" haben müsse.

380 GesRev 1 S. 402.

381 Die Erwägungen Svarez' finden sich in Kamptz' Jahrbüchern Bd. 52 S. 49 f. – Dass Ehescheidungsklagen wegen eintretender Impotenz ganz selten waren, bestätigt Hundrich (S. 74) aus eigener Erfahrung. Von 237 im Jahr 1847 im Bezirk des OLG Breslau anhängig gemachten Ehescheidungsklagen war eine (0,42 %) mit Impotenz begründet. Die in vier Oberlandesgerichtsbezirken geführte Statistik für 1841 zeigt unter insgesamt 537 Urteilen zwei, die auf § 696 beruhten (0,37 %); s. GesRev 3 S. 678.

Krankheiten des anderen Ehegatten zur Scheidung berechtigten.[382] Abgesehen von der sehr bald geklärten (d. h. verneinten) Frage, ob auch die nur durch hohes Alter herbeigeführte Impotenz einen Scheidungsgrund ergibt,[383] findet sich zu § 696 keine veröffentlichte Entscheidung.[384] Auch § 697 dürfte in der Praxis kaum eine Rolle gespielt haben. Das Urteil des Obertribunals vom 13.9.1869 ist bereits erwähnt worden.[385] Daneben erscheint im Schrifttum nur noch immer wieder ein Reskript des Justizministeriums vom 9.12.1837, wonach abscheuliche Unsauberkeit eines Ehegatten kein „unheilbares körperliches Gebrechen" sei.[386]

Eine Norm, die schon bei der Entstehung höchst umstritten und dem früheren preußischen Recht unbekannt war, ebenso wie sie von dem gemeinen Recht des 19. Jahrhunderts abwich, musste den Angriffen der Reformer in besonderem Maß ausgesetzt sein. Diese Angriffe richteten sich gegen die Bestimmung selbst, waren aber in erster Linie so gemeint, dass unverschuldete Leiden nicht zur Scheidung führen konnten. Bereits der Revisor sprach sich für eine Aufhebung der §§ 696 und 697 aus.[387] Die Normen widersprächen der Sittlichkeit und Gerechtigkeit; für sie könne auch nicht argumentiert werden, dass sie aus ökonomischen Gründen – wegen der Bevölkerungsvermehrung – begründet seien. Es hand-

382 Wenn Bornemann (V S. 197 f.) durchaus zutreffend meint, die Vorschrift stehe mit II 1 § 176 im Widerspruch, wonach Eheleute sich in Widrigkeiten nicht verlassen dürfen, so will er damit nur auf die Unbilligkeit des Scheidungsgrundes hinweisen. Nach den von ihm vertretenen Auslegungsgrundsätzen (I S. 68) hat der Richter die Norm gleichwohl anzuwenden und Abhilfe nur vom Gesetzgeber zu erhoffen.

383 Erk. des Obertribunals vom 16.11.1840 (Präj. Nr. 935).

384 Siehe vor allem die vollständige Übersicht bei Rönne §§ 696 und 697 Anm. 1 bis 3. Dort ist lediglich ein Gutachten der Gesetzeskommission vom 7.6.1786 erwähnt, wonach das Geständnis des Mannes über seine Impotenz zur Scheidung ausreiche (dieses Gutachten ist auch bei Koch § 696 Anm. 27 angeführt), was allerdings nach der Verordnung vom 28.6.1844 nicht mehr gelte. Dieses Mitschleppen längst obsolet gewordener Entscheidungen zeigt deutlich, dass hier sonst nicht viel zu kommentieren war.

385 Oben Fn. 378.

386 Koch § 697 Anm. 28; Dernburg § 18 (S. 54) Fn. 25; Förster/ Eccius § 21 (S. 96); Peters S. 41; Rönne § 697 Anm. Auf § 697 waren in der Statistik für 1841 (s. Fn. 373) drei Urteile gestützt.

387 GesRev 1 S. 404.

le sich um ein gemeinsam zu tragendes Unglück.[388] Zur Verstärkung weist der Revisor auf den Fall hin, dass der Ehemann im Krieg verstümmelt oder die Frau infolge früherer Entbindungen beischlafunfähig geworden sei.

Diese Ansicht und sogar die Beispiele, die der Revisor für die Unbilligkeit der beiden Normen anführt, ziehen sich durch die Reformdebatte. Savigny legt dar, dass diese Scheidungsgründe „gegen die Natur der Ehe" seien; „besonders einleuchtend" sei das, wenn das Unvermögen durch Wunden im Kriege entstanden sei oder bei der Frau durch ein unglücklich verlaufenes Wochenbett.[389] Noch ein Jahrzehnt später beruft sich die Regierung bei ihrem Gesetzentwurf wieder auf diese Fälle.[390] Stahl spricht, offenbar um nicht den vom Revisor und von Savigny genannten Fall nur zu wiederholen und um ein näher liegendes Beispiel zu wählen, von dem „Arbeiter, der mit Anstrengung und Lebensgefahr Weib und Kinder erhält" und bei der Arbeit abscheulich verstümmelt wird.[391] Er beruft sich auf einen Ausspruch Ulpians[392], nichts sei so menschlich, als dass bei zufälligen Unglücksfällen der Mann an dem Schicksal der Frau, die Frau an dem Schicksal des Mannes teilnehme. Das Landrecht dagegen sage: Bei diesem Unglück ist es menschlich, dass der Mann die Frau und die Frau den Mann seinem Schicksal überlasse. Die Gegenüberstellung wird den Mitgliedern des Herrenhauses Eindruck gemacht haben. Ganz redlich ist sie allerdings nicht. Stahl verschweigt, dass nach römischem Recht in diesem Fall Ulpian spricht von einer milderen Form der Geisteskrankheit– wie auch sonst immer die Scheidung stattfinden konnte, nur dass der Ehegatte des von dem Unglück Betroffenen nach

388 Dies entsprach freilich nicht der Ansicht aller vom Revisor befragten Richter. Das OLG Stettin berief sich auf das naturrechtliche Argument, dass Impotenz und ekelerregende Krankheiten den Zweck des Vertrages „Ehe" vereitelten (a.a.O.). Dass die Reaktion der Theologen gegen das großzügige Scheidungsrecht des ALR noch nicht eingesetzt hatte, zeigt die vom Revisor besprochene und abgelehnte Schrift eines Leipziger Superintendenten, wonach der Gesetzgeber noch einen weiteren Scheidungsgrund einführen möge, nämlich die Sterilität eines Ehegatten (a.a.O. S. 405 ff.). Diesem Theologen hält der weltlich gesinnte Revisor die „Heiligkeit" der Ehe entgegen – eine bemerkenswerte Frontumkehrung.

389 Savigny Darstellung 306.

390 Sten. Ber. Abg.-Haus 1856-57 3. Bd. S. 120.

391 Sten. Ber. Herrenhaus 1854-55 1. Bd. S. 255 f. (Stahl Reden S. 109 f.).

392 D. 24, 3, 22, 7.

der Ansicht des römischen Juristen als schuldig angesehen werden sollte und die Scheidungsstrafe zu leisten hatte;[393] ferner auch, dass das ALR in II 1 § 760 i. V. m. § 759 hier bestimmt, dass der Scheidungswillige bei unverschuldeter Impotenz oder unverschuldetem Gebrechen für die – wenn auch nur notdürftige – Alimentation des „Unglücklichen“ zu sorgen hat. In den sich ergänzenden Bestimmungen der §§ 696 f. und § 760 zeigen sich im Kleinen zwei Charakterzüge der Aufklärung: Einerseits werden dem Einzelnen keine Fesseln auferlegt, andererseits soll aber die Menschlichkeit nicht außer Acht bleiben.

Die Reformer des 19. Jahrhunderts konnten jedoch in den besprochenen Normen nur die moralische Gleichgültigkeit sehen, die das Scheidungsrecht des ALR gegenüber allen Ereignissen des Lebens zu zeigen schien. Deshalb mussten die Normen nach ihrem Willen beseitigt werden.[394] Dass der § 697 niemals anders behandelt wurde als der § 696 (wie in der vorangehenden Marginalie stets der § 695 dem § 694 folgte), war dabei konsequent.[395]

393 Zu den Scheidungsstrafen s. Windscheid S. 890 ff. und Heilfron Römisches Recht S. 531.

394 Bei den Beratungen der Gesetzeskommission des Abgeordnetenhauses wurde erörtert, ob diese Scheidungsgründe nicht gänzlich aufgehoben, sondern – wie im Edikt von 1782 – auf verschuldete Gebrechen beschränkt werden sollten (Sten. Ber. Abg.-Haus 1856-57 3. Bd. S. 129). Die Mehrheit der Kommission lehnte dies jedoch ab, vor allem weil die Ermittlung der Ursachen hier zu verwickelt und das Ergebnis unsicher sei. Bei der Abstimmung im Plenum der Kammer wurde ein entsprechender Antrag (Amendement Lette) sogar einstimmig zurückgewiesen (a. a. O. 1. Bd. S. 316).

395 Das BGB, das außer der Geisteskrankheit (§ 1569 BGB a. F.) keine verschuldensunabhängigen Scheidungsgründe kannte, enthielt keine den §§ 696 f. vergleichbare Bestimmung. Erst das EheG von 1938, das die Scheidung allgemein erleichtern sollte (Mitteis/Lieberich S. 66 f.), schuf einen dem § 697 entsprechenden Tatbestand: Eine schwere und dauernde ansteckende oder ekelerregende Krankheit berechtigt den gesunden Ehegatten zur Scheidung (§ 52), wobei jedoch Härten zu vermeiden sind (§ 54). Diese Regelung übernahm das EheG von 1946 (§§ 46 f.).

b) (5) Raserei und Wahnsinn

Diese Marginalie folgt nicht nur in der Reihenfolge der Scheidungsgründe dem Tatbestand des Unvermögens und des unheilbaren Gebrechens, sondern auch nach ihrem Charakter, da hier gleichfalls ein unverschuldeter Umstand („ein Unglück") zur Scheidung berechtigen soll. Während aber die Reformbewegung die §§ 696 f. ohne weiteres zu Fall bringen wollte, herrschte hier durchaus nicht dieselbe Einmütigkeit.

II1 § 698

Raserei und Wahnsinn, in welche ein Ehegatte verfällt, können die Scheidung nur alsdann begründen, wenn sie über Ein Jahr ohne wahrscheinliche Hoffnung zur Besserung fortdauern.

Das der preußischen Gesetzgebung vorangehende gemeine protestantische Eherecht ließ in der Praxis die Scheidung wegen einer Geisteskrankheit in aller Regel nur aufgrund landesherrlicher Dispensation zu.[396] Ein Teil des Schrifttums vertrat allerdings schon seit dem Ende des 17. Jahrhunderts die Ansicht, dass der Wahnsinn eines Ehegatten den anderen zur Scheidung berechtige, aber zunächst regelmäßig mit der Begründung, dass sich in der Geisteskrankheit ein bösartiger Charakter zeige: Furor ex mania et malitia compositus; furor cum malitia coniunctus; furor malitiosus. Dieser Weg war umso leichter gangbar, als nach allgemeiner Überzeugung Geisteskrankheiten nicht ohne Schuld entstehen konnten.[397] Mit dem wachsenden Einfluss des Naturrechts und der Aufklärung verlor sich diese Rechtfertigung mit einem Verschulden; an ihre Stelle trat das Verfehlen der Ehezwecke bei Geistesstörung.[398] Im 19. Jahrhun-

---

396 Hubrich S. 133 ff. Noch zu Beginn des 19. Jahrhunderts war dies im gemeinen Recht die überwiegende Ansicht; vgl. Wiese S. 480 f., wo nur die vorsätzliche Verletzung der Ehepflichten als Scheidungsgrund bezeichnet, zufällige Ereignisse aber ausgeschlossen werden. Stahl beruft sich auf diesen Autor und sagt fast triumphierend: „Selbst Wiese, der sonst zu den Laxesten gehört, …" (Stahl Rechtsphilosophie II 1 S. 461 Fn.)

397 Vgl. Hoffmeister s. v. Geisteskrankheiten (S. 250 f.): Abfall von Gott oder geistige Irrwege und moralische Schuld sollten zur Krankheit der Seele führen.

398 Hubrich S. 135 f. Dort wird etwas einseitig darauf abgestellt, dass dieses Argument die Ehe als bloßen Vertrag voraussetze. Eine Zweckverfehlung lässt sich

dert ist – wie darzustellen sein wird – auch bei Verteidigern des Scheidungsgrundes „Wahnsinn" die Begründung mit einem Charakterfehler verschwunden, fast immer sogar der bloße Hinweis darauf, da Geisteskrankheiten, dem aufkommenden Materialismus entsprechend, nunmehr als rein physiologisch verursacht galten.[399]

Cocceji ließ in seinem Project von 1749 die Scheidung wegen Raserei zu, aber auch wegen Blödsinnigkeit. Nach dem Ehescheidungsedikt von 1782 (§ 16) und nach dem Entwurf des ALR sollte nur Raserei zur Scheidung berechtigen; ferner war als Voraussetzung verlangt, „ dass dem anderen Teile zur Abwendung seines Ruins eine anderweitige Verheiratung notwendig sei".[400] Diese Einschränkungen stießen auf Widerstand der befragten Juristen. Insbesondere v. Grolmann wollte den Tatbestand auf „Wahnwitz"[401] und „überhaupt alle Beraubungen des Verstandes" erweitern und dabei auch auf heilbare Geistesstörungen. Die Begründung ist eine doppelte: Hier fielen alle Zwecke der Ehe weg, und außerdem liege „dem Staat und der menschlichen Gesellschaft" daran, dass „solche Leute keine Nachkommenschaft hinterlassen". In solcher Allgemeinheit kam das Argument der Eugenik erst viel später wieder zur Sprache.[402]

Svarez folgte zum Teil; der „Raserei" fügte er den „Wahnsinn hinzu, und den Beweis, dass die Fortsetzung der Ehe den gesunden Gatten ru-

aber auch dann annehmen, wenn man die Ehe als überindividuelle Institution auffasst.

399 Hoffmeister a. a. O. Eine seltsame und von niemandem übernommene Konsequenz aus dieser naturwissenschaftlichen Auffassung zieht Bielitz (§ 698 Anm. 2): Jede Gemütskrankheit führe zur Scheidung, und zwar nach § 697, da regelmäßig ein „organischer Fehler" ursächlich sei.

400 GesRev 1 S. 408. Die zweite Voraussetzung hat Svarez offenbar von Cocceji übernommen, der in seinem Project insbesondere den Fall berücksichtigte hatte, dass eine Frau geschäftlich auf die Tätigkeit ihres Ehemannes angewiesen ist (s. hierzu o. S. 38).

401 D. h. Wahnsinn; s. Paul, dt. Wörterbuch 5. Aufl. s. v. „Wahnsinn, Wahnwitz" (S. 773), wonach dieses Wort den gleichbedeutenden älteren „Wahnwitz" ersetzt hat.

402 In einzelnen Entscheidungen wird nur darauf abgestellt, dass dem gesunden Gatten die Fortsetzung der Ehe nicht zugemutet werden könne, wenn er aus der Verbindung mit dem erblich Geisteskranken Nachkommen mit demselben Leiden befürchten müsse; vgl. das Urteil des mecklenburgischen Konsistoriums vom 23.1.1823 bei Buchka Ehescheidungsrecht S. 52 Fn. 42. Eine Gefahr für Staat und Gesellschaft sieht das Konsistorium darin nicht.

inieren würde, ließ er weg. Davon, dass auch „Blödsinn" des anderen Gatten einen Scheidungsgrund bilden sollte, nahm er aber wieder Abstand.[403]

Bei dem scheidungsrechtlichen Unterschied zwischen „Wahnsinn" und „Blödsinn" ist es verblieben. Dies hatte schwerwiegende und nicht immer einleuchtende Folgen, weil die beiden Begriffe für das gesamte Privatrecht einheitlich definiert waren, d. h. sowohl für die Geschäftsfähigkeit als auch für das Ehescheidungsrecht. Unter der Überschrift „Unterschied der Seelenkräfte" heißt es in

> I 1 § 27:
>
> Rasende und Wahnsinnige heißen diejenigen, welche des Gebrauchs ihrer Vernunft gänzlich beraubt sind.
>
> § 28:
>
> Menschen, welchen das Vermögen, die Folgen ihrer Handlungen zu überlegen, ermangelt, werden blödsinnig genannt.

Die Unterscheidung der beiden Arten von Geistesstörung waren für das Eherecht bindend. Blödsinn führte niemals zur Scheidung.[404]

Für die Rechtsprechung schwierig waren zwei Umstände. Einmal, dass „Wahnsinn" und „Blödsinn" sich ohne Rücksicht auf die psychiatrische Beurteilung nach der Definition zu richten hatten, welche die soeben genannten Normen gaben,[405] die doch in erster Linie für die Geschäftsfähigkeit gedacht waren. Gemäß dem anschließenden I 1 § 29 stehen bei den von dem Unterschied des Alters abhängigen Rechten Wahnsinnige den Kindern [bis sieben Jahren], Blödsinnige den Unmündigen [bis vierzehn Jahren] gleich. Wenn das Reichsgericht dazu meint,[406] es gehe hier nur um einen graduellen Unterschied der Intelligenz (§ 27 verlange eine

403 GesRev 1 S. 409.

404 Koch § 698 Anm. 29; Dernburg § 18 (S. 54) Fn. 26; Förster/ Eccius § 212 (S. 96); Peters S. 42. Auch in der Rechtsprechung war dies nie bestritten, vgl. Urt. des Obertribunals vom 28.11.1853 (StriethA 10, 295) und vom 18.11.1872 (StriethA 87, 67) sowie Urt. des Reichsgerichts vom 12.7.1886 (RGZ 16, 234).

405 Urt. des Obertribunals vom 18.11. 1872 (StriethA 87, 67).

406 Urt. in einer Ehescheidungssache vom 12.7.1886 (RGZ 16, 234).

Steigerung des als Blödsinn bezeichneten Vernunftmangels), so ist das für die Geschäftsfähigkeit vollkommen überzeugend, weniger aber für das Scheidungsrecht, in dem es auch auf die emotionale Verständigung der Ehegatten ankommt.[407] Der scheidungsrechtlichen Bedeutung des Unterschieds zwischen Wahnsinn und Blödsinn näher kommen die eingehenden Ausführungen Kochs, u. a.: Die Seelentätigkeit sei bei dem Blödsinnigen matt, bei dem Wahnsinnigen lebhaft, aber von Sinnestäuschungen und Wahnvorstellungen beherrscht, so dass er „verrückt" handle.[408]

Gleichwohl lassen die (wenigen) veröffentlichten Entscheidungen zu § 698 keine offenkundigen Fehlurteile erkennen. Das stärkste Bedenken erweckt noch das Urteil des Obertribunals vom 18.11.1872.[409] Danach wurde eine in der Irrenanstalt untergebrachte, seit sechzehn Jahren geisteskranke Frau als (nur) blödsinnig bezeichnet, die Scheidungsklage ihres Ehemanns somit abgewiesen, weil sie, obwohl an „Wahnvorstellungen und halluzinatorischer Verrücktheit" leidend, in der Anstalt immerhin „kleinere häusliche Verrichtungen" leiste. Bei der sonstigen Großzügigkeit der Rechtsprechung gegenüber Scheidungswilligen ist diese Wertung von I 1 §§ 27 f. schwer verständlich. Es konnte auch in dem entscheidenden Fall nicht maßgebend sein, dass – wie die Richter ausführten – „Wahnsinn" im Sinne des § 27 etwas anderes bedeute als „Wahnsinn" im wissenschaftlichen Sinn, diesen hatten die medizinischen Sachverständigen bei der Beklagten festgestellt, weil die Frau nicht „gänzlich" des Vernunftgebrauchs beraubt sei, sondern ganz einfache Arbeiten verrichten konnte. In einer früheren Entscheidung[410] hatte das Obertribunal dagegen einen Querulanten für wahnsinnig erklärt, obwohl er nur in seinem Prozess von einer „fixen Idee" beherrscht war, nämlich dass er den Rechtsstreit gewinnen werde, und daraufhin sinnlose Eingaben und Anträge eingereicht hatte. Im Übrigen war der Querulant nicht aufgefallen, doch könne nicht ausgeschlossen werden, dass er auch andere Handlungen mit

407 Das berücksichtigt die spätere Regelung in § 6 Abs. 1 einerseits und § 1569 andererseits des BGB a. F.: Im Personenrecht (Entmündigung) entscheidet die Frage, inwieweit der Geisteskranke seine Angelegenheit nicht zu besorgen vermag, im Scheidungsrecht, ob noch eine geistige Gemeinschaft zwischen dem Geisteskranken und seinem Ehegatten besteht.

408 Koch (8. Aufl. 1884) I 1 § 28 Anm. 26.

409 StriethA 87, 67.

410 Urteil vom 27.2.1860 (StriethA 36, 284).

seiner fixen Idee in Verbindung bringe. Einer Scheidungsklage gegen diesen durchaus ehetauglichen Menschen hätte das Gericht also stattgeben müssen.[411]

Die Reformbestrebungen wandten sich nun nicht gegen solche Widersprüchlichkeiten des Gesetzes im Einzelnen, sondern gegen den Scheidungsgrund des § 698 als Ganzen. Dies jedoch nicht mit derselben Bestimmtheit wie sich die Bewegung gegen die vorangehenden Tatbestände (Unvermögen und unheilbare Gebrechen) richtete. Bei der Revision von 1830 wollten von den um ihre Meinung befragten Oberlandesgerichten drei den Scheidungsgrund sogar auf Blödsinn erweitern, nur zwei ihn gänzlich aufheben. Der Revisor schloss sich der ersten Meinung an. Die geistige Behinderung vernichte „sowohl die physische als die moralische Seite der Ehe".[412] Das ist die immer wiederkehrende Hauptbegründung für diesen Scheidungstatbestand. Auch im gemeinen Recht diente sie – solange dort der Scheidungsgrund der Geisteskrankheit noch irgendwo anerkannt war – zur Rechtfertigung der Trennung wegen Verstandeszerrüttung.[413] Die Gefahr für den anderen Teil sei hier nicht der Grund. Das ist in jedem Fall richtig, da bei Wahnsinn der Kranke in eine Irrenanstalt zu überweisen[414] und bei Blödsinn für den anderen Ehegatten regelmäßig nichts zu befürchten ist.

Die Ausdehnung dieses Tatbestandes auf den Blödsinn wurde später nicht mehr ernsthaft erörtert, da eine Erweiterung der Scheidungsgründe angesichts der aufkommenden konservativen Tendenzen ausgeschlossen war. Wohl aber blieb die Aufführung der Geisteskrankheit unter den Gründen stets umstritten, und zwar schon in den Auseinandersetzungen der 1840er Jahre.

411 Vom rechtsdogmatischen Standpunkt der Gegenwart beurteilt wäre das doppelt fehlerhaft: Einmal weil die Begriffe von Geisteskrankheit bei der Geschäftsunfähigkeit und im Scheidungsrecht nicht völlig identisch sein dürfen; zum anderen, weil das Obertribunal den Begriff der partiellen Geisteskrankheit noch nicht gefunden hatte. Dieser wurde später gerade für den „Querulantenwahn" entwickelt. (Das Wort erscheint wohl zuerst in einem Urteil des OLG Breslau vom 3.3.1920 [OLG 40, 259].).

412 GesRev 1 S. 408 f. Der Gesetzesentwurf von 1834 folgte ihm (§ 22; s. GesRev 2 S. 379).

413 Urteil des OAG Dresden vom 22.3.1845 (SeuffA Bd. 2 Nr. 195): „… vernichtet die Hoffnung, den einen oder den anderen wesentlichen Endzweck der Ehe jemals wieder erreichen zu können".

414 Bornemann V S. 199.

Während der § 698 nach dem Entwurf der Gesetzeskommission von 1842 aufgehoben werden sollte (§ 1 Nr. 5), ließ der Entwurf des Staatsrats von 1844 ihn bestehen und stellte die Scheidung in diesem Fall nur unter zusätzliche Voraussetzungen (§ 98: Feststellung der Unheilbarkeit durch zwei Ärzte, ein Jahr nach der Wahnsinnigkeitserklärung)[415] . Savigny sagte selbst, dass sich beachtliche Gründe für und gegen den Scheidungsgrund finden ließen.[416] Gegen die Zulässigkeit spreche, dass es sich hier nicht anders als bei schweren Krankheiten um ein unverschuldetes Unglück handle, das die Ehegatten gemeinsam tragen müssten. Dies ist das stets wiederkehrende Argument der Gegner des Scheidungsgrundes, auch im gemeinen Recht,[417] wo es im 19. Jahrhundert zu der ganz herrschenden Meinung führte,[418] unverschuldeter Wahnsinn berechtige den anderen Ehegatten nicht zur Scheidung.[419] Ferner beruft sich der Minister darauf, dass nicht selten die Geisteskrankheit doch noch geheilt werde; wenn inzwischen die Scheidung ausgesprochen sei, werde der Geheilte in seinen Rechten verletzt.

Von der üblichen Argumentation etwas abweichend ist die Begründung, die Savigny für die entgegengesetzte Meinung gibt, Wahnsinn führe zur Scheidung. Nicht von dem Verfehlen der Ehezwecke ist hier die Rede, sondern von einem praktischen Unterschied, der gegenüber den körperlichen Leiden (§ 697) bestehe. Bei diesen könne der gesunde Gatte den kranken pflegen; bei Wahnsinn sei das nicht möglich, da der Gesunde den Kranken (der in der Anstalt lebe) nicht betreuen und oft nicht einmal sehen dürfe. Persönliche Pflichten könne der Zurückbleibende daher „selbst bei dem besten Willen" gar nicht erfüllen. Letztlich ist zwar auch dies die Begründung mit dem Nebenzweck der Ehe (II 1 § 2: wech-

415 Savigny Darstellung S. 354, 411. Die Abstimmung im Staatsrat ergab eine nicht ganz unbedeutende, aber auch nicht sehr starke Mehrheit für die Beibehaltung des § 698 (29:20 Stimmen; s. GesRev 3 S. 879).

416 Savigny Darstellung S. 307.

417 Z. B. Urteil des OAG Rostock vom 15.2.1862 (SeuffA Bd. 22 Nr. 50): Die Eheleute übernähmen die Verpflichtung, „auch im Unglücke einander treu zu bleiben".

418 Abschließend: Urteil des Reichsgerichts vom 7.7.1882 (RGZ 7, 154).

419 Anders natürlich in denjenigen gemeinrechtlichen Territorien, wo die Gesetzgebung dem preußischen Recht gefolgt war. Ganz deutlich ist dies z. B. in dem § 113 des Gothaischen Ehegesetzes vom 15.8.1834 (Gesetzesammlung für das Herzogthum Gotha 1834 S. 647), der sogar in seiner Formulierung fast wörtlich dem ALR II 1 § 698 entspricht.

selseitige Unterstützung), aber in das Moralische gewendet: Der Wahnsinn ist zwar ein Unglück, aber Eheleute können es gar nicht gemeinsam tragen, da der Gesunde nicht bei der Linderung des Unglücks helfen kann. Diese Vermeidung eines Hinweises auf den Ehezweck und die Begründung mit der an sich bestehenden Pflicht zur Hilfe für den Unglücklichen, die hier nur keinen Gegenstand finde, erscheint als geschickte Wendung, um den Scheidungsgrund des § 698 auch dann annehmbar zu machen, wenn der religiöse und moralische Standpunkt beibehalten wird.

In den parlamentarischen Ehescheidungsdebatten der 1850er Jahre ließen sich keine ganz neuen, wohl aber ergänzende Gesichtspunkte finden. Die Regierungsentwürfe für die Kammern sprechen genau wie Savigny davon, dass für und gegen den Scheidungsgrund des Wahnsinns gewichtige Argumente sprächen.[420]

Diese Argumente sollen jetzt möglichst vollständig dargestellt werden, einmal wegen der Bedeutung, die dieser auch vorher und später umstrittene Tatbestand für grundsätzlich verschiedene Auffassungen des Eherechts besitzt, aber auch um zu zeigen, welche Vielseitigkeit und Gründlichkeit die Mitglieder beider Kammern jeder Einzelheit des von ihnen beratenen Gesetzes haben zukommen lassen, vor allem dort, wo Prinzipien gegeneinander standen.[421]

In eine erste Kategorie der Beweisgründe gehören die Bezugnahme auf das Kirchenrecht und auf die Rechtsvergleichung. Das Kirchenrecht betreffend ging die Kontroverse im Herrenhaus weiter zurück als zur bloßen Wiedergabe dessen, was im Lauf der Jahrhunderte zum Wahnsinn als Scheidungsgrund gesagt worden war. Hier war – wie am Anfang

420 Sten. Ber. Herrenhaus 1854-55. Bd. 2 S. 116; Abg.-Haus 1856-57 3. Bd. S. 120.

421 Die Spezialdebatte über § 698 fand in der Ersten Kammer (dem Herrenhaus) am 15.3.1855 statt (Sten. Ber. Herrenhaus 1. Bd. S. 293 ff.), in der Zweiten Kammer (dem Haus der Abgeordneten) am 25.2.1857 (Sten. Ber. Abg.-Haus 1856-57 1. Bd S. 316 ff.). Im Folgenden werden die einzelnen Redebeiträge nicht mit genauerer Angabe aufgeführt; die Auffindung erscheint aber auch ohne dies leicht möglich. – In der Begründung der Regierungsvorlage für das Herrenhaus finden sich die einschlägigen Argumente in den Sten. Ber. 1854-55 2. Bd. S. 116 f.; die Kommissionsberatung ist a. a. O. S. 125 wiedergegeben. Für das Haus der Abgeordneten gilt dies für die Sten. Ber. 1856-57 3. Bd. S. 120 f. bzw. 129 f. Die Kammern werden in dieser Arbeit nicht stets mit ihrem amtlichen Namen bezeichnet. Durch Gesetz vom 30.5.1855 erhielt die „Erste Kammer" den Namen „Herrenhaus", die „Zweite Kammer" den Namen „Haus der Abgeordneten".

dieses Abschnitts ausgeführt – die Ausgangslage für die Verteidiger des § 698 nicht günstig, da ebenfalls bis zum Ende des 18. Jahrhunderts Geisteskrankheit des Ehegatten nach überwiegender Ansicht nicht zur Scheidung berechtigte. Der Redner, der im Herrenhaus als Erster das Kirchenrecht heranzog, der Oberbürgermeister von Berlin, Krausnick, legte deshalb in breiten Ausführungen alles Gewicht darauf, dass das Scheidungsverbot des Neuen Testaments nicht als strikte Regel für die Rechtsordnung gemeint sei, sondern als Weisung für die christliche Moral.[422] Hierzu bemerkte Stahl als Berichterstatter, dass die Darlegungen Krausnicks an sich in die Generaldiskussion gehört hätten, dass aber auf sie zu erwidern sei: Die Auslegung, auf die sie sich berufe, sei eben das Ergebnis der Entfremdung vom christlichen Glauben; Christus habe sehr wohl auch Weisungen für Kirche und Staat gegeben.

Außer diesen tiefgreifenden, aber in der Tat nicht gerade auf den diskutierten Scheidungsgrund bezogenen Ausführungen berief sich Krausnick – wesentlich kürzer – auch auf protestantische Rechtslehrer des 18. Jahrhunderts, die den Scheidungsgrund der Geisteskrankheit anerkannt hätten. Dem trat vor Stahl der Hallenser Romanist Pernice entgegen, indem er dies als „Missbräuche“ und „Auswüchse“ bezeichnete; ernstgesinnte Theologen und Juristen hätten dem nie beigestimmt. In seiner ausführlichen Erwiderung brachte dann Stahl eine rechtshistorische Einzelheit zur Sprache, die den Gegnern der Reformbewegung einen unnötigen Vorteil verschaffte. Der Scheidungsgrund des Wahnsinns sei in der byzantischen Gesetzgebung von Kaiser Leo eingeführt worden. Gemeint war die Ekloge („Auswahl“ bedeutender Rechtsbestimmungen) Leos III. (717-741). Dies hatte mit der abendländischen Rechtsentwicklung, vor allem mit dem protestantischen Eherecht, nichts zu tun; es war auch in der Sache falsch, da die Ekloge zwar andere Unglücksfälle (Impotenz des Mannes und Aussatz) zu den Scheidungsgründen zählte, den Wahnsinn aber ausdrücklich nicht.[423] Wie bei parlamentarischen Debat-

422 Die von Krausnick vorgebrachte Trennung zwischen Moral und Gesetzgebung gehörte im Scheidungsrecht zu den „stereotypen“ Argumenten gegen die Konservativen; s. Buchholz Eherechtsreform S. 160.

423 Zachariä v. Lingenthal S. 79. – Wie die Diskussion hierauf gekommen ist, lässt sich nicht mit Sicherheit feststellen. Der angeblich von Leo III. eingeführte Scheidungsgrund erscheint aber bereits in dem Bericht der Gesetzeskommission des Herrenhauses (mit dem auch von Stahl in der Debatte angeführten Zusatz, der Tatbestand habe sich im byzantinischen Recht nicht halten können). Da Stahl

ten zu erwarten, griff der nächste Redner, ein Gegner der Aufhebung des § 698, Graf v. Arnim-Boytzenburg,[424] diesen Punkt sogleich auf und bemerkte ironisch, die angeblich siebzehn Jahrhunderte währende „Verjährung" des Scheidungsgrundes Wahnsinn sei also schon zu christlicher Zeit durch einen christlichen Kaiser unterbrochen worden. Dem konnte Stahl wiederum nur entgegen halten, dass Leo zwar ein christlicher Kaiser, sein Gesetz aber keineswegs ein christliches gewesen sei.

Solches Zurückgreifen auf vergangene Jahrhunderte fand unter den Abgeordneten der Zweiten Kammer kein Interesse. In beiden Häusern des Landtages aber sahen die Reformer den Hinweis auf den Code civil (zum Zeitpunkt der Debatte wieder Code Napoléon genannt) als sehr geeignet an, ihre Meinung zu stützen. Das französische Gesetzbuch, das in der preußischen Rheinprovinz galt, kannte den Scheidungsgrund der Geisteskrankheit nicht. Stahl meinte, es beruhe wohl auf der Generosität des französischen Nationalcharakters, dass bei den Beratungen des Gesetzes dieses schwerste Unglück, das einen Ehegatten treffen könne, nicht einmal als Scheidungsgrund in Betracht gezogen worden sei. In den sechs Jahren seit Bestehen des Herrenhauses sei auch keine Petition aus dem Rheinland eingegangen, ihn einzuführen. Dasselbe hatte zuvor der Justizminister Simons zum rheinischen Recht gesagt; der Scheidungsgrund Wahnsinn werde dort „in keiner Beziehung vermisst". Im Abgeordnetenhaus berief sich Ernst Ludwig v. Gerlach gleichfalls auf die Autorität des Code civil, um die Aufhebung des § 698 zu begründen. Stahl und Gerlach waren in den 1850er Jahren die eifrigsten Vorkämpfer der Scheidungsrechtsreform; beide hatten schon lange zuvor geäußert, dass das französische Gesetzbuch im Scheidungsrecht dem ALR durchaus vorzuziehen sei.[425] Hier wie auch sonst in der Auseinandersetzung über

in der Kommission nicht nur Berichterstatter, sondern auch der einzige Rechtslehrer war, spricht vieles dafür, dass er selbst diesen Gesichtspunkt eingeführt hat.

424 Der gemäßigt konservative frühere Innenminister und (in den Tagen der Revolution) kurzzeitige Ministerpräsident. Er stimmte in der Schlussvotierung über den Entwurf als Ganzen für diesen (Sten. Ber. Herrenhaus 1854/55 1. Bd. S. 385).

425 Stahl hatte sich schon 1837 in Bayern zur Begründung eines Antrags in der Zweiten Kammer der Ständeversammlung, das Scheidungsrecht des ALR in Ansbach-Bayreuth aufzuheben, auf den Code civil berufen und dabei das hohe Ansehen ausgenutzt, das die französische Gesetzgebung genoss (Masur S. 276); auch in seinem philosophischen Hauptwerk stellte er die Gediegenheit des fran-

die Ehescheidung wird übrigens niemals darauf hingewiesen, dass dieser Teil des Code civil in Frankreich seit dem Gesetz vom 8.5.1816 nicht mehr galt, d.h. dass es dort seitdem keine Trennung von der Ehe dem Bande nach gab.[426] Der Grund hierfür scheint auf der Hand zu liegen. Auch die leidenschaftlichsten Reformer traten für die Beibehaltung jedenfalls der beiden von ihnen als biblisch angesehenen Scheidungsgründe ein. Ferner hätte der Hinweis auf die Rechtslage, die in Frankreich seit der Restauration bestand, den Verteidigern des ALR sogleich den Vorwurf ermöglicht, die Reformer wollten in Preußen offenbar das katholische Eherecht einführen.

In eine zweite Kategorie der Argumente sind alle Beweisgründe zu stellen, die sich – unabhängig vom Kirchenrecht – auf religiöse Fundamente stützten. Dies taten nicht nur die Vertreter der Reform, sondern auch die Verteidiger des landrechtlichen Scheidungsgrundes der Geisteskrankheit. Als erster hob im Herrenhaus der Graf v. Arnim-Boytzenburg den Gedanken hervor, dass sich im Wahnsinn des Ehegatten der „Finger Gottes“ zeige; der Ehegatte des Geisteskranken müsse erkennen, dass die Ehe mit einem geistig Toten nach Gottes Willen ihr Ende finden solle, so als wäre der andere wirklich gestorben. Dieser Gedanke war originell, aber nicht ganz ohne Vorgänger. Schon drei Jahrhunderte zuvor hatte der strenggläubige Lutheraner Sarcerius gesagt, impotentia superveniens berechtige zur Auflösung der Ehe, weil „Gottes Hand“ den Ehemann untauglich gemacht habe.[427] Es war ein höchst gefährliches Argument, das geradezu an Abgründe der Theologie heranführte, weil dann folgerichtig jedes Unglück als gottgewollt angesehen werden musste und

zösischen Scheidungsrechts der Laxheit des Landrechts gegenüber (Rechtsphilosophie II 1 S. 461 f.). – Gerlach hatte sich gleichfalls schon vor langer Zeit (1843) günstig über das Eherecht des Code civil geäußert (vgl. Buchholz Eherechtsreform S. 150 f.): Napoleon habe die „Ehe restauriert“ gegenüber der Willkür des Scheidungsrechts der Revolution; der Code Napoléon verhalte sich zu diesem wie die beabsichtigte Scheidungsreform in Preußen zum Landrecht.

426 Bekanntlich wurde die Ehescheidung in Frankreich erst durch das Gesetz vom 27.7.1884 wieder eingeführt, und zwar mit Ausnahme der Scheidung aufgrund wechselseitiger Einwilligung. Scheidung wegen Wahnsinns blieb auch dann nicht möglich, wobei es bemerkenswert ist (und vielleicht für die Ansicht Stahls von der „Generosität“ des französischen Charakters spricht), dass dementgegen im Badischen Landrecht, das sonst ganz dem Code civil entsprach, dieser Scheidungsgrund einen eigenen Paragraphen erhalten hatte (§ 232 a).

427 Vgl. o. S. 21.

zur Aufhebung sittlicher Pflichten gegenüber dem Unglücklichen berechtigten konnte. In seiner Erwiderung umging Stahl geschickt diese Gefahren und sah den „Finger Gottes" darin, dass der andere Ehegatte die ihm auferlegte Prüfung geduldig tragen solle; wenn aber der Wahnsinnige nur eine „wandelnde Leiche" sei, brauche man ihm auch sein Vermögen nicht aufzubewahren, was doch das Gesetz verlange und niemand abzuschaffen fordere.

Zwei Jahre später, in der Debatte des Abgeordnetenhauses, trat der Abgeordnete Rhades (ein Arzt) in ähnlicher Weise damit hervor, dass Gott mit der Geisteskrankheit „ein Zeichen" setzen wolle, dass die Ehe geschieden werden möge. Die Beweisführung ist aber scharfsinniger und brutaler als sie der Graf v. Arnim-Boytzenburg versucht hatte. Der Wahnsinnige sei keine Person mehr, er stehe einem unvernünftigen Geschöpf aus „einer der Klassen der Tierwelt" gleich. Auch zu Gott habe er jede Beziehung verloren, die christliche Ehe habe deshalb von selbst ihr Ende gefunden. Ebenso wenig lasse sich von einem Unglück sprechen, das Rücksicht verdiene. Hier kommt der Redner auf den zu seiner Zeit längst vergessenen Gedanken zurück, die Geisteskrankheit sei die Folge unmoralischen Lebens.[428] Das sei jedenfalls die Ansicht eines „großen Psychologen", der „jede Seelenstörung lediglich als Resultat der Sünde" betrachte, des Leipziger Professors Heinroth.[429] In den Ausführungen des Abgeordneten Rhades scheint die religiöse Argumentation nur für die christlich-konservative Mehrheit der Kammer bestimmt: Auch wenn man sich auf den Standpunkt des Christentums stelle, könne und solle man den Scheidungsgrund des Wahnsinns anerkennen. Rhades selbst hatte offensichtlich kaum christliche Überzeugungen, sonst hätte er den Geisteskranken nicht mit irgendeinem Tier verglichen.[430]

Nicht ganz ernst gemeint wirken die Argumente, mit denen der Graf v. Hoverden im Herrenhaus den Scheidungsgrund des Wahnsinns christ-

428 Vgl. o. S. 113.

429 Joh. Chr. Aug. Heinroth (1773-1843). Das Hauptwerk Heinroths war bereits 1818 erschienen. Über seine Lehre heißt es: „Ausgehend von der sittlichen Persönlichkeit, nicht ohne mystischen Anflug" (Herders Konversationslexikon 1905).

430 Die Mitte der 1850er Jahre waren der erste Höhepunkt des aufkommenden Materialismus. Ludwig Büchners (eines Darmstädter Arztes) äußerst erfolgreiches Buch „Kraft und Stoff" war zwei Jahre vor der Debatte des Abgeordnetenhauses erschienen (1855). Es wäre schwer verständlich, wenn diese Weltanschauung unter den Ärzten kein Echo gefunden hätte.

lich zu begründen glaubte. Ein Narr sei nach der Bibel die Schande seines Vaters und die Schmach seiner Mutter. Für den Narren als Ehegatten gelte ein weiteres Wort der Schrift: „Du wirst der Genosse des Narren und du wirst Unglück haben". Alle diese Aussprüche sind weder belegt noch würden sie sich eignen, einen Grund für die Beibehaltung des § 698 abzugeben. Ganz ernst kann es dem Redner nicht gewesen sein.[431]

Diesen Ernst zeigen die Anhänger der Reformbewegung, wenn sie Glaubensgründe dafür nennen, dass die Geisteskrankheit eines Ehegatten den anderen nicht zur Scheidung berechtige. Gleich die erste Rede, die (nach dem Minister) ein Mitglied des Herrenhauses, August v. d. Heydt, für die Regierungsvorlage hielt, spricht davon, dass Gott die Ehe eingesetzt und die Eheleute zusammengefügt habe. Wenn Gott das Unglück der Geisteskrankheit über den Gatten verhänge, müsse sich der andere demütig unter seiner Hand fügen. Gott habe auch die Macht, den vom Wahnsinn Besessenen zu heilen, wie in der Bibel gezeigt werde.[432] In diesem Sinn, wenn auch nicht mit derselben Überzeugungsstärke, äußerte sich auch die Mehrzahl der Mitglieder des Herrenhauses und der Zweiten Kammer, die für den Gesetzesentwurf eintraten. Wie stark bei

431 Ein gewisser Mangel an Seriosität erklärt vielleicht auch die von Buchholz (Eherecht S. 33 Fn. 73) besprochene etwas absonderliche Äußerung des Grafen Hoverden in der Generaldiskussion. Dort hatte er sich auf eine ihm erteilte „Allerhöchste Order" berufen, durch die ihn Friedrich Wilhelm IV. aufgefordert habe, gegen den Entwurf zu stimmen. Das Herrenhaus nahm dies ernst und sah einen Eingriff des Königs in die parlamentarische Unabhängigkeit. Obwohl der Gesetzesentwurf den Wünschen Friedrich Wilhelms z. T. nicht entsprach (wegen der von der Kommission vorgesehenen separatio temporaria [Schubert S. 313]), ist eine ausdrückliche Weisung ganz unwahrscheinlich. Vermutlich hatte Hoverden angefragt, wie er sich als Gegner der Reform verhalten solle, und der König hatte ihm korrekt geantwortet, dann müsse er seiner Überzeugung folgen und gegen den Entwurf stimmen. Ging Hoverden mit Bibelzitaten frei um – wie in der Spezialdebatte zu § 698 –, so war ihm die gleiche Großzügigkeit auch in Bezug auf das königliche Schreiben zuzutrauen. Der König hatte ihn nur aufgefordert, „ganz und gar nach meiner [Hoverdens] Ansicht zu reden und zu stimmen" (Sten. Ber. Herrenhaus 1854/55 1. Bd. S. 266; die scharfe Reaktion des Mitglieds v. Below S. 268).

432 Es erscheint auf den ersten Blick seltsam, dass gerade v.d. Heydt, der Bankier und Handelsminister (später Finanzminister), diese Gedanken vortrug. Zu verstehen ist es jedoch ohne weiteres daraus, dass er einer pietistischen Elberfelder Kaufmannsfamilie entstammte und in Neuwied von den Herrnhutern erzogen worden war (Schnabel S. 393).

Einzelnen die religiöse Bindung und Abneigung gegen das Landrecht war, zeigt sich in einem von der Hauptlinie der Argumentation etwas entfernten Punkt. Der Abgeordnete Marcard, der zu der streng konservativen Fraktion von Gerlach gehörte, wandte sich am Schluss der Debatte gegen den § 698 mit dem Argument, dass dieser dem Ehegatten „lediglich aus Gründen des besseren Fortkommens" die Scheidung vom Wahnsinnigen gestatte; darin zeige sich „Kleingläubigkeit", weil Gott die Macht habe, auch für das Fortkommen des zurückbleibenden Gatten zu sorgen. Der einzige Grund für die Schaffung des Tatbestandes waren freilich für Svarez keinesfalls wirtschaftliche Erwägungen, nicht einmal das Hauptmotiv.[433]

Von der religiösen Ebene herabsteigend kam die Erörterung dieses Scheidungsgrundes zu der Diskussion über die Notwendigkeit oder Sinnlosigkeit der strengen Durchführung eines „Prinzips", nämlich des Grundsatzes, dass die Ehe nur wegen eines Verschuldens geschieden werden dürfe. Dieser Grundsatz war in der vorangegangenen Spezialdebatte zu § 697 zur Sprache gekommen und dort ganz überwiegend angenommen worden, auch von denen, die jetzt eine Ausnahme von ihm verlangten. Die Minister, die im Herrenhaus den Regierungsentwurf vertraten, wiesen auf diesen Widerspruch hin. Auch Stahl als Berichterstatter forderte, der Gesetzgeber dürfe sich nicht selbst „Lügen strafen", indem er von dem gesunden Ehegatten fordere, das Unglück einer unheilbaren Krankheit zu tragen, bei dem Unglück des Wahnsinns ihm aber gestatte, den Kranken zu verlassen. Es handle sich hier nicht um begriffliche Konsequenz, sondern um ein moralisches Prinzip, das heißt nicht um Logik, die man zur Not auch beiseite lassen könne, wenn das Leben es fordere, sondern auch um eine Wertung, die man aus ethischen Gründen nicht aufgeben dürfe. Stahl musste also bemüht sein zu zeigen, dass die gleiche Norm für den Wahnsinn zu gelten habe wie für jedes andere Unglück. Die Gegner des Entwurf hatten sich darauf berufen, zwischen dem Gesunden und dem Geisteskranken höre jede geistige Verbindung auf, damit sei die Ehe selbst zerstört, ganz anders als bei einer unheilbaren Krankheit. Hiergegen sagt nun Stahl, das „Zentrum des ehelichen Bandes" sei nicht der „geistige Austausch", sondern die „gegenseitige Verpflichtung selbst". Dieser absolute Vorrang des Sollens entsprach der Grundanschauung des Rechtsphilosophen Stahl, an ihm hielt er mit al-

433 Vgl. o. S. 114 f.

ler Konsequenz fest. „Dem sittlichen Prinzip müssen irdische Güter geopfert werden" heißt es an einer anderen Stelle seiner Rede.[434]

Die Gegner hielten dies für „konsequente Prinzipienmacherei", für einen „starren Grundsatz", der in der Wirklichkeit kaum zu ertragen sei, und für ein Prinzip, das „in die größten Härten auszuarten" drohe. Auf seinen Beruf anspielend, rief der Abgeordnete Rhades aus: „Hier handelt es sich nicht mehr um einen Stich ins Fleisch, eine Operation, die wir Ärzte nicht sehr fürchten, hier handelt es sich um einen Stich ins Herz." Gewiss sei es moralisch verdienstvoll – sagte der Führer der liberalen Opposition im Abgeordnetenhaus, von Patow, wenn der gesunde Ehegatte bei dem Wahnsinnigen ausharre; aber wenn er dazu gezwungen werde, könne vor allem in der Enge ärmlich bedrängter Verhältnisse nur Unheil daraus erwachsen, bis zu dem Plan, sich des Geisteskranken durch Vernachlässigung oder noch schlimmere Mittel zu entledigen. Diesem dem praktischen Leben entnommenen Argument trat Gerlach sogleich mit einer auf dieselbe Ebene bezüglichen Darlegung entgegen. Auch wenn die Ehe fortbestehe, könne der wahnsinnige Ehegatte aus dem Haus entfernt und in eine Anstalt gebracht werden; vor allem aber müsse der Gesunde ihn auch nach der Scheidung unterhalten, und das bedeute gerade in den ärmlichen Verhältnissen, von denen der Vorredner gesprochen habe, dass er ihn in seiner eigenen Wohnung – notfalls in deren einziger Stube – unterzubringen habe.[435]

Ein weiterer Punkt der Kontroverse – von dem schon Savigny in seiner „Darstellung" gesprochen hatte – betraf den Fall, dass der geisteskranke Ehegatte nach der Scheidung geheilt wird und dann feststellen muss, dass der andere sich neu verheiratet hat. Darüber, dass dies eine tragische Konstellation ist, waren sich beide Seiten einig. Nur ein für § 698 sprechender Redner des Herrenhauses hatte dies bestritten und gesagt: war die Ehe glücklich, so wird der gesunde Ehegatte sich kaum trennen; war sie unglücklich, so wird der vom Wahnsinn Geheilte froh sein, sich ohne eigenes Zutun durch die Scheidung von seinem Ehegatten befreit zu haben. Das Gewicht der beiderseitigen Auffassungen hing natür-

434 Der Zusammenhang mit der Rechtsphilosophie Stahls ist dargestellt bei Buchholz Eherecht S. 35.

435 Der Abgeordnete las ALR II 1 § 759 vor. Rechtsprechung hierzu lässt sich nicht finden; solche war gewiss auch Gerlach nicht bekannt. Seine Interpretation der Norm erscheint aber durchaus einleuchtend.

lich vor allem davon ab, welche Aussichten bestanden, dass eine für unheilbar erklärte Geisteskrankheit gleichwohl geheilt werden konnte. Die Gegner des Tatbestandes schilderten in lebhaften Farben Einzelfälle, in denen der für wahnsinnig Erklärte wieder gesund geworden war; die Verteidiger des Scheidungsgrundes stellten dies als ganz seltene Ausnahme dar. Der Justizminister sah sich deshalb veranlasst, den Abgeordneten die Auskunft des Leiters einer holsteinischen Irrenanstalt mitzuteilen, wonach von 100 für unheilbar wahnsinnig Erklärten immerhin 5 später wieder geistig gesund würden. Daraus ergebe sich die Unsicherheit der vom Gesetz als Voraussetzung einer Scheidung genannten Prognose der sachverständigen Ärzte, was ein weiterer Grund dafür sei, den Tatbestand aufzuheben. In derselben Rede teilte der Minister auch mit, dass in dem gesamten Gebiet der Monarchie, in dem das Landrecht gelte, von 1851 bis 1853 im Durchschnitt jährlich nur 20 auf § 698 gestützte Klagen anhängig geworden seien. Das bedeutet: in jedem Jahr war in Preußen mit einem dieser tragischen Fälle zu rechnen. Ob dies ausreichte, um einen Grund für die Aufhebung des Tatbestandes zu finden, blieb in der nachfolgenden Diskussion unerörtert.[436] Der Kultusminister von Raumer ging nicht auf die Mitteilung seines Kollegen ein, sondern erklärte nur, die Wiederherstellung eines geschiedenen Geisteskranken sei in allen Provinzen häufig.[437]

Die Redner beider Seiten griffen auch auf Argumente zurück, die wohl nur der Vollständigkeit dienten. Der Oberbürgermeister Krausnick bezog sich auf den Gedanken von Grolmanns, dass dem Staat und der Gesellschaft daran liege, Geisteskranke an Fortpflanzung zu hindern.[438] In der Diskussion des Herrenhauses fand keine Entgegnung hierauf statt.

436 Dies war nicht zu verwundern; Buchholz (Eherecht S. 111) weist darauf hin, dass sich die Diskussion nicht mit der Häufigkeit der (zu verhindernden) Scheidung befassen sollte, sondern mit dem Prinzip der christlichen (oder rein bürgerlichen) Ehe.

437 Eine dabei gemachte Nebenbemerkung des Ministers ist mehr zeitgeschichtlich interessant als einleuchtend. Die irrenärztlichen Prognosen seien ebenso wenig zuverlässig wie die Befunde bei der Musterung; preußische Militärärzte hätten oft Wehrpflichtige als dienstuntauglich bezeichnet, die sich dann später in einer fremden Armee – z. B. im Krimkrieg – durchaus bewährt hätten.

438 Vgl. o. S. 114. Krausnick hatte – wie er in seinem Beitrag hervorhebt – 1830 im Justizministerium an der Arbeit des Revisors mitgewirkt; er kannte schon deshalb die vom Revisor dargestellten Gesetzesmaterialien und zitierte aus ihnen.

Erst als sich eine Debatte des Abgeordnetenhauses der Arzt Rhades in diesem Sinn geäußert und vorgetragen hatte, dass ein Drittel aller Geisteskrankheiten erblich sei, erwiderte der Justizminister: Wenn das öffentliche Interesse an der Verhinderung geisteskranken Nachwuchses so groß sei, müsse der Staat das eheliche Zusammenleben durch polizeiliche Maßnahmen oder durch Trennung der Ehe von Amts wegen beenden. Das aber wäre etwas „Abnormes, Unzuträgliches und Unmögliches".[439] Das Argument der Reformgegner war in der Tat schwach, schon deshalb, weil in den ohnehin wenigen Fällen, in denen die Scheidung nach § 698 beantragt wurde, kaum zu erwarten stand, dass der die Scheidung begehrende Ehegatte die Beziehungen zu dem Geisteskranken wieder aufnehmen würde, wenn ihm das Gesetz die Scheidung versagte.

Auf der anderen Seite konnte auch der Hinweis der für die Regierungsvorlage sprechenden Redner auf eine angebliche Inkonsequenz des Landrechts nicht überzeugen, dass nur der Wahnsinn, nicht aber der Blödsinn die Scheidung erlaube. In dieser Arbeit ist zwar darauf hingewiesen, dass die vom ALR getroffene Unterscheidung der beiden Arten einer Geistesstörung für das Ehescheidungsrecht nicht gut passte, da das Gesetzbuch sie für die Geschäftsfähigkeit definierte.[440] Im Prinzip sind Wahnsinn und Blödsinn aber dadurch geschieden, dass jener den größeren, dieser den geringeren Grad des Mangels an Vernunft bedeutet; Blödsinn ist bloß Beschränktheit und Stumpfheit, der Wahnsinnige hat unsinnige Vorstellungen, er ist „verrückt". Wenn daher der Abgeordnete Fürst meinte, Blödsinn sei die „allerstrengste Form" der Geisteskrankheit, so ist das nach dem Gesetz nicht richtig; ebenso wenig führt der Wahnsinn regelmäßig, wie der Abgeordnete meinte, schließlich zum Blödsinn. Dann wäre § 698 in der Tat widersinnig, da ein bestehender Scheidungsgrund durch Übergang in eine noch schwerere Geistesstörung wieder beseitigt würde. Offenbar weil dieses Argument in sich kaum überzeugte, hielt kein Gegner der Reform es für nötig, darauf zu erwidern. Dass hier allerdings eine Inkonsequenz vorlag, die nur durch Auf-

439 An dieser Stelle liegt es nahe, einen Blick auf das 20. Jahrhundert zu werfen, in dem es nicht immer unmöglich sein sollte, auf diese Weise in Ehen „Minderwertiger" einzugreifen. In der nationalsozialistischen Zeit wurde der Vorschlag gemacht, über die Sterilisierung der Geisteskranken (Gesetz vom 14.7.1933) hinausgehend die Ehen dieser „Gemeinschaftsfremden" durch den Staat aufzulösen (Czeguhn S. 156).

440 Vgl. o. S. 115 f.

hebung oder Ausdehnung des § 698 gänzlich beseitigt werden konnte, hatte Stahl in seiner Rede im Herrenhaus angedeutet. Ein sehr begabter Mann könne „völlig stumpf" werden; dann höre der geistige Austausch in der Ehe auf, so dass nach Ansicht der Reformgegner die Ehe zu scheiden sei; dies könne man aber nur dann erreichen, wenn man auch den Blödsinn zu den Scheidungsgründen nähme, was das Obertribunal für mit dem geltenden Recht unvereinbar erklärt habe.[441] Die hier von Stahl festgestellte Inkonsequenz hatte aber einen – vielleicht nicht gewollten – guten Sinn. Wird der Ehegatte „völlig stumpf", so ist das in der Regel einer senilen Demenz zuzurechnen; aus dieser einen Scheidungsgrund zu machen, läge gewiss ferner als dem gesunden Ehegatten die Scheidung zu erlauben, wenn der andere von Wahnvorstellungen erfasst wird.

Keinen Widerhall fand in den Plenardebatten die Erwägung der Kommission beider Häuser, die Aufhebung des § 698 werde den gesunden Ehegatten zum Konkubinat verleiten. Offenbar hielt man dieses Argument für gar zu schwach; es hätte im Übrigen für alle Scheidungseinschränkungen gegolten.

Bei dem so umstrittenen Scheidungsgrund des Wahnsinns kamen natürlich auch Versuche der Vermittlung zur Sprache. Der eine dieser Versuche betraf die Frage, wie lange die Geisteskrankheit gedauert haben musste, bis eine Scheidungsklage erhoben werden konnte. § 698 setzte diese Frist auf nur ein Jahr fest; das entsprach der scheidungsfreundlichen Tendenz des Gesetzes. Im Herrenhaus stellte der Graf von Arnim-Boytzenburg ein Amendement zur Abstimmung, wonach der § 698 aufrechterhalten, die Frist aber auf drei Jahre verlängert werden sollte. Die Mehrheit der Ersten Kammer lehnte diesen Antrag ab. Noch weiter kam in der Zweiten Kammer der Abgeordnete Mathis[442] den Reformern entgegen. Lediglich hilfsweise – für den Fall, dass entgegen seinem Willen

441 Hier ist das einzige Mal auf die Rechtsprechung Bezug genommen. Zum Zeitpunkt der Diskussion im Herrenhaus war gerade das einschlägige Urteil des Obertribunals vom 28.11.1853 ergangen (StriethA 10, 296).

442 Mathis führte die liberal-konservative Fraktion des Hauses („Wochenblattpartei"). Er hatte sich von der streng konservativen Fraktion Gerlach getrennt, vorwiegend jedoch wegen Verfassungsfragen und wegen der preußischen Politik in Deutschland. In seinem Redebeitrag kam er nicht auf religiöse Gründe zu sprechen, er bejahte die Reform des § 698 aus Gründen der Ethik. Dieser Haltung entsprach es, dass Mathis später bei der Abstimmung über das Reformgesetz als Ganzes gegen den Entwurf stimmte, weil dieser nur die „Firma eines bürgerli-

der Paragraph beibehalten würde – beantragte er, die in § 698 bestimmte Frist auf fünf Jahre zu verlängern. Auch dieses Amendement wurde von der Mehrheit verworfen.

Mit dem zweiten Vermittlungsversuch wäre ein dem gemeinen Recht zugehöriger Ausweg für Scheidungswillige wieder aufgenommen worden, die separatio per rescriptum principis. Im Geltungsbereich des ALR galt dieses Auskunftsmittel nicht als zulässig.[443] In Preußen war es folglich nur in dem erst 1815 erworbenen Landesteil Neu-Vorpommern anwendbar, in dem nach wie vor das gemeine protestantische Eherecht galt. In den Regierungsentwürfen war auf diese Möglichkeit hingewiesen, ohne dass sich die Entwürfe die Regelung zu Eigen gemacht hätten.[444] Eine Diskussion hierüber fand nur im Abgeordnetenhaus statt, und zwar aufgrund eines von dem Abgeordneten von Keller gestellten Antrags. Das Amendement ging dahin, dass in Fällen von Wahnsinn oder Blödsinn das Ehegericht zwar die Scheidung versagen musste, in Ausnahmefällen dem Kläger aber gestatten konnte, bei dem König die Trennung der Ehe nachzusuchen. Diese Institution – so führte der Abgeordnete von Keller aus – sei „durch ihre Erfolge bekannt."[445] Der Vorschlag fand bei allen Seiten Widerspruch, bei dem Justizminister und dem Vertreter der äußersten Rechten (Gerlach) ebenso wie bei dem Fraktionsführer der liberalen Opposition (von Patow). Teils lehnte man die dispensatio als einen Fall der in Preußen abgeschafften Kabinettsjustiz ab, teils wollte man (so vor allem Gerlach) dem König die Entscheidung über solche Dispense nicht zumuten, weil er dadurch in Konflikt mit der Kirche geraten könnte, die den Scheidungsgrund der Geistesstörung nicht anerkenne; ihm gar die Dispensation von Katholiken und Juden zu überlas-

chen Gesetzes" trage, tatsächlich aber konfessionelles Gepräge besitze (s. hierzu Buchholz Eherecht S. 43).

443 Hubrich S. 186.

444 Sten. Ber. Herrenhaus 1854-55 2. Bd. S. 116; Abg.-Haus 1856-57 3. Bd. S. 121.

445 Auf die von der Regierung mitgeteilten Dispense konnte der Abgeordnete sich dabei allerdings nicht stützen. Dort (s. Fn. 444) waren für ein halbes Jahrhundert nur zwei Dispensationen aufgeführt, wobei die erste (vom 22.4.1807) sogar noch in die schwedische Zeit gefallen war und die zweite („neueste") immerhin schon mehr als drei Jahrzehnte zurücklag (Erlass Friedrich Wilhelms III. vom 13.3.1825).

sen, sei „monströs". In der Abstimmung wurde das Amendement erwartungsgemäß abgelehnt.[446]

Die Abstimmung über den Reformentwurf zu § 698 ergab in beiden Kammern eine Mehrheit für die Aufhebung des Scheidungsgrundes.[447]

Dieser Sieg in der Abstimmung auch der Zweiten Kammer über den am meisten umstrittenen Scheidungsgrund war gewissermaßen der größte Erfolg der christlich-konservativen Eheauffassung in den Auseinandersetzungen über das Scheidungsrecht. Es wäre zu erwarten gewesen, dass dann auch das Reformgesetz als Ganzes angenommen wurde. Wenn sich im Abgeordnetenhaus bei der Schlussabstimmung über den Entwurf gleichwohl keine Mehrheit für das Gesetz fand, so musste das an Gründen liegen, die mit den Tatbeständen des Scheidungsrechts nichts zu tun hatten und die deshalb hier auch nicht zu erörtern sind.[448]

Die Reform des preußischen Scheidungsrechts war (endgültig erst 1861) gescheitert. Lediglich ergänzend soll auf die Diskussion des Reichstags über den Scheidungsgrund der Geisteskrankheit bei der Beratung des Bürgerlichen Gesetzbuchs (1896) eingegangen werden, nämlich in-

446 Umso auffälliger ist es, dass die Kommission des Abgeordnetenhauses diesen Vermittlungsvorschlag mit beachtlicher Mehrheit (14 gegen 6 Stimmen) übernommen hatte.

447 Das genaue Ergebnis ist in den Protokollen nur für das Herrenhaus zu entnehmen (61 gegen 51 Stimmen für die Aufhebung des § 698). Im Abgeordnetenhaus dürfte gleichfalls eine deutliche Mehrheit für den Entwurf gestimmt haben, da diese sofort festgestellt werden konnte (während etwa bei der Abstimmung über das Amendement von Arnim im Herrenhaus das Ergebnis zunächst zweifelhaft war und die Gegenprobe gemacht werden musste). Auffällig ist auch hier, dass sich in der Kommission eine – wenn auch nur ganz knappe – Mehrheit von 11 zu 10 Stimmen gegen den Regierungsentwurf ausgesprochen hatte.

448 Es kann auf die eingehende Darstellung verwiesen werden, die Buchholz (Eherecht S. 42 ff.) diesen Vorgängen gewidmet hat. Ganz kurze Hinweise auf das Scheitern infolge der Ablehnung durch die katholische Fraktion finden sich bei Hubrich (S. 229), Schoeps (S. 85) und Mund (S. 69 m. Fn. 422).
Bei dem letzten Versuch der preußischen Regierung, das Scheidungsrecht zu reformieren, war § 698 aufgrund Beschlusses des Ministerrats vom 16.12.1858 schon in der Gesetzesvorlage aufrechterhalten (Schubert ZRG 1984 S. 332). Auch dieser Entwurf wurde nicht Gesetz, gleichfalls nicht wegen Meinungsverschiedenheiten über die Scheidungsgründe, sondern weil sich die beiden Kammern nicht über die Einführung der fakultativen Zivilehe einigen konnten, die nach dem Willen des Abgeordnetenhauses mit der Reform des Scheidungsrechts verbunden werden sollte (vgl. hierzu Buchholz Eherecht S. 88 ff.)

soweit, als sich die Redner auf das ALR, seine Vorläufer und die Reformbemühungen bezogen haben. Dann ist in aller Kürze die Frage zu beantworten, ob dabei wesentliche neue Argumente vorgebracht wurden oder ob in den preußischen Debatten schon fast alles gesagt war, was über den Scheidungsgrund des Wahnsinns gesagt werden konnte.[449]

In der zweiten Lesung des Reichstags zu § 1552 (später 1569) des BGB gab der preußische Justizminister Schönstedt den Gang der Gesetzgebung seit dem Edikt von 1782, vor allem aber den Verlauf der Reformbewegung seit 1842 wieder. Gemäß seiner Absicht, die Mehrheit der Abgeordneten für die Vorlage des Bundesrates,d. h. für die Einführung des Scheidungsgrundes der Geisteskrankheit, zu gewinnen, führte er von den Argumenten in der „Darstellung" Savignys nur die auf, welche dieser für den Scheidungsgrund genannt hatte. Rhetorisch geschickt meinte er, dies sei die „Meinung des Herrn von Savigny" gewesen, obwohl er zuvor gesagt hatte: „Savigny schwankte". Der Staatsrat sei dann „entschieden" für den Tatbestand eingetreten (was bei dem Stimmenverhältnis von 29:20 etwas übertrieben erscheint). Auch der damalige Kronprinz (später König und Kaiser Wilhelm I.) habe sich „entschieden" für die Beibehaltung des Scheidungsgrundes erklärt. Wenn dann in den 1850er Jahren beide Kammern gegen den Tatbestand votiert hätten, so sei das dem Einfluss Stahls zuzuschreiben, der „selbstverständlich nach seiner ganzen Stellung und Richtung" die Mehrheit des Herrenhauses zur Streichung des § 698 veranlasst habe. Dagegen hätten mehrere Mitglieder des Herrenhauses von unbezweifelbarer hochkonservativer und hochkirchlicher Gesinnung für die Aufrechterhaltung des Scheidungsgrundes gestimmt, an ihrer Spitze Graf von Arnim-Boytzenburg, „wohl der Hauptführer der konservativen Partei" (was auf Stahl zutraf).

Diese Darstellung der Reformbewegung war nicht geradezu unrichtig, aber doch etwas zu Ungunsten der Reformer gefärbt. Sie sollte natürlich auch keine ganz objektive Wiedergabe des vor 40 oder 50 Jahren Geschehenen sein, sondern wie jede parlamentarische Rede die Abstimmung beeinflussen, nämlich die der konservativen Abgeordneten. Hätten diese – wie das Zentrum, dessen Meinung nicht zu erschüttern war – geschlossen gegen den Paragraphen gestimmt, so hätte er zu Fall kommen

449 Die Reichstagsdebatten sind wiedergegeben in den Sten. Ber. Reichstag 1895/97 4. Bd. S. 2945 ff. (2. Lesung) und S. 3084 ff. (3. Lesung).

müssen: Von den 397 Reichstagsabgeordneten zählten 99 zur katholischen Fraktion, 100 zu den Konservativen.

Auf die preußische Gesetzgebung, vor allem auf das Edikt von 1782, wies auch der sozialdemokratische Abgeordnete Stadthagen hin. Er ging sogar bis zu Zwinglis Züricher Chorgerichtsordnung von 1525 zurück.[450] Im Übrigen sind aber die Bezugnahmen auf die Rechtsgeschichte selten, anders als in der Debatte des preußischen Herrenhauses. Sogar der konservative Abgeordnete von Buchka – der Verfasser des Mecklenburgischen Ehescheidungsrechts mit seinen umfangreichen rechtsgeschichtlichen Ausführungen – sah sich nur durch den Abgeordneten Stadthagen veranlasst, auf dessen Exkurse in die Rechtshistorie einzugehen.

Im Übrigen kehrten alle Argumente aus den 1850er Jahren wieder, vor allem auf der einen Seite die religiöse und moralische Pflicht, dem geisteskranken Gatten treu zu bleiben, auf der anderen Seite die Sinnlosigkeit dieses Beistands für einen geistig Toten. Den Wandel am Ende des Jahrhunderts kennzeichnet aber, dass die religiösen Argumente zurücktreten und wirtschaftlich-soziale Gründe für die Scheidung, die in der Jahrhundertmitte noch fast gar keine Berücksichtigung gefunden hatten, jetzt in den Vordergrund gestellt werden. Im Herrenhaus war nur der führende Reformer Stahl kurz und oberflächlich hierauf eingegangen (die Gesetzgebung könne keine „Assekuranz gegen die Heimsuchungen" bieten), im Abgeordnetenhaus hatte der Liberale von Patow darauf hingewiesen, dass gerade in „ärmlichen, beschränkten Verhältnissen" das Zusammenleben der Ehegatten unerträglich wäre, wenn das Gesetz nicht mehr die Scheidung von dem Wahnsinnigen erlaubte. Ganz anders nun im Reichstag: Vor allem die Redner der liberalen Linken (der Freisinnigen Volkspartei) und der Sozialdemokratie schilderten lebhaft das Elend, dem der gesunde Ehegatte des Wahnsinnigen verfalle, und zwar gerade in Arbeiterkreisen, im Proletariat.[451]

---

450 Der Abgeordnete machte sich hier die Argumentation schwerer als nötig. Zwingli habe „Aussätzigkeit" als Scheidungsgrund anerkannt, und dazu habe man damals auch den Wahnsinn gerechnet. In der Gerichtsordnung von 1525 ist aber nicht nur von „ussätzig" die Rede, sondern auch von „wutende, unsinnige", worunter zwanglos Raserei und Wahnsinn i. S. von ALR II 1 § 698 zu verstehen sind. Vgl. o. S. 18.

451 In dem Beitrag des Abgeordneten Stadthagen erscheint auch ein Argument, das in der preußischen Reformdiskussion von den Kommissionen beider Häuser angeführt, in den Plenardebatten aber nicht vorgetragen worden war, dass näm-

Nachdem in der 2. Lesung der Antrag eines liberalen Abgeordneten, den § 1552 in das Gesetzbuch einzufügen, gescheitert war, stellte in der 3. Lesung ein anderer freisinniger Abgeordneter den Antrag noch einmal. Außer ihm sprach noch der preußische Justizminister, der den Antrag unterstützte und in starken Farben das Unglück schilderte, in das die Familie des Geisteskranken gerate, wenn die Ehe nicht geschieden werde. Er schloss mit pathetischen Worten, die alles auf das wirtschaftliche und gesellschaftliche Feld schoben: „Es ist ein Stück sozialer Frage, mit dem wir es hier zu tun haben. … Lösen Sie die Frage so, dass die Lösung nicht großen Volkskreisen zum Unheil gereicht.“[452]

In der anschließenden Abstimmung am 1. Juli 1896 widerrief das Parlament seinen fünf Tage zuvor erklärten Willen. Mit einer Mehrheit von 161 zu 133 Stimmen wurde der Tatbestand der Geisteskrankheit in das Gesetz aufgenommen. Damit fand dieser so heftig umstrittene Scheidungsgrund Eingang in das sonst dem Verschuldensprinzip folgende Eherecht.[453]

lich ohne den Scheidungsgrund der Geisteskrankheit Konkubinatsverhältnisse entstehen würden; jedoch mit einer Wendung ins Klassenkämpferische: Der Wohlhabende könne sich zwei Frauen leisten, der Arme nicht, das müsse „die Wut zwischen den beiden Klassen verstärken“.

452 Nach ihm sprachen zur Sache nur noch kurz die Vertreter Sachsens und Badens im Bundesrat, die dort wie der Vertreter Preußens für den § 1552 gestimmt hatten, und wiesen die Abgeordneten darauf hin, dass in ihren Bundesstaaten die Anerkennung des Wahnsinns als Scheidungsgrund großen Vorteil gebracht habe (§ 1743 des sächsischen BGB, § 232 a des Badischen Landrechts). Für die Beseitigung des Tatbestandes sprach in der 3. Lesung niemand mehr.

453 Mitteis/ Lieberich halten die „heftigen parlamentarischen Kämpfe“ zu § 1569 auch in ihrer kurzgefassten Rechtsgeschichte für erwähnenswert (S. 66). In der Tat ist (wenn man die Länge der Debatte zum Maßstab nimmt) bei der Beratung des BGB kein anderer Paragraph des Familienrechts und – mit Ausnahme der Bestimmung über den Wildschaden – des Gesetzbuchs überhaupt so umstritten gewesen wie dieser. Mit welcher Erbitterung die Liberalen für den Scheidungsgrund kämpften, zeigt eine Äußerung des Antragstellers in der 2. Lesung, des freisinnigen Abgeordneten Lenzmann: Werde der Paragraph nicht vom Reichstag angenommen, so sei seine Partei bereit zu streiken (d. h. parlamentarische Obstruktion zu üben), „und wenn wir das ganze Gesetzbuch dadurch gefährden“. Auf die Schärfe der parlamentarischen Auseinandersetzung in diesem für die Rechtswirklichkeit wenig bedeutsamen Punkt weist Blasius hin (S. 143)

c) (6) Nachstellungen nach dem Leben

Die fünf Paragraphen dieser Marginalie enthalten weit mehr Scheidungsgründe als die Bezeichnung erkennen lasst. Sie beginnen mit den traditionellen Tatbeständen der Insidien und Sävitien:

> II 1 § 699
>
> Wenn ein Ehegatte dem anderen nach dem Leben getrachtet, oder solche Tätlichkeiten an ihm verübt hat, welche desselben Leben oder Gesundheit in Gefahr setzen: so ist der Beleidigte die Trennung der Ehe zu suchen berechtigt.

Von dem ersten der beiden Scheidungsgründe, den Insidien, war bereits vor der preußischen Gesetzgebung im gemeinen protestantischen Eherecht anerkannt, dass er zu Trennung der Ehe dem Bande nach berechtigte, und zwar ohne dass zuvor eine zeitweilige Trennung von Tisch und Bett zu versuchen war.[454] Es ist deshalb selbstverständlich, dass schon Cocceji in seinem Project von 1749 die Scheidung gewährte, „wann ein Teil dem anderen nach dem Leben steht“[455], ebenso wie dieser Scheidungsgrund im Edikt von 1782 und in Entwurf zum ALR aufgeführt war. Dem Revisor von 1830 war der Tatbestand nur drei Zeilen wert; er merkt an, dass er von allen Gesetzgebungen aufgeführt sei und dass bei der Befragung der Gerichte niemand etwas gegen ihn eingewandt hatte.[456] Auch die gemeinrechtliche Judikatur des 19. Jahrhunderts hat an ihm unverbrüchlich festgehalten, trotz aller Bestrebungen, die Scheidung zu erschweren.[457]

---

454 Hubrich S. 100 ff.

455 A.a.O. S. 181.

456 GesRev 1 S. 410

457 Eine ganz vereinzelte Ausnahme findet sich in einer bei Buchka Ehescheidungsrecht S. 85 wiedergegebenen Entscheidung des OAG Rostock vom 8.9.1879, wonach die Lebensnachstellung nicht zur Scheidung führen könne, da die Konsistorialordnung nur den Ehebruch und die bösliche Verlassung, die biblischen Scheidungsgründe, anerkenne. Drei Wochen später (1.10.1879) verlor das Gericht seine letztinstanzliche Zuständigkeit durch das Gerichtsverfassungsgesetz an das Reichsgericht. Die Entscheidung war ein trotziger Rückgriff auf die Rechtsansicht des 16. und frühen 17. Jahrhunderts, vergleichbar der Beharrlichkeit, mit

Die Reformdebatte der 1840er Jahre tastete gleichfalls den Scheidungsgrund der Lebensnachstellung nicht an. Savigny erklärte „das Conat des Gattenmordes“ für eine so schwere Verletzung der ehelichen Pflichten, dass jede Einschränkung ausgeschlossen sei.[458] Dasselbe sagt in den 1850er Jahren die Begründung des im Abgeordnetenhaus vorgelegten Regierungsentwurfs für ein neues Scheidungsgesetz.[459] Allerdings wollten einige Mitglieder der Gesetzeskommission des Abgeordnetenhauses den Scheidungsgrund gleichwohl einschränken, nämlich ihn zu nur einem relativen machen.[460] Denn die nach dem Entwurf nur einen relativen Scheidungsgrund bildende lebensgefährliche Körperverletzung sei ein vollendetes Verbrechen, die Lebensnachstellung nur ein Versuch. Diese Auffassung wurde von der beachtlichen Mehrheit der Kommission abgelehnt, da der überlegte Tötungsversuch eine tödliche Feindschaft beweise, was nicht bei jeder Misshandlung, und sei sie auch noch so gefährlich, der Fall sein müsse.[461] Diese Ansicht erscheint schon nach den Strafen richtig, die für versuchten Mord einerseits, vollendete Körperverletzung andererseits angesetzt waren[462] und in denen sich das Unwerturteil über die beiden Straftaten widerspiegelte.

Auch in das Bürgerliche Gesetzbuch wurde die Lebensnachstellung als einer der drei absoluten Scheidungsgründe aufgenommen, neben dem Ehebruch und der böslichen Verlassung (§ 1566 BGB a. F.: „Ein Ehegatte kann auf Scheidung klagen, wenn der andere Ehegatte ihm nach dem Leben trachtet.“)

---

der Mecklenburg-Schwerin und Mecklenburg-Strelitz als einzige deutsche Bundesstaaten bis 1918 auf ein Parlament verzichteten und bei ihrer landständischen Verfassung aus früheren Jahrhunderten blieben.

458 Savigny Darstellung S. 303. Dort sagt er (Fn. 1), das „Trachten nach dem Leben“ in § 699 setzte „Überlegung und Vorbedacht“ voraus, stehe also einer lebensgefährlichen Tätlichkeit „aus Übereilung“ nicht gleich; damit ist zugleich gesagt, dass in § 699 1. Alt. nur der Mord (nicht der Totschlag) gemeint ist.

459 Sten. Ber. Abg.-Haus 1856-57 3. Bd. S. 122; „Conat“ wird mit der Übersetzung („Versuch“) den Abgeordneten verständlicher gemacht.

460 Zu der Unterscheidung zwischen absoluten und relativen Scheidungsgründen gemäß den Beschlüssen des Staatsrats (1843) vgl. alsbald im Text (S. 154 ff.).

461 Sten. Ber. a. a. O. S. 131.

462 Nach dem preußischen StGB von 1851 wurde der versuchte Mord mit Zuchthaus von mindestens zehn Jahren, die einfache Körperverletzung mit Gefängnis bis zu zwei Jahren bestraft (§§ 32 Abs. 2, 175, 187).

Zu Erörterungen im Schrifttum bot die erste Alternative des § 699 kaum Anlass. Den Fall des untauglichen Mordversuchs hatte bereits Svarez bedacht. Mische eine Frau ihrem Ehemann einen harmlosen Stoff (cremor tartari, gereinigten Weinstein) in die Speise unter der Annahme, es sei Arsen, so müsse sich der Mann scheiden lassen können; dazu reiche die zweite Alternative des § 699 („Tätlichkeiten ..., welche desselben Leben oder Gesundheit in Gefahr setzen“) nicht aus.[463] Durchaus zu Recht wies aber Bornemann darauf hin, dass dieser Fall ohne weiteres der ersten Alternative („nach dem Leben getrachtet“) zu unterstellen sei.[464]

Dass zum Tatbestand der Lebensnachstellung schon die bloße Vorbereitung des Mordes genügt, ohne dass das Versuchsstadium erreicht sein müsste,[465] lässt sich dem Gesetzeswortlaut ohne weiteres entnehmen. Zweifelhaft ist nur, ob das versuchte Verbrechen ein Mord sein muss oder auch ein Totschlag sein kann. Savigny hatte angenommen, es sei lediglich der Mord gemeint, und dies damit begründet, dass das Trachten nach dem Leben eine „Überlegung“ voraussetze.[466] Spätere Schriftsteller hielten sowohl Mord als auch Totschlag für geeignete Tatbestandsvoraussetzungen, ohne dies weiter auszuführen.[467] Die subjektive (historische) Auslegung dürfte der Ansicht Savignys Recht geben. Das „nach dem Leben Stehen“ folgt der Tradition der gemeinrechtlichen insidiae; diese bedeuten nach ihrem Wortsinn „Nachstellungen, Hinterlist“. „Insidiae vitae structae“ so die übliche vollständige Bezeichnung des Scheidungsgrundes sind die vom Ehegatten „ersonnenen, veranstalteten“ Nachstellungen. Ein versuchter Totschlag, etwa im Jähzorn, wäre nur eine allerdings sehr schwere Sävitie. Zur objektiven Auslegung, nach dem Sinn der Norm im Zusammenhang des Gesetzes, bemerkt Savigny, dass bei einer vorbedachten Tötung eine Versöhnung der Eheleute schlechthin ausgeschlossen sei, während ein in der Hitze eines Streits versuchter

463 Bornemann V S. 200.

464 Bornemann a. a. O.

465 Dernburg § 18 (S. 54) Anm. 27; Hubrich S. 193 f.

466 Savigny Darstellung S. 303 Fn.1.

467 Siehe die Fn. 465 genannten Fundstellen. Diese Schriftsteller beziehen sich auf die Unterscheidung nach § 211 f. des StGB von 1871, die der herkömmlichen Abgrenzung der beiden Verbrechen folgte. Danach ist Mord die mit, Totschlag die ohne Überlegung ausgeführte Tötung. Nicht anders hatte schon das preußische StGB von 1851 unterschieden (§§ 175 f.).

Angriff auf den anderen Ehegatten noch Raum lasse für eine echte Reue, die dem anderen die Fortsetzung der Ehe zumutbar machen könne.[468]

Zur gerichtlichen Entscheidung über die Frage ist es nicht gekommen. Das einzige Erkenntnis, in der ein Tötungswille in diesem Sinn zu beurteilen gewesen wäre, ist die Entscheidung des Obertribunals vom 26.4.1841.[469] Ein Ehemann hatte „mit einem Beile in der Hand" seiner Frau angedroht, er werde sie erschlagen. Nachdem das Gericht in dem Leitsatz (mehr ist wie auch sonst bei den Präjudizien nicht abgedruckt) wenig passend zunächst zwischen wörtlichen und tatsächlichen Drohungen unterschieden hat,[470] spricht es die Scheidung der Ehe wegen einer Lebensnachstellung aus. Es erscheint möglich, dass der Ehemann das Beil plötzlich in der Hitze des Streites ergriffen hat, weil es zufällig bereit lag; ebenso aber auch, dass er es sich zuvor zurechtgelegt hatte. Das Gericht spricht davon, er habe seiner Frau gedroht, er werde sie „ermorden", mag das auch an dieser Stelle des Leitsatzes nicht im gesetzestechnischen Sinn gemeint gewesen sein.

Weitere veröffentlichte Entscheidungen zum Scheidungsgrund der Lebensnachstellung sind nicht zu finden, gewiss nicht nur wegen der fast völligen Eindeutigkeit dieser Bestimmung,[471] sondern vor allem deshalb, weil die versuchte Tötung des Ehegatten nicht gerade ein häufiges Delikt war und vielleicht auch, weil dem betroffenen Ehegatten zugleich die Scheidung nach § 704 wegen der Verurteilung des Täters zu schwerer Zuchthausstrafe offen stand.

Die zweite Alternative des § 699 nennt die zuvor meist als Sävitien bezeichneten Tätlichkeiten als Scheidungsgrund. Auch dieser Tatbestand beruht auf der Tradition des gemeinen Rechts. Dort war er im Großen

468 Auffällig ist, dass Savigny hier gar nicht auf die historische Auslegung zurückgreift, d. h. auf die Erwägungen des Gesetzgebers und insbesondere auf die Rechtslage zur Zeit der Gesetzgebung. Diese Interpretation ist sonst regelmäßig seine bevorzugte Auslegungsmethode (Coing S. 318 f. Fn. 12 und 13). Ohne weiteres verständlich wird das aber dadurch, dass die „Darstellung" gar nicht der Interpretation des geltenden Scheidungsrechts diente, sondern der Rechtfertigung des Gesetzesvorhabens. Für dieses war es gleichgültig, was Svarez hatte bestimmen wollen, wichtig war nur, welche Bedeutung die erörterte Norm in dem künftigen Gesetz haben würde.

469 Präj. Nr. 1012 (Sammlung S. 152).

470 Vgl. hierzu Dernburg § 18 (S. 54) Anm. 27.

471 Schon Bielitz (§§ 699 bis 703 Anm. 1) hatte bemerkt, dass der Richter diesen Tatbestand „leicht beurteilen" könne.

und Ganzen dem Tatbestand der Insidien gefolgt; jedoch mit der Besonderheit, dass meist eine zeitweilige Trennung von Tisch und Bett vorauszugehen hatte und erst bei deren Erfolglosigkeit die Lösung des Ehebandes ausgesprochen wurde.[472]

Das Project von 1749 steht insofern noch ganz in der Tradition, als schwere Misshandlungen, „wann ein Ehegatte auf den anderen eine tödliche Feindschaft wirft", zur sofortigen Scheidung führen, bei leichteren Tätlichkeiten aber zunächst eine (höchstens einjährige) Trennung von Tisch und Bett ausgesprochen wird; ist danach eine Versöhnung nicht möglich, wird die Scheidung gewährt.[473] Das Edikt von 1782 kennt die Trennung von Tisch und Bett nicht mehr; an seine Stelle treten bei Tätlichkeiten wie bei anderen Eheverfehlungen Anordnungen des Richters zur Herstellung des Ehefriedens; bleiben sie erfolglos, ist die Scheidung auszusprechen §§ 13-15). Ferner konnte der Richter bei bestimmten geringen Verfehlungen die Publikation (Verkündung) des Urteils bis zu einem Jahr aussetzen (§§ 34 f.). In seinem Entwurf zum ALR hatte Svarez keine dieser beiden Möglichkeiten aufgenommen.[474] Hier war also zunächst die äußere Entfernung von der kanonistischen und gemeinrechtlich protestantischen Tradition der separatio temporaria erreicht. Die dann auf Vorschlag einiger Juristen wieder in das Gesetz aufgenommenen verfahrensrechtlichen Bestimmungen (niedergelegt in der Marginalie „Was während des Scheidungsprozesses Rechtens", II 1 §§ 723-731) werden später darzustellen sein.

Die Rechtsprechung zu § 699 2.Alt. lässt weder deutliche Tendenzen, sei es scheidungsfeindlicher oder scheidungsfreundlicher Art, erkennen noch hat sie sich im Laufe eines Jahrhunderts wesentlich gewandelt.

In der ersten Richtung kann allenfalls die Judikatur des Obertribunals (später des Reichsgerichts) zum gänzlich erfolglosen Angriff auf den Ehegatten verstanden werden. In seiner Entscheidung vom 11.12.1843[475] sprach das Gericht aus, dass ein Schlag, der sein Ziel verfehlt, nicht als Tätlichkeit im Sinne des § 699 zur Scheidung berechtige. Dasselbe nahm das Reichsgericht in seinem Urteil vom 14.6.1883 an: ein fehlgegangener

472 Darstellung bei Hubrich S. 96 ff.; für das 19. Jahrhundert auch bei Friedberg Kirchenrecht § 160 (S. 449 f., insbesondere Fn. 47).

473 Hubrich S. 181.

474 GesRev 1 S. 463, 470.

475 Präj. Nr. 1376 (Sammlung S. 152).

Steinwurf unterfalle nicht dem § 699.[476] Das Gegenteil hierzu hatte das OAG München in seinem landrechtlichen Urteil vom 20.2.1852 gemeint.[477] Das Werfen mit einem Stein nach dem Kopf sei, auch wenn er nicht treffe, eine das Leben oder die Gesundheit gefährdende Handlung; eine wirkliche Verletzung sei bei § 699 nicht erforderlich. Die Harmonisierung mit der Ansicht des dem Obertribunal folgenden Reichgerichts ist nicht möglich, da dieses einen fehlgeschlagenen Wurf schlechthin für nicht tatbestandsmäßig erklärt. Eine Begründung für seine Ansicht gibt keines der drei Gerichte. Offenbar hält sich das Obertribunal ganz eng an den Wortlaut („Tätlichkeiten an ihm verübt") und lehnt einen Versuch der Körperverletzung als Scheidungsgrund ab. Das bayerische Gericht scheint aber den Sinn der Norm eher beachtet zu haben. Greift ein Ehegatte den anderen in lebensgefährlicher Weise an, so ist kaum bedeutsam, ob er zielgenau trifft oder ob zum Beispiel der Angegriffene noch geschickt ausweichen kann.[478] Hier dürfte aber bei dem Obertribunal nicht die Absicht maßgebend gewesen sein, die Scheidung zu erschweren, vielmehr ebenso wie in einem Fall versuchten Ehebruchs (Vergewaltigung) geschildert,[479] die Besorgnis, über den Wortlaut des Gesetzes hinauszugehen.[480]

476 RG JW 1883, 203 Nr. 71.

477 OAG München SeuffBl. 17, 416.

478 Dies sagt schon Koch § 699 Anm. 34: Dass, wenn der Mann „zufällig nicht trifft", die Frau sich nicht scheiden lassen könne, werde „schwerlich Beifall finden". In einer späteren Entscheidung (Urt. vom 27.10.1887 bei Bolze 5. Bd. S. 257 Nr. 786) hat sich das Reichsgericht von seiner dem Obertribunal folgenden Rechtsprechung gelöst und das erfolglose Werfen mit einer Bierkanne und zwei Leuchtern dem Tatbestand des § 699 unterstellt, vielleicht um die Diskrepanz zu dem zwischenzeitlich ergangenen Urteil vom 16.10.1884 (s. Fn. 486) zu überbrücken, in dem das (den Ehegatten treffende) Werfen mit einem Weißbierglas für tatbestandsmäßig gehalten war.

479 O. S. 63 ff.

480 Es würde sich dann bei dem Vergleich mit der Rechtsprechung des bayerischen Gerichts zeigen, dass die Gerichte der gemeinrechtlichen Territorien in der Rechtsanwendung freier waren als die preußischen, und zwar auch dann, wenn sie – wie hier – dasselbe Gesetz anzuwenden hatten. An sich ließen sich beide Auslegungen rechtfertigen. Dies wird deutlich dadurch bewiesen, dass die Altenburgische Eheordnung vom 13.5.1837 in ihrem § 220 eine ganz eingehende Regelung für erforderlich hielt (Herzoglich Sachsen-Altenburgische Gesetzsammlung 1837 S. 112). Dort heißt es zu den gefährlichen Tätlichkeiten: Es sei weder auf den Erfolg dieser Handlungen Rücksicht zu nehmen noch auf die fehl-

Ein weiterer, gleichfalls nicht zentraler Gesichtspunkt bei der Auslegung des § 699 2. Alt. betrifft die Frage, ob die Gefahr einer „bleibenden" Beschädigung bestehen musste. Wenn das Obertribunal[481] und ihm folgend das Reichsgericht[482] solche Folgen nicht verlangen, um § 699 anzuwenden, so können sie sich nicht ohne weiteres auf den Wortlaut der Norm stützen, da „Gesundheit" auch auf einen dauerhaften Zustand hinweisen kann. Wohl aber stimmt die Auffassung gut mit dem Strafrecht überein, das zur Zeit des vom Obertribunal erlassenen Urteils galt.[483] Danach ist „Körperverletzung" jeder Stoß oder Schlag oder jede andere Misshandlung; eine Verletzung mit bleibenden Folgen (schon dreiwöchiger Arbeitsunfähigkeit) ist sogleich als schwere Körperverletzung qualifiziert, die mit Zuchthaus bis zu fünfzehn Jahren geahndet wird. Auch lässt sich hier vielleicht die Absicht vermuten, Scheidungen wegen Sävitien zu erleichtern, indem auch Körperverletzungen ohne bleibende Folgen dem § 699 unterfallen sollten. Hierfür spräche, dass in der gemeinrechtlichen Judikatur des 19. Jahrhunderts – die, im Ganzen gesehen, die Scheidung zunehmend erschweren wollte – die Trennung des Ehebandes nur gewährt wurde, wenn die Misshandlung bleibende Folgen haben konnte,[484] obwohl dies keineswegs schon aus dem Begriff der Sävitien folgte.

Von diesen beiden festen Punkten abgesehen, berücksichtigte die Rechtsprechung zu § 699 2. Alt. durchaus die Schwere des physischen Angriffs, den der beklagte Ehegatte gegen den klagenden geführt hatte. Dass das Obertribunal hierbei stets mit viel Verständnis entschieden habe, wird sich jedoch nicht sagen lassen. In dem bereits angeführten Urteil

geschlagene Wirkung der gebrauchten Mittel; auch seien die allgemeinen Grundsätze über den Versuch eines Delikts anzuwenden. Zugleich ist als Argument für diese weite Fassung des Scheidungsgrundes angegeben (§ 219): Der Ehegatte müsse sich getrauen dürfen, die Ehe ohne Gefahr für sein Leben oder seine Gesundheit fortsetzen zu können.

481 Urteil vom 16.11.1868 (StriethA 71, 345).

482 Urteil vom 20.6.1882 (RG JW 1882, 228 Nr. 47).

483 StGB von 1851 §§ 187, 193.

484 Urteil des Reichsgerichts vom 29.5.1883 (RGZ 11, 412). Diese Begrenzung des Tatbestandes wurde auch in der Kodifizierung des Eherechts für bedeutsam gehalten: Gotha Ehegesetz vom 15.8.1834 § 98 („bleibende Nachteile für Gesundheit"); Sachsen-Altenburg Eheordnung vom 13.5.1837 § 219 („bleibende Beschädigung der Gesundheit").

vom 16.11.1868[485] hat es die Scheidungsklage einer Ehefrau abgewiesen, die ihr Mann mit einem Besenstiel auf die Seite des Kopfes blutig geschlagen hatte. Diese „Brutalität“ (so das Gericht selbst) sei bei Ehegatten „vom Stande der Parteien“ – offenbar war der Mann Bauer – hinzunehmen. Die Regelung des ALR ist hierfür umso weniger verantwortlich zu machen, als zur gleichen Zeit auch die gemeinrechtliche Praxis solche Sävitien „bei dem Stand der Parteien“ „nicht für wichtig genug“ gehalten hat.[486] Eine Entscheidung, die bei Misshandlungen etwas psychologischer auf die Gesamtsituation der Parteien eingeht, findet sich auch im gemeinen Recht selten.[487] Nicht das Landrecht oder das gemeine Recht stand dem entgegen, sondern vielmehr die Denkweise der Rechtsanwender, welche Vorgänge in der Ehe mit derselben Teilnahmslosigkeit unter die Tatbestände des Gesetzes subsumierten wie etwa die Sachverhalte im Kauf- und Hypothekenrecht.

485 StriethA 71, 345.

486 Urteil des OAG Jena vom 13.1.1866 (SeuffA Bd. 21 Nr. 128). Der Ehemann hatte seine Frau wiederholt – auch mit einem landwirtschaftlichen Gerät – geschlagen. Ähnlich die oldenburgische Rechtsprechung, die in der Anm. zu einem undatierten Urteil des OAG von 1855 wiedergegeben wird; danach sind „heftige Schläge gegen den Kopf“, „derbe Fußtritte“; „Weingläser an den Kopf geworfen“ kein Scheidungsgrund (SeuffA Bd. 19 Nr. 154). Dementgegen sah das Reichsgericht (wie schon in zweiter Instanz das Kammergericht) bereits das Werfen mit einem gefüllten Weißbierglas als Scheidungsgrund nach § 699 an (Urt. vom 16.10.1884; Gruchot 29, 119).

487 Hier ist das Urteil des OAG Darmstadt vom 3.9.1868 zu erwähnen (SeuffA Bd. 24 Nr. 121). In ihm wird gefordert, auch die „Stimmung des Handelnden“, seine „Absichten“ und die „konkreten Verhältnisse“ der Ehe zu berücksichtigen. Auf die wirklich eingetretenen Folgen der Misshandlung komme es nicht unbedingt an. Bornemann (V S. 249 f.) meint, dass die gemeinrechtliche Praxis stets das gesamte Verhalten des Beklagten in der Ehe erwäge. Dies lässt sich bei einer Prüfung der gemeinrechtlichen Judikatur nicht feststellen. Bornemanns Äußerungen dienten offenbar dazu, die Reformpläne namentlich des Staatsrats zu untermauern (zu diesen s. sogleich). Wohl aber verpflichtete teilweise die Gesetzgebung der Länder gemeinen Rechts den Richter bei Sävitien zu umfassender Würdigung der ehelichen Verhältnisse (Gothaisches Ehegesetz vom 15.8.1834 § 103: Zum Maßstab der Ehescheidung sind u. a. zu machen der Stand und die Bildung der Eheleute, ihre Leidenschaften und Gemütsbewegungen, ob Hass und Erbitterung oder Reue und Besserung festzustellen sind).

Handelt § 699 nur von physischen Misshandlungen des Ehegatten, so sprechen die nachfolgenden Paragraphen in erster Linie von verbalen Angriffen.

> II 1 § 700
>
> Ein Gleiches [es besteht ein Scheidungsgrund] gilt von groben und widerrechtlichen Kränkungen der Ehre, oder der persönlichen Freiheit des anderen Ehegatten.

Die zweite Alternative (Freiheitsberaubung) kann außer Betracht bleiben. Dieser Fall war im Preußen des 19. Jahrhunderts „nicht denkbar",[488] und in der Tat sind hierzu keine Entscheidung und keine Bemerkung der Literatur aufzufinden.

Die „groben und widerrechtlichen Kränkungen der Ehre" erwecken den Anschein, als sei hiermit der Grundtatbestand der psychischen Beeinträchtigung des Ehegatten festgelegt, zumal in den nachfolgenden Paragraphen (§§ 701 und 702) hierzu Einschränkungen gemacht sind. Die Annahme, Svarez habe diesen Tatbestand zuerst – gewissermaßen als Obersatz – aufgestellt, wäre aber unrichtig. Im Entwurf war die Bestimmung noch nicht enthalten; Svarez hat sie erst bei der Umarbeitung hinzugefügt, und zwar ohne dass jemand eine Anregung dazu gegeben hätte.[489]

Der Grund hierfür lässt sich nur vermuten. Durch die Tradition konnte Svarez nicht auf den allgemeinen Tatbestand der groben Ehrkränkung hingewiesen sein. Dieser Scheidungsgrund war weder im Edikt von 1782 aufgeführt noch im gemeinen protestantischen Eherecht anerkannt. Auch dürfte Svarez zunächst gemeint haben, dass mehrere der anderen Tatbestände, die er bereits gebildet hatte, als Scheidungsgrund ausreichten: § 703 (Zanksucht und Unverträglichkeit), § 705 (falsche Anschuldigung) und § 706 (Gefährdung der Ehre). In der Besorgnis, dass hier im System der Scheidungsgründe noch eine Lücke bestehen könnte, hat er wohl schließlich die Regelung des § 700 aufgestellt.

488 GesRev 1 S. 411.
489 GesRev 1 S. 410; Bornemann V S. 200.

Dass der § 700 für die Praxis ganz ohne Bedeutung geblieben sei,[490] lässt sich nicht sagen. Zwar neigte die landrechtliche Rechtsprechung stark zu seiner Einschränkung, dies vor allem aber wegen der sogleich zu erörternden §§ 701 f., die Beleidigungen bei Angehörigen der Unterschicht gänzlich ablehnen und Beleidigungen in anderen Ständen nur unter weiteren Voraussetzungen als Scheidungsgrund anerkennen. Für die Tendenz der Gerichte, Scheidungen wegen Beschimpfungen mit mehrfacher Begründung zu versagen, ist ein Urteil des Obertribunals aufschlussreich.[491] Der beklagte Ehemann hatte der Klägerin „vor der Haustür" vorgeworfen, sie „hure" mit ihrem Sohn. Dies sei „in der Hitze" und nicht „in boshafter vorüberlegter Absicht" geschehen und falle schon deshalb nicht unter § 700. Außerdem sei eine nur mündliche Beleidigung unter Angehörigen des niederen Standes nach § 701 kein Scheidungsgrund. Doch hat das Reichsgericht auch ausgesprochen, dass eine Scheidung nach § 700 auch zu gewähren sein kann, wenn der verklagte Ehegatte dem anderen gegenüber einen bloßen Verdacht geäußert hat.[492]

Die Einschränkungen, die Svarez dem auch von ihm wohl nicht mit voller Überzeugung festgesetzten Scheidungsgrund der Ehrkränkung beigefügt hat, finden sich in den folgenden Paragraphen, wobei auch auf die Sävitien des § 699 2. Alt. Bezug genommen ist.

II 1 § 701

Wegen bloß mündlicher Beleidigungen oder Drohungen, ingleichen wegen geringerer Tätlichkeiten, sollen Eheleute gemeinen Standes nicht geschieden werden.

490 So Bornemann a.a.O. Er hat sich vielleicht an die GesRev 1 S. 410 angeführte Bemerkung eines Berliner Justizkommissars (Rechtsanwalts) gehalten, wonach das OLG Stettin die Scheidungsklage einer Frau abgewiesen habe, die ihr Mann grundlos jahrelang und täglich als Ehebrecherin bezeichnet hatte. Führten derartige Ausfälle nicht zur Scheidung, konnte Bornemann in der Tat annehmen, dass die Rechtsprechung den § 700 missachtete.

491 Urteil vom 12.10.1863 (StriethA 50, 333).

492 Urteil vom 4.2.1886 (JW 1886 S. 79 Nr. 31).

§ 702

> Auch unter Personen mittleren und höheren Standes kann die Scheidung nur alsdann stattfinden, wenn der beleidigende Ehegatte sich solcher Tätlichkeiten und Beschimpfungen, ohne dringende Veranlassung, mutwillig und wiederholt schuldig macht.

Hier hat zu allen Zeiten die verschiedene Behandlung des niedrigen (§ 701) und des mittleren und höheren Standes (§ 702) Aufmerksamkeit und Kritik hervorgerufen. Diese Unterscheidung hatte Svarez ohne Vorbild in das Landrecht aufgenommen, sie fand auch später nirgends Nachahmung durch einen Gesetzgeber. Schon bei der Redaktion hatten die Bestimmungen Gegner gefunden, die sie als gleichheitswidrig rügten; dem war aber von Grolmann mit der Bemerkung entgegengetreten: „Ist unrichtig. Ein wohlerzogenes Frauenzimmer wird durch eine Ohrfeige empfindlicher beleidigt als die Tochter eines Schubkärrners".[493] Dieser Begründung einer unterschiedlichen Bewertung trat im Schrifttum Koch entschieden entgegen.[494] Es sei nicht einzusehen, weshalb in jedem Fall eine Schubkärrnertochter ohne Konsequenz durch ihren Ehemann beleidigt werden könne; auch nicht, warum die „Schubkärrnertochter" überhaupt in Gegensatz gestellt werde zu dem „wohlerzogenen Frauenzimmer". Die ungewöhnliche Schärfe, mit der sich der Kommentator hier äußert, lässt sich aus seinem Lebenslauf verstehen.[495] Kochs Vater war Tagelöhner, also nicht viel mehr als der Schubkärrner, den von Grolmann als Beispiel eines sozial tief stehenden Mannes gewählt hatte, der seinen Kindern deshalb keine ordentliche Erziehung geben könne. Zeit seines Lebens bekämpfte Koch ständische Vorrechte; politisch war er linksliberal, so dass er 1861 der neu gegründeten Fortschrittspartei bei-

493 GesRev 1 S. 412.

494 Koch § 701 Anm. 37.

495 Vgl. zu diesem Rückert in NDB Bd. 12 S. 257 ff. – In ganz ähnlicher Weise äußerte sich in der Reichstagsdebatte zum Ehescheidungsrecht des BGB der Sozialdemokrat August Bebel (Sten.Ber. Reichstag 1895/97 4. Bd. S. 2940): Er könne sich leicht vorstellen, „dass der klagende Teil aus dem Arbeiterstande in Bezug auf sein Ehrgefühl einen weit höheren Standpunkt einnimmt als der klagende Teil aus einem höheren Stande". Den § 701 greift Bebel dabei nicht an; das hätte sich mit dem Tenor seiner Rede nicht vertragen, wonach das ALR die Scheidung ganz liberal und damit in nachahmenswerter Weise regle (a. a. O. S. 2937 f.).

trat. Freilich lag es ihm fern, politische Maßstäbe an das Gesetz anzulegen; er argumentierte im Gegenteil „starr legalistisch".[496] An der genannten Kommentarstelle kritisiert er nur die Äußerung von Grolmanns, ohne im Mindesten die Geltung des § 701 anzuzweifeln; vielmehr weist er darauf hin, dass die Bestimmung nicht durch den Gleichheitssatz der Verfassung von 1850 aufgehoben sei.

Die meisten Autoren bewerten die in den §§ 701 f. gemachte Unterscheidung nach der gesellschaftlichen Stellung nicht.[497] Auch die Gerichte erhoben keinen Widerspruch gegen die unterschiedliche Behandlung der Bevölkerungsklassen bei geringeren Tätlichkeiten und Beschimpfungen. In seinem Urteil vom 16.7.1855[498] erklärte das Obertribunal, § 701 sei nicht etwa – wie die Klägerin dort geltend gemacht hatte – durch Art. 4 der Verfassung vom 31.1.1850 aufgehoben.[499] Die Bestimmung des Landrechts veranlasse den Scheidungsrichter nur, die aus den tatsächlichen Lebensverhältnissen der Ehegatten entspringende größere oder geringere Empfänglichkeit für Beleidigungen zu berücksichtigen; mit der Gleichheit vor dem Gesetz oder Standesvorrechten habe das nichts zu tun. Diese Auffassung war schlechthin nicht zu bezweifeln. Ein Standesvorrecht ließ sich hier nicht erkennen; die leichtere Scheidungsmöglichkeit in den höheren Ständen war schon deshalb kein Privileg, weil jeweils nur der eine Ehegatte den Vorteil, der andere aber den Nachteil davon hatte. Und was das Gleichheitsgebot betraf, so band dieses nach unbestrittener Rechtsauffassung des 19. Jahrhunderts ohnehin nur die Gerichte und die Verwaltungsbehörden, nicht aber – worauf es hier ankam – den Gesetzgeber.[500]

Anlass zur Kritik bestand jedoch insofern, als §§ 701 f. die verschiedenen Rechtsfolgen von Tätlichkeiten und Beschimpfungen starr an die

496 Rückert S. 258.

497 Bornemann V S. 200 f.; Dernburg § 18 Anm. 30; Förster/ Eccius § 21 (S. 96) m. Fn.; Peters S. 43 f.; Hubrich S. 194.

498 StriethA 17, 351.

499 Art. 4 lautete: Alle Preußen sind vor dem Gesetz gleich. Standesvorrechte finden nicht statt ...

500 Forsthoff S. 184: Erst während der Geltung der Weimarer Reichsverfassung wurde der Gleichheitsgrundsatz (dort Art. 109 Abs. 1) von einigen Rechtslehrern dahin ausgelegt, dass auch der Gesetzgeber Gleiches gleich zu behandeln habe; Heller S. 257: Die in der Gesellschaft herrschenden Vorstellungen haben diesen Wandel der Verfassungsinterpretation herbeigeführt.

Zugehörigkeit zu bestimmten Gesellschaftsschichten knüpfen. Dass diese Stellung ein Maßstab neben anderen für die Bewertung der Eheverfehlung sein kann, ist nicht zu bezweifeln. So führt das Reichsgericht in seinem Urteil vom 21.10.1881[501] zu dem Begriff der „injures graves" (Art. 231 des Code civil) aus: Ob die Beleidigung schwer genug sei, um die Scheidung zu rechtfertigen, bemesse sich unter anderem nach dem Stand der Eheleute, außerdem aber auch nach „allen übrigen Umständen", etwa der Persönlichkeit, dem gesamten ehelichen Leben und dem Verhalten des beleidigenden Teils. Indem das ALR zunächst die Abgrenzung nach dem Stand der Eheleute vornimmt und daran unverrückbare Rechtsfolgen bindet, zieht es sich auch hier den Vorwurf der Starrheit zu. Ob das Obertribunal diese Rigidität durch Rechtsfortbildung hätte überwinden können,[502] erscheint recht zweifelhaft angesichts der in dieser Arbeit bereits wiederholt angesprochenen Scheu der preußischen Rechtsprechung vor jeder über den engen Sinn des Gesetzes hinausgehenden Interpretation. Das Gericht hätte von einer der beiden Bestimmungen sagen müssen, dass sie auf alle Bevölkerungsschichten anzuwenden sei: entweder § 701 (dann wäre die Scheidung für alle erschwert) oder § 702 (dann wäre sie für alle erleichtert). Das Äußerste, was das Obertribunal gewagt hat, findet sich in dem bereits besprochenen Urteil vom 16.11.1868.[503] Dort

501 RGZ 5, 335; für das gemeine Recht wiederholt im Urteil vom 17.10.1885 (RG JW 1885 S. 359 Nr. 30).

502 Dies hält Mund (S. 123) für „angemessen", wobei die Autorin namentlich auf die soziale Entwicklung in dem halben Jahrhundert seit Erlass des ALR hinweist. Durch die Proletarisierung seien zahlreiche Existenzen in die unterste Klasse der Gesellschaft abgesunken, so dass für sie plötzlich ein anderes Scheidungsrecht gegolten habe. – In den letzten Jahren seiner Rechtsprechung zu §§ 701 ff. näherte sich das Reichsgericht der freieren Auffassung des gemeinen und des französischen Rechts. Der Richter sollte nicht mehr ohne weiteres nach der Ehrauffassung der Mehrzahl der Standesgenossen der Parteien entscheiden, sondern ihre individuelle Bildung und ihre persönlichen Lebensverhältnisse berücksichtigen (Erler S. 93). Besonders deutlich wird dies in dem Urteil vom 29.11.1888 (Bolze 7. Bd. S. 256 Nr. 671): Ob § 701 oder § 702 anzuwenden sei, entscheide sich nach den Lebensverhältnissen, der Erziehung, der Bildung und der Denk- und Gefühlsweise der Parteien; um diese Eigenschaften festzustellen, sei das persönliche Erscheinen der Parteien zu empfehlen. Damit ist die starre Einordnung nach der Zugehörigkeit zu einem Stand oder einer sozialen Schicht gänzlich beseitigt. Das Obertribunal wäre schwerlich hierzu bereit gewesen.

503 StriethA 71, 345.

hatte das Gericht die Scheidung versagt, obwohl der Beklagte die Klägerin am Kopf blutig geschlagen hatte. Eine gesundheitsgefährdende Misshandlung (§ 699 2. Alt.) lag also vor; bei dem Stand der Parteien sei diese aber nicht schwer genug, um die Scheidung zu rechtfertigen. Hier ist offenkundig § 701 missachtet, wonach im gemeinen Stand nur „geringere" Tätlichkeiten keinen Scheidungsgrund bilden. Von dieser stillschweigenden Nichtanwendung einer Norm bis zu der ausdrücklichen Erklärung, eine Norm gelte nicht mehr, hätte das Gericht noch einen großen Schritt machen müssen.

Ein weiterer Nachteil des behandelten Unterschieds ist, dass das ALR nirgends bestimmt, wer zu den höheren und mittleren oder zu den unteren Ständen gehört. Dies hatte bei der Revision von 1830 ein Oberlandesgericht gerügt; ein anderes hatte gefordert, nicht der Stand, sondern der Bildungsgrad müsse hier den Maßstab abgeben.[504] Der Revisor wies beides allerdings zurück; eine Aufzählung, wer alles zum gemeinen Stand gehöre, könne nie vollständig sein, und die Bildung der Eheleute ergebe ein zu unsicheres Kriterium. Der Richter habe hier vielmehr „ein vernünftiges arbitrium" auszuüben. In diesem Punkt lassen sich Verstöße des Obertribunals gegen das verständige Ermessen nicht feststellen. Dass ein Schiffsknecht dem gemeinen Stand angehört,[505] erscheint selbstverständlich.[506]

Bei aller Kritik an dem in §§ 701 f. vorgeschriebenen Abstellen auf Standesunterschiede ist schließlich nicht zu vergessen, dass dieses mit

504 GesRev 1 S. 412. Dabei ist unter „Bildung" nach dem Sprachgebrauch der Zeit nicht das bloße Wissen zu verstehen, sondern der „Zustand, da ein Mensch an Geist und Herzen gebildet ist, Geschicklichkeiten und feine Sitten angenommen hat" (so eine Quelle aus dem Jahr 1807; vgl. Paul Dt. Wörterbuch 5. Aufl. S. 99 s. v. „Bildung").

505 Urteil vom 16.7.1855 (StriethA 17, 351).

506 Weniger überzeugt die Begründung des OAG München dafür, dass ein „Diurnist bei einem königlichen Kreis- und Stadtgericht" zum gemeinen Stand nach § 701 gehöre (Urt. v. 4.8.1850 [SeuffBl. 16, 191]). Das Urteil unterscheidet nur zwischen dem „höheren" und dem „gemeinen" Stand; Skribenten gehörten nicht zu dem höheren (zu den „Honoratioren"), also seien sie dem gemeinen zuzurechnen. Dass das ALR noch den „mittleren" Stand kennt, bleibt unerwähnt. Auch wenn die einfachen Lohnschreiber bei Gericht wie die Gerichtsdiener der unteren Klasse der Subalternen zugerechnet wurden (Döhring S. 178), hätte doch die immerhin halb intellektuelle Arbeit der „Skribenten" berücksichtigt werden können.

den allgemeinen Prinzipien des ALR nur lose zusammenhängt. Zwar ist es richtig, dass das Landrecht eine nach Ständen gegliederte Gesellschaftsordnung voraussetzt und regelt.[507] Diese Beobachtung (oder dieser Vorwurf) bezieht sich aber in allererster Linie auf die verschiedene Behandlung der Stände im II. Teil Titel 7 ff. (Vom Bauernstande, Vom Bürgerstande usw.). Diese ständische Ordnung war schon durch die liberalen Reformen der Jahre 1807 bis 1811 „zu Grabe getragen" worden.[508] Wenn im Scheidungsrecht weiterhin das Recht nach „Ständen" verschieden blieb, so hatte das mit der Ordnung der Gesellschaft nach Geburtsständen im Grunde nichts zu tun, ebenso wie der bis 1961 im BGB genannte „standesmäßige" Unterhalt eine bloße Erinnerung an vergangene Zeiten war.[509]

Die Reformbewegung der 1840er Jahre hat bei der Diskussion der §§ 701 f. zunächst keinen Unterschied nach „Ständen" gemacht. In dem Entwurf der Kommission vom Oktober 1842 werden alle Tatbestände der §§ 700 bis 702 aufgehoben; nur wenn die Tätlichkeiten „in fortgesetzte grobe Misshandlungen ausarten", sollten sie ein Scheidungsgrund sein. [510] Eine Rückkehr zu der Unterscheidung bildete der Entwurf des Staats-

507 Wieacker S. 333 Fn. 42; Hattenhauer S. 19.

508 Heller S. 114 f. Die Konsequenzen für die Bestimmungen des ALR sind z. B. genannt bei Rehbein/ Reincke II 7 § 1 Fn. 2 und II 8 § 1 Fn. 2.

509 Z. B. § 1610 Abs. 1 BGB a. F.; hier und an den sonstigen Stellen wurde der Begriff erst im Familienrechtsänderungsgesetz vom 11.8.1961 durch den „angemessenen" Unterhalt ersetzt.

510 § 1 Nr. 6 des Entwurfs (Savigny Darstellung S. 354). Bemerkenswert ist: Der Eislebener Landgerichtsdirektor Doerk, der sich 1843 aufgrund praktischer Erfahrungen entschieden gegen die von der Kommission gewollte Streichung aller weniger bedeutsamen Scheidungsgründe (§§ 703-714) aussprach, fand gegen diese Reduzierung der §§ 700-702 auf grobe Misshandlungen nichts einzuwenden, da der Entwurf damit den moralischen Geboten entspreche (Doerk S. 26). Ein entschiedener Gegner der Reform, der anonyme Verfasser der Streitschrift „Der Ehescheidungs-Entwurf vom Juli 1842" greift (S. 12 ff.) den Gesetzesentwurf des Ministeriums an, insofern dort die §§ 700-702 schlechthin aufgehoben werden sollten. Dadurch werde die Frau allen Rohheiten ihres Ehemanns ausgeliefert, der sie „nach Gefallen" schlagen und prügeln könne. Das erscheint übertrieben, weil auch nach diesem Entwurf gesundheitsgefährdende Tätlichkeiten (§ 699 Alt. 2) als Scheidungsgrund erhalten bleiben sollten. Für den „gemeinen Stand" konnte sich durch die Aufhebung des § 701 ohnehin nichts ändern, da geringere Tätlichkeiten schon seit jeher keinen Scheidungsgrund ergaben.

rats vom April 1844,[511] wonach die „in den ... §§ 700, 702-713 ... aufgestellten Gründe" nur als relative Scheidungsgründe fortbestehen sollten. Die Auslassung des § 701 besagt, dass Beschimpfungen und geringere Tätlichkeiten unter Eheleuten gemeinen Standes nach wie vor in keinem Fall zur Scheidung berechtigen, während für die mittleren und oberen Stände die Scheidungsmöglichkeit unter den Voraussetzungen des § 702 (und jetzt auch der schweren Zerrüttung des ehelichen Verhältnisses) fortbestehen sollte.

Die Reformbemühungen der 1850er Jahre betonen die Unterschiede der gesellschaftlichen Stellung stark. In dem Entwurf der Regierung für das Abgeordnetenhaus sind zwar in § 2 „die in §§ 700-702 ... aufgestellten" Tatbestände als relative Scheidungsgründe genannt.[512] In der Begründung des Entwurfs wird aber – zur allgemeinen Darstellung des Prinzips der relativen Scheidungsgründe – mit einer in der Gesetzgebung vorher nicht dagewesenen Schärfe – auf die Bedeutung hingewiesen, welche die gesellschaftliche Stellung der Ehegatten für die Scheidungsgründe hat.[513]

Enthalten die §§ 701 und 702 Sondergut des Landrechts, so führt der nachfolgende Paragraph wieder zu Gemeinsamkeiten mit anderen Rechtsordnungen.

II 1 § 703

Unverträglichkeit und Zanksucht werden eine gegründete Scheidungsursache, wenn sie zu einem solchen Grade der Bosheit steigen, dass dadurch des unschuldigen Teils Leben oder Gesundheit in Gefahr gesetzt werden.

---

511 A. a. O. S. 387 (§ 2 des Entwurfs).

512 Sten. Ber. Abg.-Haus 1856-1857 3. Bd. S. 117. Das steht übrigens im Widerspruch zu der von der Regierung in der Begründung ihrer Vorlage (a. a. O. S. 118) gemachten Einteilung der absoluten und relativen Scheidungsgründe, wo nur die lebens- und gesundheitsgefährlichen Misshandlungen und die groben Ehrenkränkungen (§§ 699 f.) als (relative) Scheidungsgründe genannt sind, die geringeren Tätlichkeiten und Beschimpfungen (§§ 701 f.) aber nicht; sie erscheinen aber auch nicht unter der Rubrik der aufzuhebenden Scheidungsursachen. Hier scheint sich sogar das Ministerium im Dickicht der sechsten Marginalie verlaufen zu haben.

513 A. a. O. S. 121. Vgl. hierzu im Näheren u. S. 155 f.

Zwar sind „Zanksucht und Unverträglichkeit“ im gemeinen Recht nicht etwa als eigener Scheidungsgrund anerkannt. Wohl aber subsumiert die Rechtsprechung des 19. Jahrhunderts ein derartiges Verhalten des Ehegatten unter den Begriff der Sävitien. Das OAG Darmstadt erklärt:[514] Wenn eine Frau ihren Ehemann durch „Herrschsucht, Zanksucht und Heftigkeit“ das Leben verbittere und dadurch die Gesundheit des Gatten schwäche, so sei der Tatbestand der Sävitien erfüllt. Das OAG Dresden legt dar:[515] Die Ehefrau, die ihrem Mann ein „kränkendes und Ärger bereitendes Verhalten“ zeigt und ihn dadurch der Gefahr eines Nachteils für seine Gesundheit aussetzt, stehe dem Ehegatten gleich, der an dem anderen eine grobe Tätlichkeit verübe. Ganz in diesem Sinn hat das Reichsgericht eine auf ALR II 1 § 703 gestützte Scheidungsklage beurteilt.[516] Die Beklagte habe sich jahrelang als unverträglich und zanksüchtig erwiesen. Das Berufungsgericht habe nur noch Beweis darüber zu erheben, welchen Einfluss die aktenkundigen „Ausschreitungen“ der Frau auf die Gesundheit des Klägers gehabt hätten; dabei wird es aufgefordert, an die Darlegungen des Klägers keine zu hohen Anforderungen zu stellen, vielmehr dem Sachverständigen zu überlassen, welche Beschwerden er bei dem Kläger feststellen kann.

Das Schrifttum fand an der Norm fast nichts zu kommentieren.[517] Der Revisor verteidigte sie mit Entschiedenheit und bemerkte (psychologisch treffend), dass die §§ 699 bis 702 nicht immer ausreichten, um die Trennung von einem bösartigen Ehegatten zu erwirken. Wenn dieser „kaltblütig und verschmitzt“ genug sei, um Tätlichkeiten und Beschimpfungen zu vermeiden, so könne er dem anderen auch „ohne jene Ausbrüche“ das Leben durch seine Boshaftigkeit unerträglich machen. Das ALR sei hier also vollständiger und bestimmter als etwa der Code civil, der in seinem Art. 231 nur die injures graves kenne. Auch der Beweis der Gesundheitsbeschädigung durch die Zanksucht sei zwar „etwas weitläufig“, aber keinesfalls unmöglich.[518]

514 Urt. vom 26.8.1837 (SeuffA Bd. 9 Nr. 41).

515 Urt. vom 25.6.1850 (SeuffA Bd. 4 Nr. 58).

516 Urt. vom. 2.7.1885 (RG JW 1885 S. 275 Nr. 42).

517 Bielitz (§§ 699 bis 703 Anm. 5) meint, jede Zanksucht führe zur Scheidung, da sie stets eine Beeinträchtigung des körperlichen Wohlbefindens zur Folge habe. Später finden sich keine Bemerkungen des Schrifttums zu § 703 mehr.

518 GesRev 1 S. 415 f. Der Gesetzesentwurf vom 1834 ging über die Stellungnahme des Revisors noch hinaus, indem er genügen ließ, dass ein weiteres Zusammen-

Die Reformbemühungen der 1840er Jahre wollten die Bestimmung des § 703 teils aufheben (so die Kommission), teils sie beibehalten, aber zu einem relativen Scheidungsgrund machen (so der Beschluss des Staatsrats)[519]. In den 1850er Jahren war die Norm erneut umstritten. So sollte sie nach dem Regierungsentwurf für beide Kammern entfallen, und zwar mit mehrfacher Begründung. Einmal könne „Unverträglichkeit" auch bloße Nichtübereinstimmung der Charaktere bedeuten (was dem Hauptangriffsziel der Reformer, der Scheidung aufgrund beidseitiger Einwilligung oder einseitigen heftigen Widerwillens nach §§ 716 oder 718a nahezukommen schien); die Aufhebung dieses Scheidungsgrundes werde die Eheleute veranlassen, ihre Charakterfehler abzulegen. Sodann sei das Tatbestandsmerkmal der Gesundheitsgefährdung unbrauchbar; bei schwächlichen Personen könne schon eine geringe Aufregung körperliche Folgen haben, andererseits sei die Medizin nicht in der Lage, die Kausalität zwischen dem Gezänk und einer Gesundheitsbeeinträchtigung mit Sicherheit nachzuweisen.[520] Diesen Argumenten folgte die Mehrheit in beiden Kammern. Nur die Kommission des Abgeordnetenhauses wollte § 703 (als relativen Scheidungsgrund) beibehalten.[521] Hierfür hatten sich auch in der Spezialdebatte des Herrenhauses immerhin zwei Mitglieder dieser Kammer ausgesprochen. Der Oberbürgermeister Krausnick hatte sich dabei – wie schon zuvor bei der Diskussion des § 698 – auf den Bericht des Revisors bezogen und abschließend mit etwas Humor gemeint, nicht jeder könne einem zanksüchtigen Ehegatten gegenüber dieselbe Gelassenheit aufbringen wie Sokrates gegenüber seiner Xanthippe. Auf seine richterliche Erfahrung hatte sich sodann ein anderer Redner bezogen. Auf § 703 gestützte Klagen seien ihm, wenn auch selten, in seiner Praxis vorgekommen; die Ehen seien dort die „Hölle auf Erden" gewesen, vor allem für die Kinder. Dieses Argument – das

leben der Ehegatten nicht möglich ist (§ 22); als Begründung war angegeben, dass eine Gesundheitsbeschädigung durch Unverträglichkeit und Zanksucht des anderen Ehegatten fast unmöglich zu beweisen sei (GesRev 2 S. 379, 411). Damit wäre dieser Scheidungsgrund der incompatibilité d'humeur ou de caractère des Ehescheidungsgesetzes der französischen Revolution nahegekommen. Es ist verständlich, dass die strenge Reformbewegung der 1840er und 1850er Jahre auf diesen Vorschlag nicht eingegangen ist.

519 Savigny Darstellung S. 354, 387.

520 Sten. Ber. Herrenhaus 1854-55 2. Bd. S. 117; Abg.-Haus 1856-57 3. Bd. S. 121.

521 Sten. Ber. Abg.-Haus a. a. O. S. 131.

Kindeswohl – kommt sonst in den Debatten regelmäßig nicht zum Ausdruck. Die Erwiderung durch den Justizminister war nicht ganz frei von Ausflüchten: Zanksucht lasse sich kaum ohne Tätlichkeiten denken, und diese begründeten nach § 699 die Scheidung. Dasselbe gilt von den abschließenden Äußerungen Stahls, wonach jeder andere Charakterfehler, jede andere Sucht (etwa Gefallsucht) den Ehegatten gerade so schädigen könne wie Zanksucht und Unverträglichkeit.[522] In der Spezialdebatte des Abgeordnetenhauses brachten die Redner keine wesentlich neuen Argumente vor.[523] Der Abgeordnete Mathis, der gegen den Scheidungsgrund sprach, steigerte den Gedanken Stahls ins Extreme: Wenn Zanksucht zur Scheidung berechtige, so müsse das für jede andere Untugend auch gelten, etwa für unaufhörliches Klavierspielen; auch dieses könne die Nerven des anderen Ehegatten gänzlich zerrütten. Die Verteidiger des Tatbestandes betonten wieder, § 703 sei nicht durch § 699 2. Alt. zu ersetzen, da hier nicht ein einmaliger Vorgang, sondern ein ständiges Verhalten zur Scheidung berechtige. Neu war der von zwei Abgeordneten gebrachte Hinweis darauf, dass Zanksucht und Unverträglichkeit mehr in den „höheren Volksklassen" vorkämen, Tätlichkeiten mehr in den „unteren Klassen" verübt würden; „geistige Misshandlungen" dürften aber nicht weniger Scheidungsgrund sein. Eine Gleichbehandlung beider Eheverfehlungen sei auch deshalb geboten, weil man bei § 703 „die Frau im Auge haben" müsse, „um diese handelt es sich hier ganz besonders", wie der Abgeordnete Dr. Wentzel meinte. Hierin lag schwerlich eine Abwertung des weiblichen Geschlechts, da anderseits die physischen Tätlichkeiten schon immer den Männern zur Last gelegt wurden. Auch diese Debatte kam auf religiöse Argumente: Der Abgeordnete Lette berief sich darauf, dass Luther die Scheidung bei gänzlicher Unverträglichkeit gestattet habe, der Abgeordnete Dr. Hahn legte die angeführten Stellen dahin aus, dass der Reformator nur die tatsächliche Trennung der Eheleute, nicht die Scheidung mit der Möglichkeit der Wiederverheiratung bewilligt habe. Diese Ansicht erscheint als die richtige.[524]

Die in der sechsten Marginalie nur spärlich enthaltenen Ansätze zu einer freieren richterlichen Beurteilung der Eheverfehlungen wollten die Reformer zu einer allgemeinen Ermessensregelung erweitern. In den Be-

522 Sten. Ber. Herrenhaus 1854-55 1. Bd. S. 304 f.
523 Sten. Ber. Abg.-Haus 1856-57 1. Bd. S. 325 ff.
524 S. o. S. 13 f.

ratungen des Staatsrats (1843) fanden sich keine überzeugenden Mehrheiten für die Streichung der meisten Scheidungsgründe, die nach dem Willen der insofern radikalen Gesetzeskommission aufgehoben werden sollten. In dieser Lage schlug Savigny, der am Erfolg des Gesetzesvorhabens interessierte und ohnehin zum Ausgleich neigende Minister der Gesetzesrevision, vor, eine Anzahl weniger schwerwiegender Scheidungsgründe zu bedingten (relativen) zu machen, wozu auch der größere Teil dieser Marginalie gehörte.[525]

In § 2 des Entwurfs eines Gesetzes über Ehescheidung (April 1844) heißt es:[526]

> Aus den in den §§ 694. 695. 700. 702-713 Tit. 1 T. II ALR angestellten Gründen und wegen der im § 699 a. a. O. erwähnten lebens- oder gesundheitsgefährlichen Misshandlungen soll künftig nur dann auf Ehescheidung erkannt werden, wenn das Ehegericht nach der besonderen Beschaffenheit des vorliegenden Falles die Überzeugung gewinnt, dass durch die Schuld des verklagten Teils die Ehe in nicht geringerem Grade zerrüttet worden ist, als durch Ehebruch oder bösliche Verlassung geschehen sein würde.

Es ist hierbei nicht bloß auf die in den gedachten Gesetzen bezeichneten einzelnen Handlungen des verklagten Teils, sondern auch auf sein Verhalten im Allgemeinen Rücksicht zu nehmen.

Zur Rechtfertigung dieses seines Vorschlags legt Savigny mehrere Gründe dar.[527] Einmal könne nur so eine verständige Würdigung des Scheidungsbegehrens erreicht werden. Mit der Beibehaltung der minder wichtigen Scheidungsgründe des Landrechts würde die Reform zu wenig tun, mit ihrer gänzlichen Aufhebung zu viel. Z. B. könnten Beleidigungen ganz belanglos sein, aber auch einen Grad von Bosheit zeigen, der dem anderen Ehegatten die Fortsetzung der Ehe unerträglich mache. Eine starre Fassung des Gesetzes könne bei diesen Tatbeständen nicht maßgebend sein. In diesem Sinn wies auch Bornemann bei seiner Erörterung der Reform darauf hin, dass „gerade hier" (im Scheidungsrecht)

525 Ges Rev 3 S. 880: „... ist von dem Minister der Gesetz-Revision ein neuer Vorschlag dahin gemacht worden, ..." Vgl. auch Buchholz Eherechtsreform S. 183.

526 Savigny Darstellung S. 387 f.

527 A. a. O. S. 299 ff.

die „Individualität der Verhältnisse" zu beachten sei.[528] Das zweite Argument ist – wie bei Savigny zu erwarten – der Hinweis auf die Geschichte des Scheidungsrechts. Im gemeinen protestantischen Eherecht würden alle Scheidungsgründe nur wegen ihrer Analogie mit dem Ehebruch und der böslichen Verlassung anerkannt.[529] Auch finde sich im Project von 1749 und sogar noch im Edikt von 1782 das Prinzip, dass aus den dort genannten einzelnen Gründen eine tödliche Feindschaft oder unversöhnlicher Hass entstanden sein müsse, wenn die Scheidung ausgesprochen werden solle; darin liege derselbe Grundsatz, den § 2 des Entwurfs mit der Forderung aufstelle, die Ehe müsse durch die Schuld des verklagten Gatten gänzlich zerrüttet sein.

Diese Unterscheidung zwischen absoluten und relativen Scheidungsgründen und die Behandlung der zweiten Tatbestandgruppe fand der Staatsrat so überzeugend, dass er sie sogleich übernahm.[530] Savigny hatte in der Tat die Lösung gefunden, die – solange überhaupt das Schuldprinzip gelten sollte – die einzig mögliche war. Stahl hält die in dem Beschluss des Staatsrats gebilligte Ansicht, dass bei geringeren Eheverfehlungen die Vergleichbarkeit mit dem Ehebruch und der böslichen Verlassung maßgebend sein müsse, für so treffend, dass er sie in seiner Rechtsphilosophie erwähnt.[531] Die Begründung des Regierungsentwurfs für das Herrenhaus und später für das Abgeordnetenhaus nennt den Beschluss des Staatsrats in diesem Punkt „sehr glücklich".[532] Als Argument verweist die Regierung allerdings nur auf den Unterschied, den die gesellschaftliche Stellung der Gatten für die Schwere der Eheverfehlung begründe; die Berücksichtigung individueller Schuld wird nicht erwähnt. „Was man auch vom idealen Standpunkte dagegen sagen mag", es sei doch wahr, dass alle relativen Scheidungsgründe eine andere Bedeutung hätten, wenn sie in höheren als wenn sie in niederen Ständen vorkämen. Die Tätlichkeit, die ein Mann „aus den höheren Kreisen" gegen seine Frau verübe, vernichte die Ehe, während die Tätlichkeit, welche sich ein Tagelöhner gegen seine Frau erlaube, „vielleicht nur auf Stun-

528 Bornemann V S. 250.

529 Vgl. hierzu o. S. 17 f.

530 Der Vorschlag wurde, „ohne dass es einer Abstimmung bedurfte, dem Prinzipe nach angenommen" (GesRev 3 S. 881).

531 Stahl Rechtsphilosophie II 1 S. 459 Fn.

532 Sten. Ber. Herrenhaus 1854-55 2. Bd. S. 118; Abg.-Haus 1856-57 3. Bd. S. 121.

den" das eheliche Verhältnis störe. Savigny hatte von den Umständen jedes einzelnen Falles, etwa besonderer Bosheit eines Ehegatten, gesprochen und davon, dass der Richter hier sein Ermessen ausüben müsse. Es erscheint nicht verfehlt, in der einseitigen Betonung der gesellschaftlichen Stellung den Geist der Reaktion nach dem Scheitern der Revolution von 1848 zu sehen.

Erst in den Beratungen der Gesetzeskommission des Abgeordnetenhauses fanden sich einzelne Mitglieder, die zu dem Beschluss der Kommission von 1842 zurückkehren, d.h. die relativen Scheidungsgründe wieder schlechthin aufheben wollten.[533] Zur Begründung dieser nach allgemeiner Ansicht längst erledigten Auffassung wurde angeführt (vielleicht nur vorgeschoben), dass dem Richter kein Ermessen zustehen dürfe, da dieses in Willkür auszuarten drohe; der Gesetzgeber habe dem Richter feste Regeln hinzustellen. Diese doppelt reaktionäre Ansicht wurde jedoch mit großer Mehrheit zurückgewiesen.[534]

Savignys „Darstellung" war nicht nur eine „schätzbare Quelle für jede künftige Ehegesetzgebung"[535], sondern tatsächlich „zukunftweisend"[536]. Nach dem Scheitern der preußischen Reform hat das BGB die Behandlung der relativen Scheidungsgründe aufgenommen. Die Motive berufen sich für die Generalklausel des § 1444 des Ersten Entwurfs (später § 1568) eingehend auf die Vorschläge der Reformer.[537] Dabei ist die Ähnlichkeit mit dem Entwurf des Staatsrats sogar größer als die bloße Betrachtung der Gesetzesstellen erkennen lässt. Der Entwurf des Staatsrats benennt einzelne relative Scheidungsgründe des ALR und unterwirft sie

533 A.a.O. S. 131. Die Anforderungen an die relativen Scheidungsgründe waren in den Gesetzesentwürfen der 1850er Jahre in der Fassung des § 2 an sich schon verschärft. Während der Staatsrat formuliert hatte: Die Ehe soll nur dann geschieden werden, wenn ..., heißt es in den Vorlagen: Die Ehe soll nicht geschieden werden, es sei denn dass ... Die Scheidung wegen relativer Gründe wird hier also als Ausnahme von einem Scheidungsverbot bezeichnet (Sten. Ber. Herrenhaus 1854-55 2. Bd. S. 112; Abg.-Haus 1856-57 3. Bd. S. 117).

534 Auch bei der Diskussion des BGB wurde wieder in dieser Richtung argumentiert, aber ganz ehrlich damit, dass die unbestimmte Fassung der Generalklausel (§ 1444 des Ersten Entwurfs) zu einer „laxen Scheidungspraxis" führen werde (vgl. hierzu Hubrich S. 263 m. Fn. 3, der sich zur Verteidigung des richterlichen Ermessens ausdrücklich auf Savignys „Darstellung" beruft).

535 Stölzel Rechtsverwaltung S. 547.

536 Buchholz Eherechtsreform S. 183.

537 Mot. IV S. 573 f.

einem gemeinsamen Prinzip; das Bürgerliche Gesetzbuch führt das allgemeine Prinzip an, ohne die einzelnen relativen Scheidungsgründe aufzuführen. Dieser Unterschied verschwindet aber beinahe in der gerichtlichen Praxis. Die Kommentierung des dem § 1568 BGB a. F. im wesentlichen entsprechenden § 43 des Ehegesetzes von 1946 zeigt: Die Generalklausel wird von der Rechtsprechung wieder in zahlreiche Fallgruppen aufgeteilt; der Richter soll diese aufsuchen und erst dann feststellen, ob die Ehe durch die Schwere der Verfehlung zerrüttet ist.[538] Es bleibt freilich der Unterschied, dass die kasuistische Aufzählung der Tatbestände (wie im ALR) niemals vollständig ist, so dass scheidungswürdige Sachverhalte möglicherweise nicht berücksichtigt werden können.[539] Hierauf weisen die Motive zum BGB hin.[540] Sie erklären und rechtfertigen diese Inkonsequenz damit, dass den preußischen Reformern nicht die Aufgabe gestellt war, ein neues Scheidungsrecht zu schaffen, dass sie vielmehr nur das Landrecht reformieren sollten.[541]

538 Lauterbach in Palandt, BGB (10. Aufl. 1953) EheG § 43 Anm. 13: Die dort aufgeführten, von der Rechtsprechung gebildeten „Einzelfälle" seien „stets nach obigen Gesichtspunkten" (den Wertungen der Generalklausel) zu „überprüfen". D. h. in der Praxis subsumiert der Richter die Eheverfehlung unter einen bestimmten „Tatbestand" und misst sie dann an den allgemeinen Kriterien des § 43. Nicht anders sollte der Scheidungsrichter nach dem Willen der Reformer bei der Anwendung des ALR vorgehen. Von den landrechtlichen Scheidungsgründen, die nach dem Beschluss des Staatsrats zu relativen werden sollten, sind in dem Kommentar als „Fallgruppen" aufgeführt: Abtreibung (vgl. ALR II 1 § 695); Schuldenmachen und unwirtschaftliches Verhalten (§ 708); strafbare Handlungen (§ 704); Trunksucht (§ 798); Verletzung der Unterhaltspflichten (§ 712 f.); Verweigerung des ehelichen Verkehrs (§ 694).

539 Dies ist an einem krassen Fall o. S. 63 ff. gezeigt worden.

540 Mot. IV S. 574.

541 Ein sogleich in die Augen springender Unterschied zwischen § 2 des Entwurfes des Staatsrats und der Generalklausel des § 1568 ist der, dass im BGB nicht mehr Vergleichbarkeit mit dem Ehebruch und der böslichen Verlassung gefordert wird, wenn die Verfehlung Scheidungsgrund sein soll. Diese Analogie zu den beiden biblischen Scheidungsgründen hatte bereits bei den Beratungen des Staatsrats Widerspruch gefunden, war dann aber von einer beachtlichen Mehrheit der Mitglieder gebilligt worden (GesRev 3 S. 881 f.). Die Motive zum BGB schildern das weitere Schicksal dieses Bestandteils der Reform (Mot. IV S. 573 f.), ohne zu erwägen, ob er beibehalten werden solle; das war in der Tat kaum mehr möglich, nachdem jedenfalls durch die Einführung der Zivilehe (1875) jeder Bezug zum Kirchenrecht verloren gegangen war.

d) (7) Grobe Verbrechen

Auch hier finden sich verschiedene Tatbestände, die nicht ohne weiteres zu der Bezeichnung der Marginalie passen. Der titelgebende Paragraph lautet:

> II 1 § 704
>
> Grobe Verbrechen gegen Andere, wegen welcher ein Ehegatte harte und schmähliche Zuchthaus- oder Festungsstrafe nach Urtel [Urteil] und Recht erlitten hat, berechtigen den daran unschuldigen Teil, die Scheidung zu suchen.

Diese Bestimmung findet ihre Vorläufer im preußischen und weniger im protestantischen Eherecht. Schon Cocceji hatte (1749) als Scheidungsgrund genannt: „Wann einer wegen Missetat zur Karren, Staupbesen oder gar zum Tode condemniert, oder wegen einer infamen Tat des Landes verwiesen wird."[542] Svarez' Edikt von 1782 (§ 12) gestattete die Scheidung, wenn der Ehegatte zu einer infamierenden Strafe oder mehr als einjährigen Festungs- und Zuchthausarbeit verurteilt (oder des Landes verwiesen) worden war. Genau diese Bestimmung enthielt auch der Entwurf zum Landrecht.[543] Auf den Einwand mehrerer Praktiker, darunter auch v. Grolmanns, dass auch eine geringere Zuchthausstrafe dem anderen, wenn dieser ein feines Ehrgefühl habe, das Zusammenleben mit dem Verurteilten unerträglich mache, änderte Svarez die Norm dahin, dass jede über Geld oder Gefängnis hinausgehende Bestrafung den anderen Ehegatten zur Scheidung berechtige. Aus nicht mehr feststellbaren Gründen änderte Svarez diese eindeutige Bestimmung in die dann geltende Fassung des § 704; offenbar wollte er die Entscheidung dem Ermessen des Richters überlassen,[544] was allerdings sonst nicht seinen Bestrebungen entsprach. Die Rechtsprechung hat sich jedenfalls – wie darzustellen sein wird – diesem Willen gefügt, auch wenn die Praktiker oft gewünscht haben, der Gesetzgeber möge ihnen festere Bestimmungen an die Hand geben.

542 Hubrich S. 181.
543 Erster Teil Abt. I Titel I § 511.
544 GesRev 1 S. 418.

Lässt sich somit § 704 ziemlich genau auf die vorangehende preußische Gesetzgebung zurückführen, so ist die Norm weniger eng mit der Tradition des gemeinen Rechts verbunden. In der Zeit, als Cocceji alle den Verbrecher erniedrigenden Strafen zum Scheidungsgrund machte, war im gemeinen Recht nur die lebenslange Freiheitsstrafe als Scheidungsgrund allgemein anerkannt, die vielfach an die Stelle der zuvor verhängten Todesstrafe (der „Scheidung durch den Henker") getreten war, und nicht einmal diese überall.[545] Erst seit dem Anfang des 19. Jahrhunderts konnte die zeitliche Freiheitsstrafe einen Scheidungsgrund bilden. Wie sehr das Bedürfnis danach empfunden wurde, zeigte sich in der zweiten Jahrhunderthälfte darin, dass sich die jeweiligen letztinstanzlichen Gerichte veranlasst sahen, abweichendes Gewohnheitsrecht in einzelnen Gebieten für unbeachtlich zu erklären.[546] Hier lässt sich im Scheidungsrecht eine andere Tendenz beobachten als sonst: Das gemeine Recht, das sich regelmäßig mit dem Fortgang des 19. Jahrhunderts immer weiter von dem „laxen" Recht des ALR entfernte, glich sich hier diesem in der Rechtsprechung[547] immer mehr an.

545 Hubrich S. 114. In dem Urteil des Reichsgerichts vom 2.3.1880 (RGZ 1, 324) findet sich eine recht eingehende Darstellung der bei Verbrechen geübten scheidungsrechtlichen Praxis in den verschiedenen Territorien des gemeinen Rechts; diese Praxis und die Ansichten der Rechtslehrer werden ferner geschildert in dem Urteil des Obertribunals vom 8.6.1872 (ObTribE 67, 258).

546 Vgl. die in Fn. 545 genannten Entscheidungen (das Obertribunal für Neu-Vorpommern, das Reichsgericht für das ehemalige Kurfürstentum Hessen).

547 Im Gegensatz zu manchen Theoretikern. Der Erlanger Kirchenrechtslehrer v. Scheurl vertrat (Eherecht S. 316) noch 1882 die Ansicht, selbst eine lebenslange Zuchthausstrafe berechtige den anderen Ehegatten keinesfalls zur Scheidung; es sei „in höchstem Grade inhuman", wenn man dem Verbrecher die Hoffnung nehme, sich nach einer etwaigen Begnadigung durch die Fortführung der Ehe „wieder aufrichten" zu können. Über solche Einwände konservativer Autoren ging die Rechtsprechung hinweg. In seinem Urteil vom 2.6.1883 (RGZ 9, 189) hob das Reichsgericht ein Urteil des OLG Rostock auf, in dem das mecklenburgische Gericht eine Freiheitsstrafe von zwei Jahren wegen des Versuchs, eine Geisteskranke geschlechtlich zu missbrauchen, ohne weiteres als keinen Scheidungsgrund bezeichnet hatte. Das Berufungsgericht müsse die persönlichen Verhältnisse der Ehegatten berücksichtigen. In seinem weiteren Urteil vom 17.3.1884 (RGZ 13, 196) ließ das Reichsgericht eine zweijährige Zuchthausstrafe zur Scheidung hinreichen, mit Argumenten, wie sie auch das Obertribunal (bei der Anwendung des § 704) herangezogen hätte.

Die erste Schwierigkeit, die der § 704 der Judikatur bereitete, war die von Svarez gewollte Unbestimmtheit der „harten und schmählichen“ Freiheitsstrafe als Voraussetzung eines Scheidungsanspruchs. Bei der Revision von 1830 forderten nicht weniger als neun der befragten Oberlandesgerichte, dazu auch das Stadtgericht Berlin, der Gesetzgeber müsse eine genauere Bestimmung darüber treffen, wann eine Strafe diese Bedingung erfüllt.[548] Diese Forderung entsprach dem verständlichen Bedürfnis der Praxis nach bequemer Rechtsfindung; darin lag zugleich der in dieser Arbeit schon wiederholt festzustellende Unwille, sich in das Verhältnis der Eheleute zueinander hineinzudenken. Schon der Revisor meinte aber, dass eine solche Festlegung „offenbar unstatthaft“ wäre, da hieraus die „schreiendsten Ungerechtigkeiten“ hervorgehen würden.[549] Es ist deshalb bei der vom Gesetz vorgesehenen Freiheit des Richters verblieben, zu beurteilen, ob eine Strafe als hart und schmählich zu gelten hat.

Dabei entspricht es nun wieder einer allgemeinen Tendenz, wenn in der Rechtsprechung zum gemeinen Recht regelmäßig höhere Anforderungen an die Härte (Dauer) der erkannten Strafe gestellt werden als im Landrecht. Im gemeinen Recht war es eine ungewöhnliche Ausnahme, wenn schon eine einjährige Freiheitsstrafe als Scheidungsgrund ausreichen sollte.[550] Noch in den 1850er Jahren sah das in Scheidungssachen an sich großzügige OAG Celle eine viereinhalbjährige Zuchthausstrafe nicht als genügend an.[551] Dagegen sollte nach der Rechtsprechung des Obertribunals eine Freiheitsstrafe von einem Jahr genügen,[552] sogar eine von acht oder neun Monaten.[553] Die Schmählichkeit der Strafe folgte da-

548 GesRev 1 S. 417. Eine solche Festlegung enthielt das österreichische ABGB (§ 115): Verurteilung zu einer wenigstens fünfjährigen Kerkerstrafe.

549 GesRev 1 S. 418 f.

550 So in zwei Fällen, die in SeuffA Bd. 2 Nr. 29 Fn. 1 aufgeführt sind und zu zwei (nicht näher bezeichneten) Entscheidungen des OAG Jena – jedenfalls vor 1840 – geführt haben.

551 Urt. vom 13.6.1856 (SeuffA Bd. 11 Nr. 49). Anders zu etwa gleicher Zeit das OAG Darmstadt in seinem Urteil vom 10.12.1853 (SeuffA Bd. 8 Nr. 58), wo aber immerhin auch drei Jahre Zuchthaus verhängt worden waren.

552 Urt. vom 20.9.1854 (StriethA 13, 367); Urt. vom 8.2.1869 (StriethA 74, 22).

553 Urt. vom 25.1.1864 (StriethA 56, 21); Urt. vom 26.10.1868 (ObTribE 60, 168).

bei aus der Untersagung der bürgerlichen Ehrenrechte, die das verurteilende Gericht zugleich aussprach.[554]

Gleichfalls dem Ermessen des Richters anheimgegeben war die Feststellung, was unter einem „groben" Verbrechen und seiner Folge für die eheliche Gemeinschaft zu verstehen war. Schon der Revisor hatte darauf hingewiesen, dass es für die „gemeine Opinion" sogar mehr darauf ankomme, welche Verbrechen der Ehegatte begangen, als darauf, welche Strafe das Gericht dafür festgesetzt hat. So verfalle etwa ein Bauer, der wegen einer mit Körperverletzung endenden Schlägerei eine Zuchthausstrafe erhalten hat, weniger der allgemeinen Verachtung, als wenn er einen Diebstahl begangen hätte und dafür mit einer bloßen Gefängnisstrafe belegt worden wäre.[555]

Der Ermessensfreiheit, die ihr das Gesetz gab, ist sich die Rechtsprechung durchaus bewusst gewesen. In dem Urteil des Obertribunals vom 26.10.1868[556] heißt es, dass „in jedem einzelnen Fall nach den obwaltenden Umständen und den persönlichen Verhältnissen der Eheleute zu beurteilen" sei, ob die Voraussetzungen des § 704 vorlägen. Mund weist darauf hin, dass das Gericht zur Begründung des Scheidungsanspruchs maßgeblich auf den Stand der Eheleute abgestellt habe und dass es sonst die Scheidung möglicherweise nicht ausgesprochen hätte; damit habe es sich dem Ständedenken des ALR gefügt.[557] Das Obertribunal stützt sich in der Tat insbesondere darauf, dass der Ehemann gerade als Kaufmann ehrvergessen gehandelt habe, als er eine Wechselfälschung beging, und dass damit angesichts der Lebensstellung der Parteien die Ehe wenn nicht zerrüttet, so doch „nach den verschiedensten Richtungen hin nachteilig berührt" sei. An einer anderen Stelle seines Urteils merkt das Gericht an, dass die „ganze Lebensstellung und bürgerliche Existenz" eines Beam-

554 Den Wechsel der Strafarten vom ALR zum StGB von 1851 hat die Scheidungsrechtsprechung ohne Mühe bewältigt. In § 704 waren nur Zuchthaus- und Festungsstrafe als Scheidungsgrund genannt. Die Gefängnisstrafe des Landrechts war mit keinem Ehrverlust verbunden. Das änderte sich mit dem neuen Strafrecht; durch die etwa hinzugefügte Ehrenstrafe stand die Verurteilung zu Gefängnis der landrechtlichen Verurteilung zum Zuchthaus durchaus gleich, so dass § 704 auch hier zur Anwendung kommen konnte: Urt. des Obertribunals vom 20.9.1854 (StriethA 13, 367) und vom 12.10.1857 (StriethA 28, 37).

555 GesRev 1 S. 418 f.

556 ObTribE 60, 168.

557 Mund S. 129 f.

ten beeinträchtigt werde, wenn seine Ehefrau eine Strafe erleide.[558] Hieraus spricht jedoch weniger die dem ALR eigene Ordnung der Gesellschaft nach Ständen – die, wie früher ausgeführt, seit dem Beginn des Jahrhunderts obsolet geworden war – als vielmehr die im 19. Jahrhundert überall geltende Bedeutung gesellschaftlichen Ansehens. In einer gemeinrechtlichen Entscheidung[559] hat sich das Obertribunal zu dem Tatbestand der Verurteilung des Ehegatten nicht anders geäußert als in dem soeben erörterten Urteil zu II 1 § 704 ALR. Dort hatte die Ehefrau während eines Monats, in dem sie (oder das Ehepaar) sich in Köln aufhielt, zehn Ladendiebstähle (sowie einen nicht näher bezeichneten Betrug) begangen; dafür war sie zu zwei Jahren Gefängnis verurteilt worden. Ohne sich irgendwie zu diesem Delikt zu äußern, das nach heutigen Maßstäben wohl nicht ohne weiteres als ehezerstörend, sondern zunächst als psychische Abartigkeit angesehen würde, erklärt das Obertribunal, die Fortsetzung der Ehe sei dem Mann nicht zuzumuten; angesichts seiner „Stellung … in der bürgerlichen Gesellschaft" würde ihn die Fortsetzung der Ehe „der öffentlichen Verachtung preisgeben". Auch hier ist also der Maßstab individueller Schuld vernachlässigt zugunsten der Stellung in der Gesellschaft, ohne dass aber von einem „Stand" der Parteien die Rede wäre und ohne Bezug auf die Ständeordnung des Landrechts. Dass hier nicht ein objektives, juristisch fassbares Kriterium (ein „Stand") entscheidet, wird durch eine Einzelheit der Urteilsformulierung ganz deutlich. Maßgebend sei die Rücksicht auf die gesellschaftliche Stellung der Parteien, aber auf die, welche sie „einzunehmen haben"; d. h. die Scheidung ist auszusprechen, da der Mann, etwa als höherer Beamter, geradezu verpflichtet ist, sich von einer bestraften Ladendiebin zu trennen, weil der Ehrenkodex der Kreise, in denen er verkehrt, von ihm die Scheidung verlangt.

Eine nicht grundlegende, aber für die peinlich genaue Betrachtung des Gesetzes durch die preußische Justiz kennzeichnende Frage war diese: Genügt zur Anwendung des § 704, dass der Ehegatte verurteilt ist,

558 Nicht ganz so krass ist dieser Scheidungsgrund des Landrechts mit dem Ansehen in der Gesellschaft begründet in dem sonst sehr ähnlichen Urteil des Reichsgerichts vom 14.1.1886 (Gruchot 30, 985). Das Reichsgericht spricht wie das Obertribunal von der „Individualität des Falles", nennt dabei aber zuerst den „sittlichen Charakter" der Straftat und erst zum Schluss die „soziale und bürgerliche Stellung" der Eheleute.

559 Urt. vom 2.11.1858 (StriethA 31, 96).

oder muss er die Strafe – in welchem Umfang auch immer – „erlitten" haben? Svarez wollte es an sich ausreichen lassen, dass der Strafrichter den Verbrecher verurteilt hatte; das entsprach der allgemeinen Auffassung, wie sie etwa dem Project von 1749, dem Edikt von 1782 und auch noch dem Entwurf ohne weiteres zu entnehmen war. Eine Begnadigung sei unerheblich, ebenso wie der Scheidungsgrund auch verwirklicht sei, wenn sich der Verbrecher nach seiner Verurteilung der Strafe durch Flucht entzogen habe. Als Beschluss der Gesetzeskommission ist dann aber vermerkt: „Er muss wirklich bestraft worden sein".[560] Der Revisor bemerkt dazu, dass auch das Wort „erlitten" keine andere Bedeutung zulasse, meint dann aber gleichwohl, schon die Verurteilung genüge, da dies die ratio legis sei; ganz abgesehen davon, dass bei schimpflichen Verbrechen die Begnadigung ohnehin kaum ausgesprochen werde.[561] Diese Ansicht vertraten später auch mehrere Schriftsteller.[562] Das Obertribunal sprach sich aber in seinem Urteil vom 11.7.1866 ohne weiteres dahin aus, dass erst das Erleiden der Strafe den Scheidungsgrund ergebe.[563] Die Begründung ist denkbar knapp: „Nach dem § 704" sei das „Erleiden" der Strafe zur Begründetheit einer Scheidungsklage erforderlich. Also hält sich das Gericht ausschließlich an den Wortlaut der Norm, ohne sich auf ihren Sinn zu berufen. Dies blieb dem Schrifttum vorbehalten, soweit es dem Obertribunal folgte.[564] Das Reichsgericht schloss sich dem Obertribunal an, ohne irgendeine neue Begründung hinzuzufügen.[565]

Mit dieser wortlautgerechten Auslegung des § 704 trennte sich das Landrecht erneut vom gemeinen Recht, auch von den großen Ko-

560 GesRev 1 S. 419.

561 A. a. O. S. 419 f.

562 Dernburg § 18 (S. 55) Anm. 32; Förster/ Eccius § 212 (S. 97) Nr. 7; Hubrich S. 195 m. Fn. 7; Erler S. 98 f.

563 StriethA 63, 285; beiläufig schon gesagt im Urt. vom 2.6.1856 (StriethA 21, 245).

564 Peters S. 46: Wenn die Strafe durch Gnadenakt gänzlich erlassen sei, so sei die Ehre des anderen Ehegatten wenig verletzt. Bornemann (V S. 202) hatte sich nur auf den Ausdruck in den Materialien bezogen („Er muss wirklich bestraft worden sein"). Koch (§ 704 Anm. 42) gibt nur die Ansicht des Obertribunals wieder.

565 Urt. vom 15.12.1879 (Gruchot 24, 1028): „Dagegen genügt … nach den Worten des Gesetzes noch nicht … die bloße Verurteilung des Ehegatten, selbst nicht die rechtskräftige".

difikationen,[566] ja sogar von der preußischen Tradition.[567] Praktische Bedeutung hat dies aber kaum erlangt. In der angeführten Entscheidung des Obertribunals ist die Rechtsauffassung nur am Rande erwähnt.[568] Ein Fall vollständigen Gnadenerweises ist überhaupt nicht zu einer veröffentlichten Entscheidung gekommen; insofern hatte der Revisor richtig vorausgesagt, dass dieser von Svarez und der Gesetzeskommission für bedeutsam gehaltene Fall kaum eintreten werde.

Ob die auf den Wortlaut des ALR und die Materialien gestützte Ansicht der Rechtsprechung zum „Erleiden" der Strafe lebensnah war, kann dahinstehen. Dagegen hat die Judikatur eine andere Klippe der Rechtsanwendung jedenfalls mit Glück umschifft. Aus den Worten „erlitten hat" entstanden Zweifel, ob die ganze Strafe verbüßt sein musste, wenn die Scheidungsklage Erfolg haben sollte.[569] Nun liegt es auf der Hand, dass diese Annahme geradezu widersinnige Folgen gehabt hätte. Der Ehegatte eines kleinen Verbrechers hätte sich nach einem oder zwei Jahren scheiden lassen können, der Gatte eines Schwerverbrechers erst nach einem Jahrzehnt oder noch später,im Fall lebenslanger Strafverbüßung sogar niemals. Es ist deshalb verständlich, dass die Rechtsprechung stets die Ansicht vertreten hat, es reiche für den Scheidungsspruch aus, wenn

566 In den Entscheidungen nach gemeinem Recht ist stets nur von der Verurteilung als Voraussetzung des Scheidungsanspruchs die Rede. Das österreichische ABGB (§ 115) und der Code civil forderten gleichfalls nur die Verurteilung; Art. 232 des französischen Gesetzbuchs lautete: La condamnation de l'un des époux à une peine infamante sera pour l'autre époux une cause de divorce.

567 Nach Coccejis Project sollte die Scheidung stattfinden, wenn der Ehegatte zu den dort genannten schimpfliche Strafen „kondemniert" war; im Ehescheidungsedikt von 1782 und noch im Entwurf des ALR genügte, dass der Verbrecher mit der Strafe „belegt" worden war (Hubrich S. 181; GesRev 1 S. 417; Edikt § 12; Entwurf Erster Teil Abt. I Titel I § 511.

568 Urt. vom 11.7.1866 (StriethA 63, 285): Das Gericht hatte zu entscheiden, ob eine Verzeihung seitens der Ehefrau während der Voruntersuchung gegen ihren Ehemann § 720 unterfiel; das war unabhängig davon, ob der Scheidungsgrund des § 704 später mit Verurteilung oder erst mit Strafantritt entstehen würde. Die Entscheidung betraf somit eine Auslegung des § 720 (die im Übrigen bezweifelbar erscheint; vgl. hierzu unten bei der Darstellung des § 720).

569 Die Frage hatte bei der Revision von 1830 das Stadtgericht Berlin aufgeworfen (GesRev 1 S. 419). Auch Bornemann erwägt diese Auslegung (V S. 202 f.), um sie allerdings abzulehnen.

die Strafe angetreten ist.[570] Das Schrifttum hat sich dem selbstverständlich angeschlossen.[571]

Eine weitere formale Schwierigkeit bei der Anwendung des § 704 boten die Worte „Verbrechen gegen Andere". Bei der Revision von 1830 hatte ein Oberlandesgericht gemeint, hieraus den Schluss ziehen zu müssen, dass ein Verbrechen gegen den Ehegatten etwa Meineid im Prozess mit diesem keinen Scheidungsgrund abgebe. Diese Auffassung hatte schon der Revisor zurückgewiesen und bemerkt, dass Svarez den Zusatz, den weder das Edikt von 1782 noch den Entwurf zum ALR enthielten, offenbar in die Kanzleiabschrift hineingesetzt habe, ohne hiermit etwas Neues ausdrücken zu wollen.[572]

570 Obertribunal Urt. vom 12.10.1840 (Präj. Nr. 925, auch abgedruckt in der nachfolgend genannten Entscheidung); Urt. vom 2.6.1856 (StriethA 21, 245); Urt. vom 8.2.1869 (StriethA 74, 22); Reichsgericht Urt. vom 15.12.1879 (Gruchot 24, 1028).

571 Neben Bornemann (s. Fn. 561): Koch § 704 Anm. 42; Peters S. 46, Erler S. 99;schon vor der in Fn. 562 angeführten Rechtsprechung: Bielitz § 704 Anm. – Dernburg (§ 18 [S. 55] Anm. 32) und Förster/ Eccius (§ 212 [S. 97] Nr. 7) meinen, schon die Verurteilung genüge; zur Interpretation des „erlitten" äußern sie sich nicht, hätten sich aber („hilfsweise") gewiss für die Ansicht der Rechtsprechung ausgesprochen.

572 GesRev 1 S. 420. Zum Grund dieser Redaktion lassen sich nur Vermutungen anstellen. In der schriftlichen Zusammenfassung der Kronprinzenvorträge von 1791/92 (Kronprinzenvorlesungen S. 702) hatte Svarez als Scheidungsgründe die Verletzung von Pflichten aus dem Ehevertrag von den Scheidungsgründen einer Vereitelung der Ehezwecke unterschieden und zu der ersten Kategorie u. a. die Lebensnachstellungen gegen den Gatten, zur zweiten u. a. die Verurteilung zu langjähriger Gefängnisstrafe gerechnet. Eindeutig zur zweiten Kategorie konnte dann nur die Verurteilung wegen eines Verbrechens gegen andere gehören. Svarez schreint hier dem Bedürfnis nach klarer begrifflicher Klassifizierung gefolgt zu sein. Welchen Wert er auf die Unterscheidung zwischen unmittelbaren und mittelbaren Pflichtverletzungen gelegt hat (die dieser Unterscheidung im Wesentlichen entspricht), zeigt sich auch in II 1 §§ 747 f., wo § 704 nur als mittelbare Verletzung der Ehepflichten eingeordnet wird; das lässt sich nur dann vollständig rechtfertigen, wenn die Norm tatsächlich ein Verbrechen gegen andere voraussetzt.

In diesem allein verständigen Sinn unter Bezug auf die Materialien ist die Norm denn auch ausgelegt worden.[573] Das Schrifttum hat dem nicht widersprochen.[574]

Bei den Reformbemühungen der 1840er Jahre sollte § 704 – der dem Prinzip entsprach, eine Ehe dürfe nur wegen Verschuldens geschieden werden – nicht aufgehoben werden. Zur Begründung bezog sich Savigny im Sinn der im gemeinen Recht eigentümlichen analogen Ausweitung der „schriftmäßigen“ Scheidungsgründe darauf, dass „dieser Fall mit der böslichen Verlassung zu vergleichen“ sei.[575] In dem Entwurf des Staatsrats wurde § 704 wie zahlreiche andere Tatbestände zum relativen Scheidungsgrund.[576] Die von Savigny hierfür gegebene Erläuterung ist deshalb merkwürdig, weil sie zwei Fälle nennt, die ohnehin nicht zur Scheidung führen konnten. Einmal sagt Savigny, die Ehe sei dann nicht durch die Schuld des bestraften Ehegatten so schwer zerrüttet wie durch Ehebruch und Verlassung, wenn der andere an dem Verbrechen teilgenommen habe. Dass hier kein Scheidungsanspruch besteht, folgt aber schon aus dem Wortlaut des § 704, wonach nur der „daran unschuldige Teil“ den Scheidungsantrag stellen kann. Deshalb hat die Rechtsprechung ohne weiteres angenommen, dass der mitschuldige Ehegatte keinen Scheidungsanspruch hat.[577] Der zweite von Savigny genannte Fall ist nicht ganz so deutlich, aber gleichfalls von der Rechtsprechung ohne Bedenken als nicht zur Scheidung führend beurteilt worden,[578] wenn nämlich ein Ehegatte weiß, dass der andere ein Verbrechen begangen hat, und den Ge-

573 Appellationsgericht Hamm Urt. vom 19.2.1873 (Gruchot 18, 151).

574 Die Frage ist überhaupt nur erwähnt bei Dernburg § 18 (S. 55) Anm. 32. Bornemann (V S. 201) hält die Bedeutungslosigkeit der Worte „gegen andere“ für so selbstverständlich, dass er den Paragraphen ohne sie (aber sonst vollständig und wörtlich) zitiert.

575 Savigny Darstellung S. 305.

576 § 2 dieses Entwurfs (a. a. O. S. 305, 387 f.).

577 Urt. des Obertribunals vom 21.1.1840 (JW 1842, 11) und vom 25.1.1864 (StriethA 56, 21); gebilligt von Bornemann (V S. 203), von Peters (S. 45) und von Hubrich (S. 195).

578 Grundsatz Nr. 72 des Stadtgerichts Berlin (bei Rönne § 704 Anm. 5c). Ähnlich lag auch der vom Obertribunal in seinem Urt. vom 7.1.1873 entschiedene Fall (StriethA 88, 101). Die Ehefrau hatte zu dem Beklagten gesagt: „Geh und besorge Geld, und wenn du es auch stiehlst“. Das Obertribunal wies ihre Scheidungsklage ab; zur Begründung führte es an (vielleicht nicht ganz den richtigen Gesichtspunkt treffend), das Verbrechen sei kein „grobes“ und die Strafe keine

winn daraus zu seinem Nutzen verwendet. Auch hier handelt es sich nicht darum, ob die Ehe durch die Schuld des Beklagten gänzlich zerrüttet ist, und auch nicht um dessen „Verhalten im Allgemeinen" (§ 2 Abs. 1 und 2 des Entwurfs), sondern um eine sinnvolle Auslegung des § 704 und den Grundsatz, dass niemand Rechte aus einem Unrecht erwerben kann, das er selbst gebilligt hat.[579]

Es stellt sich also die Frage, welche Bedeutung die Aufnahme des § 704 unter die relativen Scheidungsgründe hätte haben können. Da schon zuvor für den Richter wegen der unbestimmten Rechtsbegriffe des „groben" Verbrechens und der „harten" Strafe ein beachtlicher Ermessensspielraum bestand, hätte die Neufassung vermutlich keine große Änderung der Rechtsprechung herbeigeführt. Freilich forderte § 2 des Entwurfs gemäß dem allgemeinen Anliegen der Reformbewegung, die ehezerrüttende Schuld des beklagten Ehegatten (Abs. 1) und sein Verhalten im Allgemeinen (Abs. 2) zu würdigen; es ist also denkbar, dass sich die Scheidungsrichter veranlasst gesehen hätten, weniger auf die Folgen für die gesellschaftliche Stellung der Ehegatten abzustellen und mehr darauf, was dem Ehegatten moralisch vorzuwerfen war.

In dieser Gestalt – als relativer Scheidungsgrund – zog sich der § 704 auch durch alle Phasen der Reformbewegung in den 1850er Jahren.[580]

Dem namengebenden § 704 folgen zwei Bestimmungen, die mit dem „groben Verbrechen" in engem Zusammenhang stehen.

II 1 § 705

> Ein Gleiches [der Anspruch auf Ehescheidung ist begründet] findet statt, wenn ein Ehegatte den anderen solcher Verbrechen vor Gericht, gegen besseres Bewusstsein, fälschlich beschuldigt.

Der Tatbestand war bereits in Svarez' Edikt von 1782 enthalten (fälschliche Anklage wegen Verbrechen, die mit dem Tod oder dem Verlust der

„schmähliche", da sich die Klägerin in „gleichgültiger Weise" über die ethische Bedeutung des Diebstahls geäußert habe.

579 Siehe etwa die aus dem kanonischen Recht stammende Regel „Scienti et consentienti non fit iniuria neque dolus" (bei D. Liebs, Lateinische Rechtsregeln und Rechtssprichwörter, 4. Aufl. 1986 S. 194).

580 Hubrich S. 227 ff.

bürgerlichen Ehre gesühnt werden).[581] Im gemeinen protestantischen Eherecht war der Scheidungsgrund äußerst umstritten gewesen.[582] Im 19. Jahrhundert blieb es bei diesem Schwanken. Teils wurde eine Scheidung wegen falscher Anschuldigung als grundsätzlich möglich bezeichnet, im konkreten Fall aber abgelehnt;[583] teils als grundsätzlich unstatthaft, im Einzelfall aber doch als geboten.[584] Die demgegenüber fest bestimmte Norm des Landrechts fand bei der Revision von 1830 kaum Widerspruch.[585] Dem Einwand, § 705 sei überflüssig, weil der Denunziant, wenn sich die Beschuldigung des Ehegatten als falsch erweise, ohnehin bestraft werde und damit Anlass zur Scheidungsklage nach § 704 gebe, trat der Revisor entgegen. Der Denunziant erhalte regelmäßig nur die halbe Strafe des angezeigten Verbrechens; ob seine Strafe dann noch „hart und schmählich" ist, werde oft zweifelhaft bleiben. Im Übrigen verletze gerade der Denunziant „auf boshafteste Weise" die Pflicht der Eheleute, sich überall beizustehen.

In der Reformbewegung der 1840er Jahre blieb § 705 unangefochten und zwar sogar nach dem Willen der Kommission, dem eine große Zahl von Scheidungsgründen zum Opfer gefallen war.[586] Der Grund ist nicht erkennbar; keine der beiden Denkschriften, in denen die Kommission

581 Edikt § 12; Entwurf Erster Teil Abt. 1 Titel 1 § 512.

582 Hubrich S. 121; sehr eingehend sind Literatur und Praxis seit dem 17. Jahrhundert geschildert im Urteil des Reichsgerichts vom 27.6.1892 (SeuffA Bd. 48 Nr. 186).

583 OAG Darmstadt Urt. vom 5.1.1849 (SeuffA Bd. 25 Nr. 32). Für die Unsicherheit ist bezeichnend, dass das Gericht von der stattgebenden Entscheidung des Untergerichts sagt, es sei „nicht zweifellos, ob nicht die erste Instanz mit Recht die Trennung der Ehe ausgesprochen hat". Die Klagabweisung durch das Oberappellationsgericht scheint auch auf einer Verärgerung darüber zu beruhen, dass die Ehegatten „schon mehrfach die gerichtliche Tätigkeit in Anspruch genommen" hatten, wie es im Eingangssatz heißt.

584 Reichsgericht Urt. vom 21.3.1889 (RGZ 4, 375). Dort hatte die Ehefrau ihren Ehemann nicht nur wider besseres Wissen beschuldigt, die achtjährige gemeinsame Tochter missbraucht zu haben, sondern diese auch durch Geschenke einerseits, Drohungen und Schläge andererseits angehalten, gegen ihren Vater falsch auszusagen. Damit sei in „Anbetracht der besonderen Umstände des vorliegenden Falles" die sittliche Grundlage der Ehe „unwiederbringlich zerstört".

585 GesRev 1 S. 421.

586 Savigny Darstellung S. 353 ff., 387 f. Nach dem Gesetzesentwurf des Staatsrats vom April 1844 wurde die Bestimmung unter die relativen Scheidungsgründe (§ 2) aufgenommen.

ihre Ergebnisse begründet (November 1842 für das Ministerium, Januar 1843 für den Staatsrat) erwähnt den Tatbestand. Jedenfalls wurde dies in den 1850er Jahren nachgeholt. So war in den Regierungsvorlagen für die beiden Kammern § 705 beseitigt.[587] Die Rechtfertigung hierfür[588] erscheint ziemlich schwach. Die Bestimmung sei unpraktisch geblieben – das trifft zu, in den Kommentaren findet sich kein Hinweis auf veröffentlichte Entscheidungen; ein Grund zur Aufhebung lag darin aber kaum. Ferner biete § 705 einen bequemen Weg zur Kollusion. Dazu sagt aber die Begründung der Vorlage selbst, dass der beklagte Ehegatte bereit gewesen sein müsse, sich eine Strafe wegen falscher Anschuldigung zuzuziehen; das erscheint sehr wenig lebensnah. Ferner würden (was in der Kommission des Abgeordnetenhauses zusätzlich zur Sprache kam) wissentlich falsche Anschuldigungen häufig „ in Momenten temporärer Aufregung" vorgebracht. Jedoch mussten die Anschuldigungen „vor Gericht" erhoben sein; dass setzt immer schon eine Überlegung voraus, die auf Bosheit hindeutet, wie die Gegner des Entwurfs sogleich vorbrachten. Vorwürfe dieser Art „in temporärer Aufregung" wären nach §§ 700 bis 702 zu behandeln gewesen. Die Regierungsvorlage zu § 705 wurde von der Gesetzeskommission des Abgeordnetenhauses schließlich mit allerdings sehr knapper Mehrheit abgelehnt. Dem folgte das Plenum, gleichfalls mit geringer Mehrheit (155:146 Stimmen).[589]

Die so lebhaft umstrittene Bestimmung des § 705 ist – wie bereits angedeutet – kaum praktisch geworden. Entscheidungen zu diesem Tatbestand finden sich nicht,[590] und das Schrifttum sah wohl aus diesem Grund nichts, was eine Kommentierung erforderte.

Nicht ganz so unbeachtet ist der folgende Tatbestand geblieben.

587 Sten. Ber. Herrenhaus 1854-55 2. Bd. S. 111; Abg.-Haus 1856-57 3. Bd. S. 117.

588 A. a. O. S. 117; S. 121 (in der Kommission zusätzlich S. 130).

589 A. a. O. S. 131; a. a. O. 1. Bd. S. 331.

590 Die einzige Entscheidung, in der § 705 überhaupt erwähnt ist, bildet das Urteil des Reichsgerichts vom 5.4.1894 (RGZ 33, 284); doch nur zur Abgrenzung gegenüber § 706. Der Justizminister Simons hatte in der Spezialdebatte des Abgeordnetenhauses zu § 705 darauf hingewiesen, dass in sechs Jahren (1839-1841, 1851-1853) nur zwei Scheidungsklagen auf wissentlich falsche Anschuldigung gestützt worden seien (Sten. Ber. Abg.-Haus 1856-57 1. Bd. S. 328).

II 1 § 706

> Ferner, wenn ein Ehegatte durch vorsätzliche unerlaubte Handlungen den anderen in Gefahr bringt, Leben, Ehre, Amt oder Gewerbe zu verlieren.

Dieser dem ALR eigentümliche Scheidungsgrund war schon bei der Redaktion des Gesetzes Angriffen ausgesetzt, freilich nicht wegen seiner weiten Fassung, sondern weil z. B. niemand die Ehre verlieren könne, der nicht tatsächlich strafbar geworden sei. Diesem unpraktischen Argument hatte v. Grolmann mit Recht entgegengehalten, dass ohne weiteres Verleumdungen einen redlichen Bürger in die Gefahr bringen könnten, seine Ehre und sein Amt zu verlieren.[591] Der Revisor schloss sich dem an und bemerkte, § 706 sei eine „zweckmäßige Generalklausel", die andererseits Ehescheidungen nicht zu leicht mache. Auch die Bezeichnung als „Auffangtatbestand" wäre wohl passend, wie die nunmehr zu besprechenden Fälle zeigen sollen.

Der erste Fall trug sich zu einem nicht näher bezeichneten Zeitpunkt (jedenfalls vor 1830) in Berlin zu.[592] Ein Schornsteinfegergeselle erhob Scheidungsklage gegen seine Ehefrau, die wegen eines Diebstahls eine dreimonatige Zuchthausstrafe verbüßte; dadurch stehe er in der Gefahr, keine Arbeit mehr zu bekommen, weil Schornsteinfegermeister nur als völlig zuverlässig geltende Gesellen annähmen; diese Voraussetzung könne er wegen des Diebstahls, den seine Frau begangen habe, nicht mehr erfüllen. Das Stadtgericht Berlin wies seine Klage ab, da eine dreimonatige Gefängnisstrafe nicht „hart" i. S. v. § 704 sei. Dem Schornsteinfegergesellen hätte aber – wie schon Bornemann erkannte[593] – mit § 706 ohne weiteres geholfen werden können. Seine Frau hatte ihn durch eine vor-

591 GesRev 1 S. 421 f. In der Schlussberatung vor dem Staatsrat wies Svarez noch einmal darauf hin, dass § 706 einen neuen Scheidungsgrund ergebe; die Strenge des Edikts sei insofern gemildert (Kamptz' Jahrbücher 41. Bd. [1833] S. 125, 156). Auch gegenüber dem Entwurf (Erster Teil Abt. I Titel I § 510) war der Scheidungsgrund noch einmal erweitert worden, indem das „Gewerbe" hinzugefügt worden war.

592 GesRev 1 S. 416.

593 Bornemann V S. 202. Dass er sich gerade auf den vom Revisor angeführten Fall bezieht, ist nicht sicher, aber doch sehr wahrscheinlich.

sätzlich unerlaubte Handlung in die Gefahr gebracht, sein Gewerbe zu verlieren.[594]

Ist hier der § 706 Auffangtatbestand für Eheverfehlungen, die nicht unter § 704 subsumiert werden können, so bei anderer Fallgestaltung für nicht von § 705 erfasste Sachverhalte. In einem vom Reichsgericht entschiedenen Fall[595] hatte eine Frau ihren Ehemann, der als Wagenrevisor der Oberschlesischen Eisenbahn arbeitete, bei der Polizei wegen Diebstahls angezeigt und dabei behauptet, er habe seinem Dienstherrn u. a. Gläser, Bindfäden und einen Badeschwamm entwendet. Die Vorwürfe erwiesen sich als haltlos; die Staatsanwaltschaft stellte das Verfahren ein. Eine Scheidungsklage nach § 705 kam nach Ansicht aller Instanzen nicht in Betracht.[596] Wohl aber habe die Beklagte den Kläger durch ihre unberechtigte Anzeige in die Gefahr gebracht, seine Ehre und sein Amt als Wagenrevisor zu verlieren. Die weiteren Ausführungen des Reichsgerichts betreffen die Frage, ob sich die Frau bei ihrer Anzeige auf § 193 StGB (Wahrnehmung berechtigter Interessen) berufen konnte. Das Gericht bejaht dies; auch die Ehefrau habe ein Interesse an der Aufrechterhaltung der öffentlichen Ordnung. Nur ganz zum Schluss heißt es: Das Berufungsgericht werde zu beurteilen haben, „welches Gewicht hierbei auf das eheliche Verhältnis zu legen ist". Maßstäbe dafür sind nicht genannt. Offensichtlich soll die Staatsordnung den Vorrang haben vor der Pflicht der Ehefrau, sich bei Beschuldigungen gegen ihren Mann zurückhalten.

Bei den Reformen war für § 706 nur anfangs – nämlich im Entwurf der Kommission vom Oktober 1842 – der gänzliche Wegfall vorgesehen.[597] Schon im Entwurf des Staatsrats vom April 1844 war der Tatbestand wie-

594 Nicht auf das Recht des Gesellen, das Gewerbe zu betreiben, kam es an (dieses konnte ihm kaum entzogen werden), sondern auf die Gefahr für die Ausübung des Gewerbes, indem der Geselle tatsächlich keinen Meister mehr fand, der ihn einstellen wollte; in diesem Sinn äußert sich das Obertribunal in seinem Urteil vom 1.10.1838 (Präj. Nr. 552 [Sammlung S. 154]).

595 Urt. vom 5.4.1894 (RGZ 33, 284).

596 Vermutlich weil das Tatbestandsmerkmal „gegen besseres Bewusstsein" nicht festzustellen war, so dass nur eine üble Nachrede, keine Verleumdung nachgewiesen werden konnte; vielleicht auch, weil die Strafe, die der Ehemann zu erwarten gehabt hätte, angesichts des geringen Wertes der entwendeten Gegenstände zu unbedeutend gewesen wäre.

597 Savigny Darstellung S. 354 (§ 1 Nr. 8 des Entwurfs).

der enthalten, wenn auch als nur relativer Scheidungsgrund.[598] Als solcher überlebte er auch alle Ansätze zur Veränderung, die in den 1850er Jahren von der Regierung und den beiden Kammern ausgingen.[599]

Den Abschluss der Marginalie bildet der nachstehende Paragraph, der mehr als alle anderen zu folgelosen, aber doch für die Gesellschaftsauffassung der Zeit interessanten Kontroversen Anlass bot.

> II 1 § 707
>
> Wenn ein Ehegatte ein schimpfliches Gewerbe ergreift, so kann der andere auf Scheidung antragen.

Diese Bestimmung ist gleichfalls eine Eigentümlichkeit des ALR. Auch im Entwurf war sie noch nicht enthalten. Sie beruht auf einer Anregung v. Grolmanns, der verhindern wollte, dass ein Ehegatte eine „schändliche und ruchlose Lebensart" ergreift und der andere die Ehe mit ihm fortsetzen muss.[600] Als Beispiel schwebte ihm vor: „Wenn ein Ehegatte ein Hurenhaus anlegen wollte".

Bei der Revision von 1830 wurden als weitere schimpfliche Berufe neben dem Bordellbetrieb das Gewerbe des Henkers und das eines Abdeckers (Verwerters von Tierkadavern) genannt; verschiedentlich wurde aber auch die Aufhebung dieses Paragraphen gefordert, da ein Gewerbe, wenn der Staat es überhaupt erlaube, nicht mehr als schimpflich angesehen werden könne.[601] Der Revisor entschloss sich aber dazu, die Norm,

598 A. a. O. S. 387 f. (§ 2 des Entwurfs).

599 Hubrich S. 227 ff.

600 GesRev 1 S. 422 f. Auch in Bezug auf § 707 wies Svarez in der Schlussbehauptung auf die Scheidungserleichterung gegenüber dem Edikt von 1782 hin (Kamptz' Jahrbücher 41. Bd. [1833] S. 125, 156).

601 A. a. O. – Für die bereits (o. S. 145 f.) erwähnte Empfindlichkeit Kochs gegenüber jeder von ihm vermuteten Ungleichbehandlung durch das Gesetz ist seine Bemerkung zu § 707 kennzeichnend (Koch § 707 Anm. 45): Einmal meint er, dass nach den Materialien nur an den Fall gedacht sei, dass die Frau ein Bordell anlegen will, nicht aber an den umgekehrten Fall („nicht auch wenn der Mann?"). Eine solche Zurücksetzung der Frau ergibt sich jedoch aus den von Koch in Bezuge genommenen Materialien keinesfalls („wenn ein Ehegatte ein Hurenhaus anlegen wollte"). Mit der zweiten Bemerkung greift Koch – und dies mit Recht – die Meinung an, das Abdeckergewerbe werde (1871) noch für schimpflich gehalten.

auch wenn sie nur von „Kuriositäten“ handle, nicht zur Aufhebung vorzuschlagen.

Die Rechtsprechung hatte sich mit dem Tatbestand des § 707 während des ganzen Jahrhunderts seiner Geltung nicht zu befassen. Dies folgt mit großer Gewissheit daraus, dass keine veröffentlichten Entscheidungen überliefert sind, die Veröffentlichung aber wegen der Interpretationsbedürftigkeit der Norm zu erwarten wäre.[602] Ein Teil des Schrifttums behandelte den Tatbestand gleichwohl, wobei sich die Überlegungen teils an die sich wandelnde Moral halten, teils der Phantasie die Zügel schießen lassen. Zu der zweiten Gruppe gehört, was Bielitz über die „Schimpflichkeit“ eines Gewerbes sagt.[603] Indem er für „schimpflich“ ohne weiteres „nicht angemessen“ setzt, erklärt er es für einen Grund zur Ehescheidung nach § 707, wenn z. B. ein Gelehrter ein Handwerk ergreift oder Bauer wird. Die Begründung ist eine dreifache, wobei alle Argumente höchst fadenscheinig sind. Einmal bestimme das Landrecht in II 7 § 97, dass sich die Ehefrau scheiden lassen könne, wenn sich der Mann in die Erbuntertänigkeit begibt. Ganz abgesehen aber davon, dass es sich hier um einen Sonderfall handelt, war der genannte Paragraph schon seit 30 Jahren obsolet geworden.[604] Mit dem zweiten Argument versucht der Kommentator, eine Verbindung zwischen dem Ehescheidungsrecht und dem allgemeinen Schuldrecht zu knüpfen. Es liege ein Fall veränderter Umstände vor, der nach ALR I 5 §§ 377 ff. zu behandeln sei;[605] die Frau habe ein Rücktrittsrecht. Dass außer den vom Gesetz genannten Scheidungsgründen noch ein Rücktrittsrecht nach dem Obligationenrecht bestehe, war natürlich eine abseitige Annahme, die sich auch dann nicht vertreten ließ, wenn man die Ehe als bloßes Vertragsverhältnis ansah. Das dritte Argument ist ebenso wenig brauchbar. Ein „Mann vom Stande“, etwa ein Gelehrter, der z. B. Handwerker oder Bauer werde, verletze seine gesetzliche Pflicht, der Frau standesmäßigen Unterhalt zu leis-

602 Auch die in vier Oberlandesgerichten geführte Statistik für 1841 zeigt unter 537 Scheidungsurteilen keines, das auf § 707 gestützt war (GesRev 3 S. 679).

603 Bielitz § 707 Anm.

604 Rehbein/ Reincke II 7 vor § 87 Anm. 94: Die §§ 87-307 waren durch die Auflösung der Gutsuntertänigkeit (Edikt vom 9.10.1807) gegenstandslos geworden.

605 Hier wäre § 380 einschlägig: „Wird durch die Veränderung der Umstände … der ausdrücklich erklärte oder sich von selbst verstehende Zweck des einen Teils ganz vereitelt, so kann derselbe … von dem Vertrage zurücktreten.“

ten.[606] Dem steht entgegen, dass der Scheidungsgrund „Versagung des Unterhalts“ in der übernächsten Marginalie geregelt ist und besondere Voraussetzungen hat. Es ließe sich auch fragen, ob sich ein Privatgelehrter mit bescheidenen Einkünften schlechter stellte, wenn er ein Handwerk mit „goldenem Boden“ ergriff.[607]

Dagegen trifft Dernburg den weiteren Sinn der Norm, wenn er als schimpfliche Gewerbe bezeichnet: Bordellwirtschaft, Diebeshehlerei, gewerbsmäßiges Betreiben von Wuchergeschäften.[608] Peters ist der Auffassung, § 707 sei durch die „neuere Gesetzgebung“ aufgehoben.[609] Es ist nicht klar, was der Autor mit dieser Gesetzgebung meint. Es liegt nahe, an die Gewerbeordnung für den Norddeutschen Bund vom 21.6.1869 zu denken. Das wäre allerdings nicht recht schlüssig. Die Gewerbeordnung begründete zwar die Gewerbefreiheit; es wäre aber nicht berechtigt anzunehmen, dass auch sittenwidrige Gewerbe diese Freiheit genießen sollten, und vor allem, dass es deshalb im Eherecht kein „schimpfliches“ Gewerbe mehr geben könne.

Obwohl die Bestimmung des § 707 zu denen gehörte, die „am Leben spurlos vorübergegangen sind und deren Aufhebung ohne jede Bedeutung für die gesellschaftliche Wirklichkeit“ gewesen wäre,[610] war sie in der Reformbewegung meist anerkannt. Im Entwurf vom Oktober 1842 war die Bestimmung beibehalten, entgegen der allgemeinen Tendenz der Kommission, die Scheidungsgründe zu vermindern.[611] Im Entwurf des Staatsrats vom April 1844 wurde der § 707 wie nahezu alle der minder bedeutenden Tatbestände zu einem relativen Scheidungsgrund.[612] Bei der Wiederaufnahme der Reformbewegung in den 1850er Jahren war in dem Regierungsentwurf für das Herrenhaus § 707 zum ersten Mal auf-

606 ALR II 1 § 185.

607 Die ausschweifenden Ansichten Bielitz' stehen etwas im Widerspruch zu dem Urteil Döhrings (S. 344), dieser Kommentator habe wie überhaupt die älteren Kommentatoren des Landrechts gemeint, „sich mit eigener Gedankenarbeit zurückhalten zu müssen“.

608 Dernburg § 18 (S. 55 f.) Anm. 36.

609 Peters S. 46. Dass die Ansicht des Autors – wie im Text dargelegt – „näherer Begründung bedurft“ hätte, sagte schon der Rezensent des Lehrbuchs (Küntzel in Gruchot 25, 903).

610 Formulierung bei Heller S. 258.

611 Savigny Darstellung S. 354 (§ 1 des Entwurfs).

612 A. a. O. S. 387 (§ 2 des Entwurfs).

gehoben; die Kommission dieser Kammer stimmte dem zu. Bei der Abstimmung in der Kammer ergab sich aber wieder, dass der Tatbestand der Ergreifung eines schimpflichen Gewerbes – sogar als absoluter Scheidungsgrund – fortbestehen sollte. Nach dieser Erfahrung zog die Regierung es vor, in der Vorlage für das Abgeordnetenhaus den Scheidungsgrund bestehen zu lassen, was dann von der Kommission und dem Plenum der Kammer übernommen wurde.[613]

Argumente für und gegen Aufhebung des Scheidungsgrundes finden sich naturgemäß vor allem in den Diskussionen des Herrenhauses.[614] Dort bestand zwar Einigkeit darüber, dass es keine gesetzliche Infamie mehr gebe (wie früher für das Abdeckergewerbe) und dass nur noch die „gewerbsmäßige Hurenwirtschaft" unter § 707 fallen könne. Zwei Redner, der Kultusminister v. Raumer und der Referent der Kommission Stahl, sprachen sich im Sinn der Regierung für die Aufhebung des § 707 aus. Es seien möglichst viele Scheidungsgründe zu beseitigen; die übrigen Tatbestände reichten aus; der Fall des § 707 werde auch kaum eintreten, und wenn, dann sei der andere Ehegatte vermutlich „Genosse" dessen, der das schmutzige Gewerbe ergreife, so dass eine Kollusion naheliege; schließlich könne und solle die Frau ihren Ehemann, wenn er ein Bordell eröffne, der Polizei melden, die gegen das unerlaubte Gewerbe einschreiten werde. Dementgegen berief sich der Oberbürgermeister von Breslau, Elswanger, auf den „religiös-sittlichen" Gesichtspunkt, dass die gewerbsmäßige Veranstaltung von Unzucht dem Ehebruch nahestehe, ja dass der Zuhälter ein „potenzierter Ehebrecher" sei. Mit ganz knapper Mehrheit (55: 54 Stimmen) siegte diese Auffassung. Dafür, dass der Tatbestand des § 707 außerhalb der religiös-weltanschaulichen Kontroversen lag, ist es bezeichnend, dass die Vertreter der konservativen Regierungsvorlage praktische Argumente gebrauchten, der Vertreter der liberalen Gegenansicht aber religiöse Gedanken vortrug.

613 Hubrich S. 227 ff.

614 Sten. Ber. Herrenhaus 1854-55 1. Bd. S. 306 ff.

e) (8) Unordentliche Lebensart

Dem Scheidungsgrund der groben Verbrechen folgt eine Marginalie, die weit geringere Verstöße gegen die ehelichen Pflichten benennt und zudem dem preußischen Recht eigentümlich war, ja geradezu für diesen Staat und seine überall gewollte Ordnungsliebe bezeichnend erscheint.

II 1 § 708

Wegen Trunkenheit, Verschwendung oder unordentlicher Wirtschaft des einen Ehegatten soll die Ehe nicht sogleich geschieden werden.

§ 709

Der Richter aber soll, auf Anrufen des anderen Teils, solche Verfügungen treffen, wodurch der Schuldige gebessert, und den nachteiligen Folgen einer solchen unordentlichen Lebensart vorgebeugt werden kann.

§ 710

Vereitelt der schuldige Teil diese richterlichen Veranstaltungen, und fährt er in seinen Unordnungen beharrlich fort: so kann, auf ferneres Anrufen des unschuldigen, eine solche Ehe getrennt werden.

Cocceji, der auch bei der Geisteskrankheit eines Ehegatten die wirtschaftlichen Gefahren für den anderen bedachte, hatte Verschwendung und Trunkenheit unter die minderen Scheidungsgründe aufgenommen, bei denen die Trennung der Ehe nach erfolglosem Ablauf der einjährigen Trennung von Tisch und Bett zu gewähren war.[615] Svarez' Ehescheidungsedikt von 1782 und der Entwurf enthielten bereits die späteren Tatbestände; bei der Redaktion des ALR widersprach niemand ihrer Aufnahme in das Gesetz.[616]

Schon bei der Revision von 1830 waren mehrere Oberlandesgerichte für die Aufhebung der in der Marginalie aufgeführten Scheidungsgrün-

615 Hubrich S. 181.

616 Edikt §§ 14 f.; Entwurf Erster Teil Abt. I Titel I §§ 514-516.

de eingetreten. Ihnen schloss sich der Revisor an. Trunkenheit (Trunksucht) sei als Scheidungsgrund überflüssig; entweder führe sie zu Misshandlungen oder Unterhaltsversagung, so dass die einschlägigen Paragraphen zur Anwendung kämen, oder wenn das nicht möglich sei, sei „der Zustand noch leidlich". Verschwendung könne durch die vom Gesetz vorgesehenen Rechtsbehelfe abgewendet werden, insbesondere sei der Mann, wenn er sein Vermögen verschleudere, unter Kuratel zu stellen.[617] „Unordentliche Wirtschaft" schließlich sei ein ganz unbestimmter Rechtsbegriff. Andere Oberlandesgerichte sprachen sich für die Beibehaltung der Scheidungsgründe dieser Marginalie aus: Staatliche Hilfe genüge zum Schutz des anderen Ehegatten nicht; in jedem Fall sei es eine zu große Härte, wenn der unschuldige Gatte – gedacht ist natürlich in erster Linie an die Frau – der Gefahr ausgesetzt werde, durch den Mangel an Unterstützung zu Grunde zu gehen. Ein Berichterstatter meinte sogar, der richterliche Besserungsbefehl (§ 709) sei regelmäßig erfolglos, der Ehegatte müsse deshalb sogleich auf Scheidung klagen können. Dieser Vorschlag hätte der allgemeinen Tendenz des Landrechts zur zügigen Scheidung durchaus entsprochen.

Das Urteil über die Berechtigung dieser einander widersprechenden Auffassungen wird durch ein von Buchka[618] ausführlich geschildertes mecklenburgisches Gerichtsverfahren erleichtert. Der Ehemann versank immer tiefer in „Trunkenheit und Arbeitsvernachlässigung". Seit 1861 war aber stets wieder für die Dauer von zwei Jahren die bloße Trennung von Tisch und Bett verfügt worden, da das gemeine Recht in dem Verhalten des Mannes keinen Scheidungsgrund sah.[619] Eine Besserung ließ sich niemals feststellen, vielmehr war der Ehemann meist zwangsweise im Arbeitshaus untergebracht und schließlich „völlig verkommen". Nachdem das Gericht die separatio temporaria 1875 zum letzten Mal angeordnet hatte, konnte es zwei Jahre später die Akten weglegen, da der Mann im Landesarbeitshaus verstorben war. In den 16 Jahre dauernden, sinn-

617 ALR I 1 §§ 30 f.

618 Ehescheidungsrecht S. 83 Fn. 87.

619 Eine Entscheidung des OAG München vom 26.3.1831 (SeuffA Bd. 3 Nr. 331) sprach die Scheidung wegen unordentlicher Wirtschaft und Müßiggangs aus, nachdem obrigkeitliche Besserungsversuche erfolglos geblieben waren. Dieses Urteil steht aber vereinzelt da. Das Reichsgericht sah z. B. die Unterbringung in ein Armenhaus wegen schuldhafter Verarmung nicht als Scheidungsgrund an (Urt. vom 4.2.1889 [SeuffA Bd. 44 Nr. 190]).

los gewordenen Versöhnungsversuchen lag gewiss eine lebenszerstörende Härte. Ein preußisches Gericht hätte die Ehe nach vielleicht einem Jahr geschieden. Jedenfalls in derart krassen Fällen waren ALR II 1 § 708-710 offenbar durchaus sinnvoll.[620]

Die Rechtsprechung zu dieser Marginalie ergibt nichts zur Auslegung der drei Begriffe des § 708 (Trunkenheit, Verschwendung, unordentliche Wirtschaft), obwohl gerade der dritte wegen seiner Unbestimmtheit einer Umgrenzung bedurft hätte. Die veröffentlichten Entscheidungen betreffen den in § 709 vorgesehenen Besserungsbefehl, wobei sich erneut der besondere Charakter der preußischen Gesetzgebung und Rechtsprechung erkennen lässt.

Mit den „Verfügungen" (§ 709) oder „Veranstaltungen" (§ 710) hatte Svarez an sich gewollt, dass ein bloßes gerichtliches Verbot nicht ausreichen sollte, dass vielmehr der Richter „wirkliche Veranstaltungen zur Besserung des liederlichen Ehegatten" treffen müsse.[621] Er hatte sich dabei auf sein Ehescheidungsedikt bezogen, in dessen § 14 bestimmt war, dass der Ehegatte durch „ernstliche Vorhaltungen und diensame Zwangsmittel" gebessert werden sollte.[622] Da nun diese Bestimmung in das Landrecht nicht aufgenommen wurde, bestand in der Praxis und dem Schrifttum Einigkeit, dass die gerichtliche Verfügung nur in einem Besserungsbefehl bestehen könne.[623] Hier ist dieselbe Tendenz zu beobachten, die sich bereits bei § 685 gezeigt hatte.[624] Der Richter hat die entwichene Ehefrau zur Rückkehr „anzuhalten"; diese „Verfügung" (§ 686) und ihre Erfolglosigkeit sind Voraussetzung der Scheidung wegen böslicher Verlassung. Auch dort war es nahezu unbestritten, dass die Verfügung nur in einem Rückkehrbefehl bestehen könne; irgendwelche Zwangsmaßnahmen zog das Obertribunal – anders als die Judikatur des gemeinen Rechts – nicht in Betracht. In beiden Fällen ist die Tendenz des Gesetzes deutlich, die Scheidung nicht durch vorangehende gerichtliche Maßnahmen zu erschweren, sondern es bei einer dem eigentlichen

620 Auch die Rechtsprechung zum Code civil subsumierte gewohnheitsmäßige Trunkenheit unter die injures graves des Art. 231 (Hubrich S. 212 m. Fn. 4).

621 S. Bornemann V S. 204.

622 GesRev 1 S. 424.

623 Bornemann a. a. O.; Koch § 709 Anm. 47; Dernburg § 18 (S. 56) Anm. 37; Hubrich S. 196; Erler S. 101 Fn. 3. Sonst wird dies – wie auch in der Rechtsprechung – als selbstverständlich gar nicht gesagt.

624 Vgl. hierzu o. S. 79 f.

Scheidungsprozess vorangehenden Auforderung (zur Rückkehr oder zur ordentlichen Lebensführung) zu belassen.[625]

Für die Neigung auch der Rechtsprechung, die Scheidung zu vereinfachen und damit zu erleichtern, sprechen zwei Entscheidungen des Obertribunals zum Besserungsbefehl und seinen Folgen. Diese Erkenntnisse folgen aber keineswegs zwangsläufig aus dem Gesetz und blieben deshalb auch nicht unbestritten.

In einem undatierten Urteil[626] erklärte das Obertribunal, gegen den Ehegatten, der sich dem Erlass des richterlichen Mandats auch nur einmal dieselbe Verfehlung zuschulden kommen lasse, sei die Scheidungsklage begründet. Dies ergibt sich aus dem Wortlaut des § 710 durchaus nicht. Der schuldige Ehegatte muss mit seinem unordentlichen Verhalten nicht nur fortfahren, sondern beharrlich fortfahren. Das wäre ein Pleonasmus, wenn das Wort „beharrlich" nicht mehr bedeuten sollte als eine einmalige Wiederholung. Hiervon abgesehen, liegt in der Auffassung des Obertribunals eine Unbilligkeit insofern, als der einmalige Rückfall ohne Beachtung der Schwere und der sonstigen Umstände ausreichen soll. Dagegen hat sich denn auch ein Teil des Schrifttums gewandt.[627]

625 Bielitz (§§ 708 bis 710 Anm. 1) hat auch hier eine eigentümliche Meinung, indem er statt des gerichtlichen Besserungsbefehls eine polizeiliche Verfügung nach ALR II 17 § 10 für genügend hält und sogar empfiehlt, um die richterliche Autorität (die durch die meist erfolglosen Mandate leide) nicht zu gefährden. Hierauf ist man später nicht zurückgekommen.

626 Präj. Nr. 522 (Sammlung S. 650). Dem Leitsatz lässt sich nicht entnehmen, welcher der drei Tatbestände des § 708 Gegenstand des Rechtsstreits war. Es liegt nahe, an Trunkenheit zu denken, da bei Verschwendung und unordentlicher Wirtschaft schlecht von einmaliger Wiederholung des Fehlers die Rede sein kann. Nahezu Gewissheit in diesem Sinn gibt eine Stelle in Savignys „Darstellung" (S. 298). Savigny spricht davon, dass die Gerichte den § 708 so behandelten, dass nach dem Verbotsmandat ein erneuter Fall von Trunkenheit ausreiche, um die Scheidung zu gewähren. Damit ist offenbar auf die angeführte Entscheidung des Obertribunals Bezug genommen, die deshalb auch vor 1844 (in diesem Jahr ist die „Darstellung" erstmals erschienen) ergangen sein muss.

627 Dernburg § 18 (S. 56) Anm. 37 („Frage des konkreten Falles"); Peters S. 47 („kann … nicht unbedingt zugestimmt werden"). Auch Savigny (Fn. 626) hatte der starren Regel des Obertribunals widersprochen. Eingehend und psychologisch treffend legt Erler dar (S. 102), es komme auf die Art des Lasters an. Einmal wiederholtes verschwenderisches Spiel könne die Unverbesserlichkeit des Spielsüchtigen anzeigen, andererseits sei auch bei Rückfällen (gemeint ist z. B. bei Trunksucht) eine allmähliche Abgewöhnung zu berücksichtigen.

In der erstinstanzlichen Praxis hat sich offenbar die harte Auffassung des Obertribunals nicht durchgesetzt.[628]

Eine weitere Entscheidung des Obertribunals lässt gleichfalls die scheidungsfreundliche Tendenz dieses Gerichts erkennen, die auch in diesem Fall nicht vom Gesetzgeber erzwungen war. In einem Urteil vom 23.2.1844[629] äußerte das Gericht, die Wirkung des Besserungsmandats dauere fort, auch wenn danach eine Aussöhnung zustande gekommen sei und der Ehegatte später gleichwohl wieder seinem Laster verfällt; d.h. einen neuen Befehl muss das Gericht nach der Aussöhnung nicht erlassen. Die Literatur wandte sich hier gegen die Ansicht, die Aussöhnung hindere in keinem Fall und auch noch nach langer Zeit nicht die Wirkung der richterlichen Verfügung.[630]

Die achte Marginalie war in der Praxis offenbar nicht sehr bedeutend, vor allem aber bot sie für grundsätzliche Kontroversen wenig Anlass. Sie hatte deshalb in den beiden Jahrzehnten der Reformbewegung kaum besondere Schicksale. Im Entwurf der Kommission von 1842 war sie als solche wie die meisten weniger schweren Scheidungsgründe aufgehoben; nur sollte Trunkenheit (wie auch Verbrechen und Ausschweifungen) ausnahmsweise zur Scheidung berechtigen, wenn der Mann aufgrund dieses Lasters außerstande war, der Frau den Unterhalt zu gewähren. Von den drei Tatbeständen des § 708 sollte also nur die Trunkenheit als Scheidungsgrund fortbestehen, und auch sie nur unter den weiteren Voraussetzungen des § 711.[631] In dem Entwurf des Staatsrats von 1844 waren dann alle Tatbestände des § 708 als relative Scheidungsgründe aufrechterhalten.[632] Die Trunksucht diente dabei Savigny, der die Unterscheidung der absoluten und der relativen Scheidungsgründe eingeführt hatte, als sinnfälliges Beispiel für die Notwendigkeit dieser Unterscheidung. Wenn sich der Ehegatte einmal und dann nach dem gerichtlichen Verbot noch einmal betrinke, könne dies keinen Scheidungs-

628 Grundsätze des Stadtgerichts Berlin Nr. 81 (bei Rönne § 710 Anm. 3).

629 Präj. Nr. 1417 (Sammlung S. 650).

630 Koch § 710 Anm. 48: Wenn sich die Eheleute versöhnen und sich der Ehemann z.B. nach 10 oder 15 Jahren wieder einmal betrinkt, dürfe sich die Frau (die inzwischen vielleicht aus ganz anderen Gründen der Ehe überdrüssig geworden sei) nicht ohne weiteres scheiden lassen. Ähnlich Dernburg § 18 (S. 56) Anm. 37: „nach den konkreten Umständen zu bemessen".

631 § 1 Nr. 9 dieses Entwurfs (Savigny Darstellung S. 355).

632 § 2 dieses Entwurfs (Savigny Darstellung S. 387 f.).

grund abgeben; wenn er aber regelmäßig in einen „fast tierischen Zustand“ gerate, sei die Scheidung durchaus gerechtfertigt.[633] In der Reformdebatte der 1850er Jahre blieb es dabei, dass die Tatbestände der achten Marginalie als relative Scheidungsgründe fortgelten sollten.[634]

f) (9) Versagung des Unterhalts

Mit den vorangehenden Tatbeständen eng zusammenhängend, ist die neunte Marginalie noch mehr als diese für das Landrecht kennzeichnend.

> II 1 § 711
>
> Mangel am Unterhalte berechtigt die Frau nur alsdann zur Scheidung, wenn der Mann durch begangene Verbrechen, Ausschweifungen oder unordentliche Wirtschaft sich selbst außer Stand, sie zu ernähren, versetzt hat.
>
> § 712
>
> Versagt aber der Mann der Frau den Unterhalt: so muss der Richter die Verpflegung der Frau nach den Umständen des Mannes bestimmen, und Letzteren dazu durch Zwangsmittel anhalten.
>
> § 713
>
> Fährt dessen ungeachtet der Mann beharrlich fort, der Frau den Unterhalt zu versagen, so kann Letztere zur Ehescheidungsklage gelassen werden.

Der nicht sogleich ins Auge springende, aber grundlegende Unterschied zwischen § 711 einerseits, §§ 712 f. andererseits ist: § 711 setzt voraus, dass der Ehemann (durch eigene Schuld) den Unterhalt nicht leisten kann, während er bei §§ 712 f. die Frau nicht unterhalten will. Eine

633 A. a. O. S. 298.
634 Hubrich S. 227 ff.

Scheidungsklage kann nicht auf beide Tatbestände zugleich gestützt werden.[635]

Im Edikt von 1782 war nur allgemein eine „Versagung des Unterhalts“ als Scheidungsgrund genannt; im Entwurf zum Landrecht hatte Svarez die Tatbestände schon getrennt, aber der Frau bei Unvermögen des Mannes zur Unterhaltszahlung einen Scheidungsgrund schlechthin versagt,[636] wohl in der Annahme, dass der vorangehende Tatbestand der Verschwendung und unordentlichen Wirtschaft ausreiche. Die Endfassung des ALR schloss dann eine etwa noch bestehende Lücke.

Während nun § 711 noch in – wenn auch ganz losem – Zusammenhang steht mit dem gemeinen Recht,[637] sind dem §§ 712 entsprechende Normen im deutschen Recht nirgends zu finden.[638] Schon bei der Redaktion des ALR rief dieser Scheidungsgrund Widerspruch hervor; v. Grolmann bemerkte, dass der Ehemann, der es wiederholt zur Zwangsvollstreckung kommen lasse, seine Frau zur Scheidungsklage nötige, „und solche Umzüge muss man nicht befördern.“ Svarez hielt dem entgegen, dass der Tatbestand der Unterhaltsverweigerung nicht anders zu behandeln sei als jede andere „Unverträglichkeit“ des Ehemanns.[639] Das Bedenken, das v. Grolmann geäußert hatte – die Frau werde zur Scheidungsklage gezwungen – räumten die Gerichte später aus. Zwar hatte der Justizminister durch Reskript vom 9.2.1821[640] dem Stadtgericht Berlin eine Rechtsweisung gegeben: Wenn der Ehemann einmal durch Vollstre-

635 Dass dies nicht immer ganz klar war, zeigt das Urteil des Reichsgerichts vom 2.2.1885 (Gruchot 29, 691), wo die Vorinstanz (das OLG Naumburg) dafür gerügt wird, dass sie den Unterschied und die Alternativität der Scheidungsgründe nicht beachtet habe.

636 Edikt § 14; Entwurf §§ 517 und 518.

637 Vgl. das o. S. 177 Fn. 619 angeführte Urteil des OAG München. Dort ist zwar nicht von einer Unfähigkeit zur Unterhaltsleistung die Rede, diese folgte aber zwangsläufig aus der unordentlichen Lebensführung des Beklagten.

638 Friedberg Kirchenrecht § 160 (S. 449) Fn. 44: Für diesen Scheidungsgrund ist nur das ALR benannt, weder Entscheidungen in Gebieten des gemeinen Rechts noch partikulare Gesetzgebung.

639 GesRev 1 S. 427.

640 Abgedruckt in Kamptz’ Jahrbüchern Bd. 17 [1821] S. 26. Blasius (S. 118 f.) widmet dem Reskript eine eingehende soziologische Erörterung. Dass die Frau zu gesichertem Unterhalt nur durch die Scheidung kommen konnte, zeige, dass die „vielen hehren Reden“ über die Würde der Ehe an der sozialen Wirklichkeit zerschellt seien. Damit scheint dieses Einzelproblem etwas überinterpretiert. Es

ckung zur Unterhaltsgewährung gezwungen worden sei, diese dann aber nach wie vor verweigere, so müsse die Ehefrau, wenn sie weiterhin Unterhalt begehre, zunächst die Scheidungsklage erheben; nur aufgrund dieses Prozesses könne ihr durch einstweilige Verfügung Unterhalt zugesprochen werden. Dieser Auffassung war bereits Bornemann entgegengetreten:[641] Der „Geist unserer Gesetzgebung" schließe jeden Zwang zur Scheidungsklage aus; auch der Wortlaut der §§ 712 ff. führe nicht hierauf,die Ehefrau sei zuzulassen, nicht zu veranlassen. Vielmehr könne die Frau immer wieder ihren Unterhaltsanspruch vollstrecken; es bleibe ihr anheimgestellt, wie lange sie diesen Zustand ertragen wolle. Das wurde dann vom Obertribunal bestätigt, das zugleich erklärte, die Ehefrau müsse nicht das Interimisticum (die einstweilige Verfügung) des § 712 beantragen, sondern könne auch die ordentliche Unterhaltsklage nach ALR II 1 § 185 erheben.[642] Nachdem also die Bedenken gegen §§ 712 f. ausgeräumt waren, ließ sich gegen die Bestimmung nichts mehr einwenden.[643] Dass für sie ein Bedürfnis bestand, zeigt auch die Rechtsprechung zu Art. 231 des Code civil, wonach die Weigerung des Mannes, der Frau den ihr zustehenden Unterhalt zu leisten, den injures graves zugerechnet wurde.[644]

Die Scheidungsgründe der neunten Marginalie kann nur die Ehefrau gegen den Ehemann geltend machen, nicht umgekehrt, obwohl notfalls auch die Frau den Mann zu unterhalten hat.[645] Dies wurde niemals als unpassend gerügt und fast nirgends auch nur erwähnt.[646]

Der Scheidungsgrund des § 711, der die Rechtsprechung vorwiegend beschäftigte, bot in mehrfacher Hinsicht Anlass zur Auslegung. Dass die Ehefrau, wenn ihr Mann zu ihrer Ernährung unfähig geworden ist, ihn

handelte sich wohl doch entgegen Blasius' Ansicht nur um eine Rechtsfrage, die wenig später im umgekehrten Sinn gelöst wurde (was Blasius nicht erwähnt).

641 Bornemann V S. 204 f.

642 Urt. vom 12.2.1858 (StriethA 27, 273).

643 Koch § 713 Anm. 50; Dernburg § 18 (S. 56) Anm. 56; Förster/ Eccius § 212 (S. 97) Fn. 43; Peters S. 47 f.

644 Hubrich S. 211 Fn. 5.

645 Nach ALR II 1 § 174 („Eheleute sind schuldig, sich in allen Vorfallenheiten nach ihren Kräften wechselseitigen Beistand zu leisten"); vgl. Rehbein/ Reincke II 1 § 185 Anm. 87.

646 Nur bei Peters (S. 47) und bei Erler (S. 103) findet sich ein Hinweis auf diese Ungleichbehandlung.

nicht zunächst gerichtlich zur Leistung des Unterhalts anhalten lassen muss, ergibt sich an sich schon aus dem Gegensatz zu § 712. Sowohl das Obertribunal als auch das Reichsgericht haben das deutlich zum Ausdruck gebracht.[647] Ergänzend fügt das preußische Gericht hinzu, dass ein gerichtlicher Zwang zu „größerer Anstrengung" ohnehin in der Regel erfolglos bleiben werde; das Reichsgericht weist die Frau eines arbeitsscheuen Trinkers darauf hin, dass sie – wenn sie noch Hoffnung habe, ihren Mann zu bessern – den Weg der §§ 708 ff. beschreiten könne, während § 711 nur eine sofortige Scheidung ermögliche.

Die Unterhaltspflicht des Mannes hat den absoluten Vorrang vor einem etwaigen Beitrag der Frau. Nicht nur ist es – wie dargestellt – kein Scheidungsgrund, wenn ihm die Frau den Unterhalt versagt, sondern die Ehefrau braucht auch, wenn ihr Mann schuldhaft die Fähigkeit verliert, sie zu unterhalten, ihr eigenes Vermögen nicht anzugreifen.[648] Ein Müller war durch „Trägheit und unordentliche Wirtschaft" so herabgekommen, dass er seine Ehefrau jahrelang „ohne alle Unterstützung gelassen" hatte. Die Frau besaß mindestens 400 Reichstaler an Illaten.[649] Hierauf könne sie der Ehemann jedoch nicht verweisen, da „die Ernährung der Frau vorzugsweise dem Ehemanne obliegt." Ebenso wenig wurde der Ehemann dadurch von seiner Unterhaltspflicht und dem Scheidungsanspruch der Frau befreit, dass diese bei ihren Eltern verpflegt wurde. Dies alles entspricht dem Sinn des § 711 unter der – selbstverständlichen – Voraussetzung, dass Scheidungsgrund nicht eine Notlage der Frau, sondern die Pflichtvergessenheit des Mannes war.

Eine scheidungsfreundliche Tendenz des Obertribunals ist dieser Entscheidung nicht zu entnehmen. Mit etwas Mühe lässt sich diese in einem Urteil aus dem gleichen Jahr 1854 erkennen.[650] Ein Musiker war wegen Unterschlagung zu einem Jahr Gefängnis und Verlust der bürgerlichen

647 Urt. des Obertribunals vom 19.5.1854 (StriethA 14, 31); Urt. des Reichsgerichts vom 2.2.1885 (Gruchot 29, 691).

648 Urt. des Obertribunals vom 19.5.1854 (StriethA 14,31).

649 Nach dem am Wohnsitz der Eheleute (Provinz Sachsen) geltenden Ehegüterrecht der Verwaltungsgemeinschaft war die Frau Eigentümerin des Eingebrachten geblieben; dem Ehemann stand die Verwaltung und Nutznießung hieran zu (vgl. Heilfron Deutsche Rechtsgeschichte S. 635 Fn. 2, 639); jedoch war ihm auch der Nießbrauch durch gerichtliche Anordnung entzogen.

650 Urt. vom 20.9.1854 (StriethA 13,367); ebenso später das Reichsgericht (Urt. vom 17.10.1889 bei Bolze 8. Bd. S. 271 Nr. 570).

Ehrenrechte verurteilt worden. Die Scheidungsklage war außer auf § 704 auf § 711 gestützt und hatte auch insofern vollen Erfolg. An sich war das in keiner Weise zu vermeiden, da das Verbrechen ihn während eines Jahres außerstande setzte, etwas zu verdienen und damit seine Frau zu unterhalten. Vermögen besaß der Musiker nicht. Der Tatbestand des § 711 war also – wie das Gericht sagt – „buchstäblich" gegeben. Gleichgültig sei dabei, dass elf Wochen nach Klageeinreichung der Ehemann entlassen war und sich dann wieder „durch Musikmachen verdienen" konnte. Hier lag dieselbe Konstellation vor wie im Fall der böslichen Verlassung, wenn die Ehefrau während des Prozesses zurückkehrte.[651] Der Scheidungsgrund hätte dann auch als erledigt angesehen werden können. Ebenso wie im Fall der zurückkehrenden Ehefrau sah aber das Obertribunal den Scheidungsgrund nicht in einem Zustand, sondern in einer Handlung, wodurch die Scheidung in allen Fällen möglich blieb, in denen diese Handlung bei Prozessbeginn fortdauerte.[652]

In der Reformbewegung der 1840er Jahre war zunächst die gänzliche Aufhebung der §§ 712 f. beabsichtigt, d. h. der böswilligen Versagung des Unterhalts als Scheidungsgrund.[653] Dies lag nicht nur daran, dass der Tatbestand im deutschen Recht sonst ganz unbekannt war, sondern wohl auch daran, dass nach dem Reskript des Justizministers von 1821 die Frau, wenn sie weiterhin unterhalten werden wollte, die Scheidungsklage erheben musste. Ein solcher Zwang zur Scheidung stand zu dem Bestreben der Reformer in krassem Widerspruch. Dagegen war der Scheidungsgrund des § 711 (verschuldete Unfähigkeit zur Unterhaltsgewährung) aufrecht erhalten, wobei von den Ursachen der Verarmung die „unordentliche Wirtschaft" als zu unbestimmt und unbedeutend ersetzt war durch die aus dem § 708 übernommene „Trunkenheit".

Nach dem Entwurf des Staatsrats von 1844 sollten dann aber alle Tatbestände der neunten Marginalie als relative Scheidungsgründe fortbe-

651 Vgl. hierzu o. S. 85 ff.

652 Gegen die Auffassung des Obertribunals wandte sich nur Dernburg (§ 18 [S. 56] Anm. 38): Es komme darauf an, ob der Mangel an Unterhalt zur Zeit des Urteils bestehe. Einen Zusammenhang mit der entsprechenden Fallgestaltung bei der böslichen Verlassung sieht der Autor offenbar nicht, da er dort annimmt, der einmal begründete Scheidungsanspruch bestehe fort (§ 18 [S. 53]). Auf diesen Widerspruch weist Erler (S. 105 Fn. 12) hin. Dagegen folgt Hubrich (S. 191, 197 m. Fn. 3) in beiden Fällen dem Obertribunal.

653 § 1 Nr. 9 des Entwurfs der Kommission (Savigny Darstellung S. 355).

stehen.[654] In dieser Form blieben sie auch in den Reformdebatten der 1850er Jahre aufrecht erhalten.[655]

Der letzte Paragraph der Marginalie (§ 714), wonach der Scheidungsrichter „in allen Fällen“ die Ehegatten zur Versöhnung anhalten und den Grund der Zwistigkeiten aus dem Weg räumen soll, hat mit den speziellen Tatbeständen der Marginalie nichts zu tun. Er zeigt den manchmal etwas lässigen Aufbau des Landrechts.[656]

g) (10) Veränderung der Religion

Wie § 707 (Ergreifung eines schimpflichen Gewerbes) ist auch der Scheidungsgrund dieser Marginalie ganz unpraktisch geblieben; zu Kontroversen bot er gleichwohl nicht wenig Stoff.

> II 1 § 715
>
> In so weit als der Unterschied der Religion von Anfang an ein Ehehindernis ist (§ 36), in so fern gibt ein Ehegatte, durch Veränderung seiner bisherigen Religion, dem Anderen rechtmäßigen Anlass, auf die Scheidung zu klagen.

Der in Bezug genommene § 36 verbot die Ehe zwischen Christen und Personen, die sich „nach den Grundsätzen ihrer Religion den christlichen Ehegesetzen nicht unterwerfen können“.

Der Entwurf zum ALR hatte den Scheidungsgrund des Religionswechsels noch nicht enthalten. Auf eine der Stellungnahmen reagierend hatte die Gesetzeskommission den Paragraphen in das Landrecht eingefügt, obwohl Svarez (der wie Friedrich II. die Toleranz des Staates gegenüber allen Bekenntnissen vertrat) Bedenken hatte, dass sich die Frau scheiden lassen könne, wenn der Mann etwa zur jüdischen Religion über-

654 § 2 des Entwurfs (Savigny Darstellung S. 387 f.). Der Staatsrat war offenbar zu der Überzeugung gelangt, dass das Reskript von 1821 überholt war. Es war in der Tat durch ein entgegengesetztes Reskript des Justizministers vom 10.3.1841 widerrufen worden (JMinBl. 1841 S. 124).

655 Hubrich S. 227 ff.

656 Nach dem Entwurf von 1834 sollte § 714 in einen anderen Abschnitt (über das Verfahrensrecht) versetzt werden (GesRev 2 S. 412). Spätere Reformbemühungen kamen auf dieses sachlich bedeutungslose Problem nicht mehr zurück.

tritt.[657] Hieran – Abfall vom christlichen Glauben – war aber bei der Gesetzgebung gedacht. Dennoch bezog sich eine nicht näher bestimmbare Entscheidung nicht auf diesen Fall, sondern auf den umgekehrten, dass nämlich ein Ehegatte zum Christentum übertritt. Die bei dem jüdischen Glauben verbliebene Frau verklagte ihren Ehemann, der Christ geworden war, auf Scheidung und erhielt vor dem Kammergericht Recht.[658] Zutreffend wendet Bornemann hiergegen ein, dass der Zusammenhalt beider Vorschriften (§ 715 und § 36) beweise, dass nur die christliche Ehe geschützt werde, während es dem Nichtchristen freistehe, eine Nichtchristin zu heiraten oder nach der Eheschließung zum Christentum überzutreten. Auch in diesem Sinn scheint einmal eine rechtskräftige Entscheidung ergangen zu sein.[659] Anders dachte hierüber der Revisor.[660] In einer jüdischen Ehe sei vorausgesetzt, dass das Hauswesen jüdisch geführt und die Kinder jüdisch erzogen werden;[661] auch sei keine glückliche Ehe denkbar, wenn über die „höchsten Gegenstände des Denkens Uneinigkeit herrscht“. Dem Willen des Gesetzgebers und dem Wortlaut des Gesetzes entsprach aber die enge Auffassung Bornemanns.[662]

657 GesRev 1 S. 428 f.; Bornemann V S. 205. Zu dem von Svarez verfochtenen religiösen Toleranzprinzip s. Stölzel Svarez S. 288 f. In den Vorträgen über das ALR vor dem späteren König Friedrich Wilhelm III. (Winter 1791/92) hatte er u. a. gefordert, dass der Staat „niemand bloß seines Religionsbekenntnisses wegen von den Rechten und Vorteilen der bürgerlichen Gesellschaft ausschließen dürfe“. Die Ehe gehörte allerdings, da sie vor einem Geistlichen geschlossen werden musste, nicht gänzlich zur „bürgerlichen Gesellschaft“.

658 Bornemann V S. 206. Das Datum der Entscheidung ist dort nicht angegeben.

659 Mitteilung des Ministers Uhden im Herrenhaus (Sten. Ber. Herrenhaus 1854-55 1. Bd. S. 299).

660 GesRev 1 S. 429 ff.

661 Hier bezieht sich der Revisor auf einen von dem jüdischen Philosophen Mendelssohn mitgeteilten Fall aus Österreich, in dem die beim jüdischen Glauben verbliebene Ehefrau von Joseph II. den Scheidungsdispens erbat.

662 Von seinem liberalen Standpunkt aus äußert sich Koch (§ 715 Anm. 51) dahin, dass der Scheidungsgrund als solcher bedenklich sei und auch mit der biblischen Weisung nicht übereinstimme, wonach der Christ bei seinem heidnischen Ehegatten verbleiben solle. Dass § 715 nur den Abfall vom Christentum meint, bezweifelt auch Koch letztlich nicht, obwohl er den Paragraphen als unbestimmt und unklar bezeichnet.

Ganz unstreitig war dagegen, dass § 715 nicht etwa den Übertritt von der einen christlichen Konfession zu der anderen zum Scheidungsgrund machte.[663]

In den Reformbemühungen der 1840er Jahre blieb der Tatbestand der Religionsveränderung unberührt.[664] Dies stand zwar mit dem Willen der Reformer nicht im Einklang, so viele Scheidungsgründe wie möglich aufzuheben; zu verstehen ist es aber dadurch, dass der § 715 als einziger Tatbestand des Scheidungsrechts unmittelbar auf die Religion Bezug nimmt und man ihn deshalb nicht streichen zu dürfen glaubte. In den 1850er Jahren war einmal die Aufhebung des Tatbestandes beabsichtigt, nämlich in dem Regierungsentwurf für das Herrenhaus von 1854.[665] Die Begründung musste eine religiöse sein. Das Ministerium berief sich auf eine Bibelstelle, nach der sich der gläubige Ehegatte nicht von dem ungläubigen trennen solle, wenn der ungläubige friedlich bei ihm bleiben will.[666] Da nun die Verfasser des Landrechts diese Stelle irrig ausgelegt und darauf die Vorschrift des § 715 gestützt hätten[667], möge sie aufgehoben werden. Unanfechtbar war die zweite Begründung der Regierungs-

663 Bielitz § 715 Anm. Dieser Autor findet aber auch hier für den scheidungswilligen Ehegatten einen Weg: Wechsele der andere die Konfession, so könne dadurch ein unüberwindlicher Widerwille gegen ihn entstehen, der zur Scheidung nach § 718 a berechtige. Der Revisor hatte in ähnlichem Sinn gemeint, auch der Übertritt zu einer anderen Konfession sei an sich ein verständlicher Scheidungsgrund, nur dass dessen Anerkennung aus „politischen Gründen" ausgeschlossen werden müsse (offenbar weil Preußen seit 1815 ein konfessionell so stark gemischter Staat war, dass eine derartige Regelung zu gefährlichen Reibungen geführt hätte. In einem rein protestantischen Land wie dem Herzogtum Gotha konnte die Ehe bei einem Konfessionswechsel, d. h. dort dem Übertritt zur katholischen Kirche, durch Dispens des Landesherrn geschieden werden; s. § 134 des Ehegesetzes vom 15.8.1834 [Gesetzsammlung S. 654]).

664 Savigny Darstellung S. 353 ff., 386 ff.

665 Sten. Ber. Herrenhaus 1854-55 2. Bd. S. 117.

666 1. Kor. 7, 12-15. Diese Verse sind in der Regierungsvorlage wörtlich zitiert (a. a. O. Fn. 3). Ganz passen sie auf den Scheidungsgrund allerdings nicht; denn Paulus spricht nicht davon, dass ein Ehegatte vom Christentum abfällt, sondern dass der eine Christ wird und der andere Heide bleiben will. Allein dies entsprach den Gegebenheiten in den ersten Jahren des Christentums.

667 Auch dies ist nicht ganz zutreffend. In den Materialien zum ALR findet sich über eine unmittelbare biblische Begründung nichts (GesRev 1 S. 429), sie lag der rationalistischen Gedankenwelt Svarez' und seiner Zeitgenossen gewiss auch fern. Allerdings stützt sich das kanonische Recht hierauf (und auf die Sakramentsna-

vorlage zu § 715, dass der Scheidungsgrund ganz unpraktisch sei. Es habe sich kein einziger Fall auffinden lassen, in dem ein Gericht die Scheidung wegen Religionsveränderung ausgesprochen habe.

In der Kommission des Herrenhauses kam keines der beiden Argumente zur Sprache.[668] Die Vertreter der Regierung wiesen nur noch auf Schwierigkeiten hin, ob der Übertritt zu einer Freikirche als Religionswechsel zu betrachten sein werde.[669] Weder mit diesem Argument noch mit der Begründung der Vorlage hatten sie bei der Kommission Erfolg. Von ihren 13 Mitgliedern erklärte sich nur eines für den Wegfall des § 715. Die überwältigende Mehrheit sprach sich für die Beibehaltung des Scheidungsgrundes aus: Die zwangsweise Aufrechterhaltung der Ehe eines Christen mit einem abtrünnigen Gatten sei ein Ärgernis und werde die Bevölkerung zu dem Irrglauben veranlassen, dass die Ehe zwischen Christen und Nichtchristen zulässig sei. In der Folgezeit blieb der Scheidungsgrund der Religionsveränderung von den Reformbemühungen unberührt.[670]

Der ohnehin ganz unpraktische § 715 fand dann aber durch die Gesetzgebung auch formell ein Ende. Zwar gewann die Ansicht, der Scheidungsgrund sei – ebenso wie das Ehehindernis des § 36 – schon durch Art. 4 der Verfassung von 1850 beseitigt worden,[671] kaum Zustimmung.[672] In der Tat mochten das Eheverbot und der Scheidungsgrund eine Glaubensrichtung privilegieren, aber die Bestimmungen waren damit noch kein „Standesrecht" i. S. des Art. 4.[673] Mitglied der Landeskirche zu sein, bedeutete nicht, einem „Stand" anzugehören. In dem einzigen Urteil, das

tur der Ehe), um bei einer Apostasie die Ehe gleichwohl ungeschmälert aufrecht zu erhalten (a. a. O.).

668 Sten. Ber. a. a. O. S. 125 f.

669 Durch das Patent vom 30.3.1847 (Gesetzsammlung S. 121) hatte Friedrich Wilhelm IV. die Duldung dissidenter Religionsgemeinschaften ausgesprochen. Dies diente in erster Linie dazu, die Landeskirche von radikal-rationalistischen Elementen zu reinigen (Heussi § 120 b [S. 466]).

670 Hubrich S. 228 ff.

671 Hubrich S. 199.

672 Lediglich Koch (§ 715 Anm. 51) hatte sich in diesem Sinn geäußert, aber nur für § 36. Dieser sei durch Art. 12 der Verfassung aufgehoben, weil er der Freiheit des religiösen Bekenntnisses widerspreche (a. a. O. § 36 Anm. 47 [Bericht von Hinschius in der 8. Aufl. 1884]).

673 Hubrich (s. Fn. 14) misst die Normen nur an diesem Artikel der Verfassung, nicht wie Koch (Fn. 664) an Art. 12 (Religionsfreiheit).

nach 1850 hier ergangen ist,[674] wird deshalb die Möglichkeit, § 36 könne durch die Verfassung aufgehoben sein, nicht einmal erwähnt.

Das Ende der Religionsverschiedenheit als Grund für Nichtigkeit oder Scheidung der Ehe kam mit der Einführung der obligatorischen Zivilehe in den Jahren des Kulturkampfes. Durch das preußische Personenstandsgesetz vom 9.3.1874 (§ 56 Abs. 2) wurde das Verbot der Ehe wegen Verschiedenheit der Religion aufgehoben. Dasselbe bestimmte kurz darauf das Reichspersonenstandsgesetz vom 6.2.1875 (§ 39). Hieraus folgte nicht zwangsläufig, dass auch der Scheidungsgrund der Religionsveränderung beseitigt war.[675] Die ganz überwiegende Meinung hielt aber auch § 715 für aufgehoben.[676] Angesichts der im Wortlaut der Bestimmung zum Ausdruck gebrachten Abhängigkeit („insoweit … ein Ehehindernis ist [§ 36], insofern … Anlass auf die Scheidung zu klagen") war diese Ansicht verständlich. Die Rechtsprechung hatte keine Gelegenheit, sich nach 1875 zu dem Scheidungsgrund zu erklären. Als die Austritte aus der Kirche zahlreicher wurden,[677] galt das Landrecht nicht mehr.

h) Zwischenergebnis

Die nicht dem unbezweifelten Kernbestand des gemeinen Rechts angehörenden Scheidungsgründe stehen gleichwohl überwiegend in der Tradition des protestantischen Eherechts, nämlich durch die dort für die schuldhaften Eheverfehlungen gebildeten Analogien zum Ehebruch und der böslichen Verlasssung, (6) bis (10). Geschlechtliches Unvermögen (4) und Geisteskrankheit (5) waren immerhin von einem Teil der gemeinrechtlichen Rechtsprechung als Scheidungsgrund anerkannt.

674 Urt. des Obertribunals vom 18.12.1854 (ObTribE 29, 364).

675 Hubrich (S. 198 f.) bestreitet diese Konsequenz mit durchaus einleuchtenden Gründen: Wenn der Staat die Zivilehe einführe und dabei die Religionsverschiedenheit für belanglos erkläre, so folge daraus nicht, dass auch die Störung des Ehelebens durch den Religionswechsel gleichgültig werde.

676 Dernburg § 18 (S. 56) Anm. 40; Förster/ Eccius § 212 (S. 94), wo der Tatbestand nicht einmal mehr genannt ist; Rehbein/ Reincke § 715 Anm. 280; Peters S. 49 (der hier – ähnlich wie Bielitz [s. Fn. 665] – gegebenenfalls den Scheidungsgrund der unüberwindlichen Abneigung [§ 718 a] für anwendbar hält); Erler S. 64.

677 Heussi § 122 m (S. 478): Erst seit 1903 trat eine größere Zahl von Kirchenangehörigen (meist Arbeiter in Berlin) aus der Kirche aus.

Die schuldhaften minder schweren Scheidungsgründe sind von Svarez mit größtem Bemühen darum aufgezählt, alle den Ehefrieden störenden Verhaltensweisen zu erfassen. Die Inhaltsangaben in den Marginalien benennen jeweils nur einzelne Tatbestände von den dort geregelten. Physische und seelische Aggressivität ist ebenso berücksichtigt wie die Vernachlässigung der wirtschaftlichen Belange der Ehegatten und eine ungeordnete Lebensführung. Dass einzelne Tatbestände in der Rechtswirklichkeit ohne alle Bedeutung geblieben sind, war dabei kaum zu vermeiden. Einen Maßstab in dem Sinn, dass nur erhebliche Verfehlungen zur Scheidung führen, enthält das Gesetz nicht, und die Rechtsprechung – jedenfalls des Obertribunals – hat hierauf niemals abgestellt. Erst in der Reformdebatte der 1840er Jahre fand Savigny diesen Weg, indem er absolute Scheidungsgründe (etwa Nachstellungen nach dem Leben) und relative (die meisten weniger bedeutsamen Tatbestände) unterschied und bei diesen verlangte, dass durch die Verfehlung die Ehe wie durch Ehebruch oder bösliche Verlassung zerrüttet ist. Diese sogleich allgemein akzeptierte Lösung hat dann das BGB (wenn auch ohne Bezug auf die biblischen Scheidungsgründe) übernommen.

Der Scheidungsgrund der impotentia superveniens (4) gehörte zu denen, die fast nur dogmatisches Interesse erweckten. Dagegen hatte der in das ALR ohne Widerspruch aufgenommene Scheidungsgrund der Geisteskrankheit, „Raserei und Wahnsinn“ (5), praktische Bedeutung, vor allem aber war er höchst umstritten. Eine hier wenig passende Schematisierung zeigt sich darin, dass die Definition des Wahnsinns (der zur Scheidung berechtigte) und des Blödsinns (der hinzunehmen war) auf die Bestimmungen über die Geschäftsfähigkeit Bezug nimmt, also auf eine Unterscheidung nur nach den intellektuellen Fähigkeiten. Im 19. Jahrhundert war dann der Scheidungsgrund der Geisteskrankheit vor allem aus weltanschaulichen Gründen so umkämpft, dass noch bei der Beratung des BGB die Auseinandersetzung über keine andere Bestimmung des Eherechts eine vergleichbare Intensität erreichte. Dabei wurde immer wieder auch auf das ALR Bezug genommen, dessen Lösung schließlich in das neue Gesetz überging.

3. Die Marginalie (11)

a) § 716 (beiderseitige Einwilligung)

Die Scheidungsgründe dieser Marginalie sind dem Landrecht eigentümlich; bei ihrer Aufnahme in das Gesetz waren sie die umstrittensten. Auch die Reformbewegung und deren Gegner kämpften heftig um sie.

> II 1 § 716
>
> Ganz kinderlose Ehen können auf den Grund gegenseitiger Einwilligung getrennt werden, sobald weder Leichtsinn, oder Übereilung, noch heimlicher Zwang von einer oder der anderen Seite zu besorgen ist.

Diese Geschichte des Scheidungsgrundes im preußischen Recht und seine bei der Redaktion des ALR bis zum letzten Augenblick umstrittene Fassung ist bereits geschildert.[678] Hier sollen deshalb die Auslegung der Norm, ihr Vergleich mit dem gemeinen Recht und die Angriffe gegen sie wie ihre Verteidigung dargestellt werden.

Die Bedingungen der Scheidung aufgrund beiderseitiger Übereinstimmung sind teils unbestimmte Rechtsbegriffe (Ausschluss von Leichtsinn, Übereilung und Zwang), teils durchaus bestimmt, aber zunächst interpretationswürdig (ganz kinderlose Ehe). Es versteht sich von selbst, dass sich Rechtsprechung und Literatur in erster Linie mit der Voraussetzung der gänzlichen Kinderlosigkeit befasst haben, während die erstgenannte Bedingung im Wesentlichen der richterlichen Beurteilung des Einzelfalls überlassen bleiben musste.

Für die Auslegung der Wörter „ganz kinderlos" gab es zwei Möglichkeiten. Entweder konnte es genügen, dass zum Zeitpunkt der Scheidungsklage keine Kinder aus der Ehe lebten; oder es musste hinzukommen, dass aus ihr keine Kinder mehr zu erwarten waren. Die Entstehungsgeschichte der Norm[679] spricht für die zweite Annahme. Zwar hatte das Edikt von 1782 (wie später das Landrecht) von einer „mehrjährigen ganz kinderlosen Ehe" gesprochen. Im Entwurf zum ALR hatte Svarez dafür

678 S. o. S. 37 ff., insbesondere S. 46 ff.

679 GesRev 1 S. 433 f.; Bornemann S. 207 f.

aber deutlicher eingesetzt: "eine mehrjährige ganz unfruchtbare Ehe". Als in einigen Stellungnahmen der Zusatz gefordert wurde, zu dem Wort „kinderlos" müsse der Zusatz kommen, dass „zu anderen [Kindern] keine Hoffnung vorhanden" sein dürfe, bemerkte v. Grolmann, das Wort „kinderlos" umfasse auch diesen Fall. In gleichem Sinn äußerte Svarez, „kinderlos" bedeute mehr als „unfruchtbar" und erfasse insbesondere auch die von den Monenten genannte Unwahrscheinlichkeit, dass aus der Ehe weitere Kinder hervorgehen.

Die entgegengesetzte Auslegung konnte sich auf den engen Wortsinn („kinderlos") stützen und es somit genügen lassen, dass bei der Scheidung keine Kinder lebten.

Der Normzweck wäre jeweils ein verschiedener. Wenn die Scheidung nur untersagt würde, wenn Kinder am Leben sind, wäre Sinn der Bestimmung, die Kinder vor den Folgen der Scheidung zu bewahren, sei es in vermögensrechtlicher, sei es in persönlicher Hinsicht. Wenn die Scheidung aber darüber hinaus schon dann unstatthaft ist, wenn noch weitere Kinder zu erwarten sind, hat das zwei Zielrichtungen: neben dem Schutz vorhandener Kinder auch die Absicht, eine fruchtbare Ehe zu erhalten. Es erscheint denkbar, dass Svarez zunächst vor allem an den Nachteil für die von der Scheidung betroffenen Kinder gedacht hat, entsprechend der von ihm verfassten Einleitung des Edikts, wonach dieser Nachteil einer der Hauptgründe für eine strengere Fassung des Scheidungsrechts war.[680] Nach der Kabinettsorder Friedrichs II. an den Regierungspräsidenten v. Tevenar[681] trat als maßgebender – und von Svarez auch sonst immer wieder betonter – Gesichtspunkt die Bevölkerungspolitik hinzu. Diese dürfte den Anlass gegeben haben, eine Ehe auch dann nicht zu trennen (und dies im Gesetzestext deutlich zu machen), wenn noch Hoffnung auf Nachkommenschaft vorhanden war.[682]

680 Vgl. o. S. 44. Noch in seinen Vorträgen betonte Svarez diesen Gesichtspunkt (Vorträge S. 323 f.). Bemerkenswert ist hier, dass Svarez, moderne Bedenken gegen die „Patchwork-Familie" vorwegnehmend, die Kinder in dem Fall besonders gefährdet sieht, dass sich die geschiedenen Ehegatten anderweit verheiraten und aus der zweiten Ehe Kinder bekommen.

681 Vgl. o. S. 44 f.

682 Dem steht nicht entgegen, dass Svarez bei der Schlussredaktion unter Bezug auf die Kabinettsorder gerade umgekehrt erwogen hatte, die Scheidung aufgrund beiderseitigen Willens schlechthin zuzulassen, um dadurch die Population zu befördern (vgl. GesRev 1 S. 438). War diese Regelung – wie sich dann tatsäch-

Der Zweck, die Population zu befördern, wurde bald nach dem Erlass des ALR dadurch obsolet, dass im Gegenteil eine Furcht vor Überbevölkerung aufkam.[683] Es ist deshalb verständlich, dass im Schrifttum zunächst die Ansicht stark vertreten war, kinderlos seien alle Ehen, in denen zur Zeit des Scheidungsantrags keine Kinder am Leben sind.[684]

Die Rechtsprechung hat die Unklarheit der Norm zunächst nicht überwunden.[685] Nach dem Urteil des Obertribunals vom 22.9.1837[686] sind ganz kinderlose Ehen auch solche, in denen alle Kinder wieder verstorben sind; d. h. auf die Möglichkeit, dass aus der Ehe noch weitere Nachkommenschaft hervorgeht, kann es danach nicht ankommen. Ein drei Jahre jüngeres Urteil vom 9.11.1840[687] weist dagegen in die andere Richtung, trotz seiner nicht ganz klaren Aussage: „Da im § 716 die Trennung einer ganz kinderlosen Ehe von einer gewissen längeren Dauer derselben, und von einem Mangel der Hoffnung zur Erzeugung von Kindern nicht abhängig gemacht worden, so bleibt es in jedem einzelnen Falle dem richterlichen Ermessen überlassen, ob die Ehe für eine ganz kinderlose zu erachten". Diesem Leitsatz entnahm die später im Schrifttum herrschend gewordene Meinung, dass richterliches Ermessen auch darüber entscheide, ob die Ehe noch Hoffnung auf Kinder gibt.[688] Die Praxis folgte nur zögernd. Das OLG Breslau verlangte für die Scheidung nur, dass zur Zeit des Prozesses kein Kind der Ehegatten lebte und auch keine Schwanger-

---

lich zeigte- nicht durchzusetzen, blieb als „zweitbeste" Lösung der Weg, die Ehe nur dann zu scheiden, wenn sie keine Hoffnung mehr auf Nachkommenschaft bot.

683 Das sagt schon der Revisor (GesRev 1 S. 438). Zur „Ebbe und Flut" der bevölkerungspolitischen Ansichten und zum Malthusianismus (der Besorgnis, durch Überbevölkerung werde Nahrungsnot eintreten) s. Roscher S. 817 ff.

684 So Bielitz § 716 Anm. 1; weitere ältere Autoren bei Rönne § 715 Anm. 1. Ein Schriftsteller wollte die Scheidung sogar nur dann ausschließen, wenn die Kinder nicht älter als vierzehn Jahre seien; dann entfalle ihr Interesse an der Aufrechterhaltung der Ehe, wie sich an ALR II 2 §§ 633 f. zeige. (Die Eltern unehelicher Kinder sind nur bis zum vierzehnten Lebensjahr unterhaltspflichtig.) Das stand allerdings mit dem Wortlaut des § 716 in gar zu starkem Widerspruch.

685 Koch (§ 716 Anm. 52) spricht von einer „unsicheren und ungleichförmigen Praxis".

686 Präj. Nr. 338 (Sammlung S. 154).

687 Präj. Nr. 934 (S. 154).

688 Dernburg § 18 (S. 56) Anm. 41; Förster/ Eccius § 212 (S. 98); Rehbein/ Reincke § 716 Anm. 281; Hubrich S. 199.

schaft bestand.[689] Ganz eindeutig ist erst das Urteil des Reichsgerichts vom 8.10.1885.[690] Danach genügt nicht die gegenwärtige Kinderlosigkeit der Ehe; vielmehr muss hinzukommen, dass die Ehe entweder während längerer Zeit unfruchtbar geblieben ist oder – wenn Kinder wieder verstorben sind – dass keine Kinder mehr erwartet werden können, sei es wegen vorgerückten Alters der Eheleute oder weil seit der Geburt des letzten Kindes eine lange Zeit verstrichen ist. Damit hatte endgültig die Auffassung gesiegt, dass im Fall des § 716 nicht allein das Interesse vorhandener Kinder die Scheidung der Ehe verbot, sondern dass die Ehe aufrechtzuerhalten war, solange ihr Hauptzweck (ALR II 1 § 1) noch erreicht werden konnte. Im Ergebnis war damit die Einschränkung der Scheidungsmöglichkeit bewirkt, die durchaus im Zuge der strenger gewordenen Rechtsauffassung lag.[691]

War also die Scheidungsvoraussetzung gänzlicher Kinderlosigkeit schließlich bindend interpretiert, so war die weitere Bedingung – dass die Einwilligung beider Ehegatten ohne „Leichtsinn, Übereilung oder heimlichen Zwang" erteilt sein müsse, naturgemäß keiner obergerichtlichen Begriffsbestimmung zugänglich. Das Stadtgericht Berlin als Eingangsgericht für die Hauptstadt erklärte nur,[692] dass der Richter diese

689 Die scheidungsrechtliche Judikatur dieses Gerichts bis 1855 schildert Hundrich (S. 57) aus eigener Erfahrung. Ähnlich war offenbar auch die Praxis des OLG Magdeburg; ein an diesem Gericht tätiger Richter sprach sich entschieden dafür aus, dass man nicht Eheleute aneinander fesseln dürfe, nur weil man es für möglich halte, dass sie noch Kinder erzeugen (Dorguth in JW 1842 S. 53 f.).

690 JW 1885 S. 337 Nr. 227.

691 Schon Savigny (Darstellung S. 279) hatte anerkannt, dass diese Voraussetzung (wahrscheinliche Unfruchtbarkeit) eine beachtliche Verminderung der Scheidungen zur Folge hatte. Dass die reichsgerichtliche Rechtsprechung nicht nur das Ergebnis, sondern auch die Absicht hatte, Scheidungen zu erschweren, ergibt sich aus folgender Erwägung zur Gesetzesinterpretation. Der von Svarez für die Einschränkung bei § 716 offenbar gesetzte Zweck (Mehrung der Bevölkerung durch eine noch fruchtbare Ehe) war im Laufe des 19. Jahrhunderts gänzlich obsolet geworden. Es hätte nun nahegelegen, die Norm – wie früher großenteils – dahin auszulegen, dass die Einschränkung dem Interesse der vorhandenen Kinder dient. Der Wortlaut hätte dies ohne weiteres zugelassen. (Zu dem Wechsel der Interpretation bei einer veränderten Auffassung vom Sinn des Gesetzes s. Larenz S. 333 ff., wo auch dargestellt ist, dass dies nicht dem – vom Positivismus verpönten – Grundsatz „Cessante ratione legis cessat lex ipsa" gleichkommt, da ja die Norm selbst nach wie vor gilt).

692 Grds. Nrn. 92, 94 bei Rönne § 716 Anm. 2.

Tatbestandsmerkmale „nach allen konkurrierenden Umständen" zu beurteilen habe; immerhin seien Übereilung und Leichtsinn in der Regel anzunehmen, wenn die Ehegatten weniger als ein Jahr verheiratet waren.

Dieser Grundsatz ist weniger für sich – als niedrigste denkbare Hürde – von Interesse, als vielmehr weil er zeigt, dass die Untergerichte das Tatbestandsmerkmal der „ganz kinderlosen" Ehe offensichtlich nur so verstanden haben, dass keine Kinder vorhanden waren; denn von einer Unfruchtbarkeit könnte nach dem Ablauf eines Jahres noch nicht gesprochen werden, so dass es der Scheidungsverweigerung wegen Leichtsinns gar nicht bedürfte. Diese „laxe" Handhabung des § 716 war für die Parteien wie für die Gerichte offenbar sehr bequem. Vermutlich haben die erstinstanzlichen Gerichte oft sogar bei dem Vorhandensein von Kindern aufgrund gegenseitiger Einwilligung geschieden, namentlich bis zur Reform des scheidungsrechtlichen Verfahrens gemäß der Verordnung vom 28.6.1844.[693]

Eine gewisse Einschränkung der Scheidungsmöglichkeit hätte es vielleicht bedeutet, wenn sich die vereinzelte Auffassung durchgesetzt hätte, die beiderseitige Einwilligung müsse auf Abneigung beruhen. So hatte Bornemann den § 716 ausgelegt: Die bloße formal wirksame Einwilligung reiche nicht aus, vielmehr müsse die Ehe zerrüttet sein, damit sie geschieden werden könne, und die wechselseitige Einwilligung sei dann nur ein zusätzliches Erfordernis. Dies ergebe sich aus der von Svarez gewählten Marginalie „unüberwindliche Abneigung", die an die Stelle der in den Entwürfen dort stehenden „wechselseitigen Einwilligung" getre-

693 Einen Eindruck der lässigen Gerichtspraxis gibt die berühmte Schilderung Bismarcks von seiner Tätigkeit als Referendar beim Stadtgericht Berlin (Sommer 1835; Gedanken und Erinnerungen [1898] S. 6 ff.). Der „unfähigste Rat" hatte eine Scheidungsklage zu entscheiden, die der Ehemann auf einen Ehebruch der Frau gestützt hatte. Die Frau bestritt den Vorwurf und bezeichnete den Mann als Säufer, der sie misshandelt habe. Auf keinen Fall aber wolle sie geschieden sein. Daraufhin redete der Richter ihr dringend zu: „Sage sie doch einfach Ja, dann ist sie mit dem Säufer kurzer Hand auseinander". Ganz offensichtlich sollte sie der Scheidung zustimmen, aber nicht durch ein Geständnis des Ehebruchs, sondern durch einfache Einwilligung, also nach § 716. – In der Generaldebatte des Abgeordnetenhauses schilderte Gerlach einen Fall aus der Provinz Brandenburg, wie er alltäglich vorkomme: Ein Handwerker war zweimal verheiratet und zweimal geschieden; aus der ersten Ehe hatte er vier, aus der zweiten Ehe drei Kinder; gleichwohl erwirkte er beide Male die Scheidung aufgrund gegenseitiger Einwilligung (Sten. Ber. Abg.-Haus 1856-57 1. Bd. S. 275).

ten sei.[694] Die Praxis ist dem jedoch nicht gefolgt, wie schon Bornemann selbst einräumt; sie hat damit die ohnehin vorhandene Tendenz des Landrechts, die Scheidung zu erleichtern, noch gefördert. Die Marginalie kann für die Auslegung der unter ihr begriffenen Tatbestände in der Tat keine Bedeutung haben, wie sich in dieser Arbeit schon mehrfach gezeigt hat; das wurde auch Bornemann sogleich entgegengehalten.[695] Dennoch erscheint seine Ansicht, in § 716 sei die Abneigung gemeint, durchaus annehmbar. In § 717 sagt das Gesetz, dass „außer in diesem Falle" (§ 716) „bloß wegen behaupteter Abneigung" keine Scheidung stattfinde. Also dürfte auch in § 716 der Scheidungsgrund „wechselseitige Abneigung" gemeint sein. Dass dieser freilich weitergehend eine „Zerrüttung" der Ehe voraussetzt, folgt daraus nicht, vielmehr hat Svarez offenbar gegenseitige Einwilligung (als Erklärung) und gegenseitige Abneigung (als Anlass der Erklärung) gleichgesetzt, ebenso wie zwischen „Ehebruch" (§ 670) und „Verletzung der ehelichen Treue" (§ 673) kein sachlicher Unterschied besteht, die Wortwahl vielmehr dem Bemühen um stilistische Abwechslung geschuldet ist.

Durch die starke Reduzierung der Anforderungen an das Scheidungsbegehren (es genügt die bloße gegenseitige Einwilligung) stellt sich das Landrecht in Gegensatz sowohl zu dem Edikt von 1782 als auch zum gemeinen Recht. Es schließt sich aber an das Project von 1749 an, das gleichfalls zwei übereinstimmende Willenserklärungen ausreichen ließ. Von diesem unterscheidet sich § 716 allerdings einerseits dadurch, dass der Scheidung keine Trennung von Tisch und Bett vorausgehen muss (d. h.

694 Bornemann V S. 209. Auf den Entwurf zum ALR (Erster Teil Erste Abt. § 524) beruft sich der Kommentator nicht. Dort war als Scheidungsvoraussetzung u. a. genannt: „… und behaupten sie gegenseitig eine persönliche Abneigung …". Später nimmt Dernburg (§ 18 [S. 56 Anm. 41]) den Gedanken Bornemanns noch einmal auf, aber nur beiläufig und ohne eine Zerrüttung der Ehe zu fordern. Noch weiter als Bornemann aber geht Friedberg (Kirchenrecht § 160 [S. 451] m. Fn. 68): § 716 verlange, dass „die Ehe innerlich zerrüttet und der Scheidungsantrag sachlich begründet ist". Das ließe sich nur vertreten, wenn das Landrecht nach Maßstäben des (von Friedberg dargestellten) gemeinen Kirchenrechts ausgelegt würde.

695 Dorguth in JW 1842 S. 66: „Gleichwohl [d. h. trotz der Bezeichnung der Marginalie] findet sich dies in dem § nicht ausgesprochen, sondern es ist danach unbedenklich zulässig und auch Praxis, den gemeinschaftlichen Antrag beider Ehegatten auf Scheidung … zu hören". Noch einmal nachdrücklich betont wird das von Erler (S. 110 Fn. 4).

insofern ist sie erleichtert), andererseits dadurch, dass nur eine kinderlose Ehe geschieden werden kann (insofern ist die Scheidung erschwert).

b) Rechtsvergleichung

Die protestantische Praxis ließ seit dem Ausgang des 18. Jahrhunderts überwiegend die Scheidung wegen unversöhnlichen Hasses, unversöhnlicher Abneigung zu.[696] Welche Tatsachen dabei darzutun waren, aus denen diese Feindschaft folgte, lässt sich den veröffentlichten Entscheidungen nicht einheitlich entnehmen.[697] Auch und gerade in den Fällen, in denen ein Grund des Hasses nicht auf der Hand lag, wurde aber zusätzlich verlangt, dass vor dem Ausspruch der Scheidung durch eine zeitweilige Trennung von Tisch und Bett vergeblich versucht worden war, die Eheleute zu versöhnen.[698] Die separatio temporaria war nach strengerer Auffassung zu wiederholen, wenn nicht ein „flagranter" Fall von Feindschaft vorlag.[699] In keinem Fall genügten zwei übereinstimmend auf Scheidung gerichtete Willenserklärungen wie im ALR.[700] Gegen Ende des Jahr-

696 Hartitzsch § 317 (S. 336).

697 Hartitzsch (a. a. O.) spricht davon, dass Hass, besonders wenn er mit Misshandlungen verknüpft ist, die Scheidung rechtfertige. In einem Urteil des OAG Darmstadt vom 13.7.1866 (SeuffA Bd. 20 Nr. 224) ist von einer Straftat und Misshandlungen durch den Ehemann als Grund des Hasses die Rede; das OAG Jena fordert in zwei undatierten Urteilen von 1839 und 1840 (SeuffA Bd. 2 Nr. 298), dass der Kläger „Umstände nachweist", aus denen sich eine begründete unüberwindliche Abneigung ergibt, wozu die üblichen Zwistigkeiten in einer Ehe nicht ausreichten. Keine Voraussetzung nennt das Urteil des OAG München vom 26.3.1831 (SeuffA Bd. 3 Nr. 331 zu 3.); ebenso das Obergericht Wolfenbüttel in seinem Urteil vom 3.1.1868 (SeuffA Bd. 26 Nr. 35). In dem sehr gründlichen Urteil des OLG Darmstadt vom 2.4.1887 (SeuffA Bd. 43 Nr. 26) heißt es, dass namentlich schwere Kränkungen und grobe Misshandlungen geeignet seien, den unvertilgbaren Hass der Eheleute zu beweisen.

698 Hartitzsch (a. a. O.) sagt, dass in der Regel zunächst die separatio temporaria angeordnet werde. Die in der vorgehenden Fußnote aufgeführten Erkenntnisse verlangen dies in der Tat, mit der einen Ausnahme des Urteils des OAG Darmstadt vom 13.7.1866; dort lagen Umstände vor, die wohl auch eine sofortige Scheidung wegen schwerer Sävitien begründet hätten.

699 OLG Braunschweig Urt. vom 14.11.1879 (SeuffA Bd. 35 Nr. 133).

700 Die mecklenburgische Praxis gegen Ende des 18. und in der ersten Hälfte des 19. Jahrhunderts stand bisweilen kurz davor, diesen „letzten Schritt" zu tun (Buchka Ehescheidungsrecht S. 52 ff.). In den überlieferten Erkenntnissen war

hunderts setzte das Reichsgericht dieser Praxis ein Ende, entsprechend der allgemeinen Tendenz, die Anforderungen an die Scheidung strenger werden zu lassen. In seinem Urteil vom 12.1.1886[701] erklärte das Gericht, es widerspreche dem Wesen der Ehe, den Fortbestand dieses Rechtsverhältnisses von dem Willen, d.h. dem subjektiven und unkontrollierbaren Ermessen der Eheleute, abhängig zu machen. Im Ergebnis traf diese recht kurze Begründung allerdings nur die „laxeren" Entscheidungen, wenn nämlich der Hass auf geringfügigen Umständen beruhte. Grobe Eheverfehlungen sollten nach der angeführten Entscheidung nach wie vor zur Trennung der Ehe führen. Das Reichsgericht hat damit also den selbständigen Scheidungsgrund der motivierten gegenseitigen Abneigung beseitigt und damit für Klarheit gesorgt; denn in den angeführten Urteilen wird des Öfteren nicht deutlich, weshalb die Eheleute wegen der gegenseitigen Feindschaft geschieden werden und nicht wegen der Eheverfehlungen, die den Hass begründeten.[702]

---

aber immer auch ein die Abneigung begründetes Verhalten eines Ehegatten festgestellt, das zu dem „gemeinschaftlichen Wunsch beider Teile" zur Scheidung, der „von beiden Teilen gebetenen Ehescheidung" dazutrat (vgl. die Urteile der Justizkanzlei Schwerin vom 19.3.1790 und des Konsistoriums vom 12.5.1834 bei Buchka a.a.O. Fn. 43). Auch in den Territorien, wo die Eheleute bei Fehlen eines Ehescheidungsgrundes ihren übereinstimmenden Antrag durch landesherrliche Dispensation geschieden werden konnte, war immerhin verlangt, dass der Anlass des Antrags einer „genauen Untersuchung" unterzogen wurde, aus der sich ergeben musste, weshalb die Fortsetzung der Ehe die „größten Nachteile" bringen würde (§ 138 des Gothaischen Ehegesetzes vom 15.8.1834 [Gesetzsammlung S. 656]).

701 RGZ 15, 188.

702 Das in dem Urteil gerügte OLG Darmstadt hat sich dem Reichsgericht widersetzt und in einem späteren Erkenntnis (Urt. vom 2.4.1887; SeuffA Bd. 43 Nr. 26) an seiner Rechtsprechung zum Scheidungsgrund der gegenseitigen Feindschaft festgehalten. Begründet wird dieses Beharren auf dem eigenen Rechtsstandpunkt damit, dass es sich um hessisches Gewohnheitsrecht handle, nicht um gemeines, in allen protestantischen Territorien gleicherweise geltendes Recht, das in der einen oder anderen Weise ausgelegt werden könne; dies habe das Reichsgericht verkannt.

c) Auseinandersetzung um diese Norm

Dass ein so umstrittener, auch im preußischen Recht nicht stets anerkannter Scheidungsgrund nicht erst in der Reformbewegung, sondern schon bei seiner Aufnahme in das ALR heftigen Angriffen ausgesetzt war, versteht sich nahezu von selbst.[703] Von den befragten Juristen sprachen sich die einen für die Zulassung der Scheidung ex mutuo consensu aus, die anderen dagegen; dies zugleich mit der Forderung, eine von beiden Seiten grundlos gewollte Scheidung auch dadurch unmöglich zu machen, dass das Geständnis eines anerkannten Ehescheidungsgrundes durch den verklagten Ehegatten ausgeschlossen sein sollte, ebenso auch die Eideszuschiebung hierüber.[704] Die Bemerkungen, die v. Grolmann hierzu machte, stellen die Grundprobleme des Scheidungsrechts so deutlich dar, dass sie für alle Reformen Bedeutung haben, bis zu der letzten, durch die dann das reine Zerrüttungsprinzip zum Sieg geführt ist. Verbiete man eine Scheidung aufgrund bloßer gegenseitiger Übereinkunft – sagt v. Grolmann –, so müsse man auch den Scheinbeweis einer Eheverfehlung (durch Geständnis oder Eideszuschiebung) unmöglich machen, da die zur Scheidung entschlossenen Eheleute sonst durch diese fiktiven Beweise vom Gericht alsbald ein stattgebendes Urteil erwirken könnten. Selbst wenn man aber – wie überwiegend im gemeinen Recht – weder einverständliche Scheidung noch confessio oder Eidesdelation zulasse, könnten scheidungswillige Ehegatten die Trennung erreichen, indem einer von ihnen tatsächlich eine der geringeren Eheverfehlungen begeht, etwa wenn der Ehemann seiner Frau einige Zeit den standesgemäßen Unterhalt versagt. Durch diese Umgehungen werde das Gesetz zum Gespött und verliere alles Ansehen.

Svarez erwiderte hierauf, dass sich eine Vereitelung des Gesetzeswillens durch Kollusion letztlich niemals verhindern lasse. Geständnis und Eideszuschiebung müssten aber als Beweismittel erhalten bleiben, da sich namentlich der Ehebruch meist nicht anders beweisen lasse. Durch die von ihm getroffenen Maßregeln würden jedenfalls die Missbräuche sehr erschwert.

703 Der Revisor bemerkt (GesRev 1 S. 436): „Derselbe Widerstreit der Meinungen war auch schon bei der Redaktion zur Sprache gekommen".

704 GesRev 1 S. 436 f.

Savigny bemerkt dazu, dass diese Hoffnung Svarez' durch die Erfahrung der Jahrzehnte völlig widerlegt sei.[705] Worin die „Maßregeln" bestünden, habe Svarez nicht einmal gesagt. Das ist richtig, insofern Svarez keine prozessualen Vorschriften zur Verhütung von Kollusionen genannt hatte. (Dies sollte die Verordnung über das Verfahren in Ehesachen vom 28.6.1844 nachholen). Sein Gedankengang scheint aber aus dem nachfolgenden, von Savigny nicht zitierten Halbsatz hervorzugehen: „Mithin werden wenigstens solche Scheidungen, die aus bloßem Leichtsinn oder vorübergehenden Affekten gesucht werden, verhütet." Das bezieht sich offenbar darauf, dass eine einverständliche Scheidung nach dem Edikt von 1782 (§ 17) und später nach dem ALR (II 1 § 716) ausgeschlossen ist, wenn die Eheleute sie aus „Leichtsinn" oder in „Übereilung" begehren. Svarez will also sagen: Wenn beide Eheleute zur Scheidung entschlossen sind, ohne einen Scheidungsgrund zu haben, so können sie dies entweder durch Fiktion der Eheverfehlung eines Ehegatten („Kollusion") erreichen oder durch einverständliche Scheidung. Im ersten Fall erscheinen Leichtsinn und Übereilung dadurch ausgeschlossen, dass das Scheidungsverfahren einige Anstrengung verlangt (lügenhaftes Vorbringen und Zugestehen des Scheidungsgrundes)[706]; im zweiten Fall durch die Fassung des Gesetzes. Hierauf – dass den Ehegatten auch der zweite Weg einer leichtfertigen Scheidung möglichst versperrt sein soll – hat sich Svarez gegenüber v. Grolmann berufen wollen. In der Sache hatte Savigny freilich Recht, da – wie dargestellt – die Begriffe des Leichtsinns und der Übereilung von den Gerichten keineswegs mit Strenge gehandhabt wurden.

Der Grundsatz des § 716 – Ehen können aufgrund bloßer gegenseitiger Einwilligung geschieden werden – fand seine letzte umfassende Verteidigung in dem Gutachten des Revisors von 1830.[707] Geschickt vermeidet es der Revisor, das aus dem Naturecht stammende Argument, der Vertrag der Ehe könne wie jeder Vertrag durch contrarius consensus wieder aufgelöst werden, auch nur zu erwähnen. Sogar unabhängig von religiöser Bindung war dieser Gedanke zusammen mit der Aufklärung ver-

705 Savigny Darstellung S. 313 f.

706 Vgl. hierzu auch die Bemerkung des Revisors (GesRev 1 S. 441): diese „Erdichtung" koste „immer einige Überwindung".

707 GesRev 1 S. 432 ff.

sunken[708] und wäre bei der Gesetzgebung auf entschiedenen Widerstand gestoßen. Ebenso fertigt der Revisor die „Beförderung der Population" als gänzlich unbrauchbares Argument ab. Der Kern seiner Darlegungen ist vielmehr der immer wiederkehrende Gedanke: Wollen sich die Eheleute ernsthaft trennen, dann besteht keine wahre Ehe mehr. Sie aufrechtzuerhalten wäre „erzwungene Moralität", also unmoralisch. Allein dies entspreche auch der christlichen Eheauffassung. Unauflösbar sei danach nur die „wahre Ehe", d. h. die wirklich „von Gott zusammengefügte Ehe". Hiervon abgesehen, habe Christus (auch dieses Argument war schon traditionell) keine Rechtsvorschriften, sondern nur moralische Weisungen geben wollen. Ferner beruft sich der Revisor auf Fichte mit seiner auf Freiheit und Selbstverwirklichung des Ich ausgerichteten Philosophie.[709]

708 Hegel (Grundlinien der Philosophie des Rechts [1821] § 161): „ Ebenso roh ist es aber, die Ehe bloß als einen bürgerlichen Kontrakt zu begreifen". Hierauf berief sich noch 1857 in der Ehescheidungsdebatte des Abgeordnetenhauses der konservative Abgeordnete Marcard: Die „kontraktliche Natur der Ehe, die bereits Hegel eine Schändlichkeit genannt hat" (Sten. Ber. Abg.-Haus 1856-57 1. Bd. S. 293).

709 GesRev 1 S. 439 wird aus Fichtes Naturrecht (1797) zitiert: „Sind beide Teile einig, ... so haben sie schlechthin nichts weiter zu tun, als nur dem Staate ihre Trennung zu erklären. Das ist ... ein Objekt ihrer natürlichen Freiheit". Um einen „Gelegenheitsfund" (Buchholz Eherechtsreform S. 161) handelt es sich wohl nicht; denn der Revisor hatte in seinem Gutachten schon zuvor (GesRev 1 S. 369 ff.) seitenlang aus Fichtes Naturrecht zitiert, dessen Ansichten „unstreitig" „das Befriedigendste" seien. Auch das Schweigen zu anderen Philosophen zeigt, dass der Revisor bei Fichte nach Argumenten gesucht hat. 1830 war schon Hegel als „preußischer Staatsphilosoph" anerkannt, jedoch vermeidet es der Revisor verständlicherweise, diesen heranzuziehen. Hegel hatte (a. a. O. § 163 Zusatz) erklärt: „Die Gesetzgebungen müssen diese Möglichkeit [die Auflösung der Ehe] aufs höchste erschweren und das Recht der Sittlichkeit gegen das Belieben aufrechterhalten". Das „Sittliche der Ehe" ist für Hegel über die „Zufälligkeit des zeitlichen besonderen Beliebens erhaben", die Ehe „an sich unauflöslich" (a. a. O.). Ganz anders als der Revisor bewertet naturgemäß Stahl die Ansichten der beiden Denker über das Scheidungsrecht. Aus Fichtes Philosophie der Freiheit und Selbstbestimmung des Ich folge, dass nur „gesetzlose Willkür" übrig bleibe, womit auch das „Recht der Ehe getilgt" werde (Stahl Rechtsphilosophie I S. 240 f.); Hegel aber habe, obwohl sein System als Ganzes unhaltbar sei, große Verdienste um die Rechtsphilosophie, insbesondere indem er die „sittlichen Züge" der Ehe gegen die Irrlehren seiner Zeit verteidigt und dabei auch die „willkürliche Scheidung" bekämpft habe (a. a. O. S. 470 f.).

Der Revisor übernimmt auch den schon bei der Abfassung des Gesetzes (namentlich durch v. Grolmann) zugunsten der einverständlichen Scheidung angeführten Grund, dass scheidungswillige Eheleute in jedem Fall – dann aber durch Vortäuschung eines Scheidungsgrundes – zu ihrem Ziel kämen. Ohne den § 716 müssten sie „ein Schauspiel vor dem Richter durchspielen". Nur ein an sich naheliegendes und auch in späteren Zeiten wiederkehrendes Argument macht er sich nicht ausdrücklich zu Eigen, sondern führt nur an, dass es sich in den Eingaben zweier Oberlandesgerichte finde: Dass die streitige Verhandlung von Eheverfehlungen oft widerwärtige Dinge offenbare, worunter auch die Kinder in unnötiger Weise zu leiden hätten. Hier bleibt es dem Leser überlassen, diesen Beweisgrund den eigenen des Verfassers hinzuzufügen, was vielleicht wirkungsvoller erschien als wenn der Revisor seine Argumente auch noch hiermit bereichert hätte.

Im Ergebnis meinte der Revisor § 716 sei aufrechtzuerhalten und von dem Erfordernis der Kinderlosigkeit der Ehe zu befreien.

Um aber den Gegnern einer Scheidung aufgrund bloßer gegenseitiger Einwilligung entgegenzukommen, schlug der Revisor, der Anregung mehrerer Oberlandesgerichte folgend, eine formale Erschwerung bei diesem Scheidungsgrund vor, die sich den Bestimmungen des Code civil anlehnen sollte. Der Blick auf Einzelheiten des französischen Rechts ist für die Geschichte der Reformbewegung sonst nicht typisch, in diesem Punkt aber von großer Bedeutung. Der Revisor versuchte so, den § 716 zu bewahren. Den späteren Reformern diente der Code civil zum Beweis, dass das Landrecht die Trennung der Ehe übermäßig erleichtere; eine Übernahme des französischen Rechts lehnten sie ab.

Der Code civil (Art. 275 ff.) setzte vor die gerichtliche Scheidung aufgrund des consentement mutuel eine Vielzahl von Hindernissen. Einmal muss die Ehe mindestens zwei, darf aber höchstens zwanzig Jahre gedauert haben; die Frau darf nicht älter als 45 Jahre sein. Die Aszendenten, die einer Eheschließung zustimmen müssten, müssen auch in die Scheidung einwilligen. Das Urteil kann erst nach Ablauf eines Jahres ergehen; zuvor haben die Ehegatten ihre Einwilligung mehrmals unter bestimmten Förmlichkeiten zu wiederholen. Vor der Scheidung müssen sie sich über ihr Vermögen und die Erziehung der Kinder auseinandergesetzt haben. Die Hälfte des Vermögens beider Ehegatten verfällt den Kindern.

Von diesen Voraussetzungen wollte der Revisor drei in das preußische Scheidungsrecht übernehmen: Dass die Ehe mindestens zwei, höchstens 20 Jahre gedauert haben müsse; dass sich die Eheleute auseinandergesetzt haben; dass ein Jahr bis zur Verkündung des Urteils abgewartet werden müsse.[710]

Die weit ausholenden Erwägungen des Revisors fanden schon bei der Abfassung des Entwurfs von 1834, der sich in vielen Punkten auf dessen Ausführungen bezog, eine ganz kurze Abfertigung.[711] In fünf Zeilen erklären die Motive zum Entwurf: „Die Trennung der Ehe aufgrund gegenseitiger Einwilligung (Allg. Landrecht § 716) würdigt die Ehe zu einem rein bürgerlichen Vertrage herab, und hebt das religiöse Prinzip derselben gänzlich auf“. Die vom Revisor in Anlehnung an das französische Recht vorgesehene Mindest- und Höchstdauer der zu scheidenden Ehe fand in diesem Entwurf bei der danach weiter möglichen Scheidung wegen unüberwindlicher Abneigung Berücksichtigung.[712]

In späteren Entwürfen (der 1840er und 1850er Jahre) sollten sowohl § 716 als auch §§ 718 a, b gänzlich aufgehoben werden, so dass der Code civil nicht mehr als Vorbild für das preußische Scheidungsrecht herangezogen werden konnte. Wohl aber dienten die Hindernisse, die das französische Gesetzbuch dieser Ehetrennung ohne einen anderen Schei-

710 GesRev 1 S. 378 f.

711 GesRev 2 S. 413. Die Motive berufen sich hierfür auf die inzwischen (1833) erschienene Schrift Ernst Ludwig v. Gerlachs „Über die heutige Gestalt des Eherechts“; durch diese wurde die Reformbewegung entscheidend angestoßen (Buchka Vergleichende Darstellung S. 322 Fn. 2; Buchholz Eherechtsreform S. 162). Auf den Vorschlag des Kronprinzen hatte der Minister für die Gesetzesrevision v. Kamptz durch königliche Order vom 26.2.1834 die Weisung erhalten, das Eherecht zu reformieren; hierbei hatte die Ordre auf Gerlachs Schrift Bezug genommen (Buchholz Eherechtsreform S. 164). Ein weiterer Einfluss der Schrift auf die Tatbestände des Entwurfs von 1834 lässt sich nicht feststellen. Mit der Abfertigung des § 716 unter Hinweis auf Gerlach glaubte Kamptz offenbar dem Willen des Kronprinzen Genüge getan zu haben. Der Minister konnte den leidenschaftlichen Reformdrang des Kronprinzen kaum verstehen (Buchholz a. a. O. S. 164: Kamptz sei „bemüht“ gewesen, der ihm gewiesenen Richtung im Rahmen der ihm „nach seinem Verständnis gegebenen Möglichkeiten“ zu folgen.) Auch aus diesem Grund ersetzte Friedrich Wilhelm IV. alsbald nach seinem Regierungsantritt den ihm auch persönlich unangenehmen Bürokraten durch Savigny (Schilderung des Ministerwechsels bei Treitschke S. 155 f.).

712 GesRev 2 S. 380.

dungsgrund entgegenstellte, den Reformern als Vorbild eines ernsteren, verantwortungsvollen Scheidungsrechts. Schon die grundlegende Schrift Ernst Ludwigs v. Gerlachs „Über die heutige Gestalt des Eherechts" von 1833 lobt den Code civil darin, dass er durch „Bedingungen, Fristen und Formalitäten" die „Willkür der Scheidungen auf Grund bloßer gegenseitiger Einwilligung" beschränke; er halte die Bedeutung der Ehe für den Staat einigermaßen fest.[713] Eingehender und die Analogie zur Politik darstellend äußerte sich 1855 Stahl in der Generaldebatte des Herrenhauses.[714] Es sei für die Epoche des Konsulats und des Kaiserreichs kennzeichnend, dass sie die „sittlichen Beweggründe" der Gesetzgebung verloren habe und den Zusammenhalt der Gesellschaft durch „mechanische Mittel" zu bewirken suche. Diese Mittel gebrauche sie aber mit Meisterschaft. So kenne der Code civil zwar das „unsittliche Prinzip" der Scheidung aufgrund gegenseitiger Übereinkunft, er erschwere diese aber „unter dem Vorwande der reiflichen Überlegung" durch Bedingungen und Verzögerungen so sehr, dass sie in der Praxis fast keine Bedeutung habe.[715]

In den 1840er Jahren war der Tatbestand des § 716 von allen Scheidungsgründen derjenige, der für die Gegner wie für die Verteidiger den Anlass der heftigsten Auseinandersetzungen bot. Der innerhalb der Reform lebhaft umstrittene Tatbestand des Wahnsinns betraf trotz aller um ihn geführten weltanschaulichen Kämpfe einen Nebenpunkt, die Scheidung aufgrund gegenseitiger Einwilligung den für das System des ALR

713 Gerlach Gestalt S. 18, 20.

714 Sten. Ber. Herrenhaus 1854-55 1. Bd. S. 256 (Stahl Reden S. 111).

715 Die von Stahl hier angesprochene „Meisterschaft" lässt sich gut an einer Parallele aus dem Staatsrecht aufzeigen. Nach der französischen Verfassung von 1799 bestand zwar allgemeines Wahlrecht. Aber die Bürger wählten zunächst Wahlmänner, diese wiederum Notabeln, aus denen nach dem Willen des von Napoleon ernannten Senats die Mitglieder der beiden Kammern bestimmt wurden, wobei die eine Kammer, das Tribunat, über die Gesetzesvorlagen nur diskutieren, die andere, der Corps législatif, ohne Diskussion nur abstimmen durfte. Die Gesetzesinitiative stand allein dem Ersten Konsul (später Kaiser) Napoleon zu. Diese äußerst komplizierte Verfassung sollte die demokratischen Grundsätze, zu denen sie sich formell bekannte, im Ergebnis wieder aufheben (F. Schnabel in Propyläen-Weltgeschichte 7. Bd. [1929] S. 126). Ebenso wie hier das Wahlrecht, war im Code civil die von beiden Ehegatten gewollte Scheidung formal aufrechterhalten, tatsächlich aber durch Hindernisse aller Art nahezu bedeutungslos gemacht.

und für die Rechtspraxis wichtigsten der umstrittenen Scheidungsgründe.[716] Während sich Savigny in seiner „Darstellung" zum Scheidungsgrund der Geisteskrankheit auf nur anderthalb Seiten äußert, umfasst die Erörterung des § 716 nicht weniger als 15 Seiten,[717] und während er dort das Ergebnis offen lässt, kommt er hier nach Abwägung aller Argumente zu dem Schluss, dass der Tatbestand aufzuheben sei. Dies war zwar keineswegs die einhellige Meinung des Staatsrats; die Schlussabstimmung ergab nur eine knappe Mehrheit von 28:23 Stimmen für die Aufhebung.[718] Wohl aber entsprach es Savignys eigener mit vielen Gründen untermauerten Überzeugung. Auch musste er sich sagen, dass eine Reform, die dieses Kernstück des Naturrechts, der Aufklärung und der „zügellosen Willkür der Parteien"[719] bestehen ließ und damit sogar hinter den von seinem Vorgänger Kamptz verantworteten Entwurf von 1834 zurückgefallen wäre, nicht die Billigung des Königs gefunden hätte, so dass

716 Die tatsächliche Bedeutung des § 716 im Verhältnis zu § 698 ergibt sich etwa aus der von Hundrich (S. 74) für 1847 geführten Statistik im Bezirk des OLG Breslau, wonach auf gegenseitiger Abneigung mehr als zehnmal so viele Ehescheidungsklagen entfielen wie auf den Scheidungsgrund der Geisteskrankheit. Doerk (S. 21) berichtet aus dreißigjähriger Erfahrung in der Provinz Sachsen, dass 15 % der Klagen auf wechselseitiger Einwilligung beruht hätten, während der Scheidungsgrund des Wahnsinns nicht einmal erwähnt ist. Savigny (Darstellung S. 286) bemerkt, dass jede fünfte Scheidungsklage auf § 716 gestützt werde. Blasius meint (S. 117), „nur in den seltensten Fällen" hätten sich Eheleute nach II 1 § 716 getrennt. Träfe das zu, so wären alle Auseinandersetzungen über diesen Scheidungsgrund, von Coccejis Project bis zur Beratung des BGB, gleichfalls ideologische Kämpfe ohne nennenswerte Bedeutung für die Rechtswirklichkeit. Blasius' Ansicht wird jedoch durch die Statistik widerlegt.

717 s. Savigny Darstellung S. 307 f., 271 ff.

718 GesRev 3 S. 878. Als Gegner des Entwurfs zeigten sich vor allem die Vertreter der Obergerichte (Buchholz Eherechtsreform S. 182), wobei Gerlach namentlich den Präsidenten des Obertribunals Sack und den Präsidenten des Oberlandesgerichts Frankfurt a.d.O. Scheller hervorhebt (Tagebucheintragung vom 24.1.1843 [Aufzeichnungen S. 329]). Treitschke (S. 253) vermutet auch, einzelne Mitglieder des Staatsrats hätten den Entwurf „nur aus Ehrfurcht vor dem König" angenommen. Nach dem Bericht eines Teilnehmers an den Beratungen (allerdings eines heftigen Gegners der Reform) habe ein „stickender Nebel der Heuchelei und der Beängstigung" über den Verhandlungen gelegen.

719 Worte Gerlachs (Gestalt S. 22), Friedrich Wilhelm IV. hatte dessen Schrift schon als Kronprinz mit großer Zustimmung gelesen (Buchholz Eherechtsreform S. 163).

die von ihm als Gesetzgebungsminister unternommene Reform des materiellen Scheidungsrechts bereits hier gescheitert wäre.

Für Savigny war die Aufhebung des § 716 schwerer zu begründen als für die beiden anderen Hauptvertreter der Reform, Gerlach und Stahl. Diese konnten von ihrer religiösen Überzeugung auf die Unstatthaftigkeit einer Scheidung aufgrund bloßen gegenseitigen Willens schließen.[720] Savigny wendet sich gegen den Scheidungsgrund zunächst mit allgemeinen, d.h. rechtssystematischen Gedanken.[721] Ausgehend von der Einteilung der für das Eherecht geltenden Maßstäbe: der Würde der Ehe als Institution und des Rechtsschutzes des einen gegen den anderen Ehegatten[722], gibt Savigny hier dem ersten Vorrang. Mit dem „höheren, geistigen Charakter der Ehe" sei es nicht zu vereinen, wenn ihr Bestehen von der „bloßen Willkür der Individuen" abhängig gemacht werde wie bei den Verträgen des Vermögensrechts.[723] Der Gesichtspunkt des Rechtsschutzes scheine bei beiderseitigem Trennungswillen zunächst nicht betroffen (nach dem Grundsatz Volenti non fit iniuria); tatsächlich aber doch, weil die Einwilligung des einen Ehegatten oft nur eine scheinbare sei. Um dies darzustellen, trennt Savigny die Fälle des § 716 in zwei Grup-

720 Dies gilt vor allem für Gerlach. Er sagt (Gestalt S. 19), dass allenfalls die von der Konsistorialpraxis gebildeten Analogien zu den biblischen Scheidungsgründen des Ehebruchs und der böslichen Verlassung mit der christlichen Eheauffassung zu vereinbaren seien, also jedenfalls nur verschuldensabhängige Scheidungsgründe berücksichtigt werden dürften. Zugunsten dieser protestantischen Scheidungspraxis bis zum Anfang des 18. Jahrhunderts äußert sich auch Stahl (Rechtsphilosophie II 1 S. 459); er betont aber zugleich allgemein das „sittliche Wesen der Ehe", das die bloße gegenseitige Übereinstimmung zu einem „schlechthin verwerflichen Scheidungsgrund" mache (a.a.O. S. 460 f.). Damit steht er der sogleich darzustellenden Auffassung Savignys näher.

721 Savigny Darstellung S. 271 ff.

722 A.a.O. S. 236 ff. Den dritten Maßstab – die individuelle Freiheit – erwähnt Savigny bei der Erörterung des § 716 nicht. Es ist ihm offenbar selbstverständlich, dass sich dieser hier nur als Willkür zeigen würde, die vor dem überindividuellen Charakter der Ehe zurückzutreten hat.

723 Zu dieser Grundauffassung Savignys vgl. die eingehenden rechtshistorischen und rechtsphilosophischen Darlegungen bei Buchholz Stellungnahme S. 150 ff. Dort weist der Autor auch darauf hin, dass die Wertung der Ehe als Institution noch nicht in dem für Savigny kennzeichnenden Denken in Rechtsinstituten enthalten ist (S. 156 Fn. 35), sondern auf philosophischen (mit Hegel übereinstimmenden) Überzeugungen beruht, die sich zum ersten Mal in der „Darstellung" äußern.

pen. In der ersten haben beide Ehegatten tatsächlich den Willen, aus einer von ihnen als unerträglich empfundenen Ehe herauszukommen. In der zweiten ist die Ehe nicht wirklich unglücklich, einer der Gatten – meist der Ehemann – wolle aber eine neue Ehe eingehen und übe auf den anderen einen „moralischen Zwang" aus, der einverständlichen Scheidung zuzustimmen, mit Argumenten wie dass er das Lebensglück des Scheidungswilligen nicht zerstören dürfe. Dieser Grund einer Scheidung sei in der Debatte des Staatsrats von niemandem verteidigt worden. Der andere – die Auflösung einer völlig zerrütteten, unerträglich gewordenen Ehe – verdiene Beachtung; dies könne aber nach Auffassung der Mehrheit des Staatsrats dadurch geschehen, dass die übrigen Scheidungsgründe (die Eheverfehlungen) eine „zweckmäßige Behandlung" erführen. Damit ist auf den – von Savigny selbst vorgeschlagenen – § 2 des Entwurfs Bezug genommen, wonach die minder schweren Tatbestände des landrechtlichen Scheidungskataloges zu relativen Scheidungsgründen werden sollten, wenn nämlich ein Ehegatte schuldhaft die gänzliche Zerrüttung der Ehe herbeigeführt hatte.[724] Bei der Rechtfertigung dieser Tatbestände[725] sagt Savigny, mit ihnen sei das Ziel des § 716 erreicht, soweit es berechtigt sei, d. h. wenn die Ehegatten eine unerträglich gewordene Ehe aufzulösen wünschten. In diesem Fall werde es nicht an Tätlichkeiten, Kränkungen und Zanksucht fehlen, deren Schwere die Scheidung rechtfertige.[726]

In seiner Absicht, alle Argumente zu würdigen, erwägt Savigny auch, ob die Bedingungen, die das ALR für die Scheidung aufgrund übereinstimmenden Willens aufstellt, oder die strengen Formalitäten des französischen Rechts eine hinreichende Garantie gegen den Missbrauch dieser Scheidungsmöglichkeit bieten. Beides verneint er, aber aus jeweils ganz verschiedenen Gründen.

Das Landrecht setzt bei § 716 – außer der Kinderlosigkeit der Ehe – voraus, dass die Scheidung von den Ehegatten nicht aus Leichtsinn oder Übereilung noch aufgrund eines heimlichen Zwanges begehrt wird. Das

724 S. o. S. 154 ff.

725 Darstellung S. 302 f.

726 Ein radikaler Reformgegner, H. Püttmann, drehte diesen Gedanken in boshafter Weise um und sagte, Herr von Savigny habe damit „förmlich zur Brutalität" aufgefordert (Deutsches Bürgerbuch S. 325) – als hätte Savigny scheidungswilligen Eheleuten zu Schlägen und Beschimpfungen geraten.

Fehlen von Leichtsinn und Übereilung könne nun – meint Savigny – an sich so verstanden werden, dass die Ehegatten zu dem Scheidungsverlangen durch einen ernsten, festen Entschluss gekommen sein müssen. Dann – und nur dann – wäre in der Fassung des § 716 eine wirkliche Vorbeugung gegen unseriöse Scheidungsabsichten enthalten. So sei § 716 aber nicht auszulegen,[727] jedenfalls werde in der Gerichtspraxis nach diesen Voraussetzungen nicht gefragt, die Wörter würden vielmehr als „gleichgültige Ausdrücke" angesehen. Auch das Tatbestandsmerkmal des fehlenden Zwangs sei nicht geeignet, willkürliche Scheidungen nach § 716 zu verhindern. Zwar beruhten – wie er zuvor ausgeführt hatte – diese Scheidungen tatsächlich oft auf einem moralischen Zwang, doch veranlasse die Formulierung des Gesetzes den Richter nicht, nach diesen Umständen zu forschen; von selbst werde er nicht darauf kommen.[728]

In ganz andere Richtung zielt es, wenn Savigny den Code civil als Vorbild einer Neuregelung des preußischen Scheidungsrechts ablehnt. Er erkennt an, dass das französische Recht die Scheidung aufgrund gegenseitiger Einwilligung so sehr erschwert, dass es fast wie ein Verbot wirkt.[729]

727 Savigny vermutet, dass Svarez bei der Redaktion an die „bekannte Stelle des römischen Rechts" gedacht habe (D. 24, 2, 3), wonach kein divortium verum anzunehmen ist, wenn das Scheidungsbegehren in calore iracundiae ausgesprochen wurde und keine perseverantia zeigt (Darstellung S. 280).

728 In der Tat zeigt die überlieferte Rechtsprechung, dass eine Scheidung nach § 716 nur dann versagt wurde, wenn sich aus dem Vortrag des verklagten Ehegatten ein solcher „moralischer Zwang" ergab, und auch dann nicht wegen des (kaum justiziablen) Zwangs, sondern mit der Begründung, es liege keine wirkliche Einwilligung vor. Hierfür bildet das Urteil des Kammergerichts vom 22.3.1858 (bei Weil S. 25) ein lehrreiches Beispiel. Die gemäß § 716 verklagte Ehefrau hatte erklärt, sie wolle zwar an der Ehe festhalten, sehe es aber als ein „sittliches Unrecht" an, sich dem auf Scheidung drängenden Ehegatten zu widersetzen, und stimme deshalb „nur aus Rücksicht für den Kläger" der Scheidung zu. Das Kammergericht sah darin keine Einwilligung i. S. d. § 716 und wies die Scheidungsklage ab.

729 In 36 Jahren seien in der Rheinprovinz nur 17 Scheidungen aufgrund beiderseitiger Übereinkunft ausgesprochen worden, d. h. alle zwei Jahre eine Scheidung, bei einem evangelischen Bevölkerungsanteil von etwa 400.000 Einwohnern (Darstellung S. 282). Den günstigen Einfluss des Code civil betont auch Gerlach (Gestalt S. 37) mit Hilfe einer allerdings sehr ungenauen Statistik, wonach sogar in Paris in den Jahren 1814 und 1815 (den letzten vor Abschaffung des Scheidungsrechts) im Verhältnis zehn Mal weniger Scheidungen vorgekommen seien als in deutschen Mittelstädten. Inwieweit dies auf die Hindernisse der Scheidung ge-

Gleichwohl sei die Übernahme dieser Bestimmungen nicht zu empfehlen. Vor allem sei es des Gesetzgebers unwürdig, wenn er auf einem solchen Umweg – gewissermaßen hinterlistig – etwas verhindere, was er eigentlich geradezu verbieten wolle.[730]

Dann erledigt Savigny noch ein immer wiederkehrendes Argument der Verteidiger des § 716: Ohne die Möglichkeit, sich einvernehmlich zu trennen, werde es zu Schlimmerem kommen, nämlich zum Gattenmord, zum Ehebruch und zu anderen Verbrechen, durch die sich der scheidungswillige, aber an der Scheidung gehinderte Ehegatte seine Freiheit erkämpfe. Hierauf erwidert Savigny, dass der Ehebruch auch unter der Herrschaft des Landrechts häufig genug vorkomme, Gattenmord und ähnliche Taten aber zum Glück überall ganz selten.[731] Bei der Aufführung aller diesen Tatbestand betreffenden Argumente in der „Darstel-

---

mäß consentement mutuel zurückzuführen war, bleibt dabei freilich unerkennbar. Bei der Wiedereinführung der Scheidung in Frankreich (1884) war dieser Tatbestand weggefallen; danach waren in Frankreich die Scheidungen trotzdem etwas häufiger als in Deutschland (Frankreich: eine Scheidung auf 51 Eheschließungen; Deutschland: eine Scheidung auf 62 Eheschließungen; s. Roscher [Pöhlmann] S. 800 Fn. 3). Aussagekräftiger als die Angaben Gerlachs ist die in der anonymen Schrift „Die preußische Eherechtsreform" (S. 3) wiedergegebene Statistik, wonach, während in der Rheinprovinz nur etwa alle zwei Jahre eine Scheidung aufgrund beiderseitiger Einwilligung stattgefunden habe, bei dem Stadtgericht Berlin allein im Jahr 1841 62 Ehen nach § 716 geschieden worden seien.

730 Ähnlich wie Savigny äußert sich Stahl (Rechtsphilosophie II 1 S. 461 f.) zu diesem Scheidungsgrund im Code civil. Das weitere Argument Stahls zugunsten des französischen Rechts überzeugt allerdings weniger: Der Code civil enthalte die meisten Scheidungsgründe der protestantischen Konsistorialpraxis nicht, so dass die Scheidung aufgrund gegenseitigen Willens aushelfen müsse. Es ist wiederholt gezeigt worden, dass die generalklauselartige Bestimmung des Art. 231 (excès; sévices; vor allem injures graves) nahezu alle Scheidungsgründe des gemeinen Rechts umfasste. Das ließ sich freilich dem Wortlaut des Artikels nicht ohne weiteres entnehmen und wurde in vollem Umfang erst durch die Rechtsprechung geklärt; diese konnte Stahl naturgemäß nicht kennen, da das Scheidungsrecht in Frankreich aufgehoben worden war und erst 1884 wieder in Kraft trat (ohne die Scheidung aufgrund beiderseitiger Einwilligung).

731 Auf dieses von Savigny kurz abgefertigte Argument kam später Hundrich zurück (S. 75). In Frankreich seien 1844 12 Giftmorde und 15 andere Tötungsdelikte aus gestörten ehelichen Verhältnissen hervorgegangen. Als Argument gegen die Aufhebung des § 716 war das schon deshalb wenig passend, weil die preußischen Reformer zwar diesen Scheidungsgrund, keineswegs aber (wie in Frankreich) alle Scheidungsmöglichkeiten beseitigen wollten.

lung“ fehlt ein Grund gegen die Beibehaltung des § 716, den Savigny in seiner Landrechtsvorlesung im Sommersemester 1824 (in der sonst vom Personenrecht wenig die Rede war) ausdrücklich genannt hatte: Die in ALR II 1 §§ 716-718 gewährte Scheidungsfreiheit führte dazu, dass „Ehen leichtsinnig auf diese mögliche Scheidung geschlossen werden.“[732] Offenbar hielt Savigny dies später für ein allgemeines Argument gegen ein zu großzügiges Scheidungsrecht. Als solches erscheint es in der „Darstellung“ vor der Erörterung der einzelnen Tatbestände: „Bei vielen Ehen liegt der Grund des Verderbens schon in der Art, wie sie geschlossen werden“, nämlich im „Gedanken an die leichte Auflösung“.[733] Auf der anderen Seite kommt Savigny immerhin beiläufig auf ein isoliert dastehendes Argument der Befürworter des § 716 zu sprechen, dass nämlich die einverständliche Scheidung oft dazu diene, einen öffentlichen Skandal zu vermeiden, namentlich beim Ehebruch, wodurch auch der gekränkte Ehegatte und die Kinder geschützt würden. Hierauf hatte schon der Revisor hingewiesen,[734] und auch in der Kommission war dieser Gesichtspunkt erörtert worden.[735] Savigny nimmt hierzu nicht selbst Stellung, sondern sagt nur, die Gegner einer einverständlichen Scheidung hielten die

732 Strauch S. 257 m. Fn. 100. Schon zuvor (1816) hatte Savigny in der Rezension einer im Zusammenhang mit der Auseinandersetzung zwischen ihm und Thibaut über eine gesamtdeutsche Kodifikation erschienenen Schrift geäußert: Wenn der Verfasser die „Ehescheidung durch gemeinsamen Willen“ freigeben wolle, so verkenne er, dass „wo freie Entscheidung gilt, gar manche Ehe mit Rücksicht darauf leichtsinniger geschlossen wird“ (bei Stern, Thibaut und Savigny S. 216).

733 Darstellung S. 246. In diesem Sinn, aber doch die Tatbestände trennend, berief sich später Gerlach in der Generaldebatte des Abgeordnetenhauses auf das Argument des Leichtsinns (Sten. Ber. Abg.-Haus 1856-57 1. Bd. S. 275). Ehen würden oft im Hinblick auf volkstümliche Redensarten geschlossen: „Ein schlechtes Weib wird man eher wieder los, als wenn man ein schadhaftes Stück Vieh gekauft hat“ – d.h. nach §§ 670-715; „Geht es nicht, so können wir uns ja wieder scheiden lassen“ – d.h. nach § 716.

734 S. o .S. 203.

735 Buchholz Eherechtsreform S. 177. Sogar Stahl erkannte diesem Argument eine gewisse Berechtigung zu (Rechtsphilosophie II 1 S. 462), allerdings unter den Bedingungen des französischen Rechts, wo das consentement mutuel einen Ersatz biete für die materiellen Scheidungsgründe, deren „gerichtliche Verhandlung widerlich ist.“ Dass die Verhütung eines Skandals schon bei den Beratungen des Code civil ein wichtiges Motiv für die Zulassung dieses Scheidungsgrundes gewesen war, bemerkt Bornemann (V S. 254 m. Fn. 1).

„Rücksicht auf das Zartgefühl von Individuen und Familien“ nicht für einen berechtigten Grund, die „Würde der Ehe“ zu gefährden.[736]

In den 1850er Jahren fand die vom Staatsrat nur mit einer ziemlich geringen Mehrheit beschlossene Aufhebung des § 716 kaum noch Widerspruch. In der Begründung des Gesetzesentwurfs für das Herrenhaus berief sich die Regierung in aller Kürze darauf, dass der Scheidungsgrund der gegenseitigen Einwilligung mehr als jeder andere dem Wesen der Ehe widerspreche und diese zu einem gewöhnlichen Vertragsverhältnis herabdrücke.[737] In der Kommission der Kammer wurde dies ohne eine Gegenstimme gebilligt.[738] Aus der Plenardebatte dieses Hauses ist erwähnenswert, dass der (einzige) Gegner der Vorlage, der Professor der Nationalökonomie Tellkampf, außer den gängigen Argumenten zur Bewahrung des § 716 einen in der Luft liegenden Grund vortrug:[739] In den Ländern, wo es gar keine Ehescheidung gebe, insbesondere keine aufgrund beiderseitigen Willens, sei der moralische Stand des Ehelebens besonders tief; das Konkubinat sei dort eine regelmäßige Erscheinung. Er bezog sich dabei namentlich auf Frankreich. Möglicherweise dachte der Redner hierbei an die französischen Romane, etwa an die realistischen Schilderungen Balzacs aus der Pariser Gesellschaft. Jedenfalls kam Stahl, als er ihm erwiderte,[740] auf ein Werk der Literatur zu sprechen, auf Goethes „Wahlverwandtschaften“. Dort werde eine Ehe durch leidenschaftliche Beziehungen des Ehemanns zu einer anderen Frau gestört;

736 Darstellung S. 276 f. Weshalb Savigny dies nicht selbst zur Begründung anführt, sondern nur als Argument der reformwilligen Kräfte, lässt sich nur vermuten. Das Hilfsmittel der Scheidung ex consensu, um das Aufwühlen schmutziger Details und einen öffentlichen Skandal zu vermeiden, hatte vor allem Bedeutung in der obersten Klasse der Gesellschaft, bei Ministern, im Adel, in der hohen Geistlichkeit; das hatte schon der Revisor festgestellt und es wurde später noch einmal hervorgehoben bei den Diskussionen des Entwurfs zum BGB (s. Jacobi in seinem Gutachten für den 20. Deutschen Juristentag [Verhandlungen 2. Bd. S. 201 Fn. 183].) Vielleicht wollte Savigny den Eindruck vermeiden, er nehme einen solchen – möglicherweise sogar das Ansehen der Monarchie gefährdenden – Skandal billigend in Kauf, nach dem Grundsatz „Fiat iustitia et pereat mundus“ (wobei „mundus“ „die Hochgestellten“ bedeutet: D. Liebs, Lateinische Rechtsregeln und Rechtssprichwörter, 4. Aufl. S. 73 f.).

737 Sten. Ber. Herrenhaus 1854-55 2. Bd. S. 115.

738 A. a. O. S. 125.

739 A. a. O. 1. Bd. S. 290.

740 A. a. O. S. 290 f.

jedoch habe Goethe seine wahre Meinung dadurch geäußert, dass er die unglückliche Ehe sich nicht durch Scheidung, sondern durch den Tod der Liebenden auflösen lasse.[741] Aus der Generaldebatte des Herrenhauses ist eine Bemerkung Stahls erwähnenswert, die sich gerade auf den Scheidungsgrund des § 716 bezog und die seine Fähigkeit zur großen Zusammenschau (aber auch eine gewisse Neigung zu rhetorischer Übertreibung) erkennen lässt:[742] Der Gesetzesentwurf sei keinesfalls zu rigoros; er sei im Wesentlichen das, was Justinian der „moralisch herabgekommenen byzantinischen Bevölkerung noch bieten konnte." Hier ist der Sachverhalt treffend wiedergegeben, da die Scheidung ex mutuo consensu zuerst von Justinian verboten wurde (Nov. 117); die Wertung („moralisch herabgekommen") ist jedenfalls in diesem Zusammenhang ungerecht, da die freie Scheidungsmöglichkeit des klassischen römischen Rechts immer mehr eingeschränkt worden war.

Die Abstimmung zu § 716 im Herrenhaus ergab eine große Mehrheit für die Aufhebung dieses Scheidungsgrundes.[743]

In der Vorlage für das Abgeordnetenhaus stützte sich die Regierung auf dieselben Gedanken wie in dem Entwurf für das Herrenhaus.[744] In

741 Die „Wahlverwandtschaften" waren schon in der öffentlichen Diskussion der 1840er Jahre gegen den Vorwurf verteidigt worden, sie billigten die Scheidung wegen einer anderweitigen Neigung eines Ehegatten. Der anonyme Verfasser der Schrift „Das Ehegesetz in seiner historischen mit der Vernunft übereinstimmenden Bedeutung" (1842) hatte auf mehrere Stellen des Romans hingewiesen, die Goethes strenge Eheauffassung zeigten (S. 12 f.): „Unauflöslich muss sie [die Ehe] sein"; „Sich zu trennen, gibt's gar keinen hinlänglichen Grund" u. a. Dass dies in der Tat Goethes Ansicht entsprach, beweist seine Äußerung gegenüber Eckermann (30.3.1824) anlässlich einer Unterhaltung über die „Wahlverwandtschaften". Goethe betonte dort, dass er in allen übrigen Dingen „lässlich" denke, in Bezug auf die Ehe aber „strenge Grundsätze" habe; daraus ergebe sich – sagt Eckermann –, wie Goethe es mit dem Roman „eigentlich gemeint" habe. Diese Stelle der (1835 erschienenen) „Gespräche" scheint den Reformern nicht bekannt gewesen zu sein. Im negativen Sinn hatte sich Gerlach auf Goethes Roman, d. h. auf seinen Titel, bezogen: Die vorangehende Epoche habe sogar den Ehebruch durch „Wahlverwandtschaften" gerechtfertigt (Gestalt S. 15).

742 Sten. Ber. Herrenhaus 1854-55 1.Bd. S. 257 (Stahl Reden S. 117).

743 Sten. Ber. Herrenhaus 1854-55 1. Bd. S. 291 f. Das Stimmenverhältnis war 93:16. Dabei ist zu beachten, dass die Kammer hier auch noch über weitere Tatbestände abstimmte (z. B. Versagung der ehelichen Pflicht); die Votierung allein des § 716 hätte vermutlich eine noch stärkere Mehrheit gezeigt.

744 Sten. Ber. Abg.-Haus 1856-57 3. Bd. S. 119.

der Kommission ergab sich dort eine große Mehrheit von 17 zu 2 Stimmen für die Annahme des Entwurfs; noch bedeutsamer erscheint, dass auch von den beiden Gegnern „keine Erinnerungen gezogen", d. h. keine Gegenargumente vorgebracht wurden.[745] Auch in der Plenarberatung dieser Kammer meldete sich kein Gegner der Vorlage zu Wort.[746] Die Abstimmung zeigte eine Mehrheit für die Aufhebung des Scheidungsgrundes.[747]

Anders als in den preußischen Gesetzgebungskörperschaften wurde die Scheidung aufgrund beiderseitigen Willens, wie sie das ALR gestattete, noch einmal gründlich besprochen in den Debatten des Reichstags zum Eherecht des BGB. Der linksliberale Abgeordnete Lanzmann hatte den Antrag gestellt, in das Gesetzbuch einen § 1551 a einzufügen, der dem II 1§ 716 des Landrechts nahezu entsprach.[748] Die Scheidung sollte da-

745 A. a. O. S. 128.

746 A. a. O. 1. Bd. S. 314.

747 A. a. O. Das Stimmenverhältnis ist dort nicht ersichtlich.

748 Sten. Ber. Reichstag 1895-97 4. Bd. S. 2942, 2944. – In den Beratungen der Ersten Kommission waren noch einmal die seit einhundert Jahren zugunsten der Scheidung aufgrund übereinstimmenden Willens geltend gemachten Argumente erwogen worden, insbesondere dass unter der Herrschaft des Verschuldensprinzips bei unheilbar zerrütteten Ehen die Gatten gezwungen würden, Scheidungsgründe zu fingieren. Im Ergebnis hatte sich die Kommission jedoch für die Nichteinführung des Tatbestands der gegenseitigen Einwilligung entschieden, auch unter Hinweis auf die preußischen Reformbemühungen, die ausnahmslos die Aufhebung des ALR II 1 § 716 gewollt hätten (Mot. IV S, 567 ff.). Ebenso scheiterte in der Zweiten Kommission der Antrag, die Scheidung aufgrund übereinstimmenden Willens zu gestalten, sie aber durch die Formalitäten zu erschweren, die der Code civil vorsah und deren Übernahme in das preußische Recht der Revisor vorgeschlagen hatte (Prot. IV S. 408 f.). Bemerkenswert ist hier noch, dass der berühmte Germanist Otto v. Gierke in seiner umfassenden Kritik des Ersten Entwurfs (S. 448 f.) die geplante Abschaffung dieses Scheidungsgrundes rügte, u. zw. nicht nur mit dem soeben genannten, von der Kommission letztlich verworfenen Argument der sonst zu erwartenden Gesetzesumgehung, sondern mit allgemeinen und z.T. neuartigen Gründen. Traditionell war die Ansicht, dass eine ihres Sinnes beraubte Ehe nichts sei als eine quälende Fessel der Eheleute. Neu war der Hinweis auf die „soziale Ethik" und darauf, dass die Gemeinschaft an dem Fortbestehen einer zerrütteten Ehe kein Interesse haben könne. Von diesem Standpunkt aus wandte sich Gierke sowohl gegen das strenge Schuldprinzip des Entwurfs als auch gegen die liberalistische Auffassung, die Ehe könne wie jeder Vertrag aufgegeben werden, wenn die Ehegatten ihre Interessen vereitelt sehen (a. a. O. S. 448 Fn. 3). Der Zusammenhang mit den

nach – unter sonstiger Übernahme der landrechtlichen Tatbestandsmerkmale – statthaft sein, wenn „die eheliche Gemeinschaft nicht mehr besteht". Eine weitere (geringere) Erschwerung sollte darin bestehen, dass der Richter festzustellen hatte, dass kein Leichtsinn usw. vorliegt. Damit nähert sich der Antrag wieder dem Edikt von 1782, wonach der Richter zuverlässig versichert sein musste, dass die genannten Hinderungsgründe nicht bestehen. Zur Begründung des Antrags bezog sich der Abgeordnete Munckel vor allem auf den überkommenen Grund, dass eine innerlich nicht mehr bestehende Ehe aufrechtzuerhalten unsittlich sei, so dass das „Landrecht sehr gut tut mit seiner entsprechenden Bestimmung". Als völlig neues Argument dafür, dass dieser Scheidungsgrund nur für kinderlose Ehen gelten solle, führte der Abgeordnete aber an, dass noch eine Hoffnung auf Versöhnung bestehe, solange die Eheleute für Kinder zu sorgen hätten.

Die entschiedenste Verteidigung des § 716 führte jedoch der Abgeordnete Bebel, der für die sozialdemokratische Fraktion des Reichtags sprach.[749] Die „freiwillige Scheidung" (damit war § 716 gemeint) zeige das Landrecht als ein nüchternes, praktisches Gesetzbuch und als Gegensatz zu allen Phantasien und Ideologien. Sei eine Ehe zerrüttet, dann sei es geboten, sie zu trennen. Gerade aus „ganz eminent sittlichen Gründen" müsse die Scheidung erleichtert werden. Wenn beide Eheleute es für notwendig hielten sich zu trennen, müsse der Gesetzgeber ihnen das möglich machen. Der Grund der Zerrüttung könne dabei keine Rolle spielen; es sei gleichgültig, ob sie auf dem Verschulden eines Gatten be-

grundsätzlichen Auffassungen Gierkes zum Entwurf, dem er Unvolkstümlichkeit und individualistischen Mangel an sozialem Verständnis vorwarf (Wolf S. 693 ff.), ist hier wohl darin zu sehen, dass das Fortbestehen einer gänzlich zerrütteten Ehe diese nicht als Lebensgemeinschaft aufrechterhält, also keine soziale Bindung mehr bewirken kann (vgl. zur ehelichen Gemeinschaft als sozialem Verband bei Gierke: Wolf S. 697). – Ausdrücklich Bezug auf das preußische Recht nimmt Gierke (S. 449 Fn. 1), indem er verlangt, dass „unter allen Umständen" der Gedanke des ALR II 1 § 716 zu beachten sei, bei kinderlosen Ehen die Scheidung zu erleichtern.

749 A. a. O. S. 2937 ff. Die Rede ist ausführlich gewürdigt bei Blasius S. 143 ff., jedoch ohne Hinweis gerade auf die Scheidung bei gegenseitiger Einwilligung (die den Inhalt des ersten Teils von Bebels Rede ausmacht), vielmehr in Bezug auf das Scheidungsrecht der Frau, das sie gegen den Willen des Mannes durchsetzen müsse, wenn die Ehe für sie unerträglich geworden ist („Frauen-Argument"); hierzu verhält sich der zweite Teil des Debattenbeitrags.

ruhe oder auf anderen Umständen. (Hierfür gebraucht Bebel den zunächst widersprüchlich erscheinenden Ausdruck „Verschulden, welches außerhalb der Macht der Personen liegt").

Bis zu diesem Punkt folgt Bebel der überkommenen Rechtfertigung des Scheidungsgrundes der gegenseitigen Übereinstimmung durch die Aufklärung und den Liberalismus. Er unternimmt aber auch den Versuch, seine Ansicht in das marxistische Gedankengebäude einzugliedern. Die Häufigkeit der Scheidungen möge bedauerlich sein; wie jeder „Moralstand" sei sie aber nur die „Wiederspiegelung tatsächlicher sozialer Ursachen". Das erläutert er zunächst ganz allgemein damit, dass die „ungeheure Schwere des Existenzkampfes" zu zerrütteten Ehen führe, ganz ausführlich aber mit der Häufigkeit von Geldehen, die durch einen „Eheschacher" zustande kämen, mittels Anzeigen gerade in bürgerlichen Zeitungen. Ob damit die Abhängigkeit der jeweiligen Ehemoral von den gesellschaftlichen Verhältnissen und die Notwendigkeit eines freien Scheidungsrechts dargetan war, erscheint etwas zweifelhaft.

Auf dem Boden der Praxis steht dann wieder das Argument, die Scheidung im Interesse der Kinder aus zerstrittenen Ehen zu erleichtern. Hierauf hatte vor Jahrhunderten schon der lutherische Geistliche Sarcerius abgestellt;[750] der Revisor hatte gemeint, es sei ebenso gut möglich, dass die Kinder unter dem Fortbestand der Ehe litten wie durch die Trennung;[751] Stahl dagegen hatte gesagt, für die Kinder sei die „in das Herz schneidende" Scheidung schlimmer als selbst der äußerste Unfrieden zwischen den Eltern, da bei diesem immer noch die Hoffnung auf Versöhnung bestehe.[752] Vor allem hatte der Urheber des Landrechts gemeint, unter einer Scheidung litten namentlich die Kinder.[753]

Zum Abschluss seiner Ausführungen über die beiderseits gewollte Scheidung beruft sich Bebel auf die Statistik, wonach in Berlin in den Jahren 1886-92 von den Scheidungsurteilen 25 % auf § 716 beruhten. „Wahrhaft bedauerlich" und „erschreckend" wäre es, wenn das Bürgerliche Gesetzbuch diese Möglichkeit, die das Landrecht gewähre, in Zukunft ausschlösse.

750 Vgl. o. S. 21 Fn. 69.

751 GesRev 1 S. 438.

752 Sten. Ber. Herrenhaus 1854-55 1. Bd., S. 258 (Stahl Reden S. 120).

753 Vgl. o. S. 44.

Dass auch vom sozialistischen Standpunkt aus eine ganz andere Beurteilung des landrechtlichen und des zukünftigen Scheidungsrechts möglich war, zeigt der Wiener Sozialist Anton Menger. Er bekämpfte den Entwurf des BGB in nahezu allen Punkten als gegen die besitzlosen Volksklassen gerichtet; das Eherecht und namentlich das Scheidungsrecht nahm er von seiner Kritik aus.[754] Dieses sei in dem Entwurf zweckmäßig und ohne Verletzung der Interessen der unteren Klassen geregelt. Gerade diesem Teil der Bevölkerung müsse daran liegen, dass die Festigkeit der Ehe und der Familie – der einzigen Institution, in der Solidarität gelebt werde – nicht durch zu viele Scheidungsgründe in Gefahr gerate. Die angebliche Wichtigkeit der Scheidungsfrage beruhe vorwiegend auf der Nervosität und Überfeinerung der höheren Kreise. (Dies brachte ungewollt auch Bebel zum Ausdruck, indem er auf die „Schacherehen" in gutbürgerlichen Kreisen hinwies.) Anders als Bebel bestreitet Menger den Einfluss des Klassengegensatzes auf die Ehegesetzgebung.

Deshalb sei der Entwurf „die richtige Mitte" zwischen dem jede Scheidung ausschließenden katholischen Eherecht und dem ALR, das „schon aufgrund gegenseitiger Einwilligung" die Auflösung der Ehe gestatte. Die richtige Mitte zu treffen war auch Savignys Ziel bei der Reform des Scheidungsrechts gewesen.[755] Im Bürgerlichen Gesetzbuch waren seine Absichten im Wesentlichen verwirklicht. Die Anerkennung, die Menger durch sein Urteil aussprach, gilt also mittelbar auch ihm, und sie ist umso bedeutsamer, als die beiden Rechtslehrer weltanschaulich und politisch nichts miteinander gemein hatten.

754 Menger S. 45 f. Auf den Gegensatz dieser Position zu den Ausführungen der parlamentarischen Vertreter des Sozialismus, namentlich also Bebels, weist Blasius hin (S. 136 f.). Bemerkenswert ist, dass Marx sich aus Anlass der preußischen Reformbewegung (1842) kaum anders als Menger geäußert hatte, nämlich gegen eine unbedingte Apologie des ALR und gegen die willkürliche Scheidung. Damals stand er allerdings noch unter dem Einfluss Hegels (Blasius S. 61 ff.).

755 Vgl. Darstellung S. 234 („positive Vermittelung") und S. 277 („eine Vermittelung zu suchen"). Buchholz (Eherechtsreform S. 155) nennt Savigny den „nimmermüden Verteidiger einer bewahrenden Mitte".

d) §§ 718 a, b (einseitige Abneigung)

Dem Scheidungsgrund der gegenseitigen Einwilligung folgt der zweite der elften Marginalie, zugleich der letzte der zahlreichen Tatbestände, die nach dem ALR die Trennung der Ehe gestatten.

Zunächst nimmt das Gesetz auf den vorangehenden Tatbestand des beiderseitigen Scheidungswillens Bezug und bestimmt in

> II 1 § 717:
>
> Außer diesem Falle aber findet, bloß wegen behaupteter Abneigung, sobald dieselbe mit keinen gesetzmäßigen Gründen unterstützt ist, die Trennung der Ehe in der Regel keineswegs statt.

Sodann sagt aber

> § 718a:
>
> Doch soll dem Richter erlaubt sein, in besondern Fällen, wo nach dem Inhalte der Akten der Widerwille so heftig und tief eingewurzelt ist, dass zu einer Aussöhnung und zur Erreichung der Zwecke des Ehestandes gar keine Hoffnung mehr übrig bleibt, eine solche unglückliche Ehe zu trennen.

Abschließend wird als Folge einer auf § 718a gestützten Scheidung bestimmt:

> § 718 b
>
> Es muss aber in diesem Fall derjenige Ehegatte, welcher solchergestalt ohne eigentlichen gesetzmäßigen Grund, wider den Willen des andern, auf Scheidung beharret, für den schuldigen Teil erklärt, und in die Scheidungsstrafen nach § 786 verurteilt werden.

Die Entstehung dieses oft noch mehr als § 716 angegriffenen Tatbestandes der einseitigen Abneigung ist bereits geschildert worden. Der Scheidungsgrund war neu, auch der Entwurf zum ALR hatte ihn noch nicht enthalten.[756] Das gemeine Recht erkannte gleichfalls die bloße Abneigung eines Ehegatten gegen den anderen, ohne dass dieser einen der anerkannten Scheidungsgründe verwirkt hatte, nicht als geeignet an, das Scheidungsbegehren zu rechtfertigen.[757] War die Abneigung (der Widerwille) jedoch immerhin durch einige Tatsachen gerechtfertigt, so konnte nach einer – auch wiederholten – separatio temporaria die Scheidung ausgesprochen werden.[758] Erst das Reichsgericht schloss die einseitige Abneigung – ebenso wie die gegenseitige – als Scheidungsgrund schlechthin aus.[759] Es wird zu zeigen sein, dass sich die Auslegung des Landrechts im Laufe der Zeit der Ansicht der gemeinrechtlichen Judikatur (vor dem Reichsgericht) einigermaßen genähert hat, indem nämlich die Abneigung bei § 718 a motiviert (gerechtfertigt) sein musste.

Nach dem grundlegenden Beschluss des Obertribunals vom 16.12.1839[760] bestanden keine Zweifel mehr, dass § 718 a nach dem Willen des Gesetz-

756 Dort war er vielmehr ausdrücklich ausgeschlossen worden: „ Wegen bloß einseitig behaupteter unüberwindlicher Abneigung soll keine Ehe getrennt werden" (Erster Teil § 522).

757 Hartitzsch § 317 (S. 226); Friedberg Kirchenrecht § 160 (S. 451) m. Fn. 66. Nach einzelnen Kodifikationen war hier die Scheidung möglich, nämlich entweder durch den Richter (§§ 43-46 der Nürnberger Ehescheidungsordnung von 1803 [vgl. Friedberg a. a. O.]) oder durch landesherrliche Dispensation (§ 138 des Gothaischen Ehegesetzes vom 15.8.1834 [Gesetzsammlung S. 656]).

758 Z. B. nach dem Urteil des OAG Darmstadt vom 12.5.1853 (SeuffA Bd. 13 Nr. 260): Die Klägerin hatte vorgetragen, dass der Beklagte sie durch Zank und Schimpfen „übel behandelt" hatte, wodurch bei ihr eine unüberwindliche Abneigung gegen ihn entstanden sei. Das rechtfertige zunächst nur eine temporäre Trennung. Ähnlich das Urt. des OAG Lübeck vom 30.4.1838 (SeuffA Bd. 8 Nr. 144): Der Ehemann hatte nach einer zeitweiligen Trennung sein „wüstes herumtreibendes Leben" fortgesetzt und war wegen eines einfachen Diebstahls bestraft worden; gleichwohl verwies das Gericht die Frau noch einmal auf die Separation, auch wenn ihr „im endlichen Resultate" (später einmal) die Scheidung gewährt werden könne.

759 Urt. vom 12.1.1886 (RGZ 15, 188). Dies hinderte das Bayerische Oberste Landesgericht fünf Jahre später als letztinstanzlich entscheidendes Gericht nicht daran, zu der traditionellen Rechtsprechung zurückzukehren (Urt. vom 20.3.1891 [SeuffA Bd. 47 Nr. 33]). In dem Fall bewiesen die durch Strafakten belegten Handlungen der Beklagten einen „so hohen Grad von moralischer Verkommenheit", dass die Abneigung des Klägers gegen seine Frau „vollen Glauben" verdiene.

760 ObTribE 5, 175.

gebers einen selbständigen Scheidungsgrund bilden und nicht nur dann zur Anwendung kommen sollte, wenn der Vollbeweis eines anderen Scheidungsgrundes nicht gelang.[761] Dabei herrschte zunächst die Auffassung vor, der Kläger habe seinen Widerwillen gegen den anderen Ehegatten zwar nicht nur zu behaupten, sondern auch zu beweisen, ohne dass aber die Abneigung einen in der Person des anderen liegenden Grund haben musste. Diese Auffassung zeigt sich etwa in der Stellungnahme des Revisors, wonach bei mehreren Obergerichten schon die Führung eines Prozesses über drei Instanzen ausreichte, um zur Scheidung nach § 718a zu kommen.[762] Als Beweis konnte dabei die Akte selbst dienen, d.h. nicht ihr Inhalt, sondern allein ihr Umfang. Auch der bereits angeführte Beschluss des Obertribunals vom 16.12.1839 spricht nur davon, dass der klagende Ehegatte seinen tief eingewurzelten Widerwillen zu „belegen" habe.[763] Diese Interpretation des § 718 war nicht unbegründet, da der Wortlaut der Bestimmung in der Tat keinen Hinweis darauf enthält, dass der verklagte Ehegatte irgendeinen Anlass für den heftigen und tief eingewurzelten Widerwillen des Klägers gegeben haben musste. Auch aus der Entstehungsgeschichte der Norm ließ sich eine solche Einschränkung des Scheidungsgrundes nicht entnehmen; im Gegenteil zeigte sich hier, dass es auf Ehescheidungsgründe, und sei es auch nur in Ansätzen, durchaus nicht ankommen sollte.[764] In dieser Auslegung enthielt § 718 a das „Unerhörte", dass der klagende Ehegatte einen Scheidungs-

761 Mund (S. 136) meint, der Wortlaut der §§ 717 f. spreche an sich dafür, dass bei § 718 a ein weiterer Ehescheidungsgrund hinzutreten müsse, um die Scheidung zu rechtfertigen; nur die historische Auslegung habe zu der Ansicht des Obertribunals führen können. Das überzeugt nicht. Zwar stellt § 717 die Regel auf, dass nicht ohne gesetzlichen Grund geschieden werden soll, jedoch formuliert § 718 a ausdrücklich eine Ausnahme hiervon („Doch soll … in besonderen Fällen …"), und § 718 b spricht gerade davon, dass der die Scheidung „solchergestalt ohne eigentlichen gesetzmäßigen Grund" begehrende Ehegatte die Scheidungsstrafe zu erlegen habe.

762 GesRev 1 S. 450.

763 ObTribE 5, 175. So der Tenor des Beschlusses (S. 178), während der Leitsatz (S. 176): „durch erhebliche Tatsachen unterstützt …, wenn diese auch keinen gesetzmäßigen Grund zur Ehetrennung enthalten", auch dahin interpretiert werden konnte, dass der Kläger im Verhalten des Beklagten liegende Gründe (nur eben andere als die gesetzmäßigen) für seine Abneigung dartun müsse.

764 Das stellt der angeführte Beschluss des Obertribunals ausdrücklich fest (a.a.O. S. 185).

grund aus eigener Schuld herleiten konnte, nämlich auch aus unbegründetem Hass gegen seinen ganz schuldlosen Gatten.[765] Das wurde zunächst hingenommen,[766] so dass § 718 a auch dadurch in der Reformbewegung Gegenstand der heftigsten Angriffe wurde.

Eine Wende trat mit dem Urteil des Obertribunals vom 23.5.1856 ein.[767] Die Klägerin stützte ihre Klage darauf, dass ihr Ehemann mehrfach Selbstmordversuche begangen habe; das habe in ihr einen unüberwindlichen Widerwillen gegen ihn erregt. Das Gericht wies die Klage mit der Begründung ab, die Klägerin habe nicht mit Abneigung reagieren dürfen, sondern weiteren Selbstmordversuchen ihres Mannes nach ihren Kräften vorbeugen müssen. Damit wird – in der Rechtsprechung zum ersten Mal – verlangt, dass der Widerwille durch das (nicht notwendigerweise schuldhafte) Verhalten des anderen Ehegatten gerechtfertigt sein müsse und für sich allein nicht genüge.[768]

765 So Stahl (Sten. Ber. Herrenhaus 1854-55 1. Bd. S. 256 [Stahl Reden S. 110]).

766 Bornemann (V S. 210 f.). Bemerkenswert ist, dass Bornemann diese Auslegung zwar für die einzig richtige hält, zugleich aber die Bestimmung selbst als dem Rechtsgefühl widersprechend bezeichnet; nur die Übereilung bei der letzten Redaktion habe die Aufnahme dieser „Begünstigung der Verbrechen“ in dem Katalog der Scheidungsgründe verschuldet (a. a. O. S. 258 f.). Bornemann meint allerdings, dass Klagen nach § 718 a ohnehin „höchst selten“ vorkämen. Das wird durch die nicht ganz wenigen Entscheidungen zu diesem Tatbestand nicht bestätigt. Diese späteren Klagen sind aber vielleicht darauf zurückzuführen, dass nach dem Erlass der Verordnung vom 28.6.1844 die übrigen Scheidungsgründe (auch § 716) wieder ernsthaft geprüft wurden, so dass zur Scheidung entschlossene Ehegatten nur den Weg des § 718 a beschreiten konnten. Im Jahr 1841 waren dagegen im Bezirk von vier Oberlandesgerichten tatsächlich nur zwei Urteile in einer auf § 718 a gestützten Ehescheidungssache ergangen, u. zw. lauteten beide auf Abweisung der Klage (s. d. Übersicht in GesRev 3 S. 679).

767 StriethA 21, 213.

768 Dass die grundsätzliche Bedeutung dieses Urteils nicht sogleich erkannt wurde, zeigt die Kommentierung bei Koch (§ 718 a Anm. 55 b). Danach könne aus Selbstmordversuchen eines Ehegatten nicht auf unüberwindliche Abneigung des anderen gegen ihn „geschlossen“ werden. In der Entscheidung hatte das Obertribunal aber darauf abgestellt, dass die Klägerin zwar einen solchen Widerwillen gegen ihren Mann gehabt haben möge, dass sie aber „bei richtiger Erkennung ihrer Pflichten“ diesen überwinden und ihrem Mann hätte helfen müssen. Es handelte sich also nicht um eine Tatsachenfeststellung, sondern um eine Wertung.

In diesem Sinn, aber noch deutlicher, hat das Reichsgericht zu § 718 a erklärt, dass die bloße Abneigung, so stark sie auch sein möge, nicht ausreiche, sondern dass für sie „objektive Rechtfertigungsgründe" vorliegen müssten.[769] Aus unmotivierten oder gar verwerflichen Empfindungen dürfe der Widerwille nicht entstanden sein, die Abneigung als solche genüge als Scheidungsgrund nicht. Auf die Entstehungsgeschichte der Norm komme es nicht an. Wenn sich Svarez auf die bekannte Kabinettsorder Friedrichs II. vom 22.5.1783 berufe, so sei das schon deshalb nicht maßgebend, weil diese Order nur die damals anhängigen Prozesse habe regeln wollen; es handele sich um eine „Spezialorder". (Das ist schwerlich zutreffend.) Ihre Tendenz stehe zu den allgemeinen Grundsätzen des Rechtsinstituts der Ehe im Widerspruch; eine so laxe Handhabung der Scheidung widerspreche der sittlichen Bedeutung der Ehe. Im konkreten Fall seien das leichtsinnige Schuldenmachen des Beklagten, der sich habe betrinken wollen, durchaus geeignet, die Abneigung der Ehefrau gegen ihn zu begründen.

Zu dieser Rechtsauffassung hatte sich das Reichsgericht schon in zwei früheren Entscheidungen bekannt, die zwar weit weniger eingehend begründet waren, die aber aus anderen Gründen für die Auslegung des § 718 a von Interesse sind. In seinem Urteil vom 27.11.1884[770] hatte das Gericht als Argument dafür, dass die Abneigung „motiviert" sein müsse, den Wortlaut des § 718 a herangezogen. Ohne solche den Widerwillen rechtfertigende Tatsachen könne der Richter nicht feststellen, ob – wie das Gesetz fordert – jede Hoffnung auf Versöhnung ausgeschlossen ist. Das war der Versuch, ganz nahe am Gesetzestext zu bleiben; überzeugen konnte es letztlich nicht vollständig, da auch dann, wenn der klagende Ehegatte nicht den geringsten Grund für seinen Widerwillen gegen den anderen hatte, bei einem hartnäckig boshaften Charakter dieser Hass nicht ausgeschlossen werden konnte. In einem Urteil vom 16.6.1884[771] hatte das Reichsgericht § 718 a folgerichtig auf den Fall angewandt, dass der verklagte Ehegatte wegen fehlender Schuldfähigkeit einen anderen Scheidungsgrund nicht verwirklicht, aber doch begründeten Anlass für die Abneigung gegeben hatte.

769 Urt. vom 15.12.1887 (RGZ 20, 251).
770 Bolze Bd. 1 S. 278 Nr. 1245.
771 JW 1884 S. 226 Nr. 34.

In späteren Entscheidungen entwickelte das Reichsgericht nahezu eine ständige Rechtsprechung zu den Gründen einer unüberwindbaren Abneigung, also so etwas wie eine zweite Kategorie der Scheidungsgründe, die, minder bedeutsam als die gesetzmäßigen, wenigstens die Klage nach § 718 a rechtfertigen. Dadurch bot sich dem Ehegatten, dem die Ehe unerträglich geworden war, das Aushilfsmittel dieses Scheidungsgrundes, wenn er bereit war, insbesondere die vermögensrechtlichen Folgen der Schuldigerklärung (§ 718 b) zu tragen. Einen geradezu klassischen Fall dieser Art behandelt das Urteil des Reichsgerichts vom 3.11.1890.[772] Der Beklagte hatte an der Fortsetzung der Ehe nur deshalb Interesse, weil die Klägerin ein bedeutendes Vermögen eingebracht hatte. Als sie in bedrängter Lage war, hatte er sie, ohne ihr irgendwie entgegenzukommen, lediglich auf den Rechtsweg verwiesen. Diese Gesinnung ergab für sich allein keinen gesetzmäßigen Scheidungsgrund, wohl aber erklärte das Reichsgericht die unbezwingliche Abneigung der Klägerin gegen ihren Ehemann für gerechtfertigt und schied die Ehe gemäß § 718 a. In einer etwa gleichzeitigen Entscheidung vom 24.11.1890[773] sah das Gericht die Abneigung des Ehemanns gegen seine Frau als berechtigt an, weil diese ihn mit Prozessen überzogen und ihm zweimal zugerufen hatte, er möge sich das Genick brechen.

In dieser Auslegung des Reichsgerichts[774] kam § 718 a der Praxis des gemeinen Rechts ziemlich nahe, allerdings der älteren („laxeren"), während die gleichzeitige Judikatur des Reichsgerichts zum gemeinen Recht – wie dargestellt – den Scheidungsgrund der einseitigen Abneigung beseitigt hatte. Auf beiden Rechtsgebieten war somit gegen Ende des Jahrhunderts eine strengere Auffassung zur Herrschaft gekommen, die jeweils bis an die Grenze des Vertretbaren führte. Sehr überzeugend ist dabei die von Mund für die Rechtsprechung zum ALR geäußerte Vermutung, in der letzten Zeit vor 1900 habe das Reichsgericht bereits die Gesetzgebungsarbeiten zum BGB beachtet.[775]

772 Bolze Bd. 11 S. 256 Nr. 498.

773 Bolze Bd. 11 S. 256 Nr. 497.

774 Im Schrifttum gibt Erler (S. 111 f.) die Rechtsprechung des Reichsgerichts wieder. Förster/ Eccius (§ 212 [S. 98]) kommen zum selben Ergebnis, dass nämlich die Abneigung auch durch andere als die gesetzmäßigen Gründe gerechtfertigt sein könne, nämlich aus dem „sonstigen Verhalten eines Ehegatten".

775 Mund S. 176 f.

Eine weniger schwierige und nicht ernsthaft bestrittene Auslegung des § 718 a besagt, dass die Bestimmung auch auf Ehen anzuwenden ist, in denen Kinder vorhanden sind. Dies ergibt sich aus der Entstehungsgeschichte der Norm,[776] aber auch aus dem Wortlaut der §§ 717 und 718 a, indem das einleitende „Außer in diesem Falle" die Scheidung aufgrund einseitiger Abneigung durchaus von den Voraussetzungen des § 716 abhebt. Diese Interpretation des § 718 a ist auch in der Literatur stets als die richtige bezeichnet worden.[777] Die Rechtsprechung nahm sie gleichfalls als selbstverständlich an.[778]

Somit war der Scheidungsgrund der heftigen Abneigung durch die Gerichtspraxis einerseits beschränkt worden (insofern die Abneigung gerechtfertigt sein musste), andererseits durch seine Geltung auch für Ehen mit Kindern mit beachtlichem Anwendungsbereich ausgestattet.

Eine Gegenwirkung gegen die wegen der nicht verlangten Kinderlosigkeit erleichterte Scheidungsmöglichkeit des § 718 a sollte § 718 b entfalten, wonach der Scheidungswillige im Urteil als schuldiger Teil zu bezeichnen und die Scheidungsstrafe des II 1 § 786 zu tragen, d.h. dem widersprechenden Ehegatten eine Abfindung von einem Sechstel seines Vermögens zu leisten hatte. Diese Bestimmung war von Svarez nicht besonders begründet, aber dann ohne Widerspruch beschlossen worden.[779] Der Revisor hielt die Regelung für nahezu selbstverständlich, da der Ehegatte, der die Scheidung ohne gesetzmäßigen Grund verlange, damit den Vertrag der Ehe breche und eine „wirkliche Rechtsverletzung" begehe. Aufhebung dieser Norm wurde denn auch bei der Revision von 1830 nicht verlangt; im Gegenteil, die Richter des OLG Breslau regten an, die Schei-

776 Vgl. hierzu GesRev 1 S. 453: Nach dem Beschluss des Staatsrats war für die beiden Fälle – gegenseitige Einwilligung und einseitige Abneigung – Kinderlosigkeit nicht Voraussetzung; erst in der letzten Abänderung wurde – aber nur für den ersten Scheidungsgrund – das Fehlen von Kindern zur Bedingung gemacht.

777 Bielitz § 718a Anm.; Bornemann S. 210 f.; Koch § 718 a Anm. 56; Dernburg § 18 (S. 56); Förster/ Eccius § 212 (S. 98); Peters S. 49; Erler S. 111. Der Revisor hatte aus den von ihm eingeholten Stellungnahmen noch erfahren, dass manchen Richtern die Vorschrift zweifelhaft erschien (so auch Merckel § 717 Anm.: „Es ist nicht recht deutlich, ob der § 718 a.b., wie oft geschehen ist, auf Eltern, die Kinder haben, anzuwenden sei".)

778 Beschl. vom 17.6.1844 (ObTribE 10, 47).

779 GesRev 1 S. 454.

dungsstrafe auf die Hälfte, jedenfalls aber auf ein Viertel des Vermögen zu erhöhen.[780]

Die Bestimmung des § 718 b wurde, da das Gesetz eindeutig war, weder von der Rechtsprechung noch von der Literatur jemals angezweifelt. Entsprechend der Abneigung des 19. Jahrhunderts gegen rechtspolitische Wertungen sah das Schrifttum hier keinen Anlass zur Kritik. Erst vor kurzem hat Mund die grundsätzliche Frage gestellt, wie § 718 b in das System der landrechtlichen Scheidungsgründe und ihrer Rechtsfolgen einzuordnen ist.[781] Eine Schuld könne in der unüberwindlichen Abneigung kaum liegen, da Empfindungen nicht willentlich zu steuern seien; das Verschulden könne man sogar eher bei dem beklagten Ehegatten sehen, da dieser die Abneigung des klagenden ausgelöst habe. Das erste der beiden Argumente hatte bereits der Revisor angedeutet: Die Fortdauer der Neigung stehe „nicht in der eigenen Gewalt"; man könne die Abneigung freilich insofern nicht für ganz unverschuldet halten, als sie „immer einigen Leichtsinn bei Eingehung der Ehe präsumieren lässt". Bei diesen Erwägungen ist jedoch übersehen, dass in § 718 b nicht ein Verschulden des Klägers vorausgesetzt ist; vielmehr sind nur die Rechtsfolgen dieselben, als wäre er an der Scheidung schuld. Dies hatte Svarez vor Augen, als er die Norm formulierte, die genau den – ihm natürlich vertrauten – gemeinrechtlichen Bestimmungen über die Scheidungsstrafe entsprach. In einer Konstitution Justinians vom Jahr 533[782], die in Deutschland rezipiert war[783], wird der Fall grundloser Scheidungserklärung für die Scheidungsstrafe dem Fall gleichgestellt, dass den einen Ehegatten ein Verschulden an der Scheidung trifft.[784] Eben dies besagt § 718 b: Das

780 GesRev 1 a. a. O. Gemäß II 1 § 785 hatte der einer groben Eheverfehlung Schuldige (§ 748: etwa Ehebruch, bösliche Verlassung und Lebensnachstellungen) dem Unschuldigen ein Viertel seines Vermögens herauszugeben. Bei geringeren Verfehlungen ermäßigte sich dieser Anteil auf ein Sechstel; dem war gemäß § 718 b der Fall gleichgestellt, dass die Klage nur auf § 718 a gestützt war.

781 Mund S. 146 f.

782 C. 5, 17, 11, 1.

783 Windscheid § 510 (S. 890) Fn. 1.

784 Es heißt dort von den Voraussetzungen einer Scheidungsstrafe: Si vero sine culpa eam reiecerit (grundlose Scheidungserklärung des Ehemanns) vel ipse ... culpam contra innocentem mulierem commiserit (Eheverfehlung des Mannes), ... und entsprechend von den Ehefrauen: Quae sine culpa mariti ... eos repudiaverint vel ipsae culpam ... praebuerint, ... Stets sind dann die Rechtsfolgen dieselben.

Scheidungsbegehren ist grundlos, es hat keinen gesetzmäßigen Grund (§§ 670-716), also steht der klagende Ehegatte einem an der Scheidung schuldigen (einen Scheidungsgrund bietenden) gleich, ohne dass er selbst einen Scheidungsgrund verwirklicht, insbesondere schuldhaft gehandelt hätte.

Neben dieser grundsätzlichen (wenn auch für die Praxis bedeutungslosen) Frage zur systematischen Einordnung des § 718 b betreffen die Schwierigkeiten, die seine Interpretation bot, keine grundlegenden Probleme der Norm.

Im Wortlaut des § 718 b ohne Anhaltspunkt, aber doch vom Obertribunal zunächst vertreten wurde die Ansicht, die Scheidungsstrafe könne nur ausgesprochen werden, wenn sich der die Scheidung begehrende Ehegatte zuvor der Rechtsfolge des § 718 b unterworfen habe. Diese Praxis gab das Obertribunal in seinem Plenarbeschluss vom 17.6.1844 auf.[785] Die Begründung ist eine doppelte. Einmal finde sich in den Materialien kein Hinweis darauf, dass der Gesetzgeber die Scheidung nach § 718 a von einer ausdrücklichen Unterwerfung des Klägers unter die Rechtsfolge des § 718 b habe abhängig machen wollen. Ferner sei jeder Staatsbürger verpflichtet, die Gesetze zu kennen,[786] hier also, dass ein Scheidungsbegehren ohne gesetzmäßigen Grund die Schuldigerklärung und eine Scheidungsstrafe nach sich zieht: dieses Argument erscheint allerdings weniger stringent. Die einfachste, aber auch – wie Mund treffend bemerkt – schlüssigste Argumentation wäre die Interpretation anhand des Wortlauts gewesen.[787]

785 ObTribE 10, 47. Dort ist auch auf die frühere – nicht näher bezeichnete – Rechtsprechung in diesem Punkt hingewiesen, die auch noch von Koch (§ 718 b Fn. 58) erwähnt wird.

786 ALR Einl. § 12: „Es ist aber auch jeder Einwohner des Staats, sich um die Gesetze, welche ihn oder sein Gewerbe und seine Handlungen betreffen, genau zu erkundigen gehalten;und es kann sich Niemand mit der Unwissenheit eines gehörig publizierten Gesetzes entschuldigen" (der Grundsatz Error iuris nocet; vgl. Rehbein/ Reincke 1.Bd. § 12 Fn. 9).

787 Mund S. 145. Ganz fehlt dieser Bezug in dem Beschluss allerdings nicht; s. a. a. O. S. 51: „Nirgends aber ist vorgeschrieben, dass der Richter dieser Verpflichtung [zur Schuldigerklärung] nur dann nachzukommen habe, wenn sich der Kläger den bezeichneten Nachteilen ausdrücklich unterworfen habe"; die Scheidungsstrafe sei eine „unmittelbare gesetzliche Folge" des auf § 718 a gestützten Scheidungsantrags.

In demselben Erkenntnis ist auch gesagt, der Kläger müsse sich auch dann nicht ausdrücklich den Rechtsfolgen des § 718 b unterwerfen, wenn er die Klage nach § 718 a nur hilfsweise erhebt, d. h. für den Fall, dass er die hauptsächlich geltend gemachten Eheverfehlungen des beklagten Ehegatten nicht dartun kann. Damit ist zugleich – ohne dass das Obertribunal dies aussprechen musste – ein weiteres Bedenken beseitigt. Bei der Revision von 1830 hatte ein Richter am Oberappellationssenat des Kammergerichts gemeint, wenn sich der klagende Ehegatte nicht ausdrücklich den Rechtsfolgen des § 718 b unterworfen habe, müsse der Beklagte einen eigenen Antrag nach § 718 b stellen, um in den Genuss der Ehescheidungsstrafe zu kommen.[788]

Dem Plenarbeschluss vom 17.6.1844, dessen Inhalt freilich auch nahezu selbstverständlich erscheint, ist das Schrifttum ohne weiteres gefolgt.[789]

Eine gleichfalls kaum Anlass für Kontroversen bietende Frage war die, ob der Scheidungsrichter § 718 a anwenden könne, ohne zugleich die Rechtsfolgen des § 718 b auszusprechen. Es ergab sich schon aus dem Wortlaut der Bestimmung, dass diese Frage zu verneinen war. Wird einer Scheidungsklage nur wegen unüberwindlicher Abneigung stattgegeben, so muss der klagende Ehegatte zum schuldigen Teil erklärt werden und die Scheidungsstrafe des § 786 tragen. Das folgt zudem aus der dargestellten Herleitung des § 718 b aus dem römischen System der Scheidungsstrafen, wonach der Ehegatte, der grundlos die Trennung begehrt, wie ein Ehegatte zu behandeln ist, dessen Ehe wegen seines Verschuldens getrennt wird. Es ist denn auch von der Rechtsprechung wiederholt ausgesprochen und niemals bestritten worden.[790] Das Ergebnis leuchtet natürlich besonders ein, wenn der klagende Ehegatte – was zunächst nach der von vielen Gerichten vertretenen Ansicht möglich war – die Scheidung verlangte, ohne dass in der Person des anderen irgendein Anlass bestand; es galt aber auch, wenn die Abneigung – nach der dargestellten späteren Rechtsprechung insbesondere des Reichsgerichts – „ge-

788 GesRev 1 S. 454.

789 Koch § 718 b Anm. 58; Dernburg § 18 (S. 57) Anm. 42; Förster/ Eccius § 212 (S. 98) Fn. 47; Hubrich S. 200; Peters S. 49; Erler S. 112.

790 Obertribunal Urt. vom 7.4.1869 (ObTribE 61, 166), zustimmend besprochen von Hinschius in Behrend's Zeitschr. Bd. 4 (1870) S. 579 f.; Urt. vom 6.10.1871 (StriethA 84, 23) Urt. vom 10.5.1876 (ObTribE 77, 182); Urt. vom 12.5.1876 (StriethA 96, 80); Reichsgericht Urt. vom 9.6.1881 (Gruchot 26, 704 Nr. 42).

rechtfertigt“ sein musste. In diesem Fall wäre es zwar denkbar gewesen, dass der Richter das Verhalten des verklagten Gatten berücksichtigt und das Verschulden beider Seiten gegeneinander abgewogen hätte, doch hätte dies dem eindeutigen Wortlaut der §§ 718 a, b widersprochen und wäre auch nur willkürlich zu handhaben gewesen.

Nicht anders als die Scheidung aufgrund beidseitiger Einwilligung ist auch die Scheidung wegen einseitiger Abneigung Gegenstand der Reformbewegung gewesen. Der Revisor wollte § 718 a im Wesentlichen aufrechterhalten, jedoch zur Verhütung leichtsinniger Scheidungsklagen eine Mindest- und Höchstdauer der zu trennenden Ehe voraussetzen, entsprechend den Bestimmungen des Code civil und der von ihm selbst für § 716 vorgesehenen Fristen: Die Ehe musste mindestens zwei und durfte höchstens 20 Jahre bestanden haben. Noch bedeutsamer erscheint, dass der Revisor, die spätere Rechtsprechung des Obertribunals und vor allem des Reichsgerichts vorwegnehmend, die Scheidung nach § 718 a nur zulassen wollte, wenn sie durch einen Grund „vernünftigerweise motiviert“ und „gerechtfertigt“ war; unbegründete Abneigung sollte also nicht genügen.[791] Dem Vorschlag folgte großenteils der Entwurf von 1834 in seinem § 27; folgerichtig für den Fall einseitiger und beiderseitiger Abneigung, da § 716 aufgehoben werden, die bloße Einwilligung beider Ehegatten also nicht genügen sollte. Die Mindestdauer der Ehe war etwas (auf drei Jahre) erhöht; andererseits musste die Abneigung nicht mehr gerechtfertigt sein.[792] Zugleich schlug der Entwurf – was für die Diskussion in den 1840er und 1850er Jahren von großer Bedeutung werden sollte – bei dem Scheidungsgrund der Abneigung und auch bei einigen anderen Tatbeständen als Voraussetzung des Scheidungsurteils ein vorangehendes Verfahren zur zeitweiligen Trennung von Tisch und Bett, und zwar (mit eingehender Begründung) nicht nur in der rudimentären Form, in der auch das Landrecht einstweilige Verfügungen während des Scheidungsstreits vorsah (II 1 § 724), sondern als eigenständiges Verfahren gemäß der Tradition des gemeinen protestantischen Eherechts vor.[793]

791 GesRev 1 S. 451 f. i. V. m. S. 444.

792 GesRev 2 S. 380; Begründung S. 413 f. Diese beruft sich – wie schon Svarez – darauf, dass die erzwungene Fortsetzung einer so „unglücklichen“ Ehe unnötige Härte wäre. Die ansatzweise Verwirklichung des Schuldprinzips in § 718 a ist damit wieder aufgegeben.

793 Vgl. zur separatio temporaria in der späteren Diskussion u. S. 292 ff.

In der strengeren Reformbewegung der 1840er Jahre bestand keine Aussicht, dass §§ 718 a, b erhalten blieben. Sowohl der Entwurf der Kommission von 1842 als auch der des Staatsrats von 1844 sahen in ihrem § 1 die Aufhebung dieses Scheidungsgrundes vor.[794] Die von Savigny hierzu gelieferte Begründung berief sich einmal darauf, dass dieser Tatbestand einzigartig und von keinem der früheren Gesetze und Entwürfe vorweggenommen worden sei; sodann dass hier – wie die Rechtsfolge des § 718 b zeige – ein Fall „bloßer, tadelnswerter Willkür" gegeben sei; schließlich darauf, dass – wenn tatsächlich ein Anlass für die unüberwindbare Abneigung bestehe – die übrigen Scheidungsgründe ausreichten, um dem berechtigten Scheidungsverlangen des Ehegatten Genüge zu tun.[795] Von diesen Argumenten konnte das dritte auch die liberalen Mitglieder des Staatsrats überzeugen. Nachdem die Aufhebung des Scheidungsgrundes der beiderseitigen Einwilligung mit nur geringfügiger Mehrheit in den Entwurf aufgenommen war, wurde die Abstimmung über § 718 vorsichtigerweise bis zum Ende der Beratung über die verbleibenden Tatbestände ausgesetzt.[796] Als diese dann zum größten Teil – wenn auch überwiegend nur als relative Scheidungsgründe – bestätigt waren, konnte die Aufhebung des Tatbestands der einseitigen Abneigung ohne Gegenstimme beschlossen werden.[797]

Der Scheidungsgrund des § 718 a hat somit im Staatsrat eine weit stärkere Ablehnung erfahren als der des § 716 und bei der Schlussabstimmung keinen Verteidiger mehr gefunden. Umso bemerkenswerter erscheint es, dass in der öffentlichen Diskussion die Reformgegner – soweit sie zwischen beiden Tatbeständen unterschieden haben – gegen die Aufhebung des § 716 wenig einzuwenden hatten, den § 718 aber in jedem Fall aufrechterhalten wollten. So schreibt der anonyme Verfasser eine Streitschrift, der Versagung der Scheidung aufgrund gegenseitiger Einwilligung trete er bei, da die Eheleute getrennt leben könnten und eine

794 Savigny Darstellung S. 355, 387.

795 A. a. O. S. 287 ff. Um die Widersinnigkeit des Tatbestandes dazulegen, erwähnt Savigny auch die (offenbar dem Gutachten des Revisors entnommene) Ansicht mehrerer Gerichte, dass die Abneigung schon durch einen in drei Instanzen geführten Rechtsstreit bewiesen werden könne. Auch auf die Inkonsequenz, dass es bei einseitigem Widerwillen – anders als bei § 716 – nicht darauf ankommt, ob Kinder vorhanden sind, wies der Minister hin.

796 GesRev 3 S. 878.

797 Savigny Darstellung S. 289 f.

solche Strafe für leichtsinnige Eheschließungen angemessen sei; bedenklicher sei es, wenn das Scheidungsrecht auf einen Widerwillen und dessen „Ausbrüche" nicht Rücksicht zu nehmen habe.[798] Noch entschiedener spricht sich ein anderer anonymer Autor dahin aus, dass § 716 auch „auf dem protestantisch-religiösen Standpunkte der Ehe nicht zu rechtfertigen" sei; dagegen müsse er der Aufhebung des § 718 widersprechen, da bei heftigem Widerwillen eine „Ehe im Geiste" nicht mehr vorhanden sei und der Richter nur noch ein in der Wirklichkeit nicht mehr bestehendes Band auch rechtlich auflöse.[799] Der radikalste Gegner der Reform, Püttmann, erklärte den § 718 a zum wichtigsten Scheidungsgrund überhaupt, da er gestatte, jede Ehe aufzulösen. Nur die „verschrobenen gesellschaftlichen Verhältnisse" beschränkten die Menschen in ihrer Freiheit, stets „die Liebe auf ihren Thron zu setzen". Durch das Festhalten an einer nicht mehr gewollten Ehe werde „die Würde des Menschen mit Füßen getreten".[800] Nach Ansicht dieser Reformgegner war § 718 a gewissermaßen ein unentbehrlicher Notausgang für hoffnungslos gescheiterte Ehen. In diesem Sinn hatte Svarez die Norm in der Tat formuliert („in besonderen Fällen"; „eine solche unglückliche Ehe"), und der Entwurf von 1834 war ihm gefolgt.[801]

In den parlamentarischen Reformdebatten der 1850er Jahre wurde § 718 kaum noch beachtet, vielmehr nahezu einmütig verworfen. In der

798 Der Ehescheidungs-Entwurf vom Juli 1842 S. 16.

799 Bemerkungen über den Entwurf einer Verordnung über Ehescheidung in den Stimmen über das Ehescheidungsrecht (S. 92 f.). Auch der Verfasser der Schrift „Ein Wort über Ehescheidungen", der die landrechtlichen Scheidungsgründe aufrechterhalten will, nimmt hiervon § 716 aus, da diesem die „niedere Ansicht" der „Vermehrung der Population" zugrunde liege (S. 7 Fn. *). Damit ist allerdings nur ein Teilaspekt der Norm getroffen, nämlich dass bei Ehen mit Kindern keine Scheidung stattfindet und dass diese Ausnahme – wie dargestellt – auf bevölkerungspolitischen Absichten beruht.

800 Bürgerbuch S. 323 f.

801 S. zu dieser im letzten Augenblick in das Landrecht eingefügten Bestimmung: Kamptz' Jahrbücher 41. Bd. (1833) S. 158 f. und o. S. 50 f. Das österreichische ABGB (§ 115) kannte nur die unüberwindliche gegenseitige Abneigung als Scheidungsgrund (für Nichtkatholiken); beide Ehegatten mussten die Scheidung verlangen, zudem war eine vorgängige Trennung von Tisch und Bett Voraussetzung des Urteils, so dass die Regelung dem Project Coccejis gleichkam. Auch dem Code civil war eine dem § 718 a entsprechende Bestimmung unbekannt. Zu der Regelung des Entwurfs von 1834 und seiner Begründung s. o. S. 228.

Regierungsvorlage für das Herrenhaus[802] war nur darauf hingewiesen, dass diese Bestimmung mit dem Wesen der Ehe „noch weniger verträglich" sei als der Tatbestand der gegenseitigen Einwilligung; der Wille einer Partei genüge nicht einmal bei dem unbedeutendsten Vertrag zur Aufhebung. Die Kommission der Kammer schloss sich dem ohne eine Gegenstimme an.[803] Kaum anders war das Schicksal des Tatbestandes im Abgeordnetenhaus. Die Begründung des Entwurfs war inhaltlich dieselbe wie in der Vorlage für das Herrenhaus; in der Kommission stimmte nur eines der 19 Mitglieder für die Beibehaltung des Scheidungsgrundes.[804]

Auf die preußischen Reformentwürfe und die wiederholt von den gesetzgebenden Körperschaften gewollte Aufhebung des § 718 beriefen sich auch die Verfasser der Motive zum BGB.[805]

e) Anteil der §§ 716-718 b am Scheitern der Reform

Wie die gesamten Reformpläne im materiellen Scheidungsrecht wurde auch die Aufhebung der §§ 716-718 b nicht verwirklicht. Dass das Scheitern der Gesetzgebungsvorhaben in den 1850er Jahre nicht an einzelnen Tatbeständen lag, ist bereits kurz gesagt worden.[806] Etwas anderes könnte für die Erfolglosigkeit der von Savigny geleiteten Reform gelten. Friedrich Wilhelm IV. wagte es nicht, den Entwurf des Staatsrats vom April 1844 den (an sich nach dem geltenden Verfassungsrecht nur zur Begutachtung, nicht zur Genehmigung des Gesetzes befugten) Provinzialständen vorzulegen, da er die heftige Ablehnung des Entwurfs erwarten muss-

802 Sten. Ber. Herrenhaus 1854-55 2. Bd. S. 115.

803 A. a. O. S. 125. Aus der Plenardebatte (Generaldiskussion) des Herrenhauses stammt auch die Bemerkung Stahls, der Scheidungsgrund des § 718 a sei etwas „Unerhörtes" (s. o. S. 220 f.).

804 Sten. Ber. Abg.-Haus 1856-57 3. Bd. S. 119, 128.

805 Motive IV S. 569. Das Hauptargument dabei ist, die Abneigung sei ein willkürlicher Scheidungsgrund, der vor dem Gericht gar nicht bewiesen werden könne. Nun hatte sich das Reichsgericht bemüht, die Willkür dadurch einzuschränken, dass der Kläger einen rechtfertigenden Grund für seine Abneigung dartun musste (s. o. S. 222 ff.); dies blieb bei den Gesetzgebungsarbeiten aber unberücksichtigt, einmal weil die einschlägige Rechtsprechung zunächst noch nicht gefestigt war, und vor allem, weil es nicht Aufgabe der Gesetzgebung sein konnte, Normen in der Hoffnung auf eine bestimmte Auslegung zu schaffen.

806 Vgl. o. S. 131.

te.[807] Im Rahmen der vorliegenden, den einzelnen Tatbeständen des Scheidungsrechts gewidmeten Arbeit soll nur gefragt werden, ob dieser Widerspruch entscheidend darauf zurückzuführen war, dass die dem preußischen Recht eigentümlichen Scheidungsgründe der elften Marginalie gänzlich beseitigt werden sollten. Dafür spricht, dass sich der Sturm der liberalen Presse gegen das neue Scheidungsrecht nach der Veröffentlichung des Entwurfs der Kommission darauf berief, die Grundsätze Friedrichs des Großen seien preisgegeben; ein Hauptorgan der Opposition, die Königsberger Zeitung, verteidigte die Möglichkeit, bei gegenseitiger Abneigung die Scheidung zu erreichen, mit den Worten: „Wir halten diese Bestimmung für die Blüte unserer Gesetzgebung, weil sie des freien Menschen würdig ist."[808] In der radikalsten aller Kampfschriften gegen die Reform wendet sich der Verfasser gegen den Entwurf des Staatsrats mit Argumenten, die fast nur gegen die Aufhebung der §§ 716-718 a gerichtet sind; zum Schluss erklärt er, er habe keine Lust, „dem Hrn. v. Savigny und dem Staatsrate in Erwägung der ferneren Scheidungsgründe zu folgen".[809] Andererseits meinte der Hauptvertreter der Reform, Gerlach, die Opposition habe bei der Veröffentlichung des Entwurfs der Kommission „weniger die einzelnen Satzungen als die Prinzipien perhorresziert".[810] Der anonyme Verfasser einer Streitschrift bemerkt, schon vor dem Bekanntwerden des Entwurfs hätten sich viele Stimmen gegen das zu erwartende Ehescheidungsgesetz ausgesprochen.[811] Die Bevölkerung scheint zum Teil angenommen zu haben, nur noch der Ehebruch solle die Scheidung rechtfertigen.[812] Auch hatte sich die Öffentlich-

807 Vgl. die Darstellung bei Buchholz Eherechtsreform S. 185 ff.

808 Treitschke S. 251.

809 Püttmann in dem Aufsatz „Über die Reform der preußischen Ehegesetze" (Deutsches Bürgerbuch für 1845 S. 313 ff.)

810 Gerlach Aufzeichnungen S. 321.

811 Beleuchtung der preußischen Eherechts-Reform S. 1.

812 Dies lässt sich aus einer Bemerkung Holtzes schließen (S. 103): „Großes Ärgernis erregte [in Berlin] die beabsichtigte Ehegesetzgebung, die nur den Ehebruch noch als Scheidungsgrund anerkennen ... wollte". Eine so radikale Einschränkung der Scheidungsmöglichkeit war schon in dem Entwurf der Kommission nicht enthalten. Eigene Auffassung des Autors kann das nicht sein, da Holtze Rechtshistoriker war und u. a. eine mehrbändige Geschichte des Kammergerichts verfasst hat. Vielmehr handelt es sich offenbar um die Wiedergabe dessen, was eine vergröbernde öffentliche Meinung von den Reformplänen glaubte. Glaubt man einer Äußerung Friedrich Wilhelms im Staatsrat, waren manche

keit über die (später aus dem Entwurf herausgenommenen) Strafen erregt, die für den Ehebruch und andere „Frevel gegen die Ehe“ geplant waren.[813] Der Prinz von Preußen (der spätere König Wilhelm I.) meinte im Staatsrat, der Entwurf werde für die öffentliche Meinung und die Provinzialstände annehmbar, wenn von den Scheidungsgründen (nur) die § 716 und § 718 gestrichen würden; zugleich wollte er aber die nach seiner Ansicht zu milde Strafe des Ehebruchs (bis zu einem Jahr Gefängnis) noch verschärfen.[814] Vor allem aber lässt die schwankende Haltung des Königs die Feststellung einer Kausalität hier nicht zu. Zu Beginn der Beratungen im Staatsrat hatte Friedrich Wilhelm erklärt, er werde das Ehegesetz unter keinen Umständen fallen lassen und auch keine Milderung des bisherigen Entwurfs dulden.[815] Nach diesen Beratungen entschied er, das materielle Recht solle nur stückweise reformiert werden; den widerstrebenden Ständen wagte er nicht einmal den gemilderten Entwurf des Staatsrats vorzulegen.[816]

Die Frage, ob gerade die Aufhebung der beiden Tatbestände der elften Marginalie die Reform zum Scheitern gebracht hat oder ob die Reform wegen des vom Liberalismus ausgehenden Widerstandes auch erfolglos geblieben wäre, wenn nur die übrigen Scheidungsgründe eingeschränkt worden wären, muss wie so viele Fragen nach einem hypothetischen Verlauf der Geschichte unbeantwortet bleiben.

f) Zwischenergebnis

Der Scheidungsgrund des übereinstimmenden Willens beider Ehegatten war für das preußische Recht seit Coccejis Project von 1749 kennzeichnend. Im ALR wurde als Voraussetzung hinzugefügt, dass die Ehe kinderlos sein müsse. Dies konnte dahin ausgelegt werden, dass keine Kinder vorhanden waren, dann diente die Einschränkung dem Kindeswohl; oder dahin, dass auch keine Kinder zu erwarten waren, dann soll-

Berliner seiner religiösen Haltung so abgeneigt, dass sie sich auch einreden ließen, der König wolle das Rasieren am Sonntag verbieten, weil es mit dem Gebot der Feiertagsheiligung unvereinbar sei (Gerlach Tagebucheintragung vom 24.1.1843 [Aufzeichnungen S. 328]).

813 Buchholz Eherechtsreform S. 176 ff.

814 Stölzel Rechtsverwaltung S. 543.

815 Kraus I S. 320.

816 A. a. O. S. 326.

te sie die „Population“ befördern, ein Gesichtspunkt, den Svarez, einer Kabinettsorder Friedrichs II. folgend, auch sonst beachtete. Entsprechend unsicher blieben die Urteile zu dieser Einschränkung, auch scheint sie – vor allem von den Untergerichten – keineswegs immer ernst genommen worden zu sein.

Schon bei der Beratung des ALR war dieser Scheidungsgrund starker Kritik unterworfen; in den Reformdebatten war er der Hauptangriffspunkt, wobei die zunächst ins Auge gefasste Erschwerung durch die Anhäufung formaler Hindernisse (entsprechend den Regeln des Code civil) in der späteren, konfessionell-konservativen Reformbewegung durch die Absicht ersetzt wurde, diesen dem Naturrecht und der Aufklärung entstammenden Tatbestand gänzlich aufzuheben. Mit gleicher Energie wurde er von den liberalen Reformgegnern der 1840er Jahre verteidigt.

Als einen letzten Ausweg für eine schuldlos zerrüttete Ehe hatte Svarez die Bestimmung hinzugefügt, dass einseitige Abneigung zur Scheidung genügt, wenn der Scheidungswillige dafür in Kauf nimmt, dass er wie ein an der Auflösung der Ehe schuldiger Teil die Scheidungsstrafe (Abfindung) zu tragen hat. Auch diese Bestimmung sollte nach dem Willen der Reformer der 1840er und 1850er Jahre entfallen. Da trotz mehrfacher Anläufe das gewünschte Gesetz nicht zustande kam, fand das Reichsgericht in Vorwegnahme der am Ende des 19. Jahrhunderts absehbaren Beschränkung auf schuldhafte Scheidungsgründe den Ausweg, dass die Abneigung immerhin motiviert sein müsse. Damit schuf es gewissermaßen eine zweite Kategorie von Scheidungsgründen, die nicht die Intensität der gesetzlich normierten erreichten, aber doch einen Grund der Abneigung verlangten und ganz willkürliche Scheidungsbegehren ausschlossen.

II. Die Einwendungen gegen den Scheidungsanspruch

Den elf Marginalien, die das Gesetz als „Ursachen zur Ehescheidung", d. h. als Scheidungsgründe, aufführt, folgen in konsequenter Systematik zwei Marginalien, die dem auf Scheidung verklagten Ehegatten ein Gegenrecht, eine Einrede, verschaffen. Von den Reformbemühungen waren diese Tatbestände wenig betroffen; in den 1840er und 1850er Jahren wurden sie gar nicht mehr behandelt, da sich die Reformbewegung jetzt auf die Scheidungsgründe (und das Verfahrensrecht) konzentrierte und die Einreden nur wenig zur Erschwerung der Scheidungen beitragen konnten. Jedoch geben beide Einreden Gelegenheit, eigentümliche Züge des preußischen Rechts darzustellen.

1. Veranlassung (§ 719)

II 1 § 719

> Wenn der auf die Scheidung dringende Ehegatte den anderen, welcher die Ehe fortsetzen will, zu denjenigen Vergehungen, auf welche die Scheidung gegründet wird, durch sein unsittliches Betragen selbst veranlasst hat: so findet die Scheidungsklage nicht statt.

Die Bezeichnung dieses Paragraphen („Von der Kompensation bei Ehescheidungsklagen") ist – wie auch sonst nicht selten – ungenau. Eine „Kompensation" im eigentlichen Sinn würde bedeuten, dass der die Scheidung begehrende Ehegatte mit seiner Klage deshalb abgewiesen wird, weil der andere gleichfalls – unabhängig hiervon – einen Scheidungsgrund hat, sei es denselben oder einen gleich schweren, jedenfalls aber überhaupt einen Scheidungsgrund.[817] Eine Kompensation in dieser Bedeutung enthält § 719 nicht. Die hier dem Beklagten gewährte Einrede muss vielmehr als Einrede der Beförderung bezeichnet werden.[818]

Kompensation im eigentlichen Sinn sollte nach Svarez' Entwurf zum ALR allgemein für den Fall gelten, dass beide Ehegatten denselben Scheidungsgrund verwirklicht hatten; dann sollte keiner von ihnen die Schei-

817 Hubrich S. 201; Erler S. 113.

818 Hubrich S. 201. Mund (S. 151) gibt den Inhalt der Marginalie treffend als „Provokation … von Ehevergehen" wieder.

dung verlangen können: „Kein Ehegatte soll wegen solcher Vergehungen des anderen, deren er sich seines Orts ebenfalls schuldig gemacht hat, auf Trennung der Ehe zu dringen berechtigt sein."[819] Als mehrere Stellungnahmen sich dagegen aussprachen, wurde Svarez bedenklich und lehnte die Anwendung des Kompensationsprinzips grundsätzlich ab;[820] freilich mit einer Ausnahme, nämlich für den Ehebruch, allerdings nur zu Lasten der Ehefrau, während der selbst ehebrecherische Mann die Scheidung von seiner untreuen Frau verlangen konnte (§§ 670 f.).[821] In diesem Punkt stand das Landrecht (abgesehen von der Ungleichbehandlung der Geschlechter) mit dem gemeinen Recht in keinem Widerspruch, da auch dort die Kompensation wegen beiderseitigen Ehebruchs allgemein anerkannt, die Ausdehnung auf andere Scheidungsgründe aber durchaus umstritten war.[822] Was Svarez zu seiner Sinnesänderung bewogen hat, ist nicht ohne weiteres erkennbar. Im Ergebnis führt die Ablehnung des Kompensationsrechts zur Scheidungserleichterung; möglicherweise war dies der Grund für die Monenten und für Svarez, den Einwand auf den Fall beiderseitigen Ehebruchs zu beschränken. Es wird gezeigt werden, dass diejenigen Schriftsteller, die eine strenge Auffassung vom Scheidungsrecht hatten und deshalb die Scheidungsgründe verringern wollten, zugleich das Kompensationsprinzip vertraten.

---

819 Entwurf Erster Teil Abt. I Titel I § 525; GesRev 1 S. 364, 455; Bornemann V S. 211 f. In dem Ehescheidungsedikt von 1782 hatte Svarez gar die Kompensation allgemein zugelassen, wenn „beide Eheleute einander durch ihr Betragen zu gegründeten Beschwerden Anlass gegeben" (§ 31); das entsprach seiner damaligen Absicht, durch das Edikt die Scheidungen möglichst zu verhindern.

820 Die von Svarez zunächst gemachte Ausnahme für den Fall der impotentia superveniens (s. Bornemann S. 212) erklärt sich zwar daraus, dass nach dem Entwurf nur die verschuldete Untauglichkeit einen Scheidungsgrund bilden sollte (vgl. o. S. 113 f.) und diese dann ein kompensationsfähiges Ehevergehen bildete; weshalb jedoch gerade hier die Scheidung ausgeschlossen sein sollte, wenn sich beide Ehegatten schuldhaft unfähig gemacht hatten, lässt sich schwer verstehen. Eine Vermutung wäre, dass sich Svarez auch hier von dem immer wiederkehrenden Gedanken an die Bevölkerungspolitik hat leiten lassen. Denn wenn beide Ehegatten zeugungsunfähig geworden sind, ist von ihnen auch dann kein Nachwuchs zu erwarten, wenn sie neue Ehen eingehen (was bei den anderen Ehescheidungsgründen die Trennung rechtfertigen kann).

821 Vgl. hierzu o. S. 56 f.

822 Hubrich S. 126 ff. Die Lehrmeinungen sind auch angeführt in dem Urteil des Reichsgerichts vom 4.6.1887 (RGZ 18, 225).

Obwohl Svarez die Kompensation (mit der einen Ausnahme der §§ 670 f.) verworfen hatte, vermochte er sich gleichwohl bei der Weiterarbeit am Landrecht nicht gänzlich von dem Rechtsgedanken zu lösen. Das zeigt nicht nur die (ungenaue) Formulierung der Marginalie, sondern vor allem seine Bemerkung zu dem späteren § 719, die der Lehre und Rechtsprechung nicht wenige Schwierigkeiten gemacht hat. Er erklärt nämlich die Regelung des § 719 zur „Ausnahme" von dem Kompensationsverbot, d. h. bei begrifflich strenger Betrachtung als einen Fall dieser Einrede; darüber hinaus bestimmt er den Inhalt dieser Ausnahme so, dass der beklagte Ehegatte die Scheidung verweigern kann, wenn ihn der Kläger durch unmoralisches Verhalten zu der Vergehung veranlasst hat; es genüge, dass das „unmoralische Betragen des einen die Gelegenheit und Verleitung zu den Vergehungen des anderen gewesen ist".[823]

Würde § 719 im Licht dieser Bemerkung Svarez' ausgelegt, so käme das in vielen Fällen der Anerkennung einer Kompensation gleich. Der Unterschied zur Kompensation im eigentlichen Sinn läge nur darin, dass bei § 719 irgendeine Kausalität zwischen dem unsittlichen Verhalten des einen und der Eheverfehlung des anderen bestehen müsste; die Einrede wäre auf der anderen Seite sogar gegenüber der Kompensation erweitert, indem nicht nur ein Scheidungsgrund, sondern jedes unmoralische Betragen des Klägers die Klage zu Fall bringen würde, wenn der Beklagte dadurch zu seiner Eheverfehlung veranlasst worden ist. Dieser Auslegung des § 719 ist als Erster und mit den eingehendsten Argumenten Bornemann entgegengetreten. Da der Gesetzgeber die Einrede der Kompensation gerade habe aufheben wollen, lasse sich die Bestimmung nicht dahin interpretieren, dass sie eine Vielzahl von Kompensationsfällen erfassen und die rechtsvernichtenden Verfehlungen des klagenden Ehegatten sogar noch erweitern sollte. Vielmehr müsse man das „Veranlassen" einschränken und als absichtliches Verleiten verstehen.[824]

823 Text bei Bornemann V S. 212.

824 Bornemann V S. 212. Wenn der Autor als zusätzliches Argument anführt, es entstünde bei weiter Auslegung des „Veranlassens" ein Widerspruch zu §§ 670 f., so erscheint das nicht zwingend. § 670 behielte seine Bedeutung in dem Regelfall, dass nämlich der Ehemann auf Scheidung klagt, obwohl er selbst untreu gewesen ist; dem könnte die Frau nicht widersprechen. Hat aber der Mann durch seine Untreue der Frau den Anlass dazu gegeben, dass sie selbst Ehebruch beging, so stünde ihr die Einrede des § 719 zu.

Das Schrifttum hat sich der Ansicht Bornemanns nur zum Teil angeschlossen.[825] Auch die veröffentlichte Rechtsprechung hat meist nur darauf bestanden, dass das unsittliche Verhalten des klagenden Ehegatten für die Eheverfehlung des anderen ursächlich gewesen sein müsse (andernfalls wäre in der Tat nicht die Einrede der Beförderung, sondern nur die der Kompensation einschlägig, die das Landrecht gerade ausschließt); zu der Frage, ob dazu die absichtliche Verleitung kommen müsse, hat sie sich kaum geäußert, da der Tatbestand des § 719 ohnehin zu verneinen war.[826] In seinem letzten Urteil zum Scheidungsrecht des ALR hat sich das Reichsgericht allerdings dafür ausgesprochen, dass § 719 eine absichtliche Verletzung erfordere; doch lässt es daneben auch die andere Auffassung gelten; nun müsse man dann „wenigstens verlangen", dass das unsittliche Verhalten des klagenden Ehegatten die Ursache (und nicht bloß ein befördernder Umstand) für die Eheverfehlung des anderen gewesen ist.[827]

825 Vor Bornemann: Bielitz § 719 Anm. mit dem schwachen Argument, die Marginalie zeige „ganz deutlich", dass Kompensation gemeint sei. Später Koch § 719 Anm. 59: Vorsatz sei nach dem Wortlaut des Gesetzes nicht zu fordern, da es sonst „verleiten" heißen müsse; Dernburg § 19 (S. 59) Anm. 13; Peters S. 51: Es werde Ursächlichkeit, nicht absichtliches Verleiten verlangt. Förster/ Eccius (§ 212 [S. 99 f.]) erwähnen einerseits die Äußerung Svarez', sagen aber andererseits, die Praxis erkenne nur die absichtliche Verleitung als tatbestandsmäßig an. Ganz wie Bornemann äußert sich nur Hubrich (S. 201): Andernfalls müsste man in jedem nicht ganz ordnungsgemäßen Betragen eines Ehegatten einen Entschuldigungsgrund für die Eheverfehlung des anderen sehen.

826 Kaum zutreffend ist es, wenn Rönne (§ 719 Anm. 1) und Förster/ Eccius (§ 212 [S. 100] Fn. 56) sagen, das OAG München habe in seinem Urteil vom 3.8.1850 (SeuffBl. 16, 253) gemäß der Ansicht Bornemanns entschieden. Dieser ist in dem Urteil zwar zitiert, auch sagt das Gericht, dass „nach der Praxis" nur absichtliches Verleiten den Tatbestand des § 719 erfülle (a. a. O. S. 254); in dem zu entscheidenden Fall wurde die Einrede aber deshalb für begründet erklärt, weil der Ehemann, der von seiner Frau wegen ihrer Zanksucht (§ 703) geschieden werden wollte, sie zuvor durch Beleidigungen und Tätlichkeiten gereizt hatte. Von einer vorsätzlichen Verleitung, um einen Scheidungsgrund zu schaffen, konnte dabei schwerlich die Rede sein.

827 Urt. vom 7.4.1899 (RGZ 43, 345). In einer früheren Entscheidung (Urt. vom 19.9.1889 [JW 1889 S. 426 Nr. 15]) hatte das Reichsgericht nur einen „ursächlichen Zusammenhang" zwischen dem unsittlichen Verhalten des einen und der Eheverfehlung des anderen Gatten gefordert. So auch noch das Urteil vom 26.1.1891 (Bolze Bd. 11 S. 258 Nr. 502).

Auch unabhängig von der Frage, ob § 719 eine absichtliche Verleitung voraussetzt, hat die Rechtsprechung die Anwendung der Einrede eingeschränkt, indem sie bisweilen die Kausalität nicht näher untersuchte, sondern eine Wertung einschob. Fälle dieser Art ergaben sich vor allem dann, wenn Ehebruch und bösliche Verlassung i. S. d. § 719 „kompensiert" werden sollten, etwa wenn die Frau ihren Ehemann böslich verlassen hatte (§ 677) und dieser dann nach einiger Zeit eine außereheliche Beziehung aufgenommen hatte, wegen dessen die Frau ihn nach § 670 auf Scheidung verklagte. Dieser Sachverhalt lag dem Urteil des Obertribunals vom 2.2.1855 zugrunde.[828] Das Gericht wies die Einrede des Mannes(§ 719) mit der sehr allgemein gehaltenen Bemerkung zurück, es könne „unter keinen Umständen die Rede [davon] sein", dass die Klägerin durch ihr bösliches Verlassen dem Beklagten Anlass gegeben habe, die eheliche Treue zu verletzen. Einen anderen Sachverhalt betraf das zweite der einschlägigen Urteile des Obertribunals.[829] Der Ehemann verklagte seine Frau wegen Ehebruchs auf Scheidung; diese wandte ein, der Mann habe ihr zuvor keinen Unterhalt gewährt und sie aufgefordert, sich anderen Männern hinzugeben. Das Kammergericht als Berufungsinstanz hatte dies als „Veranlassung" i. S. d. § 719 angesehen und die Klage des Ehemanns abgewiesen. Das Obertribunal änderte diese Entscheidung ab und erklärte die Einrede der Ehefrau für unbegründet; nicht weil es die Kausalität zwischen dem Betragen des Ehemanns und dem Ehebruch der Frau verneinte, sondern weil die Beklagte in dem Verhalten ihres Mannes „keine irgend entschuldbare Veranlassung [zum Ehebruch] finden" durfte, möge das Verhalten des Mannes auch unmoralisch und tadelnswert gewesen sein. Zu völliger Deutlichkeit kommt diese Begründung in der Rechtsprechung des Reichsgerichts, wonach das unsittliche Verhalten eines Ehegatte des anderen niemals zu einem Ehevergehen berechtigen könne, da die moralische Führung der Ehe „eine sittliche Forderung der Ehe selbst, und nicht bloß ein Anspruch des anderen Gatten ist".[830] Im Ergebnis ist damit eine Erweiterung des Rechts auf Scheidung

828 StriethA 16,249.

829 Urt. vom 18.12.1865 (StriethA 61, 280).

830 Urt. des Reichsgerichts vom 7.4.1889 (RGZ 43, 345). – So hatte schon zweieinhalb Jahrhunderte zuvor der Rechtslehrer Brunnemann (1608-1672; Professor in Frankfurt a.d.O.) argumentiert (im Fall des durch die desertio des Ehemanns veranlassten Ehebruchs der Frau; Zitat bei Hubrich S. 128 Fn. 2): Ob adulterium facienda etiam separatio, licet maritus desertione vel eiectione causam adul-

bewirkt, die – jedenfalls in der Begründung des Reichsgerichts – in fast paradoxer Weise auf die Würde der Ehe als Institution zurückgeführt wird. Dass vor dem Rechtsgefühl oder der sittlichen Empfindung auch die entgegengesetzte Lösung Bestand haben konnte, zeigt die Kritik, die Koch an den beiden Urteilen des Obertribunals geübt hat, vor allem an dem Urteil vom 2.2.1855[831]. Die Frau, die zuerst die Ehe (durch bösliche Verlassung) gebrochen hat, sei nicht berechtigt, dem Ehemann seine spätere Untreue vorzuwerfen: „Wie vermag sie Treue zu fordern, nachdem sie schon vorher untreu geworden?“[832]

In welchem Maß der § 719 eine Abwägung unter Gerechtigkeitsgesichtspunkten erforderte (wozu die preußische Rechtsprechung sonst wenig Neigung hatte), zeigt ein von Beginn an umstrittenes Urteil des Obertribunals vom Anfang der 1860er Jahre.[833] Der Ehemann hatte seine Frau im Verdacht, ehebrecherische Beziehungen zu unterhalten. Um sich hierüber Gewissheit zu verschaffen, veranlasste er einen Freund, seiner Frau einschlägige Anträge zu machen. Die Frau ging hierauf ohne weiteres ein, so dass der Ehemann sie auf frischer Tat stellen konnte. Er erhob die Scheidungsklage nach § 670; das Gericht wies diese gemäß § 719 ab, da er seine Frau in sittenwidriger Weise selbst zum Ehebruch veranlasst habe. Diese Ansicht wurde sofort – nämlich von dem Einsen-

terio ... dederit; quia quidlibet pati quam grande nefas committere debeat. Trotz der Veranlassung des Ehebruchs durch die vorangegangene Verfehlung des Ehemanns (causam dederit), war die Frau moralisch und rechtlich verpflichtet (debebat), den Ehebruch (das grande nefas) zu vermeiden.

831 Koch § 719 Anm. 59.

832 Auch Dernburg (§ 19 [S. 59] m. Anm. 16) spricht sich, jedoch ohne nähere Begründung, gegen das genannte Urteil des Obertribunals aus. – Wie sehr diese Frage zu allen Zeiten umstritten war, lässt sich daraus zeigen, dass auch diese – der Auffassung des Obertribunals und des Reichsgerichts entgegengesetzte – Rechtsansicht bereits im gemeinen Recht vertreten wurde. J.H. Böhmer (II I § 42 [S. 117]) formuliert als Beispiel einer erfolgreichen Einrede der Beförderung (maritum causam adulterii praebuisse): „Kläger habe ihr beizuwohnen sich geweigert, ja ihr alle Gelegenheit zum Ehebruch an die Hand gegeben, damit er nur eine Sache zu ihr haben könne.“ Das gleicht dem Sachverhalt des Urteils vom 18.12.1865, in dem das Obertribunal die Einrede der Ehefrau nach ALR II 1 § 719 zurückwies.

833 Gruchot 7, 246. Das Datum der Entscheidung geht aus der dortigen Mitteilung nicht hervor. Da der 7. Band der „Beiträge“ 1863 veröffentlicht worden ist, nimmt Mund (S. 156) gewiss zutreffend an, die Entscheidung stamme aus dem Jahr 1862.

der des (ohne die Entscheidungsgründe wiedergegebenen) Urteils – kritisiert[834] und noch unlängst in einer ausführlichen Besprechung als „zweifelhaft“ bezeichnet.[835]

Der Einsender bemerkt. Der betrogene Ehemann habe einen zureichenden Grund gehabt, die Treue seiner Frau zu prüfen, was sich schon durch den Erfolg zeige. Das von ihm eingeschlagene Verfahren sei ebenso wenig zu beanstanden; es handle sich um eine bei jedem Verdacht einer Straftat übliche Aufklärungsmethode, etwa so wie wenn jemand den Schlüssel zu seinem Geldkasten stecken lasse, um den als Dieb Verdächtigten zur Tat zu provozieren. Eine Verletzung zum Ehebruch hätte erfordert, dass der Freund „alle Künste der Verführung“ gegenüber der Frau angewandt hätte. Die Veranlassung zum Ehebruch habe nur in der eigenen Unsittlichkeit der Frau gelegen. Diese Wertung erscheint sachgerechter als die des Obertribunals, das sich offenbar zu sehr auf die „Veranlassung“ der Eheverfehlung gestützt hat. Auch Mund betont in ihrer eingehenden Besprechung des Urteils, dass die Gesinnung der Ehefrau in dem Urteil eine zu geringe Beachtung gefunden habe.[836] Dernburg ist gleichfalls der Ansicht des Obertribunals entgegengetreten: Die Ehefrau sei nicht durch den Ehemann zum Ehebruch bestimmt worden, sondern einer Versuchung erlegen.[837] Auch Erler (der sonst meist der Rechtsauffassung der Obergerichte zustimmt) wendet sich entschieden gegen das Urteil; die Frau sei dem Anerbieten des Freundes nachgekommen, weil es ihr an „moralischer Festigkeit“ gefehlt habe, nicht weil der Ehemann sie zu ihrem Ehevergehen verleitet habe.[838] Nur Hubrich vereidigt die Ansicht des Gerichts, da der Ehemann in unsittlicher Weise den Ehe-

834 Einsender war „C.K. in Magdeburg“, vermutlich der Anwalt des schon in der ersten Instanz vor dem Stadt- und Kreisgericht Magdeburg unterlegenen Klägers.

835 Mund S. 156 ff.

836 Mund S. 158. Dort auch ein scharfsinniger Versuch, das Ergebnis der Entscheidung, die Klageabweisung, unabhängig von der auch nach Munds Ansicht verfehlten Wertung, zu begründen: § 719 bilde einen Rechtfertigungsgrund; das Verhalten des Ehemanns habe den Ehebruch an sich gerechtfertigt; da die Frau von der Weisung des Mannes an den Freund nichts gewusst habe, habe sie nach strafrechtlichen Grundsätzen einen versuchten Ehebruch begangen, der gemäß der Rechtsprechung des Obertribunals zu § 670 keinen Scheidungsgrund bilde.

837 Dernburg § 19 (S. 59) Anm. 14.

838 Erler S. 116 f.

bruch befördert habe und sein Verhalten keinesfalls als zulässiges Mittel der Beweisgewinnung angesehen werden könne.[839]

Dass aber die Entscheidung des Obertribunals in ihrer Zeit nicht isoliert dasteht, beweist eine gemeinrechtliche Entscheidung in einem nahezu gleichen Fall.[840] Auch dort hatte die Ehefrau einen Ehebruch begangen; ihr Mann hatte die Verfehlung zwar nicht provoziert, sich aber, „um zu einer Scheidungsklage eine Ursache zu gewinnen", als Beobachter unter das Ehebett gelegt; als es tatsächlich – wie er erwartet hatte – zum Ehebruch kam, war er nicht dagegen eingeschritten, sondern hatte das Vergehen „ruhig zugegeben". Dieses Verhalten sei unsittlich und widerrechtlich, so dass die beklagte Ehefrau erfolgreich die Einrede erheben konnte, ihr Ehemann habe ihrer Untreue Vorschub geleistet. Dieses „Vorschub leisten" (Einrede der Beförderung) entsprach dem „Veranlassen" des § 719; für den Vergleich der Entscheidungen kommt es also nicht auf den sonstigen Unterschied der Rechtsordnungen an, sondern nur auf die rechtsethischen Wertungen, die sich durchaus als gleich erweisen. Das OAG Kiel ist dabei, was die Beurteilung der Handlungsweise des Ehemanns betrifft, sogar strenger als das Obertribunal; denn dort war dem Ehemann keine aktive Tätigkeit vorzuwerfen, sondern nur, dass er es unterlassen hatte, den Ehebruch zu verhindern. Wenn das holsteinische Gericht gleichwohl die Scheidungsklage abwies, so scheint auch die Auffassung des preußischen Gerichts durchaus in den rechtsethischen Ansichten der Mitte des 19. Jahrhunderts begründet.

Eine äußerst umstrittene Rechtsfrage, deren Lösung sich aus dem Wortlaut des § 719 nicht ohne weiteres ergab und an die Svarez auch nicht gedacht hatte, ist die nach den Folgen einer Erlaubnis zum Ehebruch. Wenn ein Ehegatte, ohne dass er die Untreue des anderen sonst befördert, diesem den Ehebruch im Voraus gestattet, so kann zweifelhaft sein, ob darin eine „Veranlassung" zu der Eheverfehlung liegt. Das Reichsgericht hat die Anwendung des § 719 auf diesen Fall abgelehnt. Zwar sei das Verhalten des Ehegatten – die Einwilligung – unmoralisch, doch könne darin noch keine Veranlassung zum Ehebruch, keine Beförderung durch den zustimmenden Ehegatten gesehen werden. Es fehle an dem ursächlichen Zusammenhang zwischen der Erlaubnis und dem Ehe-

839 Hubrich S. 201 Fn. 4.

840 Urt. des OAG Kiel vom 6.12.1845 (SeuffA Bd. 7 Nr. 192).

bruch.[841] Diese Auslegung des § 719 hält sich von wertenden Gesichtspunkten frei, anders als die Entscheidungen nach gemeinem Recht, die sich mangels einer bestimmten Norm auf allgemeine Rechtsgedanken stützen mussten. Die Judikatur dieses Rechtsgebiets hielt die Einwilligung zum Teil für unbeachtlich, da sittenwidrig; sie hindere den Scheidungsanspruch nicht. Nach der Gegenmeinung verwirkte der einwilligende Ehegatte den Anspruch auf Scheidung wegen seiner eigenen turpitudo. Beide Auffassungen wurden in nahezu gleichem Umfang vertreten.[842] Erneut zeigt sich hier der Gegensatz der Rechtsprechung zum ALR mit ihrer so lange wie möglich dem Gesetzeswortlaut folgenden Interpretation und der Judikatur des gemeinen protestantischen Eherechts, die sich, da ihr kein Gesetz zur Verfügung stand, oft mit allgemeinen Rechtsgedanken helfen musste.[843]

Kompensation i. S. d. § 719, d. h. die Einrede der Beförderung, war nur anfangs ein Gegenstand der Reformbemühungen. Der Revisor schlug vor, den Paragraphen zur Vermeidung von Rechtsunsicherheit so zu fassen, dass nur vorsätzliche Verleitung des anderen Ehegatten den Scheidungsanspruch vernichten sollte.[844] Damit wäre die im Laufe der Zeit zur herrschenden Praxis gewordene Ansicht von vornherein deutlich gewesen. Dieser Anregung folgte der Entwurf von 1834 in seinem § 31, indem dort die Scheidung versagt war, wenn der sie begehrende Ehegatte den

841 RG Urt. vom 22.9.1884 (Gruchot 29 S. 719 Nr. 77); Urt. vom 19.9.1889 (JW 1889 S. 426 Nr. 15 f.).

842 Darstellung mit zahlreichen Nachweisen bei Hubrich S. 125 m. Fn. 2 und 3 und bei Friedberg Kirchenrecht § 160 (S. 447) m. Fn. 31.

843 Vgl. hierzu Döhring S. 345. Ein zum Vergleich gut geeignetes Beispiel bietet hier das Urteil des OAG Jena vom 28.7.1853 (SeuffA Bd. 8 Nr. 268). Dort kommt das thüringische Gericht zu demselben Ergebnis wie das Reichsgericht bei der Anwendung des ALR II 1 § 719, aber mittels dreier allgemeiner Argumente: Einmal sei die Erlaubnis zum Ehebruch sittenwidrig und deshalb nichtig; ferner würde die Zulassung einer so weitgehenden Einrede der Ehe „die gesetzliche Würde rauben" und „mit der christlichen Religion überhaupt unvereinbar" sein. Schließlich beruft sich das OAG noch auf eine Rechtsanalogie zu dem Fall, dass jemand einem anderen verspricht, er werde ihn wegen einer künftigen unerlaubten Handlung (etwa wegen eines Diebstahls) nicht verklagen, was nach römischem Recht wirkungslos sei (D. 2, 14, 27, 4; die Begründung: Expedit enim timere furti poenam, d. h. auf das Scheidungsrecht übertragen: Der Ehebruch muss in jedem Fall seine Konsequenzen für den Ehebrecher behalten).

844 GesRev 1 S. 455 f.

anderen zu der Verfehlung vorsätzlich verleitet oder vorsätzlich Veranlassung gegeben hat.[845] In der energischeren Reformbewegung der 1840er und 1850er Jahre blieb § 719 unbeachtet, da sich die Reform – soweit sie das materielle Recht neu ordnen wollte – auf die bedeutsameren Tatbestände konzentrierte, die einen Scheidungsgrund enthielten (§§ 670 bis § 718).

Die Kompensation im eigentlichen Sinn, die nach dem ALR nur im Fall beiderseitigen Ehebruchs und auch hier nur zugunsten des Ehemanns gestattet war (§§ 670 f.), sollte nach Ansicht des Revisors gänzlich aus dem Scheidungsrecht entfernt werden. Das Kompensationsprinzip passe nur auf den Schadensersatz mit seinen „Rechenexempeln", nicht auf das Eherecht; die Ehe werde dadurch zu einer „Strafanstalt", in der jeder die Verfehlungen des anderen ertragen müsse, weil er selbst Gleichartiges begangen habe.[846] Demgemäß schloss § 30 des Entwurfs von 1834 die Kompensation schlechthin aus, auch im Fall beiderseitigen Ehebruchs.[847] Die Reformbewegung der 1840er und 1850er Jahre befasste sich auch mit dieser Frage nicht mehr, obwohl die allgemeine Anerkennung der Kompensation nicht wenige Scheidungen verhindert hätte. Ein Hauptvertreter der Reform, Stahl, versuchte die Berechtigung des Prinzips wenigstens theoretisch darzustellen.[848] Der Anspruch auf Scheidung sei nur ein Recht des unschuldigen Ehegatten; hat sich der Scheidungswillige selbst vergangen, dann müsse man ihm entgegenhalten, dass er selbst noch nicht versucht habe, seine Pflicht zu erfüllen. Die gleiche Argumentation findet sich bei dem wohl strengsten (scheidungsfeindlichsten) Autor des gemeinen Rechts: Rechtshilfe gegen seinen Ehegatten könne nur der relativ unschuldige Ehegatte fordern.[849] Dass eine weite Ausdehnung der Kompensationseinrede die Scheidungen erschwerte, war offensichtlich;[850] das war mit dieser Lehrmeinung auch beabsichtigt. Wenn daher das Bayerische Oberste Landesgericht in seinem Urteil vom

845 GesRev 2 S. 380.
846 GesRev 1 S. 365 ff., 455.
847 GesRev 2 S. 380.
848 Stahl Rechtsphilosophie II 1 S. 462 f.
849 Scheurl Eherecht S. 322 f.
850 Dies spricht das Reichsgericht in seinem Urteil vom 4.6.1887 (RGZ 18, 225) deutlich aus.

20.3.1891[851] die Kompensation schlechthin, d.h. gegen und mit jedem Scheidungsgrund, für statthaft erklärte, so wollte es gewiss – ohne dass dies ausgesprochen wäre – Scheidungen nach Möglichkeit verhindern. Auf das preußische Scheidungsrecht konnten diese teils theoretischen, teils auf das gemeine Recht bezüglichen Kontroversen naturgemäß keinen Einfluss haben. Abschließend ist lediglich zu bemerken, dass das BGB ein Kompensationsrecht schlechthin ablehnt.[852]

Die Einrede der Beförderung ist im BGB auf den Ehebruch beschränkt. Sie verlangt, dass der andere Ehegatte ihm zugestimmt oder sich der Teilnahme an ihm schuldig gemacht hat (§ 1565 Abs. 2 BGB a. F.). Statt der Teilnahme wird später (EheG von 1938 § 47 Abs. 2; EheG von 1946 § 42 Abs. 2) vorausgesetzt, dass der klagende Ehegatte den Ehebruch durch sein Verhalten absichtlich ermöglicht oder erleichtert hat.[853]

851 SeuffA Bd. 47 Nr. 33. Das Gericht setzte sich dabei in Widerspruch zu der in der vorstehenden Fn. angeführten Entscheidung des Reichsgerichts, das allenfalls bei gleichartigen Verfehlungen die Einrede für zulässig hielt. Gemäß § 8 des EGGVG vom 27.1.1877 war das Bayerische Oberste Landesgericht für diese Rechtsstreitigkeiten letzte Instanz (Revisionsinstanz), so dass es auf die Rechtsprechung des Reichsgerichts keine Rücksicht zu nehmen brauchte.

852 Die Begründung findet sich in Mot. IV S. 585 f. Die Einrede widerspreche dem allgemeinen Grundsatz, dass bei gegenseitigen Rechtsverhältnissen der eine Teil das Recht zur Auflösung nicht deshalb verliere, weil er selbst gleichfalls rechtswidrig handelt. Dem folgen zwei Argumente, die schon in der preußischen Diskussion eine Rolle gespielt hatten: Der scheidungsberechtigte Ehegatte erhalte einen „Freibrief" für eigene Verfehlungen (s. o. S. 57); das Scheidungsrecht sei von Straferwägungen freizuhalten (s. o. S. 244). Aus diesen Gründen hätten die meisten neueren Gesetzgebungen, namentlich der Code civil, das Kompensationsprinzip verworfen.

853 Bei der Einrede der Zustimmung kommen die Motive auf ALR II 1 § 719 zu sprechen und darauf, dass das Reichsgericht in seinem Urteil vom 22.9.1884 in der Erlaubnis keine „Veranlassung" gesehen habe. Die Zustimmung musste also, wenn sie gewollt war, ausdrücklich in den Text des Gesetzes aufgenommen werden. Dabei entschied sich die Kommission für die gemeinrechtlich höchst umstrittene Ansicht, dass die Einwilligung die Scheidungsklage zu Fall bringe; nicht weil der zustimmende Ehegatte seinen Anspruch verwirkt habe, sondern weil er sich das Vergehen des anderen zu eigen mache und zeige, dass ihm die Ehe nicht unerträglich geworden ist. Auf eine rechtsethische Wertung wie im gemeinen Recht ist also in diesem Fall verzichtet (Mot. IV S. 586 f.).

1. Verzeihung (§ 720)

Weiterhin folgt, konsequenter Systematik gemäß, auf die Einrede der Verzeihung (Remission), d.h. auf ein Gegenrecht, das sich auf Handlungen vor dem Ehevergehen stützt, ein Gegenrecht, das sich auf Handlungen nach der Verfehlung beruft.

> II 1 § 720
>
> Beleidigungen, welche einmal ausdrücklich verziehen worden, können in der Folge nicht weiter als Ehescheidungsursachen gerügt werden.

Dass unter „Beleidigungen" alle schuldhaften Ehescheidungsgründe zu verstehen sind und nicht etwa nur Ehrenkränkungen, ist offensichtlich. Es ist vom Reichsgericht ausgesprochen worden,[854] während das Schrifttum diesen Punkt meist nicht einmal erwähnt.[855]

Die Einrede der Remission ist wie die der Beförderung (§ 719) aus dem gemeinen Eherecht überkommen.[856] Im Grundsatz versteht sie sich von selbst, nicht anders als im Schuldrecht der Einwand des Erlasses.[857] Für das ALR kennzeichnend ist zunächst, dass nur die ausdrückliche Verzeihung als den Scheidungsanspruch vernichtend anerkannt ist. Die in §§ 721 und 722 enthaltenen Abweichungen vom gemeinen Recht werden im Anschluss zu besprechen sein. Das protestantische Eherecht lässt die Einrede auch dann zu, wenn die Verzeihung nur stillschweigend (durch konkludente Handlung) erklärt wird.[858] Weshalb Svarez schon in

854 RG Urt. vom 15.12.1879 (Gruchot 24, 1028 Nr. 57): Das bedürfe „keiner Ausführung".

855 Schon der erste Kommentator spricht bei § 720 ohne weiteres von „Vergehungen" (Merckel [1812] § 720 Anm.). Nur Dernburg (§ 19 [S. 57] Anm. 1) und Erler (S. 118) bemerken ausdrücklich, dass das Wort „Beleidigungen" nicht im Sinn der Ehrenkränkung zu verstehen sei, sondern alle schuldhaften Scheidungsgründe umfasse.

856 Hartitzsch § 319 (S. 340 f.); Hubrich S. 122 m. Fn. 5.

857 Dieser wird schon im römischen Recht als remissio bezeichnet, z. B. beim Kaufpreis (D. 24, 1, 5, 5) und Pachtgeld (D. 19, 2, 15, 3-7).

858 Hartitzsch S. 340; Hubrich S. 123 m. Fn. 2; Friedberg Kirchenrecht § 160 (S. 447) m. Fn. 29. In dem Urteil des OAG Lübeck vom 12.9.1859 (SeuffA Bd. 14 Nr. 144) werden zwei Autoren aus dem Anfang des 18. Jahrhunderts genannt, die (außer

dem Entwurf zum ALR die Einrede auf die ausdrückliche Verzeihung beschränkt hat, ist aus den Materialien nicht ersichtlich.[859] Denkbar sind zwei miteinander zusammenhängende Gründe: einmal, dass die Scheidung nicht zu sehr erschwert werden sollte, und zum anderen, dass bei der Zulassung konkludenter Verzeihung eine unerwünschte Rechtsunsicherheit zu befürchten war. Auch dürfte Svarez gemeint haben, durch die (dem preußischen Recht eigentümliche) Bestimmung des § 721 (Vernichtung des Scheidungsanspruchs bei einjähriger Fortsetzung der Ehe; s.u.) eine ausreichende und vor allem eine klar bestimmte Regelung für den Fall der Aussöhnung getroffen zu haben.[860] Denkbar ist schließlich auch, dass Svarez die Rechtsähnlichkeit mit dem schuldrechtlichen Erlass berücksichtigen wollte, der eine ausdrückliche Erklärung verlangt (ALR I 16 § 381).

Dass mit dem Ausschluss konkludenter Erklärungen von der Anwendbarkeit des § 720 die erwünschte Rechtssicherheit noch nicht ganz erreicht worden ist, beweist die Rechtsprechung des Obertribunals zur Ausdrücklichkeit der Verzeihung. Zwar konnte die Ansicht des Gerichts, es sei nicht gerade eine bestimmte formulierte Erklärung erforderlich, wohl aber eine „ausdrücklich dem schuldigen Teil gegenüber erklärte Verzeihung"[861], kaum Widerspruch finden, zumal nicht in dem dort ent-

im Fall des ehelichen Verkehrs) nur ausdrückliche Verzeihungen als rechtserheblich betrachten, jedoch war diese Ansicht offenbar schon bald zur Mindermeinung geworden.

859 Vgl. GesRev 1 S. 456. Das Ehescheidungsedikt hatte eine stillschweigende Remission durch den Beischlaf ausgeschlossen (§ 33), sonst nichts über die Verzeihung gesagt; der Entwurf zum ALR enthielt bereits eine dem späteren Gesetz entsprechende Bestimmung (Erster Teil Abt. I Titel I § 527).

860 Dem preußischen Recht folgt auch hier – u.zw. sowohl hinsichtlich der „ausdrücklichen" Verzeihung als auch hinsichtlich der in ALR II 1 § 721 bestimmten Frist – das Gothaische Ehegesetz vom 15.8.1834 (Gesetzsammlung S. 643) in seinem § 101 („Von der Remission").

861 Urt. vom 19.4.1869 (StriethA 74, 246). Das Obertribunal beruft sich auf ALR I 4 § 60 („Wo die Gesetze eine ausdrückliche Erklärung zu der rechtsgültigen Form des Geschäfts erfordern, ist eine stillschweigende Willenserklärung unkräftig"). Das war kaum nötig und wohl auch nicht treffend, da in § 720 von einem Rechtsgeschäft und seiner Form nicht die Rede ist (vgl. die bei Rehbein/Reincke I 4 § 60 Fn. 19 vollständig aufgeführten Fälle einer ausdrücklichen Willenserklärung, zu denen II 1 § 720 nicht gehört). – Die Ausführungen des Obertribunals zur Ausdrücklichkeit sind vom Reichsgericht bestätigt in seinen Urteilen vom

schiedenen Fall: Der Rechtsanwalt hatte den verklagten Ehemann bei einem Vermittlungsversuch ermahnt, die Klägerin „anders zu behandeln"; der Ehemann hatte das versprochen, die Klägerin jedoch nur mit Schweigen reagiert. Außerdem sollten sich die Parteien geküsst haben, was das Gericht schon mittels eines Schlusses a maiore ad minus aus § 722 als unerheblich bezeichnete.

So überzeugend dieses Erkenntnis des Obertribunals erscheint, so wenig gilt das von einer früheren Entscheidung zur Verzeihung, nämlich für das Urteil vom 5.3.1852.[862] Hier wird die dem Landrecht schon an sich innewohnende Rigidität ohne Zwang noch gesteigert. Auch diese Entscheidung ist von Anfang an und noch kürzlich kritisiert worden. Die Ehefrau hatte ihren Mann wegen Ehebruchs und Sävitien auf Scheidung verklagt. Vor dem streitigen Termin zeigten die Eheleute dem Gericht in einem von dem Rechtsanwalt verfassten und von beiden Eheleuten unterzeichneten Schreiben an, sie hätten sich versöhnt; die Klägerin nehme deshalb die Klage zurück. Nachdem das Gericht die Akten weggelegt hatte, nahm die Ehefrau den Rechtsstreit wieder auf. Den Einwand des beklagten Ehemannes, sie habe ihm die gerügten Eheverfehlungen verziehen, wies das Gericht zurück: In der Erklärung, die Parteien hätten sich versöhnt, liege keine ausdrückliche Verzeihung der dem Ehemann vorgeworfenen Eheverfehlungen.

Gegen diese Entscheidung wandte sich alsbald Koch mit der Bemerkung, die Versöhnung schließe die Verzeihung ein; „ohne Vergebung der Sünden keine Versöhnung"[863]. Ebenso bezeichnet Mund die Entscheidung als „zweifelhaft", da das Gericht den Tatbestand des § 720 sehr eng ausgelegt habe, obwohl die Verfasser des ALR die Norm eher weit interpretiert wissen wollten, um Scheidungen zu verhindern.[864] Die Ausle-

---

21.9.1885 und vom 14.1.1886 (Gruchot 30, 130 Nr. 2 und 985 Nr. 82) sowie vom 24.11.1887 (JW 1888 S. 34 Nr. 85).

862 StriethA 6, 63.

863 Koch § 720 Anm. 61.

864 Mund S. 153 f. Wenn die Autorin das Urteil letztlich damit verteidigt, dass die Klägerin Gründe für die Wiederaufnahme des Rechtsstreits gehabt haben werde und dass die Entscheidung somit ihrem Schutzbedürfnis entsprochen habe, so lässt sich das dem mitgeteilten Sachverhalt nicht entnehmen. Richtig ist aber in jedem Fall die Bemerkung Munds, das Urteil des Obertribunals habe keine scheidungsfreundliche Tendenz. In der Tat ist das Urteil lediglich durch eine enge Wortlautinterpretation gekennzeichnet.

gung des § 720 durch das Obertribunal erscheint umso eigensinniger, als die Gleichstellung der Versöhnung mit der Verzeihung nichts gänzlich Neues gewesen wäre, sondern im Schrifttum und vor allem in anderen Rechtsordnungen als selbstverständlich angesehen worden war. Der älteste Kommentar zum Landrecht hatte bei § 720 ohne weiteres von der „Versöhnung" der Eheleute (und nicht von einer „Verzeihung") gesprochen.[865] Der Code civil gewährte gegen den Scheidungsanspruch die Einrede der Versöhnung (réconciliation) der Eheleute vor oder nach Beginn des Scheidungsprozesses.[866] Durch konkludente oder gar (wie im Fall des Obertribunals) ausdrückliche Versöhnung erlischt das Scheidungsrecht.[867] Wie nahe es lag, „Verzeihung" und „Versöhnung" gleich zu behandeln, zeigt auch ein gemeinrechtliches Urteil des OAG München, das bei der Erörterung der Remissionseinrede ganz unbefangen von „Verzeihung und Versöhnung" spricht.[868] Wenn also das Obertribunal in der – sogar schriftlich erklärten – Versöhnung der Eheleute keine Verzeihung sah, so zeigt dies zweierlei: Einmal, dass das Gericht die Bestimmungen über das Scheidungsrecht ganz eng anhand des Wortlauts interpretierte und freieren, auch psychologischen Erwägungen keinen Raum gab; zum anderen, dass es sich weder mit dem Schrifttum noch gar mit anderen Rechtsordnungen auseinandersetzte.[869] Beide Umstände sind in dieser Arbeit schon öfter begegnet.

Eine gleichfalls für das starre Festhalten an dem Wortlaut des ALR kennzeichnende Entscheidung betrifft die Remission in dem Fall, dass der Scheidungsgrund eines Verbrechens vorlag. Zwar war es einhellige

865 Merckel § 720 Anm.

866 Art. 272: L'action en divorce sera éteinte par la réconciliation des époux survenue soit depuis les faits qui auraient pu autoriser cette action, soit depuis la demande en divorce.

867 Hubrich S. 214. Zweifelhaft war nicht, ob die Versöhnung eine Verzeihung enthielt, dies war selbstverständlich; sondern gerade umgekehrt, ob der Verzicht auf den Scheidungsanspruch eine Versöhnung bedeutete; auch dies wurde aber von der französischen Rechtsprechung bejaht (Hubrich S. 215 m. Fn. 5).

868 Urt. vom 22.2.1848 (SeuffA Bd. 2 Nr. 193). In dem Beschluss des OAG Wolfenbüttel vom 17.7.1849 (SeuffA Bd. 12 Nr. 37) wird derselbe Vorgang fünfmal „Aussöhnung" und zweimal „Verzicht" genannt.

869 Dabei ist freilich zu berücksichtigen, dass sich zum Zeitpunkt des Urteilserlasses nur der (wenig ergiebige) Kommentar von Merckel überhaupt zu dem Begriff der Verzeihung geäußert hatte. Die Nichtbeachtung der Literatur kennzeichnet jedoch die Rechtsprechung des Obertribunals allgemein.

Meinung, dass unter den „Beleidigungen" des § 720 auch der Fall des § 704 zu verstehen war; das hätte zweifelhaft sein können, da das Verbrechen nicht eine Handlung gegen den anderen Ehegatten zu bedeuten brauchte.[870] In dem Urteil des Obertribunals vom 11.7.1866[871] ist diese weite Auslegung des § 720 aber wieder in recht formalistischer Weise eingeschränkt. Der Ehemann der Klägerin war in Untersuchungshaft genommen worden; in dieser Zeit schrieb ihm die Ehefrau, sie vergebe ihm sein Verbrechen, werde ihm treu bleiben und sich nicht von ihm scheiden lassen, „selbst wenn er zu Zuchthaus verurteilt" werde. Er wurde dann tatsächlich zu zwölf Jahren Zuchthaus wegen Unterschlagung und Brandstiftung verurteilt und trat diese Strafe auch an. Der auf § 704 gestützten Scheidungsklage gab das Obertribunal statt (in Übereinstimmung mit der Vorinstanz, dem Kammergericht). Die Einrede der Verzeihung helfe dem Beklagten nicht. Denn die Verzeihung könne erst ausgesprochen werden, wenn der Scheidungsgrund entstanden sei; dies sei aber erst dann der Fall, wenn der Täter rechtskräftig verurteilt sei und die Strafe angetreten habe.[872] Die Klägerin habe nur eine „hypothetische" Zusicherung gegeben, nicht aber ausdrücklich Verzicht auf den Scheidungsanspruch geleistet. Hier wird die Frage, welche Voraussetzungen eine Scheidungsklage nach § 704 hat, nicht getrennt von der anderen: Wann die „Beleidigung" begangen ist, so dass sie verziehen werden kann. Die Straftat war dem Ehemann verziehen, und zwar ausdrücklich auch für den Fall, dass er ihretwegen zu Zuchthaus verurteilt würde. Dass das Obertribunal nicht gänzlich von seiner Rechtsauffassung überzeugt war, zeigt seine zusätzliche Begründung für die Zurückweisung der Einrede: Der verklagte Ehemann habe nicht dargetan, dass er die in dem Brief enthaltene Verzeihung auch angenommen habe. Dies überzeugt allerdings noch weniger. Es würde bedeuten, dass die Verzeihung ein Ver-

870 Die sonst so geschmeidige französische Rechtsprechung hat die Versöhnung bei der condamnation (Art. 232 des Code civil) erst nach einigem Zögern als rechtsvernichtende Einrede gegen den Scheidungsanspruch anerkannt (Hubrich S. 215 Fn. 1). Die „faits qui auraient pu autoriser cette action" entsprachen den „Beleidigungen" als Ehescheidungsursachen bei ALR II 1 § 720.

871 StriethA 63, 285.

872 S. zu dieser st. Rspr. des Obertribunals o. S. 163 f.

tragsangebot bildete, das dann freilich als Verzichtserklärung hätte ausdrücklich angenommen werden müssen.[873]

Die Entscheidung des Obertribunals hat sogleich den Widerspruch Kochs erfahren:[874] Die Ehefrau habe nicht ein künftig vielleicht vorfallendes Verbrechen verziehen, sondern ein bereits begangenes; verzichtet habe sie auf ein künftig möglicherweise entstehendes Recht, und weshalb ein solcher Verzicht nicht zulässig sein soll, lasse sich nicht verstehen.[875]

Beigetreten ist der Rechtsansicht des Obertribunals dagegen Erler, der auch sonst in der Regel die obergerichtliche Judikatur gutheißt.[876] Seine Argumentation weicht von der des Gerichts etwas ab; sie kann aber gleichfalls kaum überzeugen. Das Verbrechen könne gar nicht verziehen werden, da die darin liegende Rechtsverletzung das Verhältnis zu dem Ehegatten nur mittelbar treffe. An einen Gegensatz zwischen der unmittelbaren und der mittelbaren Beleidigung ist jedoch bei § 720 schwerlich gedacht. Auch das Begehen einer Straftat ist eine schuldhafte Eheverfehlung, die dem anderen Ehegatten unter der Voraussetzung des „Erleidens" der Strafe einen Scheidungsanspruch gibt; das folgt bereits aus dem Wortlaut des § 704 („Grobe Verbrechen … berechtigen … die Scheidung zu suchen"). Wieder mit anderer Begründung verteidigt Hubrich das Urteil des Obertribunals.[877] Die Schwere einer Straftat werde dem unschuldigen Ehegatten oft erst klar, wenn das Urteil gefällt ist;

873 ALR I 16 §§ 378-381. Dass keine Annahme der Verzeihung erforderlich ist, betont Dernburg § 19 (S. 57 f.). Der Revisor hatte dagegen die Verzeihung als Vertrag und die Eheleute als Vertragsparteien (Kontrahenten) bezeichnet (GesRev 1 S. 456); dies wurde jedoch sonst nirgendwo vertreten, vielmehr ist stets von einer (einseitigen) Erklärung die Rede (vgl. insbesondere das Urt. des Obertribunals vom 19.4. 1869 [StriethA 74, 246] und die in Fn. 861 aufgeführten Entscheidungen des Reichsgerichts). Erler (S. 120) will nicht einmal die Regeln über einseitige Willenserklärungen anwenden, da der Verzeihung „ein wesentlich tatsächlicher Charakter beiwohnt".

874 Koch § 704 Anm. 42.

875 Koch beruft sich hierbei auf den Grundsatz des römischen Rechts (C. 2, 3, 29, 1): Regula est iuris antiqui omnes licentiam habere his quae pro se introducta sunt renuntiare. Dafür, dass man (selbstverständlich) auch auf „hypothetische" Rechte verzichten kann, hätte er auch ALR I 16 § 379 heranziehen können („Die Entsagung eines bereits erworbenen Rechts heißt Erlass, die eines noch zu erwerbenden aber Verzichtsleistung").

876 Erler S. 118 f.

877 Hubrich S. 202 m. Fn. 7.

erst dann könne er dem anderen das Verbrechen ernsthaft verzeihen. Auch hiergegen lassen sich Bedenken erheben. Darauf, wie das Gericht die Straftat bewertet, kommt es für die Verzeihung schwerlich an; stellt sich aber in dem Verfahren heraus, dass der Ehegatte weit mehr verbrochen hat als der andere bei seiner Erklärung wusste, so ist diese ohnehin nicht geeignet, den Scheidungsanspruch zu Fall zu bringen.[878]

Obwohl die Auslegung des § 720 durch das Obertribunal erheblichen Zweifeln ausgesetzt sein musste, hat das Reichsgericht sie zunächst in seinem Urteil vom 15.12.1879 ohne eigene Erörterung bestätigt.[879] Später – fünf Jahre vor dem Ende des ALR – hat sich das Reichsgericht „nach nochmaliger Prüfung" für die von ihm zunächst verworfene Interpretation des § 720 entschieden.[880] Die Straftat sei die Grundlage für das Ehevergehen des § 704; es stehe „begrifflich nichts entgegen", dass die Beleidigung des unschuldigen Teils schon vor der Aburteilung des Verbrechens verziehen werden könne.

Damit hat sich erneut gezeigt, dass die formalistische Rechtsprechung des Obertribunals in vielen Fällen von Reichsgericht in einer Weise abgeändert worden ist, die der Natur der Sache näher kam. Eine scheidungsfreundliche oder scheidungsfeindliche Tendenz lässt sich hier weder bei dem einen noch bei dem anderen Gericht erkennen.

Eine weitere für die Starrheit der preußischen Rechtsprechung kennzeichnende Auslegungsfrage war, ob einer Verzeihung der Vorbehalt der Besserung beigefügt werden kann. Das gemeine Recht sah hierin kein Problem, nahm vielmehr an, jede Verzeihung werde schon an sich unter der Bedingung ausgesprochen, dass sich der schuldige Ehegatte bes-

878 Dies hatte das Reichsgericht in seinem Urteil vom 22.4.1885 (Bolze Bd. 1 S. 279 Nr. 1247) deutlich ausgesprochen. Hubrich berücksichtigt die Entscheidung nicht, vermutlich weil sie zum gemeinen Recht ergangen war; sie ließ sich jedoch ohne weiteres auf ALR II 1 § 720 übertragen.

879 Gruchot 24, 1028 Nr. 157: Die „Beleidigung" liege im „Erleiden der Strafe".

880 RG Urteil vom 25.10.1894 (RGZ 34, 219). Das Berufungsgericht hatte im Ergebnis ebenso entschieden – aber mit einer Begründung, die erweist, dass es, auch wenn es an der bisherigen Rechtsprechung festhielt, diese nach Möglichkeit mildern wollte. Die klagende Ehefrau hatte ihrem zu Zuchthaus verurteilten Mann erklärt, sie wolle sich nicht scheiden lassen; das geschah auf dem Magdeburger Bahnhof, wo der Ehemann in den nach der Strafanstalt fahrenden Zug verbracht wurde. Das OLG Naumburg sah die Strafe als bereits angetreten an, da der Strafantritt mit der Rechtskraft des Urteils erfolge (Letzteres im Widerspruch zu dem in Fn. 565 angeführten Urteil).

sere, d.h. dass der unschuldige, wenn der schuldige später gleichartige Eheverfehlungen begeht, auf die an sich verziehenen zurückkommen darf.[881] Dieser stillschweigende Vorbehalt war in eingeschränkter Gestalt auch nach dem französischen Recht in jeder Versöhnung enthalten: Die verziehenen Tatsachen konnten später zwar nicht als selbständige Scheidungsgründe, wohl aber zur Unterstützung der neuen geltend gemacht werden.[882]

Im Sinn des gemeinen Rechts hatte sich bei der Beratung des ALR auch v. Grolmann geäußert.[883] Gleichwohl wurde dies später niemals angenommen; die Kontroversen betrafen nur die Frage, ob der Verzeihung ein ausdrücklicher Vorbehalt beigefügt werden konnte oder ob diese zusätzliche Erklärung unwirksam war. Der Revisor hatte gemeint, die Verzeihung könne wie jeder Vertrag von Bedingungen abhängig gemacht werden, also auch von der Besserung des schuldigen Ehegatten; zur Klarstellung solle dies allerdings in den Gesetzestext aufgenommen werden.[884] Anders äußerte sich zwei Jahre später das Justizministerium in einem Reskript vom 23.1.1832.[885] Eine solche „Stipulation" sei unzulässig. Zur Begründung beruft es sich streng auf den Wortlaut des § 720: Einmal

881 Hubrich S. 124. Nach dem Beschluss des OAG Wolfenbüttel vom 17.7.1849 (SeufA Bd. 12 Nr. 37) war dies ein von allen deutschen Obergerichten befolgter Rechtssatz. Er gilt allerdings nicht für die Verzeihung durch Ausübung der ehelichen Pflicht (Beischlaf); hier ist sogar ein ausdrücklicher Vorbehalt ohne Wirkung. S. die Erörterung von ALR II 1 § 722, u. S. 262.

882 Hubrich S. 215 (Code civil Art. 273: Der unschuldige Ehegatte kann "intenter une nouvelle [action] pour cause survenue depuis la réconciliation et alors faire usage des anciennes causes pour appuyer sa nouvelle demande". D. h. die vergebenen Verfehlungen können dann nicht als selbständige Scheidungsgründe geltend gemacht werden, wohl aber zur Unterstützung der neuen Vergehen, etwa wenn die neuen injures, für sich genommen, nicht ohne weiteres „graves" sind).

883 GesRev 1 S. 456: Wenn auf die verziehenen Beleidigungen neue gehäuft würden, wachten die alten Rechte des Ehegatten wieder auf.

884 GesRev a. a. O. Der Entwurf von 1834 ist hierauf nicht eingegangen. Wohl aber enthält die Altenburgische Eheordnung vom 13.5.1837 in ihren §§ 201 f. eine ausführliche und den Absichten des Revisors entsprechende Regelung der an die Verzeihung geknüpften „Bedingungen" (Gesetzsammlung S. 109). Bezwecken diese die „Sicherung des ehelichen Glücks" (ist also etwa der Vorbehalt der Besserung gemacht), so wird die Verzeihung unwirksam, wenn der schuldige Ehegatte die Bedingung nicht erfüllt; „fremdartige Bedingungen" (wobei etwa an Geldzahlungen gedacht sein mag) sind dagegen unwirksam.

885 Kamptz' Jahrb. Bd. 39 (1832) S. 132.

verziehene Beleidigungen können schlechthin nicht mehr als Ehescheidungsursachen geltend gemacht werden. Dieser kategorischen Aussage ist Bornemann entgegengetreten.[886] Er unterscheidet, ob die unter Vorbehalt verziehenen Verfehlungen später wieder als selbständige Scheidungsgründe geltend gemacht werden oder aber nur zur Unterstützung der neuen Verfehlungen; das zweite sei ohne weiteres zulässig und werde auch in der Praxis geduldet. Diese Rechtsauffassung entsprach dem französischen Recht. Ob dieses unmittelbar auf den von Bornemann angesprochenen Gerichtsgebrauch eingewirkt hat oder ob dieser selbständig entstanden ist, lässt sich nicht mehr feststellen, da es an veröffentlichten Entscheidungen fehlt.

Dem schloss sich – wie bereits Bornemann bemerkt – die Verordnung über das Verfahren in Ehesachen vom 28.6.1844 an, in deren § 53 als Folge der Klagerücknahme im Ehescheidungsverfahren bestimmt war:

> … die Tatsachen, aus welchen geklagt worden, können als selbständiger Scheidungsgrund nicht mehr geltend gemacht werden.

Hieraus ergab sich eine auffällige Ungleichbehandlung des Vorbehalts. Im Scheidungsprozess musste der Ehegatte, der dem anderen die Eheverfehlung verzeihen wollte, selbstverständlich die Klage zugleich zurücknehmen;[887] der Vorbehalt der Besserung war dann insofern wirkungslos, als er die ständige Geltendmachung des verziehenen Scheidungsgrundes als selbständige Scheidungsursache betraf. Das hat das Obertribunal in seinem Urteil vom 6.7.1864 deutlich und fast unwidersprochen festgestellt.[888] Die Ehefrau hatte den von ihr verklagten Ehemann u. a. einen Ehebruch unter der Bedingung verziehen, dass sich der Mann künftig der bisherigen Verfehlungen enthalte. Nach der Klagerücknahme beschuldigte sie ihren Mann neuer Fälle insbesondere von Trunkenheit und Misshandlungen. Das Berufungsgericht hatte den Beklagten wegen des „Hauptscheidungsgrundes“ Ehebruch verurteilt.[889]

886 Bornemann V S. 213 f.

887 Peters S. 53.

888 ObTribE 54, 206.

889 Das Berufungsgericht (das OLG Naumburg) scheint § 53 der Verordnung übersehen zu haben. Dies wäre umso weniger verwunderlich, als auch das Obertribunal in dem bereits erörterten Urteil vom 5.3.1852 (StriethA 6, 63; vgl. o. S. 248) diese Bestimmung, die nach dem mitgeteilten Sachverhalt zweifellos einschlä-

Dies erklärte das Obertribunal für rechtsirrig, da § 53 der Verordnung vom 28.6.1844 unmissverständlich ausspreche, dass bei einer Klagerücknahme die verziehenen Verfehlungen als selbständige Scheidungsgründe nicht mehr geltend gemacht werden, sondern nur noch zur Unterstützung neuer Scheidungsursachen dienen könnten.[890]

Nachdem mit Wirkung vom 1.10.1879 die Verordnung vom 28.6.1844 durch die ZPO aufgehoben worden war, fand die unterschiedliche Behandlung des Vorbehalts im Prozess und außerhalb des Prozesses ein Ende, da das neue Verfahrensrecht in Ehesachen keine dem § 53 der Verordnung entsprechende Bestimmung für den Fall der Klagerücknahme enthielt. Die Argumente für und gegen die wirksame Beifügung eines Vorbehalts mussten auch nach Prozessbeginn wieder auf allgemeine Grundsätze zurückgreifen. Ein Teil der Autoren hielt die bedingte Verzeihung für statthaft, da dies der rechtsgeschichtlichen Entwicklung und der Natur der Sache entspreche;[891] andere Schriftsteller lehnten dies ab, teils mit dem nicht mehr zu treffenden Hinweis auf § 53 der Verordnung von 1844[892] teils mit eigenen Argumenten: Erler meint, es widerspreche der Natur der Verzeihung, diese nur bedingt wirken zu lassen. Sie sei keine Rechtshandlung (kein Rechtsgeschäft), sondern habe wesentlich einen tatsächlichen Charakter. Einer solchen Handlung könne keine Bedingung hinzugefügt werden.[893]

gig war, unbeachtet gelassen und sich damit der Möglichkeit begeben hat, die Entscheidung statt oder neben der von ihm gewählten Begründung (Versöhnung bedeute keine Verzeihung) auf die sichere Grundlage des § 53 zu stellen. 1852 stand die Verordnung schon acht Jahre in Geltung.

890 Dem ist offenbar nur Hinschius (schon 1866) entgegengetreten (vgl. Rönne § 720 Anm. 5 c); er meint, aus § 53 der Verordnung folge „keine absolute Unzulässigkeit des Vorbehalts", da dieser in der Verordnung gar nicht erwähnt sei, auch nicht als unstatthaft. Die anderen von Rönne a. a. O. genannten Autoren (Dernburg und Peters) sind zu Unrecht als Gegner der obergerichtlichen Rechtsprechung angeführt, da sie die Rechtslage nach der Aufhebung der Verordnung behandeln.

891 Dernburg § 19 (S. 58) m. Fn. 2 und 3, der jedoch zugleich darauf hinweist, dass § 53 der Verordnung vom 28.6.1844 auch nach dem Inkrafttreten der ZPO dann der Sache nach fortgelte, wenn die Klagepartei den Anspruchsverzicht (und nicht nur die Klagerücknahme) erkläre; Peters S. 53.

892 Förster/ Eccius § 212 (S. 100) m. Fn. 59. Diese Ausführungen in dem Lehrbuch von 1888 scheinen aus einer früheren Auflage stehen geblieben zu sein.

893 Erler S. 120.

Eine obergerichtliche Entscheidung zum Vorbehalt der Besserung findet sich im letzten Drittel des 19. Jahrhunderts nicht mehr. Offenbar war die Hinzufügung einer solchen Bedingung außer Gebrauch gekommen. Darüber hinaus bot das ALR so viele Scheidungsgründe, dass bei neuen Verfehlungen des Ehegatten kaum ein Bedürfnis bestand, auf seine alten und verziehenen zurückzukommen.[894]

2. Erweiterung und Ausschluss des § 720

Dem § 720, der den Einwand der Verzeihung regelt, folgen zwei Bestimmungen, welche dieses Gegenrecht teils erweitern (§ 721), teils in einem Fall ausdrücklich ausschließen (§ 722).

> II 1 § 721
>
> Einer ausdrücklichen Verzeihung wird gleich geachtet, wenn der beleidigte Ehegatte, nach erhaltener überzeugender Kenntnis, die Ehe ein Jahr hindurch fortgesetzt hat.

Diese Norm gehört zu den Bestimmungen des Scheidungsrechts, die dem ALR eigentümlich sind. Der Revisor rühmt sie als „zweckmäßig und wohlberechtigt"; sie zeige, dass der dem Landrecht gemachte Vorwurf, es sei zu scheidungsfreundlich, keineswegs durchgehend zutreffe.[895]

Die Vorschrift bietet unter zwei Gesichtspunkten Anlass für eine genauere rechtshistorische Erörterung: Einmal für eine dogmatische Betrachtung, wie sich nämlich das Rechtsinstitut der stillschweigenden Er-

---

894 Auch die Grundsätze Nrn. 108 und 165 des Stadtgerichts Berlin (bei Rönne § 720 Anm. 5 d) lassen nicht erkennen, dass Vorbehalte ausgesprochen worden sind. Das Gericht erklärt zu § 702, die vor der Verzeihung begangenen Tätlichkeiten könnten nur dann zur Unterstützung („wiederholt") herangezogen werden, wenn die Klagepartei einen ausdrücklichen Vorbehalt erklärt habe; d. h. dass hier keine stillschweigende Bedingung wie nach französischem Recht anzunehmen sei. Das entsprach der ständigen Rechtsprechung des Obertribunals (Urt. vom 31.8.1840 [Präj. Nr. 908 - Sammlung S. 153] und Urt. vom 29.2.1864 [StriethA 53, 171]). Damit ist nicht gesagt, dass ein solcher ausdrücklicher Vorbehalt dem Gericht jemals vorgetragen worden ist.

895 GesRev 1 S. 457. Die Bestimmung war schon in dem Entwurf enthalten (Erster Teil Abt. I Titel I § 528), noch nicht dagegen im Edikt von 1782.

klärung – an das bei § 721 als der auf § 720 folgenden Norm zunächst gedacht war – in das Institut der Ausschlussfrist verwandelte, ohne dass dies der Rechtsprechung klar geworden wäre. Der andere Gesichtspunkt betrifft den Fristbeginn im Fall, dass der schuldige Ehegatte eine längere Strafe verbüßt (§ 704); hier wird sich erneut zeigen, wie sehr die preußische Judikatur im Gegensatz zu der des gemeinen Rechts an starren Tatbestandsmerkmalen festhielt, auch wo das im Widerspruch stand zu anderweit ausgesprochenen Rechtsgrundsätzen.

Die Stellung des § 721 in der Marginalie „Remission" und der Bezug auf § 720 zeigen zunächst, dass hier an eine Erklärung gedacht war, und zwar an eine konkludente. Daher musste sogleich eine Kontroverse darüber entstehen, was die Fortsetzung der Ehe zu bedeuten habe, aus der ein Wille zur Verzeihung zu schließen war; d. h. ob es genügte, wenn der unschuldige Ehegatte innerhalb eines Jahres keine Klage auf Scheidung erhob, oder ob irgendeine Willensäußerung erforderlich war, aus der sich die Absicht des unschuldigen Ehegatten folgern ließ, an der Ehe festzuhalten.[896] Das konnte vor allem dann zweifelhaft sein, wenn der Unschuldige sich von dem Schuldigen ein Jahr getrennt hielt und dann Klage erhob. Durchaus folgerichtig war zunächst auf die Bestimmungen des ALR über stillschweigende Willenserklärungen hingewiesen worden,[897] wonach nur solche Handlungen als konkludente Willensäußerungen angesehen werden sollten, aus denen die Absicht des Handelnden „mit Zuverlässigkeit" geschlossen werden kann, und wonach „bloßes Stillschweigen" nur dann als Einwilligung gilt, wenn der Schweigende sich erklären konnte und „vermöge der Gesetze dazu verbunden" war.[898] Dies alles passt nun auf ein bloßes Unterlassen der Klage bei gewolltem Getrenntleben der Eheleute kaum. Wenn trotzdem allgemein angenommen wurde, dass § 721 schon immer dann erfüllt war, wenn der unschuldige Ehegatte ein Jahr lang nicht auf Scheidung geklagt hatte, so konnte sich diese Ansicht auf Svarez' Bemerkungen stützen. Er hatte die Jahresfrist damit begründet, dass sich der Ehegatte nicht „mit der Klage übereilen" solle. Mag darin zunächst das Motiv der Eheerhaltung zum Ausdruck gekommen sein, so ließ sich dem doch auch entnehmen, dass dem

896 GesRev 1 S. 457 f.

897 ALR I §§ 58, 61.

898 Letzteres entsprach der gemeinrechtlichen Praxis: Qui tacet consentire videtur, ubi loqui potuit et debuit (Heilfron Römisches Recht S. 156).

Verfasser des Landrechts die Nichterhebung der Klage als einziges Erfordernis stillschweigender Remission vor Augen stand. Jedenfalls wurde diese Annahme später vom überwiegenden Teil der Literatur vertreten.[899] Die Rechtsprechung des Obertribunals hat sich von Anfang an der im Schrifttum herrschend gewordenen Ansicht angeschlossen, ohne dies freilich selbständig zu begründen.[900] In der Wirkung wurde damit die Ehescheidung erschwert; doch war die Absicht des Gerichts sicherlich nicht auf die Aufrechterhaltung der Ehe gerichtet, sondern auf die Einfachheit der Rechtsfindung. Denn dass die Erhebung oder Nichterhebung der Scheidungsklage leichter festzustellen war als der vorhandene oder fehlende Wille, die Ehe fortzusetzen, liegt auf der Hand.

Die Auffassung, § 721 erfasse eine stillschweigende Willenserklärung, blieb dabei unangefochten, auch wenn eine schärfere Betrachtung hätte zeigen können, dass nach der herrschenden Meinung hier nichts anderes als eine Klagebefristung geregelt war. Praktisch blieb das bedeutungs-

899 So schon der Revisor (GesRev 1 S. 458), der aber noch bemerkt, dass dies mit den Grundsätzen über die stillschweigende Willenserklärung nicht im Einklang stehe. Sodann Bornemann (V S. 214); Koch (§ 721 Anm. 64); Dernburg (§ 19 [S. 59]); Peters S. 51; Hubrich S. 203; Erler S. 121. Dagegen: Bielitz (§§ 720-722 Anm. 5), weil in § 721 von der Klagerhebung keine Rede sei; ferner Förster/ Eccius (§ 21 [S. 100] Fn. 57) mit der Begründung, dass sich bei Absonderung des unschuldigen Ehegatten kein Wille erkennen lasse, die Ehe fortzusetzen.

900 Deutlich ausgesprochen ist dies in dem Leitsatz des Urteils vom 23.7.1838 (Präj. Nr. 499 [Sammlung S. 156]), wo es zu § 721 heißt: „Einer ausdrücklichen Verzeihung ist es gleich zu achten, wenn seit Jahresfrist nach erlangter Kenntnis von dem Ehescheidungsgrunde auf Scheidung nicht geklagt ist, sollte auch eine Privattrennung der Eheleute stattgefunden haben". In späteren Entscheidungen wird dieser Grundsatz als selbstverständlich angenommen: Urt. vom 12.10.1840 (Präj. Nr. 2102 in ObTribE 17, 510); Urt. vom 8.10.1852 (StriethA 21, 245); Urt. vom 29.2.1864 (StriethA 53, 171), noch einmal mit der Bemerkung, dass hier eine „stillschweigende Verzeihung" vorliege. Das Reichsgericht ist dem ohne nähere Ausführungen gefolgt: Urt. vom 5.4.1886 (RGZ 15, 288) mit der Feststellung, als Nichtfortsetzung der Ehe gelte allein die Klageerhebung; Urt. vom 9.4.1885 (Bolze Bd. 1 S. 279 Nr. 1248) in einem Sachverhalt, wo der Kläger die Ehefrau „aus seinem Hause fortgeschickt", d. h. an sich den Willen, die Ehe nicht fortzusetzen, zum Ausdruck gebracht hatte. Hier dürfte schon die aufkommende Erkenntnis eine Rolle gespielt haben, dass es sich bei § 721 nicht um die Interpretation einer Willenserklärung, sondern um die Versäumung einer Ausschlussfrist handelt; vgl. hierzu die Ausführungen im folgenden Absatz des Textes.

los; die richtige dogmatische Einordnung nahm aber erst das BGB vor, indem es die Verzeihung (§ 1570 BGB a. F.) streng von der Frist zur Erhebung der Scheidungsklage trennte (sechs Monate nach Kenntnis von dem Scheidungsgrund, § 1571 Abs. 1 S. 1). Mit der Frage, welches Rechtsinstitut vorlag, hatte sich die Kommission zur Ausarbeitung des Ersten Entwurfs befasst; sie hatte dabei auch den – zuvor niemals ausgesprochenen – Gedanken herangezogen, dass der Sinn der Frist nicht nur darin bestand, eine Verzeihung zu unterstellen, sondern auch darin, dass der Bestand der Ehe nicht längere Zeit ungewiss bleiben solle.[901]

Dass die Rechtsprechung des Obertribunals in ihrer Starrheit auch zu Widersprüchen kam, zeigt die Lösung einer bei § 721 auftretenden besonderen Frage. Wurde der Ehegatte zu einer längeren Freiheitsstrafe verurteilt (II 1 § 704) und verbüßte er diese, so konnte zweifelhaft sein, wann die Frist des § 721 zu laufen begann. Wenn die Fortsetzung der Ehe nichts weiter bedeutete, als dass der unschuldige Ehegatte innerhalb eines Jahres keine Klage erhob, und nicht erforderte, dass er mit dem schuldigen weiter zusammenlebte, so lag es gewiss nahe, § 721 so auszulegen, dass die Jahresfrist mit dem Strafantritt zu laufen begann, d. h. mit dem Zeitpunkt, in dem der unschuldige Ehegatte das Recht auf Scheidung erwarb. Dennoch nahm das Obertribunal an, die Jahresfrist beginne erst mit der Entlassung aus der Strafhaft.[902] Zur Begründung erklärte es: Die Fortsetzung der Ehe während eines Jahres sei ein „so untrügerisches Zeichen des versöhnten Gemütes“, dass der Gesetzgeber sie der ausdrücklichen Verzeihung gleichgestellt habe; diese Bedeutung könne die Fortsetzung der Ehe aber nur haben, wenn sie als individua vitae consuetudo[903] auch möglich sei; solange sich der schuldige Ehegatte in Haft befinde, könne sich gar nicht zeigen, ob der andere ihm die Verfehlung verzeihen wolle. Dieser Ansicht folgte der überwiegende Teil der Literatur.[904] Ein Schriftsteller erweitert die von der Rechtsprechung angenommene aufschiebende Wirkung der Strafhaft konsequent auf den (offenbar nicht

901 Mot. IV S. 604 f.

902 Urt. vom 12.10.1840 (Präj. 925 [Sammlung S. 153]); Urt. vom 2.6.1856 (StriethA 21, 245); Urt. vom 4.11.1870 (StriethA 81, 51; nur dieses enthält eine nähere Begründung).

903 Diese Definition (in seinem Urteil vom 4.11.1879) entnahm das Obertribunal dem römischen Recht (Inst. I 9, 1): Nuptiae autem sive matrimonium est viri et mulieris coniunctio, individuam consuetudinem vitae continens.

904 Dernburg § 19 (S. 58); Peters S. 52; Hubrich S. 203 Fn. 5.

praktisch gewordenen) Fall, dass der schuldige Ehegatte Kriegsdienst leisten muss, d. h. über den Scheidungsgrund des § 704 hinaus.[905]

Widersprochen haben der Ansicht des Obertribunals nur Förster/ Eccius[906] und in neuester Zeit Mund.[907] Diese Autoren sehen in ihr einen Widerspruch zu der Annahme des Obertribunals, der Scheidungsgrund des § 704 sei mit dem Antritt (und nicht etwa erst mit der völligen Verbüßung) der Strafe entstanden. Zu der nur in der letzten der einschlägigen Entscheidungen des Obertribunals (Urt. vom 4.11.1870) gegebenen Begründung verhalten sich die Ausführungen nicht.[908] Auch gegen sie lässt sich einwenden, dass hier ein unübersehbarer Widerspruch zu einem anderen Rechtssatz bestehen bleibt, nämlich zu der bereits dargestellten Annahme der obergerichtlichen Judikatur, es komme für die Fortsetzung der Ehe nicht darauf an, ob die Eheleute während des einen Jahres zusammen oder getrennt leben, sondern nur darauf, ob der unschuldige Ehegatte sein Recht durch Klageerhebung geltend macht. Schon der Revisor hatte die Überzeugung ausgesprochen, dass die Fortsetzung der Ehe ein so unbestimmter Rechtsbegriff sei, dass jeder Versuch einer positiven Bestimmung scheitern müsse und allein die „negative Bestimmung" maßgebend sein könne, dass die Ehe bis zur Klageerhebung als fortgesetzt zu gelten habe.[909]

So scheint sich die Rechtsprechung des Obertribunals in eine Richtung verlaufen zu haben, die gedanklich nicht befriedigte und die darüber hinaus nicht einmal praktisch war; denn bei einer langjährigen Zuchthausstrafe konnte das In-der-Schwebe-Bleiben des Scheidungsrechts weder dem unschuldigen noch dem schuldigen Ehegatten von Nutzen sein, vielmehr hatte es eine große Rechtsunsicherheit zur Folge.[910] Da-

905 Erler S. 122.

906 Förster/ Eccius § 212 (S. 100) Fn. 57.

907 Mund S. 154 ff.

908 Das Urteil wird von Förster/ Eccius zwar angeführt, seine Begründung aber nicht behandelt; von Mund wird es nicht erwähnt.

909 GesRev 1 S. 458. Dies war in den Entwurf von 1834 aufgenommen worden (§ 33: Einer ausdrücklichen Verzeihung wird gleich geachtet, wenn der beleidigte Ehegatte … binnen einem Jahre die Ehescheidungsklage nicht angestellt hat"); GesRev 2 S. 381.

910 Eine scheidungsfreundliche Tendenz des Gerichts lässt sich hier nicht feststellen (Mund S. 156); ebenso wenig eine scheidungsfeindliche (etwa weil der unschuldige Ehegatte nicht zu sofortiger Scheidung gezwungen wird). – Zur Rechtsunsicherheit durch den Schwebezustand s. o. S. 259 f.

durch wurde die präzise Zeitbestimmung des § 721, durch die Svarez im Remissionsrecht Klarheit schaffen wollte, wieder aufgegeben. Im gemeinen Recht bestand zumindest die Möglichkeit, dem Scheidungsrecht des unschuldigen Ehegatten nach Treu und Glauben ein zeitliches Ende zu setzen. In einem undatierten Urteil (von 1849) sprach das OAG Celle aus, dass eine Scheidungsklage nicht mehr Erfolg haben könne, wenn der Ehegatte die Freiheitsstrafe zum größten Teil verbüßt hat.[911]

Dass ALR II 1 § 721 keinen Fall der Verjährung bildete, war zu allen Zeiten unbestritten.[912] Angesichts der Jahresfrist war die Einrede der Verjährung offensichtlich bedeutungslos.[913]

Dem von Svarez als Norm über eine stillschweigende Verzeihung gedachten § 721 folgt eine Regelung, die eine solche konkludente Remission gerade ausschließt:

> II 1 § 722
>
> Bloß aus der Leistung der ehelichen Pflicht, wozu beide Teile vor Anstellung der Klage verbunden waren, soll kein Verzicht auf das Recht zur Scheidungsklage gefolgert werden.

Die Bestimmung war schon im Ehescheidungsedikt von 1782 enthalten (§ 33); sie hätte im ALR an sich fernbleiben können, da das Gesetz

911 SeuffA Bd. 7 Nr. 190. Der Leitsatz ist so knapp gehalten, dass sich die Rechtsgrundlage schwer erkennen lässt. Verjährung ist jedenfalls auszuschließen, da keine Zeitangabe genannt wird. Offenbar beruht die Entscheidung auf der bona fides, in deren Anwendung die gemeinrechtlichen Gerichte sehr frei waren; es liegt wohl ein dem heutigen Institut der Verwirkung (§ 242 BGB) ähnlicher Rechtsgedanke zugrunde.

912 Obertribunal Urt. vom 8.10.1852 (StriethA 7, 112); Urt. vom 29.2.1864 (StriethA 53, 171).

913 Nach ALR I 9 § 546 verjähren die Ansprüche, wenn nichts anderes bestimmt ist, in 30 Jahren. Dasselbe gilt für das gemeine Recht (Heilfron Römisches Recht S. 188) und für das französische Recht (Code civil Art. 2262). Obwohl beide Rechtsordnungen keine Befristung der Klage (wie ALR II 1 § 721) kennen, lassen sich auch dort keine Entscheidungen feststellen, bei denen die Klagabweisung auf der Einrede der Verjährung beruhte. Der Grund ist offenkundig der, dass diese Rechtsordnungen eine stillschweigende Verzeihung anerkennen und dass es absurd wäre, wenn eine Ehe dreißig Jahre lang ohne Versöhnung fortgeführt wird.

in § 720 als Erklärung der Remission nur die ausdrückliche Verzeihung und als einzige Ausnahme hiervon den § 721 gelten ließ. Wenn Svarez gleichwohl danach noch den § 722 einfügte, so war der Grund nicht nur die dem Landrecht auch sonst eigene Ausführlichkeit, sondern vor allem, dass die Regelung dem Grundsatz des gemeinen protestantischen Eherechts widersprach, wonach im Beischlaf, den der unschuldige Ehegatte nach Kenntnis von der Eheverfehlung des anderen ausübte, unwiderleglich die Verzeihung zu sehen war.[914] Dies war im gemeinen Recht seit jeher unbestritten; auch ein ausdrücklicher Vorbehalt, die Erfüllung der ehelichen Pflicht solle nicht als Verzeihung gelten, hatte keine Bedeutung; er war eine wirkungslose protestatio facto contraria.[915] Weil Svarez auch in seinem Entwurf zum ALR von dieser überkommenen und gänzlich gefestigten Ansicht des gemeinen Rechts abwich, musste er seine Auffassung ausführlich begründen. Dies versuchte er mit drei Argumenten.[916] Einmal sei jeder Ehegatte zur Erfüllung der ehelichen Pflicht gehalten;[917] es sei bedenklich, ihm dies zum Nachteil (nämlich als Verzicht auf das Scheidungsrecht) anzurechnen. Weiterhin musste im Scheidungsprozess die Tatsache, dass der Unschuldige zur Zeit des Beischlafs „wirkliche Wissenschaft“ von der Verfehlung des anderen gehabt habe, durch Eid festgestellt werden, und dies führe zur „Verbitterung der Gemüter“ oder auch zum Meineid. Schließlich müsse der unschuldige Ehe-

914 Hartitzsch § 319 (S. 340 f.); Hubrich S. 123; Friedberg Kirchenrecht § 160 (S. 447) Fn. 29.

915 So schon der berühmte Rechtslehrer Leyser (1683-1752): Ex hoc concubitu tam firma nascitur remissionis coniectura, ut nec protestatio contrarii simul a concumbente facta attendatur (Zitat bei Hubrich a. a. O. Fn. 7). Ähnlich entschieden äußert sich das OAG Rostock in seinem Urteil vom 26.1.1865 (SeuffA Bd. 22 Nr. 108): Es sei mit der Heiligkeit der Ehe unvereinbar, wenn der Ehegatte die volle tatsächliche Aufrechterhaltung der Ehe nicht zugleich rechtlich als solche gelten lassen wolle; dies „stellt sich als eine unbeachtliche protestatio facto contraria dar.“ Zu dieser allgemein im römischen und gemeinen Recht: Heilfron Römisches Recht S. 155 f. Wenn eine Rechtshandlung nicht anders als in einem bestimmten Sinn ausgelegt werden kann, nützt der Protest dagegen nichts. Entnimmt der zum Erben Berufene dem Nachlass Geld und bezahlt er damit seine Schulden, so hat er die Erbschaft angenommen; dass er gegen diese Auslegung protestiert hat, hilft ihm nicht.

916 GesRev 1 S. 460.

917 ALR II 1 § 178: „Eheleute dürfen einander die eheliche Pflicht anhaltend nicht versagen“.

gatte, wenn er sein Recht nicht verlieren wolle, sogleich den Umgang mit dem anderen aufgeben, auch wenn noch Hoffnung auf Besserung vorhanden sei; dadurch gingen „viele Gelegenheiten zur Aussöhnung und Wiederherstellung des guten Vernehmens verloren".

Die Argumente erscheinen recht schwach. Eine Erörterung verlangt aber der dritte der Beweisgründe, weil er für die Denkweise Svarez' aufschlussreich ist und eine Parallele bei seiner Begründung für die Frist des § 721 findet. Svarez meint, dass der Gesetzgeber dem unschuldigen Ehegatten gewissermaßen Gelegenheit geben müsse, seine Empörung über die Eheverfehlung des anderen zur Ruhe kommen und sich versöhnen zu lassen, und dass dazu auch der eheliche Verkehr beitragen könne. In ganz ähnlicher Weise hatte er bei § 721 argumentiert: Die Frist zur Klagerhebung dürfe nicht zu kurz sein, „damit nicht der andere Ehegatte, aus Besorgnis seinen Scheidungsgrund zu verlieren, sich mit der Klage zu übereilen genötigt werde."[918] Beiden Fällen liegt derselbe Gedanke zugrunde: Dass sich die Versöhnlichkeit, wenn man ihr Zeit lässt und entgegenkommt, schließlich durchsetzen wird. Hier zeigt sich deutlich die Tendenz der Aufklärung, auf die Vernunft und die natürliche Güte des Menschen zu vertrauen.

Die Juristen, die sich Svarez entgegenstellten, gingen nicht auf diese Argumente ein, sondern sahen – auch dies lag im Sinn ihrer Zeit – die Menschenwürde dadurch verletzt, dass ein Ehegatte mit dem anderen, obwohl er sich von ihm scheiden lassen will, den Beischlaf ausübt. Das bedeute, wie v. Grolmann sagt, „Brutalität". Der Ehegatte, der dies tue, sei, wie ein anderer Monent, der Obertribunalsrat Lamprecht, schrieb, „ein fühlloses Geschöpf, ein Tier."[919] Beide Juristen betonten hierüber hinaus, dass die Verzeihung durch Erfüllung der ehelichen Pflicht eine Vielzahl von Scheidungen verhindere.

Svarez ging auf die Argumente seiner Gegner nicht mehr ein. Den Ausführungen v. Grolmanns trat er mit der etwas schroffen Bemerkung entgegen, er brauche sich hierbei nicht aufzuhalten, da seine Argumente nicht widerlegt seien – das war rein formal richtig, da sich v. Grolmann mit den drei Gründen nicht befasst hatte.

Die Verteidigung des § 722 gegen diese Angriffe unternahm Jahrzehnte später der Revisor mit einem Argument, das Svarez schwerlich gebil-

918 GesRev 1 S. 457.
919 GesRev 1 S. 461.

ligt hätte.[920] Der Revisor trennt scharf die „sittliche" von der „sinnlichen" Natur des Menschen, dem Geschlechtstrieb. Dieser gehe bei den meisten Menschen „seinen eigenen Gang". Wenn also der Ehegatte den ehelichen Verkehr ausübe, so sei dies nur ein körperlicher Vorgang, nicht aber habe es eine moralische Bedeutung in dem Sinn, dass daraus eine Verzeihung gefolgert werden könne. Diese gänzliche Absonderung der (modern gesprochen) Sexualität von der Liebe und der Ehe war für die Zeit gewagt; sie stand im äußersten Gegensatz zu der fortgeltenden gemeinrechtlichen Überzeugung, dass die Heiligkeit der Ehe es verbiete, der Erfüllung der ehelichen Pflicht einen anderen Sinn beizulegen als den der Verzeihung.[921] Dem fügte der Revisor noch ein rechtshistorisches Argument hinzu: Das gemeine Recht habe den Beischlaf nur deshalb als Verzeihung anerkannt, weil es kein anderes Indiz einer stillschweigenden Verzeihung gekannt habe; insbesondere nicht einen Fristablauf wie ihn das Landrecht eingeführt habe (II 1 § 721). Aus dieser Verlegenheit hätten „die Praktiker" ihre Zuflucht zu einem eindeutigen Anzeichen der Remission nehmen müssen, und nur dadurch seien sie auf den ehelichen Verkehr als das deutlichste Indiz gekommen. Diese geschichtliche Herleitung ist anfechtbar. Es handelte sich um eine „alte protestantische Rechtsanschauung"[922] , also wohl nicht um eine Erfindung von „Praktikern". Gegen die Annahme des Revisors spricht auch, dass die gemeinrechtlichen Territorien, die im 19. Jahrhundert das Eherecht neu regelten, die Verzeihung sowohl durch den Beischlaf als auch – offenbar nach preußischem Vorbild – durch Nichtanstellung der Klage innerhalb einer bestimmten Frist gelten ließ.[923]

Der § 722 blieb im Schrifttum nicht unangefochten. Koch meint, der Grundsatz widerspreche der Natur des sittlichen Menschen; nur „viehi-

920 GesRev 1 S. 461 f.

921 S. das Urt. des OAG Rostock vom 26.1.1865 (o. S. 262 Fn. 915).

922 Hubrich S. 123.

923 Gothaisches Ehegesetz vom 15.8.1834 §§ 80 f. (Gesetzsammlung S. 636 f.) für die Verzeihung („Kondonation") des Ehebruchs und gleichartiger Verfehlungen. Die Frist für die Klageerhebung ist dort mit einem halben Jahr kürzer als im Landrecht. Eine eigentümliche Verbindung beider Elemente der Verzeihung zeigt die Altenburgische Eheordnung vom 13.5.1837 in ihrem § 200 a (Gesetzsammlung S. 109): Der Ehebruch gilt als verziehen, wenn der andere Ehegatte sechs Monate die Ehe durch Ausübung des ehelichen Verkehrs fortgesetzt und keine Scheidungsklage angestellt hat.

schen Naturen" sei die eheliche Beiwohnung „in Groll und feindlicher Stimmung" möglich; deshalb hätten die „angesehensten Rechtsgelehrten" ihm widersprochen (womit, wie aus dem folgenden Text ersichtlich, Svarez' Gegner v. Grolmann und Lamprecht gemeint sind)[924]. Auch Dernburg bezeichnet die Bestimmung als „offenbaren Missgriff", da es pflichtvergessen sei, Kinder mit dem Ehegatten zu erzeugen und dennoch die Scheidung anzustreben.[925] Dasselbe meinen Peters[926] und Hubrich[927]. Förster/ Eccius geben die Bestimmung zwar kommentarlos wieder, lassen aber durch den Hinweis auf die entgegenstehende gemeinrechtliche Praxis erkennen, dass auch sie eher dieser zustimmen.[928] Eigenartig ist die Stellungnahme Erlers, der den § 722 damit rechtfertigt, dass sich aus dem Beischlaf noch keine Verzeihung schließen lasse, da er auch „dem Pflichtgefühl entsprungen" sein und den „Charakter der Pflichterfüllung" haben könne.[929] Damit nimmt Erler in etwas abgewandelter Form das erste der drei von Svarez für den § 722 gebrauchten Argumente auf.[930]

Die Rechtsprechung war durch die eindeutige Fassung der §§ 720 bis 722 daran gehindert, den Beischlaf als Beweis der Verzeihung anzusehen. Auch die von Dernburg und Erler angedeutete Möglichkeit, den ehelichen Verkehr bei Hinzutritt anderer Umstände als stillschweigende Verzeihung zu bewerten, musste daran scheitern, dass eine konkludente Remission nur im Fall des § 721 vorgesehen war. In der veröffentlichten Rechtsprechung ist eine derartige Ausweitung der Einrede denn auch niemals erwogen worden; dass sich Instanzgerichte jemals in diesem Sinn geäußert hätten, lässt sich gleichfalls ausschließen.

Damit ersparte sich die preußische Judikatur zugleich die Mühe, im Einzelfall eine Verzeihung zu verneinen, wenn der unschuldige Ehegat-

924 Koch § 722 Anm. 66.
925 Dernburg § 19 (S. 58) Anm. 8.
926 Peters S. 54 durch (offenbar zustimmenden) Hinweis auf Dernburg.
927 Hubrich S. 203.
928 Förster/ Eccius § 212 (S. 100) Fn. 60.
929 Erler S. 124.
930 Vgl. o. S. 262. Am Ende des 19. Jahrhunderts musste der Gedanke an einen Geschlechtsverkehr aus bloßem Pflichtgefühl allerdings fremdartiger erscheinen als zur Zeit Svarez', in der die Ehe als „Verbindung zweier Personen verschiedenen Geschlechts zum lebenswierigen wechselseitigen Besitz ihrer Geschlechtseigenschaften" definiert werden konnte (Kant, Metaphysik der Sitten, Rechtslehre § 24).

te (gedacht ist hier immer an die Frau) den Beischlaf aus Furcht vor Gewalttätigkeiten gestattet hat, die er sonst erleiden würde.[931]

Ebenso wie die Einrede der Beförderung (in § 719 Kompensation genannt) war auch die Verzeihung (Remission) nach §§ 720-722 der Reform des Scheidungsrechts nur anfangs und in geringem Maß ausgesetzt. Der Revisor hatte bemerkt, dass § 722 an sich überflüssig sei, da die einzige Ausnahme von der Ausdrücklichkeit der Verzeihenserklärung in § 721 festgelegt war; die Vorschrift sollte jedoch aufrechterhalten werden, weil sonst die falsche Annahme hervorgerufen werden könne, dass die Norm nicht mehr gelten solle.[932] Der Entwurf von 1834 hob sie jedoch auf.[933]

In den 1840er und 1850er Jahren war auch das Remissionsrecht der §§ 720-722 in keiner Weise Gegenstand der Reformbemühungen, die sich jetzt ganz auf die Scheidungsgründe und das Verfahrensrecht konzentrierten. Das Bürgerliche Gesetzbuch lehnte die preußische Bestimmung, wonach nur ausdrückliche Verzeihung das Scheidungsrecht erlöschen ließ (ALR II 1 § 720) ab, da sie nach Ansicht der Kommission zu einer nicht zu billigenden Erleichterung der Scheidung führe. Für eine positive Bestimmung, dass der Beischlaf als stillschweigende Verzeihung zu gelten habe, bestehe kein Anlass; hier komme es auf die Umstände des Einzelfalles an.[934] Somit war auch die Regelung des gemeinen Rechts nicht vollständig in das BGB aufgenommen.[935]

931 Die gemeinrechtliche Judikatur hatte sich mehrfach hiermit zu befassen. Vgl. Urt. des Obertribunals vom 5.2.1874 in einer gemeinrechtlichen Sache (SeuffA Bd. 30 Nr. 37); Urt. des Reichsgerichts vom 18.6.1886 (SeuffBl. 51, 551). – Ein weiteres Rechtsproblem ergab sich im gemeinen Recht, wenn der schuldige Ehegatte den Beischlaf begehrte, aber von dem unschuldigen abgewiesen wurde. Darin soll nach dem Urteil des OAG Lübeck vom 11.4.1853 (SeuffA Bd. 8 Nr. 270) keine stillschweigende Verzeihung liegen, weil keine vollständige Aussöhnung zustande gekommen sei – zweifelhaft, da nach gemeinem Recht eine Verzeihungserklärung, nicht aber eine (beiderseitige) Versöhnung gefordert wurde.

932 GesRev 1 S. 462.

933 GesRev 2 S. 416 f.

934 Mot. IV S. 603.

935 § 1570 BGB a. F. sagt ganz allgemein: „Das Recht auf Scheidung erlischt … durch Verzeihung". Weitergehend im Sinn einer Eheerhaltung § 56 des Ehegesetzes von 1938: „Das Recht auf Scheidung … besteht nicht, wenn sich aus dem Verhalten des verletzten Ehegatten ergibt, dass er die Verfehlung des anderen verziehen oder sie als ehezerstörend nicht empfunden hat"; völlig gleichlautend § 46 des Ehegesetzes von 1946.

3. Zwischenergebnis

Die Einwendungen, die der verklagte Ehegatte gegen den Scheidungsanspruch erheben konnte, ergeben sich überwiegend aus der Sache selbst und stimmen deshalb mit den nach gemeinem Recht möglichen Einwendungen überein. Für das ALR kennzeichnend sind aber insbesondere zwei Abweichungen.

Einmal, dass das Landrecht auf die Einrede der Kompensation verzichtet, d. h. dass sich der Beklagte nicht darauf berufen kann, dass sein Ehegatte selbst Verfehlungen begangen hat, die einen Scheidungsgrund ergäben. In dem Ehescheidungsedikt war diese Einrede noch zugelassen, im ALR aber (mit einer eng begrenzten Ausnahme) beseitigt, entsprechend der Absicht, die Auflösung der Ehe zu erleichtern. Obwohl die Möglichkeit einer Kompensation für die Häufigkeit der Scheidungen nicht bedeutungslos war, befasste sich die Reformbewegung der 1840er und 1850er Jahre nicht mit ihr, konzentrierte sich vielmehr auf die Scheidungsgründe, offenbar um nicht einen weiteren Anlass zur Ablehnung ihrer Bestrebungen zu geben.

Ein weiterer Unterschied zum gemeinen Recht, der in der Praxis kaum Bedeutung gehabt haben dürfte, aber schon bei den Stellungnahmen zum Entwurf des Landrechts starken Widerspruch fand, lag in der Verzeihung durch Ausübung ehelichen Verkehrs. Nach protestantischem Recht führte dieser unwiderleglich zu der Annahme, der Ehegatte habe die Verfehlung verziehen, nach dem Landrecht aber hatte er – wie das Gesetz bewusst deutlich formulierte – hierfür gar keine Bedeutung. Trotz aller Kritik an dieser als sittlich roh angesehenen Auffassung hielt Svarez aus wenig überzeugenden Gründen unverbrüchlich an ihr fest. Die Verzeihung musste in jedem Fall ausdrücklich erklärt sein. Jedoch war Verzeihung anzunehmen, wenn der Ehegatte die Ehe ein Jahr lang fortsetzte. Hier zeigt sich die Tendenz des Landrechts, feste Bestimmungen und damit Rechtssicherheit zu schaffen.

III. Scheidungsstrafen und Unterhaltsansprüche

1. Darstellung

Von den Folgen der Ehescheidung sind die vermögensrechtlichen nicht nur für die Ehegatten von größter Bedeutung, sondern auch – worauf es in dieser Arbeit ankommt – für eine rechtsgeschichtliche Betrachtung am ergiebigsten. Die einschlägige Regelung des ALR wird auch hier zu vergleichen sein mit dem gemeinen Recht, aber nicht mit dem gemeinen protestantischen Eherecht, sondern mit dem römisch-gemeinen Recht, das (anders als bei den Scheidungsvoraussetzungen) für die vermögensrechtlichen Folgen einer Scheidung wegen Verschuldens in Deutschland rezipiert war.[936] Es wird zu zeigen sein, inwieweit das Scheidungsrecht des ALR gerade in diesem Punkt im Zusammenhang mit der Tradition steht,[937] aber auch, dass es diese Überlieferung verständig entwickelt hat, während das gemeine Recht gerade am Ende seiner Geltung zu keiner überzeugenden Lösung gekommen ist.

Als Voraussetzung einer Abfindung des an der Scheidung unschuldigen Ehegatten bestimmt ALR II 1 § 745, dass der Scheidungsrichter zu ermitteln hat, ob einen Ehegatten die Schuld an der Ehetrennung trifft, und dass es dies im Scheidungsurteil feststellen muss. Haben sich beide Gatten einer Eheverfehlung schuldig gemacht, so ist auszusprechen, wem das „Übergewicht der Schuld" anzulasten ist (§ 746); dieser wird dann bei der Abfindung als der allein Schuldige behandelt.[938] §§ 747-750 treffen dabei eine Unterscheidung zwischen schweren und weniger schweren Ehevergehungen. Eine derartige Unterscheidung war dem gemeinen Recht unbekannt; jede Art eines schuldhaften Verstoßes gegen die Ehepflichten war dort gleichwertig und hatte dieselben Folgen für die Abfindung. Die vom Landrecht gemachte Abstufung war jedoch schon im

936 Windscheid § 510 (S. 890 ff.); Heilfron Römisches Recht S. 531. Andere Scheidungsstrafen des römischen Rechts als die rein vermögensrechtlichen waren nicht rezipiert (Windscheid a. a. O. S. 891 Fn. 7).

937 Hierauf weist Blasius hin (S. 28 f.), der bei der Darstellung des ALR die Traditionsgebundenheit des Scheidungsfolgenrechts betont.

938 Dies ergibt sich aus dem Gesetzeswortlaut nicht von selbst, es wurde aber von Anfang an als selbstverständlich angenommen (GesRev 1 S. 494; Bornemann V S. 217).

Ehescheidungsedikt von 1782 enthalten (§ 41).[939] Welche Absicht Svarez mit der Unterscheidung verfolgte, lässt sich den Materialien nicht entnehmen. Es liegt aber sehr nahe anzunehmen, dass er eine genauere Abwägung der beiderseitigen Beiträge zur Ehezerrüttung für erforderlich hielt. Hierfür spricht die Analogie zu der Regelung, die das Landrecht für Fälle des Mitverschuldens trifft. Während das gemeine Recht nur zwei Fallgestaltungen kannte (keine Schadensersatzpflicht, wenn der Geschädigte den Nachteil durch gehörige Sorgfalt hätte abwenden können; anders aber, wenn der Schädiger arglistig gehandelt hat)[940], stellt das Landrecht hier eine äußerst komplizierte Regelung auf, die je nach dem Grad des Verschuldens bei dem Geschädigten und dem Schädiger (Vorsatz, grobes Versehen, mäßiges Versehen, geringes Versehen) einen ganz unterschiedlichen Umfang des Schadensersatzes herbeiführt.[941] Nur in einer Stellungnahme war gefordert, dass, wenn beide Ehegatten eine Schuld an der Scheidung treffe, beide in jedem Fall als gleich schuldig anzusehen seien, was Svarez aber, da es seiner Grundüberzeugung offensichtlich widersprach, ohne Kommentar überging.[942]

Wohl aber sah er sich veranlasst, nicht dem Scheidungsrichter das Ermessen über das Gewicht der beiderseitigen Eheverfehlungen zu überlassen, sondern die schuldhaften Scheidungsgründe in zwei Klassen zu teilen und die schwereren in § 748 zu bezeichnen.

> II 1 § 748:
>
> Ehebruch (§ 670-673), bösliche Verlassung (§ 677 bis 693), Versagung der ehelichen Pflicht (§ 694. 695), selbstverschuldetes Unvermögen (§ 696. 697), Nachstellungen nach Leben, Gesundheit, Freiheit und Ehre (§ 699. 700), falsche Beschuldigung begangener grober Verbrechen, Gefährdung des Lebens, der Ehre, oder des Amtes (§ 705. 706), sind in dieser Rücksicht für gleich schwere Vergehungen zu achten.

---

939 GesRev 1 S. 492. Allerdings waren dort die Scheidungsgründe noch nicht in zwei genau bestimmte Kategorien aufgeteilt, vielmehr musste der Scheidungsrichter das „Übergewicht der Schuld“ nach seinem Ermessen feststellen.

940 Windscheid § 258 (S. 40 f.); Heilfron Römisches Recht S. 245.

941 ALR I 6 §§ 18 ff.

942 GesRev 1 S. 492.

Dass zu den schweren Vergehungen der Ehebruch und die bösliche Verlassung, aber auch die Lebensnachstellung gehörten, d. h. die im gemeinen protestantischen Eherecht und später bei den Reformen als absolute Scheidungsgründe anerkannten Verfehlungen, verstand sich von selbst. Zudem rechnete Svarez u. a. auch die Ehrverletzung des § 700 und die Gefährdung des Amtes zu den gleich schweren Scheidungsgründen. Eine gewisse Willkür war hier unvermeidlich; Svarez zog diese aber den „Spitzfindigkeiten" und „Willkürlichkeiten" vor, die nach seiner Ansicht unvermeidlich entstünden, wenn – wie es einige Monenten gefordert hatten – der „verschiedene Grad der Moralität ganz genau abgewogen" werden müsse.[943] Svarez' Versuch, die Schwere des Scheidungsgrundes danach zu bemessen, ob es sich um „unmittelbare oder mittelbare" Verletzungen der ehelichen Pflicht handelt (§ 747), trifft jedoch die Sache nicht. So unterscheiden sich die geringeren Tätlichkeiten (§ 701) von den Misshandlungen (§ 699 2. Alt.) nicht dadurch, dass sie nur mittelbar in das Verhältnis der Eheleute eingreifen, sondern durch ihre unterschiedliche Schwere. Eine mittelbare Pflichtverletzung enthält allenfalls § 704 als Verbrechen gegen andere. Es kann sein, dass Svarez bei seiner Unterscheidung von diesem Fall ausgegangen ist; jedenfalls hat er § 704 offensichtlich deshalb aus dem Katalog des § 748 ausgeschlossen.

Auch an dieser Stelle zeigt sich, in welchem Ausmaß Svarez Generalklauseln vermeiden wollte. Er legte hier ähnlich wie etwa bei der Einteilung der Tätlichkeiten in solche zwischen Angehörigen der höheren und mittleren Stände einerseits, der unteren andererseits der Rechtsprechung Fesseln an. Darüber, ob die von Svarez in § 748 vorgenommene Einteilung im Einzelnen gerechtfertigt ist, konnten naturgemäß Zweifel aufkommen. So beantragte bei der Revision von 1830 ein Referent, die groben Verbrechen (§ 704) zu der Gruppe der schweren Eheverfehlungen zu nehmen, womit zugleich bewiesen ist, dass die Unterscheidung des § 747 nach unmittelbaren und mittelbaren Pflichtverletzungen nicht überzeugte, vielleicht nicht einmal verstanden wurde. Der Revisor wies dies Begehren mit der seine Abneigung gegen die Ungleichbehandlung zeigenden Bemerkung zurück, dass hier ohnehin „an richtige Grenzen nicht zu denken" sei; man solle an den Ponderierungsregeln festhalten, die nun

943 GesRev 1 S. 493. Auch v. Grolmann hatte sich in diesem Sinn geäußert und gefordert, dass der einer geringen Verfehlung schuldige Ehegatte je nach den Umständen nur ⅔, ½ oder ⅓ der Scheidungsstrafe zu leisten habe.

einmal bestünden.[944] Dass hier in der Tat immer ein Spielraum für Willkür übrig bleiben würde, zeigt sich aus dem Antrag desselben Referenten, auch den Scheidungsgrund der Ergreifung eines schimpflichen Gewerbes zu den schweren Verfehlungen zu rechnen, also einen Tatbestand, der in der Rechtswirklichkeit kaum vorkam und der später – in der Reformdebatte der 1840er und 1850er Jahre – auch von den Gegnern einer Verminderung der Scheidungsgründe nur mit halbem Herzen verteidigt wurde. In seinem Bemühen, die Schwere der Schuld so eingehend wie möglich zu regeln, fügte Svarez abschließend in § 750 noch eine Bestimmung für den Fall hinzu, dass sich beide Ehegatten eines gleichwertigen Scheidungsgrundes schuldig gemacht haben, die subjektive Seite der Verfehlung aber eine verschiedene Behandlung erfordert. Hier soll der Ehegatte als der überwiegend schuldige angesehen werden, der sich „aus überlegtem Vorsatze" vergangen hat, gegenüber dem, der „nur aus Leichtsinn, Übereilung oder Heftigkeit der Leidenschaft" gehandelt hat. Diese Vorschrift hätte psychologisch bemühten Gerichten Handhabe für eine verständnisvolle Beurteilung der beiderseitigen Beiträge zu der Ehezerrüttung bieten können. Es ist aber für die Rechtsprechung des 19. Jahrhunderts kennzeichnend, dass sich nicht eine einzige veröffentlichte Entscheidung zu § 750 findet.[945]

Angesichts der Enumeration der schweren Eheverfehlungen in § 748 fand die Rechtsprechung hier fast nichts zu entscheiden; mit der einen Ausnahme der bei der Nennung des § 706 aufgeführten Tatbestandsmerkmale. In der Angabe „Gefährdung des Lebens, der Ehre oder des Amtes" fehlt die in § 706 außerdem enthaltene Gefährdung des Gewerbes. Hier entstand die in solchen Fällen zu erwartende Kontroverse, ob es sich um eine versehentliche oder eine bewusste Auslassung handelte. Koch berichtet, dass zunächst teilweise behauptet wurde, es handele sich um ein bloßes Redaktionsversehen;[946] das Obertribunal hat dann aber entschieden, dass die Gefährdung des Gewerbes nicht zu den schweren

944 GesRev 1 S. 495.

945 Auch das Schrifttum hat sich dann verständlicherweise um diese Bestimmung nicht gekümmert. Dernburg weist lediglich darauf hin, dass sich in §§ 211 f. StGB (a. F.) eine Parallele finde, indem die Tötung mit Überlegung als Mord härter bestraft wird als der Totschlag (Dernburg § 19 [S. 60] Fn. 23).

946 Koch § 748 Anm. 89. Wer diese Ansicht vertreten hatte, geht daraus nicht hervor; jedenfalls nicht die Koch vorangehenden Kommentatoren (Merckel, Bielitz, Bornemann), die sich hierzu nicht äußerten.

Ehevergehen gehöre, weil das Gesetz sie gerade nicht als Scheidungsgrund benenne.[947] Die Streitfrage ist damit rein formalistisch gelöst, ohne Heranziehung des Normsinns. Das Ergebnis erscheint gleichwohl als richtig, weil nach Auffassung der Zeit nicht nur das Leben, sondern auch die Ehre und das Amt einen höheren Rang hatten als das Gewerbe. Sofern sich die Literatur überhaupt mit dieser Auslegungsfrage befasste, gab sie die Entscheidung des Obertribunals ohne Kritik wieder.[948]

Die Einteilung der Eheverfehlungen in schwere und weniger schwere, die Svarez seit dem Ehescheidungsedikt nachhaltig vertrat, die aber in keiner anderen Rechtsordnung eine Entsprechung fand, hatte ein bewegtes Schicksal. Der Revisor meinte, dass sich die Verwerflichkeit der Scheidungsgründe überhaupt nicht abwägen lasse; jeder Versuch dazu maße sich ein „göttliches Urteil" an, und zudem führe er zu jahrelangen Erörterungen von der skandalösesten Art.[949] Das traf allerdings die eher mechanische Einteilung in § 748 kaum. Entsprechend dem Gutachten des Revisors wollte der Entwurf von 1834, der sich hier wie auch sonst meist auf dessen Vorschlag stützte, jede Verfehlung für gleich bedeutsam erklären.[950] Dass für die Reformbewegung der 1840er und 1850er Jahre die Unterscheidung bedeutungslos war, wird später zu zeigen sein. Das BGB lehnte sie ab und forderte nur, im Urteil festzustellen, dass einer oder beide Ehegatten die Schuld an der Scheidung trügen.[951] Bemerkenswert ist aber, dass die Ehegesetze von 1938 und 1946 wieder verlangten, gegebenenfalls die überwiegende Schuld eines Ehegatten festzustellen, der dann dem anderen Unterhalt zu leisten hatte.[952] Damit kehrt der Gesetzgeber zu Svarez' Absicht einer gerechteren Abwägung zurück, und zwar zu der ursprünglichen Regelung im Edikt von 1782, der

947 Urt. vom 1.10.1838 (Präj. Nr. 553 [Sammlung S. 157]). Die historische Auslegung hätte hier keine Lösung ergeben. Zwar enthielt der Entwurf des ALR nur die Tatbestandsmerkmale „Leben, Amt oder Ehre" (Erster Teil Abt. I Titel I § 513); ob aber Svarez dies versehentlich oder absichtlich auf § 748 übertragen hat, war damit nicht zu entscheiden.

948 Dernburg § 19 (S. 60) Fn. 22.

949 GesRev 1 S. 494 f.

950 § 49 des Entwurfs (GesRev 2 S. 383); die Begründung (S. 425) beruft sich nur auf die Stellungnahme des Revisors.

951 BGB § 1574 a. F.

952 Ehegesetz 1938 §§ 60 Abs. 2 S. 2, 66; Ehegesetz 1946 §§ 52 Abs. 2 S. 2.

Abwägung durch den Richter. Wie Blasius bemerkt,[953] führte dies zu einem erwünschten Schutz der Ehefrau; denn in der Regel sei es so, dass der Ehemann den schweren Scheidungsgrund verwirkliche; wenn sich auch die Frau etwas zuschulden kommen lasse, verliere sie nach der Regelung des BGB sofort ihre Ansprüche. Diese Härte werde durch das Ehegesetz von 1938 gemildert. Damit erscheint Svarez' Unterscheidung gerechtfertigt, auch wenn dieser nicht an den besonderen Fall der minder schuldigen Ehefrau und auch nicht an eine zu vermeidende Härte gedacht haben wird, sondern sich – wie dargestellt – auch hier von seiner grundsätzlichen Absicht hat leiten lassen, die Tatbestände und Rechtsfolgen der Gerechtigkeit halber so weit wie möglich zu differenzieren.

Die Ehescheidungsstrafen des ALR (II 1 §§ 783 ff.) folgten, was die Abfindung im Gegensatz zur Unterhaltszahlung (§§ 798 ff.) betrifft, dem römischen Recht. Nach spätestem römischen (justinianischem) Recht hatte der schuldige Ehemann die ihm von der Frau hingegebene dos (Mitgift) zurückzugeben und verlor endgültig die donatio propter nuptias (Eheschenkung) an die Frau; die an der Scheidung schuldige Frau verlor die dos und den Anspruch auf die donatio propter nuptias. Waren dos bzw. donatio propter nuptias nicht bestellt, erhielt der unschuldige Ehegatte von dem schuldigen ein Viertel von dessen Vermögen.[954] In Deutschland praktisch wurde vor allem diese Regelung, da eine Mitgift zur Tragung der Ehelasten hier nur ganz vereinzelt die Form war, in der sich das eheliche Güterrecht gestaltete.[955] Dass Svarez die Scheidungsstrafe nach der Quote bereits in das Ehescheidungsedikt von 1782 aufgenommen hatte, verstand sich danach ziemlich von selbst. Bei der Redaktion des Landrechts war in einer Stellungnahme die Abstufung nach der

953 Blasius S. 208 f.

954 Windscheid § 510 (S. 890 f.); Heilfron Römisches Recht S. 530. In Sonderfällen erhöhte sich die Quote um ein weiteres Zwölftel. Diese Bestimmung fand zwar weder in das Edikt von 1782 noch in das ALR Eingang. Sehr wohl denkbar ist aber, dass der ihr zugrunde liegende Gedanke (Abstufung der Scheidungsstrafe gemäß der Bedeutung des Ehevergehens) die sogleich darzustellende Unterscheidung der Strafe für schwerere und für geringere Verfehlungen angeregt hat, wenn auch nicht im Sinne einer Erhöhung, sondern einer Verminderung gegenüber der Regelquote.

955 Das römische Dotalprinzip galt (auch nur in abgewandelter Form) lediglich in einem kleinen Teil Deutschlands (Heilfron Deutsche Rechtsgeschichte S. 631 Fn. 1).

Schwere des Verschuldens vorgeschlagen, und diese Anregung übernahm Svarez sogleich, wobei er die von ihm bereits zuvor entwickelte Unterscheidung der schweren und minder schweren Eheverfehlungen zur Anwendung brachte (§ 748)[956] und bestimmte, dass der schuldige Ehegatte dem anderen bei den schweren Eheverfehlungen ein Viertel, bei den übrigen ein Sechstel seines Vermögens zu leisten hatte (II 1 §§ 785 f.). Diese Verpflichtung wurde teils als „Scheidungsstrafe" bezeichnet,[957] überwiegend aber als „Abfindung".[958] Die Abfindung soll „wegen der künftigen Erbfolge" geschehen (§ 783), d.h. sie ist zunächst als Entschädigung dafür gedacht, dass der unschuldige Ehegatte durch die von dem anderen schuldhaft herbeigeführte Scheidung seine erbrechtlichen Ansprüche gegen diesen verliert. Damit musste an sich bei konsequenter Handhabung auf das für den jeweiligen Fall geltende Erbrecht des überlebenden Ehegatten verwiesen werden. Dieses war jedoch im Geltungsbereich des ALR so verschieden gestaltet, dass damit auch das Abfindungsrecht gänzlich zersplittert worden wäre.[959]

Die Höhe der Abfindung (Scheidungsstrafe) entsprach dem römischen Recht, abgesehen von der Ermäßigung auf ein Sechstel, wenn sich der Ehegatte einer geringeren Eheverfehlung schuldig gemacht hatte. Bei der Revision von 1830 wurde von zwei Einsendern der Strafcharakter der Abfindung betont und zur Abschreckung vorgeschlagen, die Quote auf die Hälfte des Vermögens zu erhöhen. Ein Referent meinte dagegen, die Scheidungsstrafen seien zu beseitigen, da sie zu mutwilligen Scheidungs-

956 GesRev 1 S. 504.

957 Vgl. ALR II 1 § 718b: „... in die Scheidungsstrafen nach § 786 verurteilt werden."

958 Vgl. die Marginalie „Abfindung des unschuldigen Teils" für die Bestimmung in II 1 §§ 783-810 und § 783: „... den unschuldigen abzufinden schuldig".

959 ALR II 1 § 495: Für die Erbfolge der Ehegatten ist „nach den Statuten und Provinzialgesetzen" zu verfahren; nur wenn diese hierüber keine Bestimmung enthalten, gilt das Erbrecht des ALR (§ 500). Wie unpassend die Übernahme des Erbrechts auf die Abfindung wegen verschuldeter Scheidung gewesen wäre, lässt sich beispielhaft an dem in der Provinz Brandenburg bis 1900 geltenden, auf einer Verordnung des Kurfürsten Joachim I. von 1527 (Constitutio Joachimica) beruhenden Erbrecht zeigen (Heilfron Deutsche Rechtsgeschichte S. 710 Fn. 2): Danach war für den überlebenden Ehegatten keine Quote im Nachlass bestimmt, vielmehr konnte er entweder sein eigenes Vermögen mit dem des Verstorbenen zur Gütergemeinschaft von Todes wegen verbinden und dann hiervon die Hälfte beanspruchen, oder er konnte sein eigenes Vermögen zurücknehmen, wodurch er sich eines Anspruchs gegen das Vermögen des Verstorbenen begab.

klagen Veranlassung gäben und es von einer niedrigen Gesinnung zeuge, wenn der unschuldige Ehegatte aus dem Scheidungsprozess Vorteile ziehen wollte. Demgegenüber sah der Revisor keinen Grund, von dem „Mittelweg" des ALR abzugehen. Jedoch schlug er, da er die Unterscheidung der schweren und der weniger schweren Verfehlungen ablehnte, als Quote in jedem Fall ein Viertel des Vermögens des schuldigen Ehegatten vor.[960] Der Entwurf von 1834 folgte ihm auch hierin.[961]

Die eindeutige Fassung des Gesetzes bot in diesem Punkt der Rechtsprechung und dem Schrifttum keinen Anlass für Streitfragen.[962] Wenn einmal ein Untergericht systemwidrig den Wahnsinn (II 1 § 698) zu den Eheverfehlungen rechnete, die dem anderen Ehegatten zu einer Abfindung als Scheidungsstrafe berechtigten, so wies das Obertribunal darauf hin, dass ausbrechender Wahnsinn ein den anderen Ehegatten zur Scheidung berechtigender Zufall, nicht aber eine Verschuldung bedeutete und dass die nachehelichen Pflichten gegenüber dem Geisteskranken in II 1 § 659 geregelt seien.[963]

Von noch größerem Interesse für die rechtsgeschichtliche Betrachtung ist die Regelung, durch die das ALR der Ehefrau die Möglichkeit gibt, statt der Abfindung mit einem Bruchteil des Vermögens des schuldigen Ehegatten von ihm Unterhalt zu verlangen.

> II 1 § 798
>
> Statt der Abfindung, welche nach obigen Vorschriften dem unschuldigen Teile aus Verträgen oder Gesetzen zukommt, kann die Frau

960 GesRev 1 S. 506.

961 GesRev 2 S. 383 (§ 53 S. 2 des Entwurfs).

962 Wie auch sonst zumeist, schloss sich auch das Gothaische Ehegesetz vom 15.8.1834 insofern ganz eng an das ALR an. Bei schweren Verfehlungen hat der schuldige Ehegatte ein Viertel, sonst ein Sechstel seines Vermögens herauszugeben (§ 162; Gesetzsammlung S. 664).

963 Urt. vom 28.4.1876 (StriethA 96, 65). Der Kläger hatte ein Verschulden seiner Frau darin gesehen, dass sie bereits vor der Ehe an „nervösen Affektionen" gelitten habe und trotzdem, sogar entgegen dem Rat ihrer Brüder, die Ehe mit ihm eingegangen sei. Es war dem Obertribunal leicht, dieses Argument schon damit zurückzuweisen, dass für die Scheidungsstrafe nur Vergehungen während der Ehe in Betracht kämen.

standesmäßige Verpflegung, bis an ihren Tod, aus den Mitteln des schuldigen Mannes fordern.

Eine Pflicht des an der Scheidung schuldigen Ehemanns, seine Ehefrau weiterhin zu unterhalten, war dem römischen Recht fremd. In das gemeine Recht kam sie – für den Fall, dass sich die Frau weder durch ihr eigenes Vermögen noch durch die Verwertung der Scheidungsstrafe unterhalten konnte – durch führende Rechtsgelehrte des 17. Jahrhunderts: Carpzow (1585-1666), Pufendorf (1632-1694), de Voet (1647-1714). Als Begründung diente in erster Linie der Gedanke einer Entschädigung wegen Vertragsbruchs: Der Ehemann, der seine ehelichen Pflichten verletzt hat, muss seine Frau jedenfalls so stellen, wie sie während der Ehe stand, sie also unterhalten.[964] Das Schicksal dieses Rechtsinstituts im gemeinen Recht des 19. Jahrhunderts wird später – bei dem wertenden Vergleich mit dem Landrecht – zu schildern sein.

Schon das Edikt von 1782 hatte der an der Scheidung unschuldigen Ehefrau die Möglichkeit gegeben, zwischen der Abfindung durch Zuteilung einer Quote des ehemännlichen Vermögens und der Alimentation zu wählen.[965] Svarez stellte damit die Alimentation auf eine Stufe mit der Abfindung und gab der Frau die für sie vorteilhaftere Wahl in die Hand. Eine so günstige Stellung hat die an der Scheidung unschuldige Frau in

964 Vgl. die Darstellung in dem Urteil des OAG Oldenburg vom 22.12.1873 (SeuffA Bd. 29 Nr. 245) und in dem Urteil des Reichsgerichts vom 13.3.1883 (RGZ 8, 184). Der Unterhaltsanspruch der Ehefrau gegen ihren Ehemann während der Ehe war im gemeinen Recht seit jeher anerkannt. Böhmer (II 1 §§ 31 f. [S. 107 f.]) nennt verschiedene Rechtsbehelfe, durch die der Ehemann zur Alimentation „quantum sit in facultatibus" „gebührend anzuhalten" ist. Auch später noch führte man die Unterhaltspflicht auf das römische Recht zurück (Windscheid § 491 [S. 839]; Heilfron Römisches Recht S. 517), während heute angenommen wird, dass der Klassik eine Rechtspflicht zur Unterhaltsgewährung unbekannt war und erst Justinian, und auch nur für eine bestimmte Fallgestaltung, eine solche festgesetzt hat (Kaser/ Knütel/ Lohsse S. 353). Freilich hatte schon Savigny gesagt, das römische Recht kenne überhaupt keine Rechtsansprüche eines Ehegatten gegen den anderen (System I S. 349). – In zweiter Linie stützte sich die gemeinrechtliche Judikatur auf eine Bestimmung des kanonischen Rechts, die sie erweiterte. Nach diesem hatte der Ehemann, der sich von seiner beischlafsunfähigen Frau trennte, ihr im Fall der Bedürftigkeit Unterstützung (subsidium) zu gewähren (vgl. Urt. des Reichsgerichts vom 13.3.1883 [RGZ 8, 184]).

965 GesRev 1 S. 507.

keiner der großen Gesetzgebungen der Folgezeit erworben.[966] Der Revisor nennt die Regelung des ALR eine „glückliche Vermittlung zwischen dem Alimentations- und dem Entschädigungsprinzip".[967] Dass auch bei II 1 § 798 beide Rechtsinstitute berücksichtigt waren, zeigt § 801, wonach sich die Ehefrau die Erträgnisse ihres eingebrachten und bei der Scheidung wieder zurückgenommenen Vermögens auf ihren Alimentationsanspruch anrechnen lassen muss. Dies lässt sich sowohl mit dem Unterhaltsanspruch vereinbaren (die Frau ist insoweit nicht unterhaltsbedürftig) als auch mit dem Entschädigungsanspruch (der Frau ist durch die Scheidung zugleich der Vorteil erwachsen, dass sie die Einkünfte aus ihrem eingebrachten Vermögen wieder für sich verwenden kann, der Rechtsgedanke der Vorteilsausgleichung).

Eine Änderung wurde weder bei der Redaktion des Gesetzes noch während des ganzen 19. Jahrhunderts verlangt.

Eine Gefahr für die an der Scheidung unschuldige Frau blieb auch bei dieser sie sonst so begünstigenden Regelung: Hatte sie Unterhalt verlangt, weil der Ehemann ein gutes Einkommen erzielte, und er starb bald nach der Scheidung, ohne ein Vermögen zu hinterlassen, dessen Erträgnisse für die Zahlung der Alimente ausreichten, so war ihr die Rückkehr zur Abfindung versperrt (II 1 § 804). Bei der Redaktion des Landrechts war dieser Fall zur Sprache gekommen; ein Monent hatte es als unbillig bezeichnet, jedoch meinte Svarez, wenn sie auf diese Weise „schlimm weg-

966 Auch das gemeine Recht war weniger frauenfreundlich als das ALR (Dölemeyer S. 656). Der Code civil (Art. 301) gewährte der Frau nur einen Unterhaltsanspruch. Nach österreichischem Recht (ABGB § 1266) hatte der unschuldige Ehegatte Anspruch auf „Genugtuung" (Entschädigung) für die ihm durch die Scheidung entgangenen Vorteile. Das BGB bestimmte (§ 1578 a. F.), dass die Frau nur Anspruch auf standesgemäßen Unterhalt habe. Gegen das „mit dem bisherigen Recht schroff brechende System" wandte sich mit ungewöhnlich heftigen Worten Gierke in seiner Kritik des Ersten Entwurfs zum BGB (S. 451 f.). Die Regelung sei „unerträglich", etwa in dem Fall, dass eine vermögenslose Frau durch ihren Fleiß und ihre Sparsamkeit zu dem Reichtum des Mannes wesentlich beigetragen habe und nach der Scheidung lediglich einen Unterhaltsanspruch besitze und diesen auch nur, soweit sie sich nicht selbst ernähren könne. Die Gerechtigkeit fordere die Verurteilung des schuldigen Teils zu einer umfassenden Abfindung. Trotz dieser Kritik hat das BGB die von Gierke so scharf gerügte Bestimmung aufgenommen. Dass die Regelung des BGB für die Frauen nachteiliger war als die des ALR, hat auch Taeger angemerkt (S. 210).

967 GesRev 1 S. 507.

komme“, so sei das „ihre Sache“.[968] Bei der Wahl zwischen der Abfindung i. e. S. und dem Unterhalt blieb in der Tat ein Risiko, das freilich auch nicht übermäßig groß werden konnte, da der Ehefrau, wenn das Vermögen des Mannes gering war, auch nicht viel zufließen konnte, wenn sie hiervon ein Viertel als Abfindung gefordert hätte.[969]

Für das Landrecht aus zwei Gründen kennzeichnend und sonst nirgends anzutreffen ist die Bestimmung, dass der Unterhaltsanspruch der Ehefrau nicht erlischt, wenn sie sich erneut verheiratet:

> II 1 § 805
>
> Dagegen behält sie aber auch die Verpflegungsgelder, wenn sie gleich zu einer anderen Ehe schreitet.

Im gemeinen Recht endete die Alimentationspflicht des schuldigen Ehemanns, wenn die geschiedene Frau anderweit heiratete, da sie dann von ihrem neuen Ehemann unterhalten werden musste.[970]In der partikulären Gesetzgebung war dies ausdrücklich bestimmt.[971]Noch der Entwurf zum ALR (Erster Teil Abt. I Titel I § 569) hatte dies ebenso geregelt. Erst bei der Einholung der Stellungnahmen ergab sich, dass mehrere Monenten die Fortsetzung der Alimentation wünschten (wenn auch nur mit der Hälfte des bisherigen Unterhalts).[972] Svarez und v. Grolmann schlossen sich dem an, da es gerecht sei, wenn der Unterhaltsanspruch ebenso behandelt werde wie der Abfindungsanspruch, nämlich ohne Rücksicht auf eine spätere Neuverheiratung, die bei der Abfindung i. e. S. keinen Einfluss auf die bereits gewährte Entschädigung haben konnte.

968 GesRev 1 S. 508.

969 Vermutlich um auch dieses Risiko auszuschließen, traf das Gothaische Ehegesetz vom 15.8.1834, das sonst fast immer dem ALR folgte, in seinen §§ 162 und 166 statt der einfachen Wahlmöglichkeit des preußischen Rechts eine komplizierte Anrechnungsregelung (Gesetzsammlung S. 664 f.): Die unschuldige Ehefrau hat Anspruch auf den vierten (oder sechsten) Teil des Vermögens ihres Ehemanns und kann zusätzlich standesgemäßen Unterhalt fordern, sofern die Erträgnisse ihres eigenen Vermögens und der Abfindung hierzu nicht ausreichen.

970 Vgl. Urt. des OAG Celle vom 21.5.1838 (SeuffA Bd. 12 Nr. 40) und Urt. des OAG Oldenburg vom 22.12.1873 (SeuffA Bd. 29 Nr. 245).

971 Gothaisches Ehegesetz § 167; Altenburgische Eheordnung § 279 S. 2.

972 GesRev 1 S. 512.

Dazu kam aber das immer wiederkehrende Argument der „Beförderung der Ehen",[973] d. h. der Bevölkerungspolitik. Diese Begründung wurde später obsolet; die erste war gedanklich nicht zu widerlegen.

Weder bei der Revision von 1830 noch später wurde der § 805 beanstandet.[974] Das BGB, das keine Wahlmöglichkeit zwischen Abfindung und Unterhalt kennt, lässt den Alimentationsanspruch mit der Wiederverheiratung des berechtigten Ehegatten enden (§ 1581 Abs. 1 a. F.). In der Begründung weist die Kommission für den ersten Entwurf die Regelung des Landrechts damit zurück, dass dieses die Unterhaltsleistung als Surrogat der Abfindung ansehe; entfalle diese, sei auch die Gleichbehandlung des Anspruchs auf Alimentierung nicht mehr geboten.[975]

Eigenartig und für die preußische Gesetzgebung kennzeichnend ist auch die Regelung des Unterhalts in den Fällen, in denen sich die Vermögenslage des verpflichteten Ehegatten nach dem Scheidungsurteil ändert.

Ausdrücklich behandelt ist in II 1 § 803 nur der Fall, dass sich das Vermögen oder die Einkünfte des schuldig geschiedenen Ehemanns verbessern. Dann kann die Frau „keine Erhöhung der Verpflegungsgelder fordern" (sondern nur eine bessere Sicherstellung). Anders hatte Svarez dies im Entwurf zum Landrecht geregelt. Die Frau sollte in diesem Fall „eine

973 GesRev 1 a. a. O.

974 Bornemann (V S. 225) verteidigt die Norm mit dem ursprünglichen Argument, die Alimentation sei ein Surrogat der Abfindung und müsse wie diese geregelt werden; auf die „Beförderung der Ehen" kommt er nicht zu sprechen. Spätere Kommentatoren sagen zu § 805 nichts mehr.

975 Mot. IV S. 620. Die Kommission weist dort auch darauf hin, dass die beabsichtigte Bestimmung des BGB der französischen Rechtsprechung zu dieser Frage entspreche. Dem Code civil selbst war diese Lösung nicht ohne weiteres zu entnehmen. Im Art. 301 S. 2 hieß es, die Unterhaltszahlung ende dans le cas où elle cesserait d'être nécessaire, was bei der Verheiratung mit einem mittellosen neuen Ehegatten an sich nicht gegeben war. Schon wenig später änderte sich die französische Judikatur denn auch in diesem Sinn: In einem Urteil vom 30.10.1896 (bei E. Fuzier-Herman, Code civil annoté 1. Bd. [1935] Art. 301 Anm. 37) heißt es, die neue Ehe habe je nach den Umständen die Wirkung, dass der Unterhaltsanspruch bestehen bleibe, sich vermindere oder gänzlich wegfalle. In einem früheren Urteil vom 10.3.1888 (a. a. O. Anm. 38) hatte das Gericht die Alimentierung „ipso facto" entfallen lassen und als Grund angegeben, der neue Ehegatte habe jetzt die Frau zu unterhalten. Hierauf stützte offenbar auch die Kommission ihre Entscheidung; durch die neue Ehe sei dem berechtigten Ehegatten „eine neue Quelle der Lebensversorgung eröffnet" (Mot. IV S. 619).

billige Erhöhung" der Alimente fordern können.[976] Zahlreiche Monenten meinten aber, dies werde Stoff zu immer neuen Prozessen geben; jedenfalls müsse die Erhöhung des Unterhalts auf zufällige Vermögensverbesserungen des Mannes beschränkt bleiben (etwa auf Erbschaften oder Geschenke); würden dagegen auch höhere Einkünfte durch die Erwerbstätigkeit des Mannes einbezogen, so werde „die Industrie zurückgehalten", weil sich dann die Anstrengung für den Ehemann nicht lohne. Diesem durchaus modern erscheinenden Argument[977] trat Svarez bei, jedoch fasste die Gesetzgebungskommission den § 803 so, dass jede Verbesserung für den Unterhaltsanspruch der Frau unbeachtlich bleibt, so dass nur das erste der beiden Argumente Verwertung fand.[978] Die Fassung des § 803 war so eindeutig, dass sich weder die Literatur noch die Rechtsprechung veranlasst sahen, einer späteren Verbesserung der Vermögenslage des schuldigen Ehemanns eine Bedeutung für den Unterhaltsanspruch der Frau beizulegen. Nach dem Urteil des Obertribunals vom 24.11.1862[979] war eine Gehaltserhöhung (von 400 auf 500 Taler im Jahr), die der Beklagte nach der Rechtskraft des Scheidungsurteils erhalten hatte, ohne jede Bedeutung für den Alimentationsanspruch der Ehefrau; nichts anderes galt nach dem Urteil des Reichsgerichts vom 23.5.1887[980] für die Behauptung der dortigen Klägerin, die Einnahmen des Beklagten hätten sich nach dem Scheidungsurteil gesteigert.

Umgekehrt war aber auch eine Verschlechterung der Vermögenslage des Ehemanns ohne Einfluss auf die Höhe des Unterhaltsanspruchs der Ehefrau. Dies ergab sich nicht unmittelbar aus dem Gesetz, war aber niemals bestritten. Das hierfür grundlegende Reskript des Justizministeri-

976 Entwurf Erster Teil Abt. I Teil I § 572.

977 Zu vergleichen ist im heutigen Unterhaltsrecht der „Erwerbstätigenbonus" als „Erwerbsanreiz" (s. BGH Urt. vom 16.4.1997 [FamRZ 1997, 806]).

978 Der Revisor kommt auf die Ansicht Svarez' zurück und meint, es könne „unbillig und hart" erscheinen, wenn ein geschiedener Ehemann, nachdem er einen hohen Lotteriegewinn erzielt habe, seiner unschuldigen Frau „nach wie vor dieselben dürftigen Alimente zahlt". Es folgt aber letztlich dem Argument der „unsicheren Prozesse" und fügt – offenbar in Analogie zu den Erwägungen bei § 805 – noch hinzu, es wäre inkonsequent, wenn sich die Frau in derartigen Fällen mit der bescheidenen Quote begnügen müsse, die sie als Abfindung erhalten hat, aber – wenn sie stattdessen Alimente gewählt hat – eine Erhöhung der Leistungen verlangen könnte (GesRev 1 S. 510 f.).

979 StriethA 46, 327.

980 Gruchot 31, 992 Nr. 86.

ums vom 26.3.1834[981] stützt sich auf den Auslegungsgrundsatz der Analogie: So wenig wie § 803 der Frau eine Erhöhung des Unterhalts gestatte, ebenso wenig könne der Ehemann bei verschlechterten Vermögensverhältnissen eine Herabsetzung der Alimente verlangen. Das Schrifttum und die Judikatur widersprachen dem nicht.[982]

Dieser Lösung, die in ihrer Folgerichtigkeit, aber auch in der in Kauf genommenen Härte[983] etwas Preußisches an sich zu haben scheint, wollte die partikularrechtliche Gesetzgebung nicht überall folgen. In Altenburg[984] wurde bestimmt, dass die Ehefrau, die später in die Lage gerät, in der sie Unterstützung fordern muss, die Alimente von nun an einklagen kann; ebenso, dass sich der Unterhalt mindert, wenn der Schuldige später „in üblere Vermögensumstände kommt". Auch die französische Rechtsprechung nahm an, dass sich die Alimentation den späteren Vermögensverhältnissen beider Parteien anpasst.[985] Nicht anders lehnte auch das BGB die Härte der landrechtlichen Regelung ab, obwohl die Kommission zur Ausarbeitung des Ersten Entwurfs deren Hauptzweck – der Vermeidung von Folgeprozessen – eine gewisse Berechtigung zusprach.[986]

Zeigt sich hier eine auffällige Starrheit, so hebt sich das Unterhaltsrecht des ALR im Ganzen durch seine Berücksichtigung neuzeitlicher Bedürfnisse vorteilhaft ab von der gemeinrechtlichen Judikatur zur Un-

981 Der Wortlaut des Reskripts ist wiedergegeben bei Rönne § 803 Anm 2.

982 Bornemann V S. 225; Koch § 803 Anm. 14; Dernburg § 20 (S. 63 f.); Förster/Eccius § 215 (S. 111) Fn. 36; Erler S. 144. Das Reichsgericht hat ausdrücklich erklärt, dass, auch wenn der Wegfall einer Einkunftsart wegen des Eintritts einer mit ihr verbundenen auflösenden Bedingung voraussehbar war, allein die Verhältnisse bei Erlass des Scheidungsurteils zu beachten seien (Urt. vom 17.10.1887 [RGZ 19, 309] und vom 24.2.1890 [JW 1890 S. 122 Nr. 38]).

983 Diese wurde auch nicht vollstreckungsrechtlich gemildert. Nach dem Reskript vom 20.8.1806 (bei Rönne § 803 Anm. 2) war gegen den schuldigen Ehegatten, wenn vollstreckungsfähiges Vermögen fehlte, sogar die Personalexekution (Schuldhaft) zulässig.

984 § 279 der Eheordnung vom 13.5.1837 (Gesetzsammlung S. 119). Das Gothaische Ehegesetz vom 15.8.1834 sagt hierzu nichts, lässt also der Rechtsprechung den Weg der Erhöhung oder Herabsetzung des Unterhalts offen.

985 Dem Wortlaut des Gesetzes ließ sich dies nicht ohne weiteres entnehmen (Code civil Art. 301 S. 2), da dort nur der Fall geregelt war, dass die Bedürftigkeit des unschuldigen Ehegatten ganz entfällt. In der Judikatur wurde es aber niemals bezweifelt; vgl. E. Fuzier-Herman, Code civil annoté 1. Bd. (1935) Anm. 27 mit Nachweisen aus der Rechtsprechung.

986 Mot. IV S. 618 f.

terhaltszahlung, wie sie das Reichsgericht noch zum Schluss des Jahrhunderts durchgesetzt hat.

Es ist dargestellt worden, dass die überwiegende Praxis des gemeinen Rechts der Ehefrau, wenn ihr Vermögen und die ihr zugefallene Quote von dem Vermögen des Ehemanns zu ihrem standesgemäßen Unterhalt nicht ausreichte, von ihrem Mann eine hinreichende Alimentierung verlangen konnte. Diese Art der Abfindung erlangte im Laufe des Jahrhunderts gerade in den Kreisen der höheren und mittleren Beamten und Offiziere, die über kein Vermögen, aber über ein gesichertes Gehalt verfügten, gesteigerte Bedeutung. Eine diese wirtschaftlichen Verhältnisse berücksichtigende Entscheidung findet sich in dem Urteil des OAG Darmstadt vom 18.9.1829:[987] Der schuldig geschiedene Beklagte besaß kein eigenes Vermögen, bezog aber eine Hauptmannspension von 912 Gulden im Jahr. Das Gericht sprach der Frau eine jährliche Alimentation von 125 Gulden als „Entschädigung" zu. Nicht viel anders hätte auch ein preußisches Gericht der Frau die „standesmäßige Verpflegung" nach ALR II 1 § 798 gewährt.[988]

In diese Rechtsprechung, die sich in den meisten Territorien des gemeinen Rechts durchgesetzt hatte, griff das Reichsgericht rücksichtslos ein. In seinem Urteil vom 13.3.1883[989] erklärte es entgegen dem Berufungsgericht (dem OLG Jena) in streng positivistischer Auslegung der überkommenen Normen, das römische Recht gewähre der schuldlosen Ehefrau nur die Ehescheidungsstrafe (regelmäßig in Höhe eines Viertels vom Vermögen des Ehemanns); von einer Alimentationspflicht sei dort kei-

987 SeuffA Bd. 25 Nr. 135.

988 Wie flexibel die gemeinrechtliche Judikatur in dieser Zeit die Gewährung von Unterhalt statt der Abfindung mit der Quote handhabte, zeigt das Urteil des OAG Wolfenbüttel vom 10.7.1821 (SeuffA Bd. 14 Nr. 42). Dort wurden der Klägerin Alimente zugesprochen, nicht weil der Ehemann ein zu geringes Vermögen besaß, sondern weil dieses in einem Bauerngut bestand, das nach braunschweigischem Recht unteilbar war. Dem hätte die landrechtliche Judikatur jedenfalls nach dem Wortlaut des Gesetzes nicht folgen können, da das ALR der Ehefrau ein uneingeschränktes Wahlrecht gewährte. Allerdings mussten sich die preußischen Gerichte hierzu auch nicht äußern, da die Unteilbarkeit der Bauerngüter nur im niedersächsischen Gebiet und im Königreich Sachsen bestand (Schreuer S. 473), während in Preußen schon das Edikt vom 9.10.1807 die „Dismembration" der Güter freigestellt hatte (Heilfron Deutsche Rechtsgeschichte S. 586).

989 RGZ 8, 184.

ne Rede. Der Unterschied zu der Auslegungsmethode im gemeinen protestantischen Eherecht (S. 243) ist auffällig, aber sachlich begründet. Während im Scheidungsrecht der Kirche keine gesetzlichen Bestimmungen vorlagen, die Gerichte sich vielmehr zur Begründung ihrer Urteile auf allgemeine Rechtsgrundsätze stützen mussten, bestanden im römisch-gemeinen Recht durchaus gesetzliche Regelungen, an die sich die Gerichte gebunden hielten.In der zweiten der einschlägigen Entscheidungen, dem Urteil vom 20.6.1890,[990] lehnte das Reichsgericht die Entstehung eines partikulären Gewohnheitsrechts in der Provinz (dem früheren Königreich) Hannover ab. Auch dort sei (wenn auch nur ein einziges Mal) vom Appellationsgericht eine Unterhaltspflicht des geschiedenen Ehemanns abgelehnt worden. Vor allem aber habe sich ein hannoveranisches Gewohnheitsrecht schon deshalb nicht bilden können, weil die Gerichte sich niemals auf „eigentümliche hannoversche Rechts- oder tatsächliche Zustände" berufen hätten, sondern rechtsirrig auf ein gemeinrechtliches Prinzip des für entgangene Vorteile zu leistenden Ersatzes.[991]

Dass die nahezu anderthalb Jahrtausende alte Regelung des römischen Rechts für das Ende des 19. Jahrhunderts vielleicht nicht mehr passte, wird in dem zweiten der genannten Urteile angedeutet, aber damit zurückgewiesen, dass dieses „neue Bedürfnis" nicht schon zu einem „neuen Recht" geführt habe. Auch dass 1890 schon der Erste Entwurf des BGB vorlag und dass in dessen Begründung der Unterhaltsanspruch als einzige der Gegenwart angemessene Form der Abfindung genannt war,[992] ließ das Reichsgericht unbeachtet. Die Situation der unschuldigen und mittellosen Ehefrau, die das Bayerische Oberste Landesgericht als Hilf-

990 RGZ 26, 193.

991 Dass sich partikuläres Gewohnheitsrecht nur bilde, wenn sich die Gerichte auf regionale Eigentümlichkeiten berufen, begründet das Reichsgericht nicht. Es ist auch nicht gut vorstellbar, dass die Bedürfnisse der geschiedenen Ehefrau in Hannover andere hätten sein können als in Mecklenburg (wo die Rechtsprechung keine Alimentation gewährte; vgl. Urt. des OAG Rostock vom 14.10.1858 [SeuffA Bd. 13 Nr. 146]). In seiner ausführlichen Erörterung eines gewohnheitsrechtlichen Unterhaltsanspruchs kommt Stammler (S. 115) auf dieses Argument des Reichsgerichts gar nicht zu sprechen.

992 Mot. IV S. 614 ff.

losigkeit bezeichnet hatte,[993] wird vom Reichsgericht nur so verstanden, dass der Frau „unter Umständen nur ein unzureichender Ersatz für das ihr während der Ehe gegen ihren Mann zustehende Alimentationsrecht gewährt" werde.[994]

Während also bei der Rechtsprechung zu den Scheidungsgründen das gemeine protestantische Eherecht durch seine größere Geschmeidigkeit manche Vorzüge vor des ALR besaß, stand bei den vermögensrechtlichen Scheidungsfolgen dem römisch-gemeinen Recht (in der zuletzt durch die Judikatur des Reichsgerichts angenommenen Gestalt) mit seiner geradezu archaischen Starrheit das ALR als das modernere und die Interessen des unschuldigen Teils berücksichtigende Recht gegenüber.[995]

Es kann deshalb nicht verwundern, dass bei den Reformversuchen der 1830er Jahre im System der Scheidungsfolgen einschließlich des Rechts auf Unterhalt nur geringfügige Verbesserungen ins Auge gefasst waren,

993 Urt. des BayObLG vom 24.3.1880 (SeuffA Bd. 35 Nr. 218): Die unschuldige Ehefrau dürfte nicht „in die hilfloseste Lage versetzt werden". Gemäß § 8 des EGGVG vom 27.1.1877 konnten die bayerischen Gerichte ihre Rechtsprechung auch nach den Entscheidungen des Reichsgerichts fortsetzen, da die Revision in diesen Rechtsstreitigkeiten an das Bayerische Oberste Landesgericht ging. Damit war in Bayern (wie auch im Geltungsbereich des ALR) der Übergang zu der Unterhaltsregelung des BGB leichter als in den übrigen Gebieten des gemeinen Rechts.

994 Urt. vom 20.6.1890 (RGZ 26, 193).

995 Die hier wiedergegebene Rechtsprechung des Reichsgerichts ist Teil der sog. Nachrezeption (zweiten Rezeption) im 19. Jahrhundert, die auf das reine römische Recht zurückgehen wollte . Den Usus modernus der vorangehenden Zeit sah sie als Entartung an; sie entsprach aber den modernen Bedürfnissen in vielen Punkten weniger als die auf der ersten Rezeption beruhende Praxis (Molitor S. 58; ähnlich Mitteis/ Lieberich S. 20: Praktische Fragen seien vernachlässigt worden, die Urteile des Reichsgerichts seien oft unpopulär gewesen). Das lässt sich jedenfalls zu dem hier in Rede stehenden Einzelproblem sagen. Eisenhardt (S. 351) erkennt dagegen in der Pandektistik des 19. Jahrhunderts den Willen, der Gesellschafts- und Wirtschaftsordnung der Zeit zu entsprechen, weist aber auch auf die schon zeitgenössische Kritik hin. Aufschlussreich – gerade als Gegensatz zu dem hier in Rede stehenden Fall – ist die von Möller (S. 114 ff.) dargestellte Rechtsprechung des Reichsgerichts zu den Schutzpflichten des Arbeitgebers gegenüber dem Arbeitnehmer, die das Gericht wegen des auch die Dienstmiete beherrschenden Grundsatzes der bona fides als dem römischen Recht gemäß bejaht. Einen solchen Ansatz für eine dem modernen Rechtsdenken entsprechende Anwendung des römischen Rechts konnte das Reichsgericht bei dem Unterhaltsanspruch nicht finden.

und vor allem, dass die grundlegende Reformbewegung der 1840er Jahre diese Regelung nahezu unberührt ließ. Savigny bemerkt in aller Kürze zu den Vermögensfolgen: „Hierin eine Änderung zu treffen, ist gegenwärtig keine Veranlassung vorhanden, und die beabsichtigte Reform des Ehescheidungsrechts führt auf eine solche Änderung nicht".[996] Lediglich eine eher redaktionelle Änderung erschien notwendig: Da nach dem Entwurf des Staatsrats von 1844 die Scheidung nur dann ausgesprochen werden sollte, wenn die Eheverfehlungen dem Ehebruch und der böslichen Verlassung gleichstanden, hatte die Unterscheidung der schweren und der minder schweren Vergehen (II 1 §§ 747-750) keinen Sinn mehr; insbesondere war § 786 (Abfindung mit nur einem Sechstel bei den geringeren Verfehlungen) aufzuheben.[997] Die Reformvorschläge der 1850er Jahre folgten dem allen ohne jeden Widerspruch.[998]

Einer Begründung hierfür schien es nicht zu bedürfen. Aus Stahls Rechtsphilosophie lässt sich aber, wenn auch nur mittelbar, der Grund dafür erschließen, dass die für den unschuldigen Ehegatten großzügige, vom römischen Recht durch den Unterhaltsanspruch abweichende Regelung des Landrechts den Anschauungen der Reformer nicht widersprach. Stahl wandte sich gegen das römische Eherecht nicht nur wegen der dort herrschenden Scheidungsfreiheit – dies war selbstverständlich –, sondern auch wegen seiner vermögensrechtlichen Grundsätze. Weder das Dotalsystem (auf dem die Scheidungsstrafen beruhten) noch das kaum entwickelte Erbrecht des überlebenden Ehegatten entsprächen dem Verständnis der Ehe als einer vollständigen Lebensgemeinschaft. Wo die römischen Prinzipien falsch seien, könnten sie nicht maßgebend werden für andere Zeiten und Zustände, sondern „die Entfaltung der in den Lebensverhältnissen gegebenen Beziehungen" sei „durch unsere Jurisprudenz zu leisten".[999] Damit ist gewissermaßen im Voraus die Recht-

996 Savigny Darstellung S. 339.

997 § 94 des Entwurfs von 1844 (Savigny Darstellung S. 412).

998 § 51 des Regierungsentwurfs für das Herrenhaus (Sten. Ber. Herrenhaus 1854-55 Bd. S. 112), von der Kommission einstimmig angenommen (a. a. O. S. 126); § 18 des Entwurfs für das Angeordnetenhaus (Sten. Ber. Abg.- Haus 1856-57 3. Bd. S. 117), gleichfalls von der Kommission einstimmig angenommen (a. a. O. S. 138).

999 Stahl Rechtsphilosophie II 1 S. 456 f., 518. Allgemeiner sagt Stahl, dass das (von der historischen Rechtsschule geforderte) Zurückgehen auf die römischen Quellen zwar grundsätzlich berechtigt sei, dass aber die von der Praxis geschaffenen

sprechung des Reichsgerichts zurückgewiesen, die aus dem gänzlich unrömischen Eherecht des 19. Jahrhunderts vermögensrechtliche Folgen der Scheidung entstehen lässt, die nur aus dem römischen Recht zu begründen sind. Zugleich aber ist damit das Scheidungsfolgenrecht des ALR als annehmbar gekennzeichnet.

3. Zwischenergebnis

Bei den Folgen der Scheidung regelt das ALR die finanziellen Ansprüche der schuldlos (oder minder schuldig) geschiedenen Ehefrau in einer Weise, die den Reformbemühungen der 1840er und 1850er Jahre keinen Anlass zu Änderungswünschen gab. Hier stand dem preußischen Recht, das der Frau das Wahlrecht zwischen einer Abfindung aus dem Vermögen und einem Unterhaltsanspruch gewährte, nicht das protestantische Eherecht gegenüber, sondern das römisch-gemeine Recht. Vom römischen Recht ausgehend, es aber frei anwendend, hatten die meisten deutschen Territorialgerichte der Ehefrau eine Abfindung, notfalls aber auch einen Unterhaltsanspruch zuerkannt. Dies entsprach der wirtschaftlichen Entwicklung der Neuzeit, vor allem des 19. Jahrhunderts, in dem das Einkommen, etwa als Gehalt der Beamten, gegenüber dem Vermögen immer stärkere Bedeutung für die wirtschaftliche Lage der Familie gewann. Noch in den letzten Jahren des gemeinen Rechts ging aber das Reichsgericht auf das ursprüngliche römische Recht zurück, das einen Unterhaltsanspruch der geschiedenen Ehefrau nicht kannte. Das BGB gab der Ehefrau dann nur den Unterhaltsanspruch; ein führender Rechtslehrer übte hieran Kritik unter Hinweis auf das ihr noch günstigere Landrecht.

Rechtsinstitute, die „einem wirklichen Bedürfnis des jetzigen Zustandes dienen, … den geschriebenen Quellen nicht geopfert werden dürfen" (Rechtsphilosophie I S. 580).

IV. Zeitweilige Trennung und deren Ersatz im ALR

1. Vor dem ALR

Zur vollständigen Darstellung des Ehescheidungsrechts gehört ein Rechtsinstitut, das seit jeher die mindere Form des Rechts auf Scheidung war und das im Landrecht nur eine rudimentäre Ausbildung gefunden hat, nach dem Willen der Reformer aber wieder zu größerer Bedeutung kommen sollte.

Die separatio quoad thorum et mensam entstammte dem kanonischen Recht, wo sie als separatio perpetua bei Ehebruch die nach katholischer Rechtsauffassung nicht statthafte Trennung der Ehe dem Bande nach vertrat, als separatio temporaria (auf bestimmte oder unbestimmte Zeit) dem Schutz des anderen Ehegatten und der Versöhnung dienen sollte.[1000] Das gemeine protestantische Eherecht übernahm hiervon nur die zeitweilige Trennung von Tisch und Bett. In der Zeit, die der preußischen Gesetzgebung unmittelbar vorherging, also in der ersten Hälfte des 18. Jahrhunderts, galten dabei folgende Grundsätze:[1001] Außer dem Ehebruch und der böslichen Verlassung war auch die Lebensnachstellung (insidiae vitae structae) als Scheidungsgrund anerkannt. Bei den Sävitien unterschied man: Die ganz schweren Misshandlungen (saevitiae intolerabiles) führten gleichfalls zur Trennung der Ehe dem Band nach, die geringeren dagegen nur zur zeitweiligen Trennung von Tisch und Bett; nach Ablauf der Trennungszeit waren die Eheleute gehalten, wieder zusammenzuleben.[1002] Erwies sich die gegenseitige Feindschaft dann als unüberwindlich, konnten den Gatten nicht die Gerichte (die Konsistorien), sondern nur ein landesherrlicher Dispens aus der unerträglichen Ehe heraushelfen. Von dieser gemeinrechtlichen Regelung ging Coccejis Project von 1749 aus, das die zeitweilige Trennung aber in zwei bedeutenden Punkten abänderte.[1003] Einmal trat bei den minderen Eheverfehlungen (wozu neben geringeren Tätlichkeiten auch z. B. die

1000 Hubrich S. 32 ff., 36 ff.

1001 Hubrich S. 140 ff.

1002 Böhmer, der die herrschende Praxis seiner Zeit wiedergibt, sagt: Die saevitiae mariti führten nur zur Sävitienklage, gerichtet auf separatio quoad thorum et mensam; wenn aber Insidien oder „saevitiae qualificatae“ beweisbar seien, könne „ad totale divortium“ geklagt werden (II I §§ 40 ff. [S. 115 f.]).

1003 Hubrich S. 180 f.

Trunkenheit gehörte) nach der auf ein Jahr begrenzten Trennung von Tisch und Bett bei mangelnder Versöhnung das volle Scheidungsrecht in Kraft. Hier diente die separatio wie im Kirchenrecht sowohl dem Schutz des anderen Ehegatten als auch dem Zweck der Versöhnung. Zum anderen war auch bei der von Cocceji erstmals vorgesehenen Scheidung aufgrund beiderseitiger Übereinstimmung eine gleichfalls auf ein Jahr begrenzte Trennung von Tisch und Bett angeordnet, nach deren ergebnislosem Verstreichen dann die vollständige Scheidung ausgesprochen wurde. Hier konnte also nur die Versöhnung Zweck der separatio sein.

2. Die Bestimmungen des ALR

Das Ehescheidungsedikt von 1782 beseitigte die Trennung von Tisch und Bett als eigenständige Anordnung (als Rechtsfolge nach materiellem Recht) gänzlich. Es gewährte aber (als verfahrensrechtliche Anordnung im Scheidungsprozess) dem Richter die Möglichkeit, vorübergehend das Getrenntleben zu gestatten, sowie (außer bei den schwersten Scheidungsgründen, namentlich bei Ehebruch und böslicher Verlassung), falls noch Hoffnung auf eine Versöhnung bestand, die Urteilsverkündung bis höchstens ein Jahr auszusetzen und auch hierbei den Eheleuten das Getrenntleben zu erlauben.[1004] Diese prozessualen Anordnungen sah Svarez in seinem Entwurf für das ALR nicht mehr vor.[1005] Auf Vorschlag eines der befragten Juristen kamen dann aber beide vorläufigen bzw. aufschiebenden Maßnahmen in etwas veränderter Gestalt wieder in das Gesetz, und zwar in die zwischen den Scheidungsgründen und den Folgen der Scheidung stehende Marginalie „Was während des Scheidungsprozesses Rechtens“ (II 1 §§ 723-731). Dabei ist es für die geringe Neigung Svarez', das Rechtsinstitut der separatio in das Gesetz aufzunehmen, bezeichnend, dass er zwar die Trennung wegen einer Gefährdung des anderen Ehegatten sogleich übernahm,[1006] die Aussetzung der Urteilspublikation und die damit verbundene Trennung der Eheleute aber zunächst bedenklich fand, da hierdurch eine Aussöhnung kaum zu erhoffen sei und die Tren-

1004 Hubrich S. 185; GesRev 1 S. 470.
1005 GesRev 1 S. 463, 470.
1006 GesRev 1 S. 463 (Der Vorschlag wurde „simpliciter gebilligt“).

nung vor allem zu „Zerrüttungen des Hauswesens“ führen werde.[1007] Dieses Argument wird später bei den Gegnern der Reform wiederkehren.

In der Marginalie ist einmal bestimmt (II 1 § 724), dass bei einem auf Lebens- oder Gesundheitsgefahr gestützten Scheidungsbegehren (d. h. jedenfalls bei beiden Alternativen des § 699) der Richter das Getrenntleben der Parteien gestatten kann, wenn die Gefahr „einigermaßen bescheinigt“ (d. h. glaubhaft gemacht) ist. Eine Fortsetzung der gemeinrechtlichen separatio temporaria lag darin aus zwei Gründen nicht. Einmal beschränkt sich der Zweck der richterlichen Anordnung darauf, eine Gefahr für den betroffenen Ehegatten abzuwenden, während die separatio temporaria zugleich zum Versuch der Aussöhnung führen sollte; sodann sind von der richterlichen Verfügung jedenfalls bei enger Auslegung nur Sävitien und nicht auch andere Scheidungsgründe erfasst. In beiden Punkten sind aber auch hier Ansätze für die Wiederaufnahme der zeitweiligen Trennung enthalten. Schon bei der Revision von 1830 wurde von einigen befragten Richtern bemerkt, dass die Norm erweiternd auch z. B. auf Ehebruch und Wahnsinn anwendbar sein müsse,[1008] ebenso wie auch der Gedanke an eine mögliche Versöhnung während der Trennungszeit aufschien, obwohl der Gesetzgeber nur die Verhütung einer Gefahr beabsichtigt hatte.[1009]

Enger mit dem kirchenrechtlichen Institut der separatio temporaria hängt die dem Richter in §§ 727-730 gegebene Möglichkeit eines Versöhnungsversuchs zusammen.

1007 GesRev 1 S. 470.

1008 So auch Koch (§ 724 Anm. 68); später vom Reichsgericht übernommen: Urt. vom 25.10.1883 (RG JW 1883 S. 276 Nr. 47).

1009 GesRev 1 S. 464. Der § 724 wurde nach Inkrafttreten der ZPO von 1877 wie jeder andere Verfügungsanspruch behandelt, ohne Bezug zu etwaiger Versöhnung der Ehegatten; vgl. das Urt. des Reichsgerichts vom 22.1.1885 (RG JW 1885, 103 Nr. 33).

II 1 § 727

Ist die Scheidung nur aus den § 675.676.702.703.708-711 bemerkten minder wichtigen Ursachen verlangt, und bei dem Sühneversuch noch einige Hoffnung der künftigen Versöhnung bemerkt worden; so kann der Richter die Publikation des Erkenntnisses eine Zeitlang, jedoch nicht über ein Jahr, aussetzen.

§ 728

Während dieser Zeit kann den Eheleuten erlaubt werden, von einander getrennt zu leben.

§ 730

Nach Verlauf der bestimmten Frist muss ein nochmaliger Sühneversuch von Amtswegen angestellt, und wenn auch dieser fruchtlos ist, das Erkenntnis ohne weiteren Verzug eröffnet werden.

Von dieser Möglichkeit einer zeitweiligen Trennung – als prozessuale Anordnung – machten die Gerichte zunächst so gut wie keinen Gebrauch, wie aus der Bemerkung eines Richters bei der Revision von 1830 hervorgeht.[1010] Der Grund war offenbar die Unbequemlichkeit, die dem Gericht aus dieser Verzögerung des Verfahrens erwuchs. War das Urteil abgefasst, so war es leichter, es auch sogleich zu verkünden und den Rechtsstreit damit zu erledigen; eine Zurücklegung der Akten und ein erneuter Sühneversuch bedeuteten zusätzliche Arbeit, welche die Gerichte zumal in einer Zeit, in der eine Verminderung der Scheidungen noch nicht allgemeine Absicht war, nicht leisten wollten. Der zu dieser Bequemlichkeit anregenden laxen Fassung des § 727 (Der Richter kann aussetzen) wollte schon der Revisor entgegentreten, indem er den Richter zur Aussetzung der Verkündung zwingen wollte („… so muss der Richter aussetzen").[1011] Im Übrigen betonte er, dass die Aussetzung die Ehescheidungen – wie erwünscht – vermindern werde, entweder indem die mit einer zeitweiligen Trennung verbundenen Beschwerlichkeiten

1010 GesRev 1 S. 470.
1011 GesRev 1 S. 470 f.

die Eheleute von einer Klage abhalten würden, oder dadurch, dass sie in der Trennungszeit zur Besinnung kämen.

In seinem Gutachten wies der Revisor zugleich darauf hin (freilich etwas weniger passend bei der Erörterung des § 724), dass die bloße Aussetzung der Urteilspublikation weniger Erfolg verspreche, da die Parteien durch die notwendigerweise vorangehende Ermittlung des streitigen Sachverhalts in zusätzliche Erbitterung gegeneinander geraten seien.[1012] Konsequenzen für die Fassung des Gesetzes hatte der Revisor hieraus allerdings nicht gezogen. Dies blieb dem Entwurf von 1834 vorbehalten. Dieser wies in seiner Begründung gleichfalls darauf hin, dass die Aussetzung der Urteilsverkündung geringere Erfolgsaussichten habe, ferner auch darauf, dass das gemeine Recht mit seiner dem eigentlichen Scheidungsprozess vorangehenden separatio temporaria weit zweckmäßiger sei. Um die Abneigung der Gerichte gegen dieses zusätzliche Verfahren zu überwinden, sei die zeitweilige Trennung nicht in das Ermessen des Richters zu stellen, sondern – wie bereits der Revisor angeregt hatte – bindend anzuordnen, und zwar ausnahmslos, ohne dass die Aussichten für eine Versöhnung der Parteien zu erwägen seien. Schließlich sei auch die Dauer der Aussetzung nicht in das Ermessen des Richters zu stellen, da dieser durch eine zu kurze Frist die Absicht des Gesetzgebers zunichte machen könne.[1013] Demgemäß lautete der § 28 des Entwurfs:[1014]

Wenn aus den in den §§ 21. 22. 24. 25. 26. und 27. angeführten Gründen auf Ehescheidung angetragen ist, so muss vom Gericht nicht sogleich auf die Scheidung, sondern zuvörderst auf eine einjährige Trennung von Tisch und Bett erkannt werden.

Die Scheidungsgründe, die zu diesem Verfahren Anlass geben sollten, sind zum überwiegenden Teil dieselben wie in II 1 § 727 (nur dass der Verdacht des Ehebruchs, da er kein Scheidungsgrund mehr sein sollte, weggefallen, dafür aber die Ergreifung eines schimpflichen Gewerbes in den Katalog aufgenommen ist); ganz neu ist in dem Entwurf, dass auch bei unüberwindlicher Abneigung eines Ehegatten gegen den anderen (§ 27 des Entwurfs, eine etwas verschärfte Übernahme von ALR II 1 § 718 a) zunächst die einjährige Trennung von Tisch und Bett angeordnet werden muss. Rein begrifflich erscheint dies als Widerspruch, da die Abnei-

1012 GesRev 1 S. 465.
1013 GesRev 2 S. 414 f.
1014 GesRev 2 S. 380.

gung, wenn sie wirklich unüberwindlich ist, auch durch eine Trennungszeit nicht behoben werden kann; in der Praxis wird jedoch gerade in diesen Fällen eine Aussöhnung dadurch möglich, dass sich der Widerwille des klagenden Ehegatten durch die Trennung besänftigt.

3. Die Reformbestrebungen

Bevor jetzt die von der Reformbewegung der 1840er und 1850er Jahre beabsichtigten Gestaltungen der zeitweiligen Trennung dargestellt werden, ist in aller Kürze zu sagen, in welcher Form dieses Rechtsinstitut im gemeinen Recht des 19. Jahrhunderts zur Anwendung kam; denn die von den preußischen Reformern gewollten Gesetzesänderungen schlossen sich jeweils an eine dieser Formen an.

Das 19. Jahrhundert kannte folgende Ausgestaltungen der separatio temporaria:[1015]

1. Zeitweilige Trennung, wenn kein ausreichender Scheidungsgrund besteht;
2. Zeitweilige Trennung, wenn der an sich zur Scheidung berechtigte Ehegatte nur die separatio beantragt;
3. Zeitweilige Trennung als notwendige Vorbedingung der Scheidung;
4. Zeitweilige Trennung als vorgängiges Versöhnungsmittel, wenn an sich schon Scheidung erfolgen kann.

a) In den 1840er Jahren

Die Reformbewegung der 1840er Jahre berief sich auf die schon von dem Revisor und in dem Entwurf von 1834 für die zeitweise Trennung ausgesprochene Begründung. Savigny wiederholte das Argument, dass sich durch die zeitweise Trennung eine „ruhigere Erwägung der Verhältnisse“ ergebe, welche die durch das ständige Zusammenleben entstandene

1015 Friedberg Kirchenrecht § 160 (S. 452).

Verstimmung mildere; auch werde den Eheleuten durch die Trennung der „unbefriedigende Zustand des einsamen Lebens" vor Augen geführt.[1016]

In der Ausgestaltung wichen aber die Reformentwürfe von 1842 und 1844 von dem ab, was bisher erarbeitet worden war. Sowohl im Entwurf der Kommission als auch in dem des Staatsrats war bei den dort näher bezeichneten minder schweren Eheverfehlungen (also insbesondere nicht bei Ehebruch, böslicher Verlassung und Lebensnachstellung) angeordnet, dass der Richter, wenn er den Scheidungsgrund für bewiesen hält, nicht sofort die Scheidung, sondern zunächst die ein- bis zweijährige Trennung ausspricht.[1017] Hier lagen zwei Unterschiede zu dem, was der Entwurf von 1834 bestimmt hatte. Einmal konnte die Trennung nur dann angeordnet werden, wenn der Scheidungsgrund schon bewiesen war, d. h. wenn die Eheleute (wie die Begründung des Entwurfs von 1834 meinte) noch stärker gegen einander erbittert waren als vor Einleitung des Rechtsstreits. Dies erschien den Reformern allerdings unvermeidlich, weil sich eine bis zu zwei Jahren dauernde Trennung mit ihren Unannehmlichkeiten aufgrund der bloßen Behauptung des Klägers, der andere Ehegatte habe eine Eheverfehlung begangen, schwerlich rechtfertigen ließ. Der zweite Unterschied zum Entwurf von 1834 (und auch zu der Regelung des Landrechts) war rein juristischer Art, gleichwohl aber für das Schicksal der angeführten Norm entscheidend. ALR II 1 §§ 727-730, aber auch § 27 des Entwurfs von 1834 waren Normen des Verfahrensrechts, welche die prozessuale Behandlung des Scheidungsanspruchs regelten (Aussetzung der Urteilsverkündung; der Beweisaufnahme vorangehende richterliche Trennungsanordnung). In den Entwürfen von 1842 und 1844 war dagegen ein Anspruch des materiellen Rechts (der Anspruch auf zeit-

1016 Savigny Darstellung S. 330 f. Das taedium vitae solitariae war schon nach Ansicht der Kirchenrechtslehrer geeignet, die Versöhnung der Eheleute zu bewirken (Hubrich S. 142).

1017 § 75 des Entwurfs von 1842 und § 76 des Entwurfs von 1844; s. Savigny Darstellung S. 373 f., 406 f. Diese Änderung, durch die sich die prozessuale Aussetzung in eine separatio nach materiellem Recht umwandelte, beruhte auf der Anweisung, die Friedrich Wilhelm IV. Savigny in der Order vom 28.2.1842 gegeben hatte: Der Gesetzesentwurf müsse bestimmen, dass in allen Fällen, wo keiner der biblischen Scheidungsgründe bestehe, zunächst auf Trennung von Tisch und Bett zu erkennen sei; der Scheidungsprozess sei dann erst nach Ablauf von drei Jahren durchzuführen (Wortlaut der Order in GesRev 3 S. 675 f.). Diese Anordnung wurde von der Kommission und dem Staatsrat hinsichtlich der Frist etwas gemildert.

weilige Trennung) geregelt, dessen Voraussetzungen zunächst zu beweisen waren.[1018] Savigny äußert sich hierzu widersprüchlich. Einmal sagt er, die Trennung von Tisch und Bett sei ein „neues Rechtsinstitut", das lediglich eine „ähnliche Natur" habe wie die Aussetzung; an anderer Stelle heißt es, die Trennung sei nur scheinbar ein „neues materielles Rechtsinstitut", tatsächlich aber eine dem Prozess angehörige Maßnahme.[1019] Nur aus Vorsicht habe man sie dem materiellen Recht zugeordnet.

Damit wurde sie nicht Gesetz, sondern blieb wie die neuen Normen über die Scheidungsgründe unerledigt liegen. Denn nach dem Edikt vom 5.6.1823 hatten bei dem Erlass von Gesetzen materiell-rechtlichen Inhalts die Provinzialstände das Recht der Mitberatung; Friedrich Wilhelm aber scheute sich – wie bereits ausgeführt – wegen der dem Entwurf auch in der gemilderten Fassung von 1844 feindlichen Meinung der Öffentlichkeit, die Reformvorschläge den Ständen vorzulegen. Die von dem König allein erlassene Verordnung über das Verfahren in Ehesachen vom 28.8.1844 bestimmte in § 70, dass die Urteilsverkündung bei Bestehen der dort genannten minder bedeutsamen Scheidungsgründe „auf ein Jahr vom Abschluss der Sache an ausgesetzt werden" soll. Die Verordnung ging sogar hinter den Vorschlag des Revisors zurück, da nach diesem die Verkündung des Urteils ausnahmslos ausgesetzt werden sollte, während die Verordnung die Aussetzung erlässt, „wenn der Richter findet, dass keine Hoffnung zur Aussöhnung vorhanden ist" (§ 70 Abs. 2).

b) In den 1850er Jahren

In der Reformbewegung der 1850er Jahre erschien die Trennung von Tisch und Bett erneut, und zwar in verschiedener Ausgestaltung – ein Beweis, wie schwer selbst der bloße Versuch war, dieses Rechtsinstitut in Preußen einzuführen.

1018 Dass die separatio nur nach ihrem Zweck, nicht aber nach ihrer Rechtsnatur der Aussetzung gleiche, sagt zutreffend Friedberg § 160 (S. 452) m. Fn. 78. Folgerichtig konnten § 70 der Verordnung vom 28.6.1844 und ALR II 1 §§ 727-730 durch §§ 5 und 8 des preußischen Ausführungsgesetzes zur ZPO vom 24.3.1879 aufgehoben werden, während die Trennung von Tisch und Bett den Beratungen der Kommission für das BGB anheimgestellt blieb.

1019 Savigny Darstellung S. 331 f., 349.

Die Regierungsvorlage für das Herrenhaus enthielt die separatio temporaria nicht und wollte lediglich die Möglichkeit, die Verkündung des Scheidungsurteils auszusetzen, von einem auf zwei Jahre verlängern.[1020] Dies lag in erster Linie daran, dass der Justizminister Simons dem Rechtsinstitut der Trennung ablehnend gegenüberstand.[1021] In der Gesetzeskommission schlug Stahl dann eine Regelung vor, die von dieser mit einer knappen Mehrheit angenommen wurde:[1022] In § 13 des Kommissionsentwurfs war bestimmt, dass eine bis zu drei Jahre dauernde separatio temporaria in zwei Fällen ausgesprochen werden sollte. Einmal, wenn der klagende Ehegatte zwar einen vollgültigen Ehescheidungsgrund hatte, aber nur auf zeitweilige Trennung antrug; vor allem jedoch, wenn einer der minder schweren Scheidungsgründe zwar an sich bestand, aber nur in einem Grade, der eine Scheidung nicht zuließ, d. h. wenn die Ehe dadurch nicht so zerrüttet war wie durch Ehebruch oder bösliche Verlassung. Mit der zweiten Fallgestaltung wäre im Großen und Ganzen die Rückkehr zu der gemeinrechtlichen Praxis in der ersten Hälfte des 18. Jahrhunderts erreicht worden. Die Trennung sollte hier nicht – wie nach dem Project von 1749 und auch noch nach den Entwürfen von 1842 und 1844 – als bloße Vorbedingung der Scheidung gelten, sondern – wie der Kommissionentwurf ausdrücklich betont – als ihr Ersatz. Auch nach Ablauf der drei Jahre konnte der Kläger nicht ohne weiteres die Scheidung erreichen, sondern nur, wenn durch neue Tatsachen das Gesamtgewicht der Verfehlungen zu der Annahme berechtigte, dass der verklagte Gatte die Ehe schuldhaft gänzlich zerrüttet hatte (§ 17 des Entwurfs).

Rein nach den Gesetzen der Logik hätte die beabsichtigte Regelung keinen Widerspruch finden können. Hatte der klagende Ehegatte einen Scheidungsgrund, so konnte er auch auf das minus – die Trennung – klagen; im zweiten Fall, wo kein Scheidungsgrund bestand, weil das Ausmaß der Verfehlung nicht genügte, konnte es an sich nicht ungerechtfertigt sein, wenn der von dem Vergehen betroffene Ehegatte immerhin zu einer zeitweisen Trennung gelangte. Jedoch abgesehen davon, dass das Rechtsinstitut der separatio temporaria als fremdartig missfiel, ließ sich die hinter dem Vorschlag der Kommission stehende Absicht kaum verbergen. Der Maßstab für die relativen Scheidungsgründe (ob sie im Ein-

1020 Sten. Ber. Herrenhaus 1854-55 2. Bd. S. 111 f.
1021 Gerlach in seiner Denkschrift vom 29.7.1856 (Briefe S. 908 f.).
1022 Sten. Ber. a. a. O. S. 129.

zelfall einem Ehebruch oder einer böslichen Verlassung gleichkamen) war naturgemäß sehr unbestimmt. Hatte der Scheidungsrichter nur die Möglichkeit, die Scheidung auszusprechen oder die Klage abzuweisen, würde er sich auch bei unbedeutenden Verfehlungen nicht oft für die Abweisung entscheiden. Bestand dagegen die Möglichkeit, in diesem Fall nur zu einer zeitweiligen Trennung zu verurteilen, würde er häufig von dieser Gebrauch machen, womit die Scheidung ganz erheblich erschwert wäre. Dieses Argument trug das gemäßigt konservative Mitglied des Herrenhauses Graf v. Arnim-Boytzenburg im Plenum der Kammer vor.[1023] Demgegenüber berief sich Stahl in seiner Erwiderung auf den bereits genannten Gedanken, dass ohne die vorgeschlagene Regelung in diesen Fällen entweder die Scheidung ausgesprochen werde – was dann gegen das Gesetz sei – oder aber die Scheidung unterbleibe, so dass z. B. die angegriffene Ehefrau weiter den Tätlichkeiten ihres Mannes ausgesetzt sei.[1024] Nach der Spezialdebatte lehnte das Herrenhaus den Entwurf der Kommission ab.[1025] In der endgültigen Fassung des Kommissionsentwurfs waren deshalb Bestimmungen über die zeitweilige Trennung nicht mehr enthalten,[1026] und in dieser Gestalt wurde der Entwurf des Gesetzes vom Herrenhaus angenommen.[1027]

Nach dieser Erfahrung war an eine bloße Wiederholung des vom Plenum des Herrenhauses abgelehnten Entwurfs zur selbständigen Anordnung der separatio temporaria in der Vorlage für das Abgeordnetenhaus schwerlich zu denken. Der Justizminister Simons, der an sich gegen jede Art dieses Rechtsinstituts Einwendungen hatte, war nur bereit, sie in dem zuvor stets gewollten Sinn einer Voraussetzung der Scheidung zu akzep-

1023 Sten. Ber. Herrenhaus 1854-55 1. Bd. S. 359 f.

1024 Sten. Ber. a. a. O. S. 362.

1025 Sten. Ber. a. a. O. S. 363. Die Ablehnung erfolgte offensichtlich wegen der zweiten Alternative des vorgeschlagenen § 13, während die erste (der klagende Ehegatte hat einen vollgültigen Scheidungsgrund, begehrt aber nur die Trennung) überhaupt keine Beachtung gefunden zu haben scheint. Über das Scheitern des Kommissionsentwurfs herrschte im Ministerium unverhohlene Freude. Der Vortragende Rat Friedberg – der den Regierungsentwurf verfasst hatte – meinte, das „von Stahl eingeschwärzte Bastard-Institut" sei zum Glück wieder ausgemerzt worden; Arnim habe das „heuchlerische" Vorgeben Stahls, die Strenge des Regierungsentwurfs mildern zu wollen, vernichtend widerlegt (Schubert S. 314 Fn. 47).

1026 Sten. Ber. Herrenhaus 1854-55 2. Bd. S. 136.

1027 Sten. Ber. Herrenhaus 1854-55 1. Bd. S. 385.

tieren. Um Friedrich Wilhelm IV. gleichwohl für einen neuen Versuch zur Einführung der selbständigen Trennung zu gewinnen und ihn zu veranlassen, auf den Justizminister in diesem Sinn einzuwirken, verfasste v. Gerlach, der eifrigste Betreiber der Scheidungsreform, die an den König gerichtete Denkschrift vom 29.7.1856.[1028] Er glaubte, dabei dem Willen des Königs zu entsprechen, der in seiner Denkschrift vom 18.12.1854[1029] seine Absichten für den neuen Versuch einer Reform niedergelegt hatte: Zur sofortigen Scheidung solle nur der Ehebruch berechtigen; lägen andere Scheidungsgründe vor, so müsse der Richter die Trennung der Eheleute zulassen, ohne für diese eine Dauer festzusetzen; nach Ablauf einer bestimmten Zeit (je nach Schwere der Eheverfehlung) könne jeder der beiden Ehegatten die Scheidung beantragen, falls er eine neue Ehe eingehen wolle. Im Wesentlichen dasselbe hatte der König in einer Kabinettsorder von 24.2.1855 an den Kultus- und den Justizminister verlangt, nur dass als Voraussetzung des späteren Scheidungsantrags nicht mehr der Wille, sich neu zu verheiraten, genannt war.[1030] Noch einmal hatte er seine Ansichten in der Sitzung des Conseils (Kronrats) vom 23.3.1855 zum Ausdruck gebracht, an der auch Gerlach teilgenommen hatte.[1031] Dass die separatio ein neues Rechtsinstitut war,[1032] übersah er; er meinte deshalb, seine bei dem Abbruch der Reformbemühungen in den 1840er Jahren geäußerte Weisung fortzusetzen, zunächst das Verfahrensrecht (hier also das Recht der einstweiligen Anordnung – des Interimisticums –) zu reformieren.[1033] Noch einmal erklärte sich der König im Kronrat vom 1.4.1856, indem er dort den einzigen Artikel eines Gesetzesentwurfs verlas, wonach außer bei Ehebruch und böslicher Verlassung jedem Scheidungsurteil eine dreijährige Trennungsfrist vorauszugehen hatte, nach deren Ablauf die Ehegatten – gemeinschaftlich – den Antrag auf Umwandlung der Trennung in die Scheidung stellen konnten, wenn sie nicht weiter getrennt leben wollten.[1034]

1028 Gerlach Briefe S. 904 ff.

1029 Wörtlich wiedergegeben bei Schubert S. 307 f.

1030 Schubert S. 313.

1031 A. a. O. S. 314 f.

1032 Hierauf wies der Kultusminister in seinem Schreiben vom 7.3.1856 an den Justizminister hin (Schubert S. 313 Fn. 44).

1033 Denkschrift vom 18.12.1854.

1034 Wortlaut bei Schubert S. 320.

In seinem Promemoria sagt Gerlach, die von 1844 vom Staatsrat beschlossene unselbständige Trennung (als Vorbedingung des Scheidungsurteils) sei an sich schon recht brauchbar, sie gebe jedenfalls Gelegenheit zur Versöhnung. „Aber was seine Majestät der König will ist mehr und besser und führt die Sache auf ihr wahres Prinzip zurück".[1035] Er meinte dabei, dass die Trennungszeit nach dem Willen des Königs nicht durch bloßen Zeitablauf, sondern nur auf einen Antrag der Ehegatten zu Ende gehen dürfe. „Wenn die Ehegatten getrennt leben wollen, hat niemand darein zu reden." Die Umwandlung der Trennung in die Scheidung solle dann auf Antrag des verletzten Ehegatten stattfinden, wenn er einen anerkannten Scheidungsgrund habe (nicht zu verlangen sei ein übereinstimmender Antrag beider Ehegatten, was den unschuldigen, wie Gerlach zu Recht bemerkt, der Willkür des schuldigen ausliefern würde).[1036]

Die Antwort Friedrich Wilhelms („Bemerkungen zu des Präsidenten v. Gerlach Promemoria über die Ehegesetzgebung" vom 2.8.1856)[1037] ist durch große Unklarheit gekennzeichnet.[1038] Der König protestiert darin zunächst gegen die Behauptung, er sei für die „Scheidung" von Tisch und Bett. Dann sagt er aber nur, dass der Staat nicht nach drei Jahren das Recht haben solle, die Eheleute zu zwingen, entweder endgültig zusammenzubleiben oder ohne weiteres geschieden zu bleiben. Die „rauhe, kalte Hand des Staates" habe von dem innigen und zarten Verhältnis der Ehe fernzubleiben. Nichts anderes hatte Gerlach aber gewollt und in seiner Denkschrift niedergelegt.

Mit diesen Ansichten des Monarchen ließ sich nichts Bestimmtes anfangen, und deshalb nahm der Regierungsentwurf für das Abgeordnetenhaus die separatio temporaria wieder als bloße Vorbedingung des Scheidungsurteils auf: Bei allen Scheidungsgründen außer dem Ehebruch und der böslichen Verlassung soll vor der Scheidung eine ein- bis dreijährige Trennung von Tisch und Bett ausgesprochen werden. Nach

1035 A.a.O. S. 909.
1036 A.a.O. S. 908.
1037 A.a.O. S. 910.
1038 Das rügte schon Gerlach selbst (Tagebucheintragung vom 8.8.1856 [Tagebuch S. 373]: „Mich machte diese Konfusion … ganz traurig".) Die Unklarheit ging über das Schwankende in den Entschlüssen Friedrich Wilhelms bei dem ersten Reformversuch (1842-1844) weit hinaus. Vermutlich hat sich bereits der geistige Zusammenbruch angekündigt, der den König im Herbst des Folgejahres regierungsunfähig machte (hierzu Hintze S. 563 f.).

Ablauf der durch Urteil festgestellten Trennungszeit kann der klagende Ehegatte auf Scheidung antragen; tut er dies nicht innerhalb dreier Monate nach Ablauf der Frist, erlischt das Trennungsurteil, und der diesem zugrunde liegende Tatbestand kann später nicht mehr geltend gemacht werden.[1039]

In der Beratung der Kommission wiesen die Gegner des Entwurfs darauf hin, dass die zeitweilige Trennung zu wirtschaftlichen Misständen führen könne, vor allem in den unteren Bevölkerungsschichten, wo dem Ehemann die Mitwirkung der Frau zu seinem Unterhalt unentbehrlich sei und er nicht einmal einen Dienstboten bezahlen könne.[1040] Damit war das schon von Svarez – wenn auch weniger substantiiert – vorgebrachte Argument gegen die zeitweilige Trennung wiederholt.[1041] In jedem Fall müsse der Ausdruck „Trennung von Tisch und Bett“ vermieden werden, da die evangelische Bevölkerung Preußens hierin eine unerwünschte Anpassung an das katholische Kirchenrecht sehe.[1042]

Bei der Abstimmung in der Kommission ergab sich für die Einführung der zeitweiligen Trennung eine Mehrheit von 14 zu 7 Stimmen, jedoch mit der Abänderung, dass die Trennung nicht immer dem Schei-

1039 §§ 3-11 des Entwurfs; Sten. Ber. Abg,-Haus 1856-57 3. Bd. S. 117.

1040 Sten. Ber. a. a. O. S. 132.

1041 Vgl. o. S. 288 f.

1042 Dieser von der Kommission in den Gesetzestext vorgenommene sprachlicher Eingriff wurde im Plenum des Abgeordnetenhauses scherzhafterweise „antikatholische Stilpolizei“ genannt (Sten. Ber. a. a. O. 1. Bd. S. 349). Schon bei den Reformvorschlägen der 1840er Jahre hatten die Gegner – in der Sache zu Unrecht – die Trennung von Tisch und Bett als bloß katholisches Rechtsinstitut angegriffen: „Versucht gerade diese Neuerung nicht. Das Volk würde ihr nicht trauen, es würde etwas Verdächtiges wittern, einen Rückschritt zum Katholizismus“ (Die Sitte ist besser als das Gesetz [1842] S. 15). Ein anderer Gegner der Reform hatte die separatio temporaria als dem Glauben der evangelischen Kirche und deren „freieren Ansichten“ widersprechend abgelehnt (Beleuchtung der preußischen Eherechts-Reform [1843] S. 40). Berechtigt war es dagegen, wenn der (niemals zur Beratung in die Kammern gekommenen) Absicht Friedrich Wilhelms IV., die separatio mit unbegrenzter Dauer zuzulassen, der Einwand entgegengehalten wurde, ein solcher Übergang der separatio temporaria in die separatio perpetua sei dem protestantischen Eherecht gänzlich fremd und werde auf Widerstand stoßen (die Minister v. d. Heydt und Simons im Kronrat vom 1.4.1856 [Schubert S. 321]).

dungsurteil vorauszugehen habe, sondern dass der Richter die Trennung nur anordnen könne, wenn eine Versöhnung zu erhoffen sei.[1043]

Die Debatte im Plenum des Abgeordnetenhauses zeigt noch einmal die ganze Gründlichkeit und Leidenschaft, mit der die Auseinandersetzung über jeden einzelnen Tatbestand des Scheidungsrechts geführt wurde.[1044] Ihr Verlauf wird dadurch noch komplizierter, dass das Parlament über die zwei Fassungen des § 3 der Vorlage zu beraten hatte, nämlich über die Fassung der Regierung (die Trennung ist in jedem Fall anzuordnen) und die Fassung der Kommission (die Trennung kann bei zu erwartender Versöhnung angeordnet werden), ja dass noch ein (später darzustellendes) Amendement dreier Abgeordneter vorlag, nach dem außer bei Ehebruch und böslicher Verlassung überhaupt keine Scheidung (sondern nur die Trennung von Tisch und Bett) stattfinden sollte.

Fast zu Anfang der Beratung erklärten zwei Abgeordnete die Frage der zeitweiligen Trennung für die „große Hauptsache" und den „Wendepunkt für das Schicksal des ganzen Gesetzes". Der erste dieser Redner, der Abgeordnete v. Keller, äußerte sogar, dass die Aufhebung einiger Scheidungsgründe des Landrechts den großen Zielen der Reform nicht nütze (sondern eher schädlich sei, da dann „manchem Elend und Jammer die Abhilfe abgeschnitten" werde), dass aber die zeitweilige Trennung der Ehegatten viele Ehen erhalten könne. Der „Zustand der Ruhe", den sie herbeiführe, erzeuge bei den Eheleuten eine „mildere Stimmung", in der ihnen das Gute des ehelichen Zusammenlebens wieder zum Bewusstsein komme. Der Abgeordnete betont, dass sich die Aussetzung der Urteilsverkündung gar nicht bewährt habe; er beruft sich demgegenüber auf seine Erfahrungen einer langen praktischen Anschauung in einem deutschen Land gemeinen Rechts, wo die günstigen Wirkungen der separatio temporaria zu bemerken gewesen seien.

Dieser Berufung auf die günstigen Erfahrungen mit der zeitweiligen Trennung widersprach sogleich der Abgeordnete Lemonius mit dem Hinweis darauf, dass aus Neu-Vorpommern (einem preußischen Gebiet

1043 Sten. Ber. a. a. O. 3. Bd. S. 132 f. Nach der Gesetzesterminologie der Zeit ist das „soll" in § 3 der Regierungsvorlage nicht (wie heute) als bloßer Regelfall zu verstehen, sondern als bindende Anweisung („muss").

1044 Die Spezialdebatte über die zeitweilige Trennung fand am 27. und 28.2.1857 statt (Sten. Ber. Abg.-Haus 1856-57 1. Bd. S. 343 ff.). Wie schon bei anderen Tatbeständen, ist auch hier auf die Fundstellen der einzelnen Redebeiträge verzichtet.

gemeinen Rechts) solche Erfahrungen durchaus nicht gezogen werden könnten, dass dort vielmehr die Eheleute (jedenfalls die aus den unteren Ständen) bei der Trennung „komplett zerfallen" seien. Dieses Argument griff später der gemäßigt liberale Abgeordnete Mathis auf, aber nur um die Fassung der Kommission gegen den Regierungsentwurf zu verteidigen. Wenn „unter den Eheleuten niederen Standes auf dem Lande" eine zeitweilige Trennung demoralisierend wirke, so dürfe deren Anordnung dem Richter keinesfalls zur Pflicht gemacht werden.

Zwischen den einander widerstreitenden Behauptungen – des Erfolges oder der Erfolglosigkeit einer separatio temporaria in den Gebieten gemeinen Rechts – fand der Berichterstatter der Kommission, der Abgeordnete Breithaupt, eine Lösung, die sowohl parlamentarisch geschickt als auch sachgerecht war. Werde das Gesetz in der Fassung der Kommission angenommen, so werde sich in der Gerichtspraxis herausstellen, in welchen Fällen eine zeitweilige Trennung der Eheleute eine günstige Wirkung im Sinne der Eheerhaltung verspreche und in welchen Fällen sie nutzlos oder gar schädlich sei.

Mit einem der Logik entnommenen Argument versuchte der Abgeordnete Behrend, die Ablehnung der Vorlage sowohl der Regierung als auch der Kommission zu bewirken. Nach § 2 des Entwurfs dürfe die Ehe nur geschieden werden, wenn sie „vollständig zerrüttet" sei. Dies stehe in unauflösbarem Widerspruch zu der Pflicht oder Möglichkeit des Richters, für diese Ehe noch eine bis zu drei Jahre dauernde Trennung anzuordnen, um die miteinander gänzlich zerfallenen Eheleute zu versöhnen. Auch diesem Argument trat der Abgeordnete Breithaupt, zugleich für die Kommissionsvorlage werbend, entgegen: Selbst im Fall eines Ehebruchs, wo die völlige Zerrüttung der Ehe unzweifelhaft und auch keine zeitweilige Trennung möglich sei, kämen die Eheleute oft zu einer Versöhnung.

Die umfassendste Verteidigung des Entwurfs – und zwar in der strengeren Fassung der Regierung – unternahm verständlicherweise der hochkonservative Abgeordnete Gerlach, der seit mehr als zwanzig Jahren die Eherechtsreform an erster Stelle betrieben hatte. Nach einer breiten Darstellung der beiden Gründe für die zeitweilige Trennung, Schutz des anderen Ehegatten und Möglichkeit der Versöhnung, wandte er sich aus Gründen der Gerichtspraxis, die er als jahrzehntelang tätiger Richter und zur Zeit der Debatte Präsident des OLG Magdeburg gut kannte, gegen die Bestimmung der Kommissionsvorlage, dass die separatio dem Ermessen des Gerichts anheim gegeben werden solle. Die Richter seien aus langer schlechter Übung daran gewöhnt, es sich mit der Ehescheidung leicht zu machen; auch hätten sie im Grunde keine Möglichkeit, so weit in die Verhältnisse der Eheleute einzudringen, dass sie mit einiger Sicherheit abschätzen könnten, ob eine Aussicht auf Versöhnung besteht. Dem folgt noch ein Argument, das die konservativen Ansichten Gerlachs in einer gewissen Härte hervortreten lässt. Es möge sein, dass der Zustand der Trennung für den einen oder den anderen Ehegatten „faktisch unerträglich" sei. Hierauf könne es jedoch nicht ankommen. Der schuldige Ehegatte verdiene ohnehin keinen Schutz vor Misshelligkeiten; aber auch den unschuldigen müssten die Nachteile des Scheiterns seiner Ehe treffen. Ganz abgesehen davon, dass oft genug die Schuld an der Zerrüttung auf beiden Seiten liege, entspreche es der Gerechtigkeit, dass auch der unschuldige Ehegatte unter der Scheidung zu leiden habe. Es sei das Wesen jeder Strafe, dass sie auch die Angehörigen des Verbrechers treffe, auch wenn leider die Strafjustiz aus Rücksicht auf Frau und Kinder des Täters unangemessene Milde zeige. Dieser Vergleich mit dem Strafrecht erscheint anfechtbar. Die abschließende Bemerkung Gerlachs, die tatsächliche Störung der Eheleute sei hinzunehmen, weil nicht das Eherecht den Lebensverhältnissen unterzuordnen sei, sondern „alle übrigen Lebensverhältnisse der Heiligkeit der Ehe sich unterordnen müssen", ist freilich als Wertung logisch unangreifbar. Sie entspricht genau dem, was der Parteifreund Gerlachs, Stahl, im Herrenhaus zu der bedauernswerten, aber aus ethischen Gründen nicht zu ändernden Lage des mit einem Wahnsinnigen Verheirateten gesagt hatte.[1045] Schließlich bezieht sich Gerlach auch für die Trennung von Tisch und Bett auf den Code civil, jedoch aus guten Gründen nur ganz allgemein.[1046] Der letzte gegen jede Form der zeitweiligen Trennung von Tisch und Bett spre-

1045 Vgl. o. S. 125. Gerlach nimmt denn auch bei seinen Ausführungen auf die Debatte zu ALR II 1 § 798 Bezug.

1046 Gerlach beruft sich auf die Séparation de Corps (Art. 306 ff.). Danach konnte aber – anders als in der vom Abgeordnetenhaus debattierten Regelung – eine dreijährige Trennung nur „par le consentement mutuel des époux" angeordnet werden. Der Redner verschwieg auch, dass der Code civil in seinen Art. 259 f. eine dem geltenden preußischen Recht ganz ähnliche prozessuale Bestimmung enthielt: Das Gericht kann, auch wenn der Tatbestand der Eheverfehlung bewiesen ist, zunächst nur die tatsächliche Trennung der Eheleute anordnen; wenn die „année d'épreuve" abgelaufen ist und sich die Eheleute nicht versöhnt hachende Abgeordnete, v. Prittwitz, fasste die einschlägigen Argumente zusammen und wies insbesondere auf die Erfolglosigkeit einer Aussetzung der Urteilsverkündung und auf die Unmöglichkeit hin, dass sich der Richter eine Überzeugung von der Hoffnung auf Versöhnung der Eheleute bilde. Die separatio temporaria sei ein moralischer Zwang, durch den eine hoffnungslose Ehe „übertüncht" werden solle. Bezugnehmend auf die Äußerung v. Gerlachs, bei der Abstimmung über den § 3 des Entwurfs müsse sich konservative Gesinnung bewähren, holte der Redner weit aus: Konservativ sei nicht, wer sich für eine tote Sache begeistere, sondern wer eine Sache um ihres lebendigen Inhalts willen bewahren wolle.[1047]

Die Abstimmung über die Vorlage der Kommission ergab eine deutliche, wenn auch nicht sehr starke Mehrheit der Abgeordneten, die eine Trennung von Tisch und Bett als fakultative Anordnung befürworteten.[1048]

Neben der langen Debatte über die Trennung von Tisch und Bett – in den Fassungen der Regierung und der Kommission – lief, wenn auch nur ganz untergeordnet, die Erörterung eines Amendements, das die Abgeordneten Wagener, Gerlach und Blankenburg eingebracht hatten und das die extremste Rückkehr zu einem strengen Scheidungsrecht bedeutet hätte. Danach sollten nur die „schriftmäßigen" Tatbestände des Ehebruchs und der böslichen Verlassung zu Scheidung führen, alle anderen nur zu einer Trennung von Tisch und Bett.[1049] Ein derartiger Schritt war während der gesamten Reformbewegung niemals versucht worden. Der dem Antrag den Namen gebende Abgeordnete Wagener war in der Debatte wegen Krankheit verhindert, das Amendement zu vertreten;[1050]

ben, kann der unschuldige Ehegatte den anderen zur Verhandlung laden lassen, wo dann das die Scheidung aussprechende Urteil verkündet wird.

1047 Hierauf erfolgten Bravo-Rufe von allen Seiten des Hauses (Sten. Ber. a. a. O. S. 353); dies beweist, dass bei der Debatte um die zeitweise Trennung die Parteigrenzen nicht deutlich waren.

1048 162:132 Stimmen (Sten. Ber. a. a. O. S. 359). Über die Regierungsvorlage wurde nicht mehr abgestimmt.

1049 Der Wortlaut des Amendements (Sten. Ber. a. a. O. S. 352): „Bei Ehescheidungsklagen, welche nicht auf Ehebruch oder bösliche Verlassung gegründet werden, soll nicht auf Ehescheidung, sondern, wenn der Scheidungsgrund zulässig und hinlänglich festgestellt ist, auf Trennung von Tisch und Bett erkannt werden."

1050 Sten. Ber. a. a. O. S. 359. – Hermann Wagener (1815-1889) war der später durch seine sozialreformerischen Anregungen und seinen Einfluss auf Bismarck be-

Gerlach wollte auf den Antrag nicht eingehen,[1051] offenbar weil er voraussah, das er abgelehnt werden würde und er deshalb meinte, seine Redezeit dem Vorschlag der Kommission widmen zu sollen. Deshalb blieb es dem Abgeordneten Blankenburg überlassen, den Abänderungsantrag zu begründen.[1052] Er rechtfertigte ihn mit dem „prinzipiellen Standpunkt", dass „die Ehe der Protestanten nur um Ehebruchs und böslicher Verlassung willen geschieden werden kann", d.h. mit dem Argument, dass die evangelische Kirche nur die aus der Bibel stammenden Scheidungsgründe anerkennen könne, nicht aber ihre Erweiterung durch die Analogien, welche die Konsistorien im Laufe der Zeit aus ihnen entwickelt hatten. Damit würde auch der Konflikt zwischen Staat und Kirche behoben. Was er damit sagen wollte, brauchte der Abgeordnete nicht auszusprechen. Gemeint war die gerade in den 1850er Jahren weit verbreitete Weigerung evangelischer Pfarrer, aus nicht schriftgemäßen Gründen geschiedene Eheleute wieder zu trauen, so dass diese, wenn sie sich wieder verheiraten wollten, aus der Landeskirche austreten und äußerstenfalls eine Notzivilehe gemäß der Verordnung vom 30.3.1847 schließen musste.[1053] Dieser Konflikt wäre durch die Annahme des Amendements in der Tat sogleich beigelegt worden, aber in Gestalt eines vollständigen Sieges der kirchlichen Orthodoxie über den Staat und einer Rückkehr zu dem Recht, das nach der brandenburgischen Konsistorialordnung von 1573 gegolten hatte. Das Amendement Wagener wurde denn auch von der Mehrheit der Kammer abgelehnt.[1054]

---

kannt gewordene preußische Politiker. In den 1850er Jahren gehörte er zur konservativen Partei. Seine in dem Amendement zu Tage tretende streng religiöse Haltung erklärt sich daraus, dass er seit 1848 der Freikirche der Irvingianer angehörte, die sich durch schroffe Betonung des Gegensatzes zwischen der Welt und der christlichen Gemeinde auszeichnete (Schoeps S. 249).

1051 Sten. Ber. a.a.O. S. 348.

1052 Sten. Ber. a.a.O. S. 352. – Moritz v. Blankenburg (1815-1888), ein pietistisch gesinnter Lutheraner, gehörte zur äußersten Rechten des Abgeordnetenhauses. Mit seinem Jugendfreund Bismarck brach er später wegen des von diesem geführten Kulturkampfes (Schoeps in NDB 2. Bd. S. 285 f.).

1053 Zu diesem erst mit der Einführung der Zivilehe (1874 bzw. 1875) gelösten Problem eingehend Buchholz Eherecht S. 48 ff. und kurz Hubrich S. 226 ff.

1054 Sten. Ber. a.a.O. S. 356. Bezeichnend für die Aussichtslosigkeit ist: Mit gutem Recht hatte der Berichterstatter der Kommission darauf hingewiesen, dass die Abstimmung gar nicht mehr zulässig sei, da das Abgeordnetenhaus bereits zuvor den § 2 der Vorlage angenommen und damit die relativen Scheidungsgrün-

Die Entwürfe von 1859 und 1860 enthielten über die in so hohem Grade streitige Trennung von Tisch und Bett überhaupt keine Bestimmung mehr.[1055]

4. Die Debatten zur ZPO

Nach dem Scheitern der Ehescheidungsreform kam es nicht mehr in Betracht, eine zeitweilige Trennung als selbständige Anordnung der Gerichte einzuführen. Die einen gleichen Zweck verfolgende Aussetzung der Urteilsverkündung (ALR II 1 §§ 727-730 und § 70 der Verordnung über das Verfahren in Ehesachen vom 28.6.1844) erfuhr durch die ZPO vom 30.1.1877 eine Änderung, die in einem Punkt den Reformbestrebungen durchaus entsprach. Nach § 580 der ZPO konnte in Ehesachen das Verfahren in allen nicht auf Ehebruch gestützten Scheidungssachen bis auf ein Jahr ausgesetzt werden, während die Aussetzung erst der Urteilsverkündung – wie sie das preußische Recht vorsah – gemäß § 8 des preußischen AGZPO vom 24.3.1879 nicht mehr zulässig war. Damit schuf der Reichsgesetzgeber jedenfalls eine Voraussetzung für den erfolgreichen Versuch der Versöhnung, dass nämlich die Eheleute nicht schon durch die Beweisaufnahme noch stärker gegeneinander aufgebracht waren. Dieser Grund kam in der Beratung der Reichstagskommission zur Sprache, auch wenn ein Abgeordneter meinte, zwischen dem bisherigen preußischen Recht und dem Entwurf bestehe sachlich kein Unterschied. Im Übrigen finden sich in den Protokollen der Kommissionssitzungen die früheren Argumente wieder, die im preußischen Abgeordnetenhaus bei der Diskussion der zeitweiligen Trennung erörtert worden waren: zur Häufigkeit und zum Erfolg der Trennung (Aussetzung) und zur Frage, ob die Aussetzung dem Ermessen des Scheidungsrichters überlassen bleiben solle. Dass der § 580 dem Interesse der preußischen Justiz an der Fortsetzung des bisherigen Rechtszustandes entsprach, kam dabei eben-

de anerkannt hatte, die das Amendement Wagener zu bloßen Gründen einer Trennung von Tisch und Bett machen wollte (a. a. O. S. 355). Der Präsident der Kammer ließ dann aber die Abstimmung mit der Begründung zu: „Dann kommen wir am besten darüber weg", „wir erledigen die Sache mit einem Schlage". Diese Lässigkeit im Umgang mit der Geschäftsordnung wäre unmöglich gewesen, wenn der Änderungsantrag irgendeine Erfolgsaussicht gehabt hätte.

1055 Hubrich S. 230.

so zum Ausdruck wie dass er in den Ländern des gemeinen Rechts in etwas unklarer Weise mit der dort noch geübten separatio temporaria konkurrieren werde. Die Beratungen waren weniger gründlich als die parlamentarischen Auseinandersetzungen im preußischen Abgeordnetenhaus, vermutlich weil es sich um eine nur wenig veränderte Fortsetzung dessen handelte, was in dem größten Bundesstaat seit jeher galt.[1056]

In der vom 1.1.1900 an geltenden Fassung der ZPO war die Möglichkeit der Verfahrensaussetzung nach § 620 für alle relativen Scheidungsgründe (§ 1568 BGB a. F.) gegeben. Bemerkenswert ist dabei nur, dass die Aussetzung nunmehr zwei Jahre betragen konnte. Der Grund scheint entweder gewesen zu sein, dass sich der Gesetzgeber 1877 noch an die Frist des preußischen Rechts (ein Jahr) anlehnen wollte, um den Bruch mit dem Recht des größten Bundesstaates nicht zu deutlich zu machen, aber auch, dass nach dem BGB die von der Ersten Kommission noch vorgeschlagene, zwei Jahre betragende Trennung von Tisch und Bett wegfallen und an ihre Stelle die Aussetzung des Prozesses treten sollte.[1057]

Wenn im Ersten Entwurf des BGB noch die Trennung von Tisch und Bett als Voraussetzung der Scheidung wegen der relativen Scheidungsgründe (§§ 1444 ff.) enthalten war, so konnte sich die Kommission naturgemäß dafür nicht auf eine im ALR gegebene Regelung beziehen. Nur die preußischen Reformvorschläge werden in den Motiven zweimal erwähnt.[1058] Die Motive lehnen es ab, dem Scheidungsrichter die vorgängige Anordnung der separatio zur Pflicht zu machen wie in dem Entwurf des Staatsrats (1844) und in der Regierungsvorlage für das Abgeordnetenhaus (1856); es könnten Fälle gegeben sein, in denen jede Aussicht auf Versöhnung ausgeschlossen sei. Damit sind in größter Kürze die Argumente der Kommission des Abgeordnetenhauses und der Mehrzahl der preußischen Abgeordneten aufgenommen. Zum anderen schließen sich die Motive an den Entwurf des Staatsrats insofern ausdrücklich an, als die Höchstdauer der Trennung auf zwei Jahre festgesetzt werden sollte, da eine noch weitere Ausdehnung (wie in den Entwürfen für das Abge-

1056 Die Beratungen der Reichstagskommission sind wiedergegeben in den Materialien zur Civilprozeßordnung S. 758 ff.

1057 In den Materialien zum BGB ist nur bemerkt, dass die Zweite Kommission den Vorschlag, die prozessuale Frist auf zwei Jahre zu bemessen, angenommen habe; der Grund ist nicht angegeben (Prot. IV S. 420).

1058 Mot. IV S. 598 f.

ordnetenhaus: bis zu drei Jahren) zu wirtschaftlichen Nachteilen führen könne.

Verglichen mit den langen und das Rechtsinstitut der separatio temporaria von allen Seiten beleuchtenden Erörterungen im preußischen Abgeordnetenhaus sind die Darlegungen in den Motiven von äußerster Kürze. In einem Satz weist die Kommission darauf hin, dass die zeitweilige Trennung sowohl dem Schutz des anderen Ehegatten als auch der Aussöhnung diene; in einem zweiten Satz heißt es: Unbestreitbar seien mit dem Institut auch „große Missstände verbunden", doch seien „die Vorteile als überwiegend anzusehen". Die gründlichen Argumente, welche die Mehrheit des preußischen Abgeordnetenhauses 1857 für die Trennung von Tisch und Bett beibrachte, hatten schon damals nicht einmal den Erfolg, dass die Entwürfe von 1859 und 1860 sie übernahmen. Umso weniger ließ sich erwarten, dass die in den Motiven halbherzig dargestellten Vorteile der zeitweiligen Trennung die separatio temporaria in das zwanzigste Jahrhundert hinübertragen würden.[1059] Und so ist es denn auch gekommen. Im Bürgerlichen Gesetzbuch vom 18.8.1896 ist die Trennung nicht mehr enthalten.[1060] Über ein Jahrhundert, nachdem Svarez

1059 Die Zweite Kommission begründete ihre Entscheidung, die separatio temporaria entfallen zu lassen, mit dem schon früher gängigen Argument, dass die Erörterung der Eheverfehlungem (im Trennungsverfahren) die Eheleute noch mehr gegeneinander erbittere und dass eine Versöhnung weit eher durch die Aussetzung des Scheidungsprozesses zu erreichen sei (Prot. IV. S. 417).

1060 Eine gewisse Ähnlichkeit mit der zeitweiligen Trennung weist die Regelung der §§ 1575 f. BGB a. F. auf. Ein Ehegatte, der (aus religiösen Gründen) keine Scheidung will, kann stattdessen die „Aufhebung der ehelichen Gemeinschaft" beantragen. Die Voraussetzungen und die Rechtsfolgen sind dieselben wie bei der Scheidungsklage, nur dass die Eingehung einer neuen Ehe ausgeschlossen wird. Beide Ehegatten können aber jederzeit aufgrund des Aufhebungsurteils die Scheidung beantragen. Schon dies unterscheidet die Aufhebungsklage von allen Arten einer Klage auf Trennung von Tisch und Bett. Auch sollte das Rechtsinstitut, anders als die separatio temporaria, nicht die Versöhnung ermöglichen oder dem Schutz des klagenden Ehegatten dienen, sondern dessen religiöse Bedenken beschwichtigen, da die katholische Kirche eine Scheidung verbietet. Deshalb hatte das Zentrum die Aufhebungsklage – ohne jede Vorbereitung – in den Reichstag eingebracht. Obwohl sich die beiden Redner (vom liberalen und vom protestantischen Standpunkt aus) entschieden gegen die Aufhebungsklage wandten, übernahm die Mehrheit des Reichstags dieses Rechtsinstitut in das BGB (Sten. Ber. Reichstag 1895/97 4. Bd. S. 3089 ff.). Offenbar erwartete

das alte Rechtsinstitut für Preußen aufgehoben hatte, fand es in ganz Deutschland sein Ende.

5. Zwischenergebnis

Die Trennung von Tisch und Bett (separatio quoad thorum et mensam) stammte aus dem kanonischen (katholischen) Eherecht, gelangte aber auch im protestantischen gemeinen Recht zu großer Bedeutung, allerdings nur als zeitweise, nicht als ständige Trennung. Ihr Zweck war, abgesehen von dem Schutz des von Gewalt betroffenen Ehegatten, der Versuch, die Eheleute zur Versöhnung zu bringen, bevor das Eheband gelöst wurde; in diesem Sinn hatte noch Coccejis Project bei der beiderseits gewollten Scheidung die Voraussetzung eines vorherigen Trennungjahres gemacht. Svarez hat dann im Landrecht die separatio gänzlich beseitigt. An ihre Stelle traten prozessuale Anordnungen, etwa die Aussetzung der Urteilsverkündung, falls Hoffnung bestand, die Eheleute würden sich versöhnen.

Da Friedrich Wilhelm IV. auf das Rechtsinstitut der separatio größten Wert legte, nahm die Reformdebatte der 1840er Jahre den Versuch auf, die zeitweilige Trennung wieder einzuführen, jedoch ohne Erfolg. Sie konnte nicht dem Prozessrecht zugeordnet werden, und nur dieses wurde – in der Verordnung über das Verfahren in Ehesachen von 1844 – Gesetz. Noch intensiver wurde die separatio in den parlamentarischen Auseinandersetzungen der 1850er Jahre abgehandelt; in den leidenschaftlichen und äußerst verwickelten Debatten – etwa über die Frage, ob die zeitweilige Trennung die Ehegatten versöhne oder im Gegenteil noch weiter entfremde – zeigten sich die entgegengesetztesten Ansichten. Da auch diese Reformversuche scheiterten, blieb es bei der Regelung des Landrechts, bis schließlich das BGB die separatio endgültig beseitigte.

sie, es werde in der Rechtswirklichkeit ohne Bedeutung bleiben. Da sich dies bestätigte, hoben die Ehegesetze von 1938 und 1946 die Normen auf.

D Das Verfahrensrecht

Dass die Scheidungen in der Wirklichkeit nicht weniger, sondern eher mehr vom Prozessrecht als den Normen des materiellen Rechts abhängen,[1061] war, wenn auch nur kurz, schon bei der Entstehung des Landrechts zum Ausdruck gekommen, nämlich in der Auseinandersetzung zwischen Svarez und v. Grolmann darüber, ob das Gesetz Geständnis und Eideszuschiebung gestatten solle oder ob dadurch der Erfindung von Scheidungsgründen ein bequemer Weg eröffnet sei. Diese Frage, die dort nur gestreift war, beantwortete die von Gerlach entworfene[1062] Verordnung über das Verfahren in Ehesachen vom 28.6.1844. Dort wurden die beiden genannten Beweismittel ausgeschlossen (§§ 40, 42); von dem säumigen Beklagten war anzunehmen, dass er die für den Scheidungsgrund vorgetragenen Tatsachen bestreite (§ 44).[1063] Ferner war in der Verordnung zum ersten Mal die freie Beweiswürdigung angeordnet (§ 39). Sowohl das gemeine Zivilprozessrecht als auch die preußische AGO von 1793 beruhten auf der formellen Beweistheorie; sie beschränkten das richterliche Ermessen, indem sie dem Richter im Einzelnen vorschrieben, unter welchen gesetzlichen Bedingungen er einen Beweis als erbracht (oder als misslungen) anzusehen hatte, ohne dass er dann noch seiner richterlichen Überzeugung folgen konnte.[1064] Bekanntlich hat dann die ZPO von 1877 für alle Prozesse die freie Beweiswürdigung angeordnet.[1065] Dabei ist allerdings zu beachten, dass der Zweck, der mit der Reform von 1844 erreicht werden sollte, ein etwas anderer war als der von den Schöpfern der Reichsjustizgesetze beabsichtigte. Die Verordnung von 1844 war nicht

1061 Blasius S. 36. „Das Verfahrensrecht [ist] der Hauptschlüssel zur Scheidungswirklichkeit im 19. Jahrhundert."

1062 Kraus I S. 326.

1063 Dies im Gegensatz zu der Regelung der AGO, aber in Übereinstimmung mit dem gemeinen Zivilprozessrecht: Heilfron Civilprozeß S. 348, 355.

1064 Heilfron a. a. O. S. 255 f. m. Fn. 7.

1065 Heilfron a. a. O. S. 256 Fn. 7; jetzt § 286 ZPO. Es bestehen nur noch wenige gesetzliche Beweisregeln (§ 286 Abs. 2).

nur in ihrer Anwendung beschränkt; der Gesetzgeber wollte mit ihr vor allem der Täuschung des Gerichts durch beide Parteien entgegenwirken, wenn nämlich der auf Scheidung verklagte Ehegatte den falschen Behauptungen des klagenden nur zum Schein entgegentrat (Kollusion). Die Kollusion im Scheidungsverfahren war – wie in der Arbeit dargestellt – eine Hauptsorge schon bei der Gesetzgebung, vor allem aber bei den Reformbestrebungen. Als allgemeiner Grundsatz (wie nach der ZPO) dient die freie Beweiswürdigung dagegen der Wahrheitsfindung bei tatsächlich streitigem Parteivortrag.

Eine noch höhere Hürde für die Scheidung war in der Verordnung gerichtsverfassungsrechtlich aufgestellt: In Ehescheidungssachen hatten in erster Instanz die mit fünf Richtern zu besetzenden Obergerichte zu entscheiden. Dieser Teil der Verordnung wurde allerdings durch die Verordnung vom 2.1.1849 wieder aufgehoben,[1066] nachdem er vorübergehend eine außerordentliche Verringerung der Scheidungsprozesse bewirkt hatte.[1067] Immerhin waren auch danach die Scheidungsprozesse im ersten Rechtszug vor drei Richtern zu führen, während von 1803 bis 1844 meist die Einzelrichter entschieden hatten. Welche Wirkungen die verbleibenden Bestimmungen der Verordnung von 1844 gehabt haben, lässt sich schwerer beurteilen. Es spricht aber auch hier manches dafür, dass sich durch sie die Scheidungshäufigkeit etwas vermindert hat.[1068] In jedem Fall war die Auffassung Friedrich Wilhelms IV. als richtig erwiesen, dass die Gesetzgebung mit dem Prozessrecht zu beginnen habe, und wenn Stahl in seiner Gedenkrede für den König sagte: „Der tiefgewurzelte Schade der Ehescheidungen minderte sich wenigstens vor seinem energischen Angriff“[1069], so war das nicht unbegründet.

1066 Gesetz-Sammlung für die Königlichen Preußischen Staaten 1849 S. 1 (§ 12).

1067 Diagramm bei Blasius S. 37: Die Zahl der durch Scheidung beendeten Klagen war von der Höhe der 1830er Jahre (jährlich über 3000) auf etwas mehr als 1000 zurückgegangen. Blasius führt dies (gewiss zu Recht) vor allem auf die Schwierigkeit zurück, schon in der ersten Instanz Zugang zu den oft weit entfernten Obergerichten zu erlangen.

1068 Vgl. das in Fn. 1067 genannte Diagramm: Nach Auflösung des „Prozessstaus“ zu Beginn der 1850er Jahre blieb die Zahl der die Scheidung aussprechenden Urteile beständig unter 3000, obwohl die Bevölkerungszahl Preußens seit den 1830er Jahren gestiegen war.

1069 Rede zum Gedächtnis seiner Majestät des hochseligen Königs Friedrich Wilhelms IV. vom 18.3.1861 (Stahl Reden S. 275).

Hier hätte noch mehr erreicht werden können, wenn der von der Verordnung vom 28.6.1844 geschaffene Staatsanwalt in Ehesachen (der defensor matrimonii des kanonischen Rechts) die Befugnis erhalten hätte, Rechtsmittel gegen ein die Scheidung aussprechendes Urteil des ersten Rechtszugs einzulegen. Es versteht sich von selbst, dass Eheleute, die ohne gesetzlichen Grund zur Scheidung entschlossen sind, nur die erste Instanz überstehen müssen, da keiner von ihnen Rechtsmittel ergreifen wird. Hier hätte nur der Staatsanwalt ein Interesse, erschlichene Urteile überprüfen zu lassen. Diese Befugnis gab ihm die Verordnung aber nicht. Entgegen dem Entwurf Gerlachs hatte der Staatsrat sie mit knapper Mehrheit abgelehnt.[1070] Das Argument, das diesen Beschluss rechtfertigen sollte (und das Savigny ohne Nachdruck verteidigte)[1071], ging dahin, dass hier die Einlegung eines Rechtsmittels das materielle Recht (den Zustand des Geschiedenseins) beeinflusse und deshalb nicht in die nur das Prozessrecht regelnde Verordnung gehöre. Dabei war übersehen, dass dann alle Normen über Gestaltungsklagen auch zum materiellen Recht zu zählen wären; verständlich war es dadurch, dass dieses Rechtsinstitut (die Gestaltungsklage) erst zu Beginn des 20. Jahrhunderts von der Wissenschaft des Zivilprozesses anerkannt wurde.[1072]

War diese Machtbeschränkung des Staatsanwalts 1844 noch ohne große Bedeutung, da schon in erster Instanz durch die Verhandlung vor fünf Richtern des Oberlandesgerichts eine gründliche Aufklärung des Scheidungsbegehrens gesichert war,[1073] so änderte sich das mit dem Erlass der Verordnung vom 2.1.1849. Die Reformbemühungen der 1850er Jahre sahen dies sogleich. In den Regierungsentwürfen für beide Kammern war § 7 der Verordnung vom 28.6.1844 abgeändert und dem Staatsanwalt die Befugnis gegeben, zum „Schutz gegen leichtsinnige Trennungen" Rechtsmittel zwecks Aufrechterhaltung der Ehe einzulegen.[1074] Diese Bestimmung scheiterte schließlich wie die gesamte Reform aus Gründen, die

1070 GesRev 3 S. 997; das Stimmenverhältnis war 25:21. Nach § 7 der in Kraft getretenen Verordnung konnte der Staatsanwalt nur in Nichtigkeitsprozessen Rechtsmittel einlegen.

1071 Savigny Darstellung S. 351.

1072 Mitteis S. 94.

1073 Gerlach sah 1845 einen Ehescheidungsprozess in Magdeburg und fand ihn „gründlich, den Leuten imponierend" (Kraus I S. 328).

1074 Sten. Ber. Herrenhaus 1854-55 2. Bd. S. 112, 121; Sten. Ber. Abg.-Haus 1856-57 3. Bd. S. 117, 125.

mit den einzelnen Normen nichts zu tun hatten. In die ZPO wurde sie nicht aufgenommen. Die große Bedeutung dieser Lücke zeigte sich unter der Herrschaft des BGB: Die meisten Fälle blieben bei den scheidungsfreundlichen Untergerichten hängen.[1075] Während der Geltung des ALR kann es nicht anders gewesen sein, insbesondere auch bei den einvernehmlichen Scheidungen, bei denen die Untergerichte die Voraussetzung der „ganz kinderlosen" Ehe nach den Feststellungen in dieser Arbeit oft genug nicht ernst genommen haben.

Einen letzten Beweis für die im Vergleich mit dem Prozessrecht geringere Bedeutung des materiellen Rechts in der Scheidungswirklichkeit erbrachte die Einführung des BGB, durch die (abgesehen von dem Tatbestand der Geisteskrankheit) das reine Verschuldensprinzip zur Geltung kam, wodurch sich die Zahl der Scheidungen an sich hätte verringern müssen. Zwar ging nach 1900 die Anzahl der Scheidungen in Preußen zunächst zurück,[1076] sie stieg aber schon bis 1910 wieder fast auf das Doppelte.[1077] Offenbar war es den scheidungswilligen Ehegatten immer gelungen, das materielle Recht zu umgehen: vor 1900 oft durch missbräuchliche Anwendung der einverständlichen Scheidung, danach durch unberechtigte Klagebegründung mit einer Eheverfehlung.[1078]

„Freilich kann der Gesetzgeber es nicht hindern, dass Eheleute, die durchaus von einander wollen, durch dergleichen collusiones zuletzt ihren Zweck erreichen", hatte schon Svarez gesagt.[1079] Diese Skepsis begleitete das Scheidungsrecht, bis durch das Erste Gesetz zur Reform des Ehe- und Familienrechts vom 14.6.1976 das Zerrüttungsprinzip zur vollen Herrschaft kam und der Scheidungsprozess damit den größten Teil der Aufgabe verlor, eine Umgehung des materiellen Rechts zu verhindern.

1075 Dilcher S. 347.

1076 Das war aber z.T. auf die „vorsorglichen" Scheidungen in den letzten Jahren des Landrechts zurückzuführen. Vgl. Blasius S. 152 f.

1077 Blasius S. 156.

1078 Zum „normalen" Ehescheidungsprozess nach dem BGB (verdeckte Konventionalscheidung) s. Dilcher S. 346.

1079 GesRev 1 S. 437.

E Die Ergebnisse

Da die Arbeit das Ziel hatte, die Geschichte des preußischen Scheidungsrechts anhand seiner Tatbestände zu schildern, ist hier eine Zusammenfassung der Ergebnisse schwieriger als sonst. Im Folgenden wird versucht, die wesentlichsten Erkenntnisse für das Gesetz, seine Anwendung und die Reformvorhaben darzustellen. Um eine gerade hier wenig aussagekräftige Abstraktheit zu vermeiden, soll regelmäßig ein Beispiel genannt werden.

I. Das Gesetz

Als für das ALR kennzeichnend gilt von jeher die große Zahl der (schuldhaften und unverschuldeten) Scheidungsgründe. Beginnend mit den schon immer anerkannten Gründen des gemeinen protestantischen Eherechts führt der Katalog zu Tatbeständen wie dem Ergreifen eines schimpflichen Gewerbes oder dem eines unheilbaren Gebrechens, das die Zwecke der Ehe vereitelt. Hier zeigt sich ein Streben nach vollständiger Erfassung aller die Ehe störenden Lebenssachverhalte, wie es in keinem anderen Gesetz erscheint. Ein allgemeiner Maßstab ist dabei nicht genannt. Zwar heißt es im ALR (II 1 § 669):

> Doch sollen Ehescheidungen nicht anders als aus sehr erheblichen Ursachen stattfinden;

aber damit ist lediglich gesagt, dass die nachfolgend aufgeführten Scheidungsgründe ohne weiteres solche Ursachen sein sollten. Der Paragraph zeigt nur die etwas umständliche Breite, die den Stil des Landrechts überall kennzeichnet.[1080] Bei den einzelnen Tatbeständen sind dem Richter Wertungen nur dann gestattet, wenn dies schlechthin unvermeidlich erschien („harte“ Freiheitsstrafe, „ geringere“ Tätlichkeiten). Rück-

1080 Triepel S. 91.

sicht auf das gesamte Verhalten des Ehegatten wird nirgends gefordert, vielmehr durch die streng kasuistische Fassung der Scheidungsgründe geradezu unmöglich gemacht.

Grund dieser strengen Vorgaben war das Misstrauen, das Svarez einer stets zur Willkür neigenden Staatsgewalt entgegenbrachte,[1081] letztlich also ein durchaus rechtsstaatlich gedachtes Bestreben. Dass auf einem so wertungsbedürftigen Gebiet wie dem Eherecht nicht dieselbe Festigkeit der Rechtsanwendung zu erreichen war wie etwa im Sachenrecht, blieb dabei fast unbeachtet. Auch musste der Gesetzgeber wie bei allen Enumerationen in Kauf nehmen, dass im Einzelfall ein schweres Fehlverhalten durch das Sieb der Tatbestände fiel, so engmaschig dieses war; umgekehrt sind einzelne Scheidungsgründe niemals verwirklicht worden. Im Ganzen hatte die Verbindung der zahlreichen Tatbestände mit dem Fehlen eines allgemeinen Maßstabs zur Folge, dass eine Scheidung unter dem Landrecht nicht schwierig war. Die konservative Reformbewegung setzte deshalb an beiden Punkten an: Zunächst indem sie die Zahl der Scheidungsgründe rigoros verminderte; als sich dies nicht erreichen ließ, sollte bei den weniger bedeutsamen Tatbeständen die schuldhafte schwere Ehezerrüttung als Voraussetzung einer Scheidung eingeführt werden.

Dass die Scheidungstatbestände des ALR so ausführlich gehalten und so leicht festzustellen waren, hatte immerhin den Vorteil der Rechtssicherheit, die während des ganzen 19. Jahrhunderts unter der Herrschaft des Landrechts in hohem Maß garantiert war. Ihr steht die weniger berechenbare Scheidungspraxis des gemeinen protestantischen Eherechts gegenüber, die während des Jahrhunderts von weitgehender Scheidungsbereitschaft zu größerer Strenge überging; manchmal zu lebensfeindlicher Härte, wie sie hier an zwei Fällen aus der Spätzeit des OAG Rostock gezeigt worden ist. Einzelne territoriale Gerichte (etwa das OAG Darmstadt) haben allerdings ihre Freiheit zu Entscheidungen genutzt, die das gesamte Verhalten der Eheleute einbezogen.

Den Mittelweg zwischen der übermäßigen Bevormundung des Scheidungsrichters und seiner gänzlichen Ungebundenheit durch ein Gesetz ging das französische Recht, namentlich mit dem allgemeinen Scheidungsgrund der „injures graves".

1081 Thieme S. 396 ff.

Die Absicht, richterliches Ermessen so weit wie möglich einzuschränken, beweist auch der dem Landrecht eigentümliche Rechtssatz, dass eine Eheverfehlung nicht stillschweigend, durch konkludentes Verhalten des verletzten Ehegatten, verziehen werden kann, dass der Ehegatte seinen Anspruch auf Scheidung aber verliert, wenn er ein Jahr lang keine Klage erhebt. Solche festen Maßstäbe waren den Gerichten durchaus willkommen; bisweilen forderten sie vom Gesetzgeber noch weitere bequem zu handhabende Regeln.

Auch alle Verfügungen, die dem Scheidungsurteil vorangehen, sind dem Gericht nach Möglichkeit entzogen. Die vorherige Trennung von Tisch und Bett, von der noch Coccejis Project von 1749 ausgiebigen Gebrauch gemacht hatte, hat Svarez gänzlich beseitigt. Wo eine gerichtliche Abmahnung erforderlich war (etwa der Rückkehrbefehl bei der böslichen Verlassung), beschränkt das ALR die Tätigkeit des Gerichts auf diese und ordnet nicht, wie im gemeinen Recht weithin gefordert, zunächst Versuche zur Erzwingung des rechtmäßigen Verhaltens an. Dass Svarez fast nur an das Scheidungsurteil gedacht hat, zeigt ALR II 1 § 714: Die Bestimmung, dass der Richter stets das „gute Einvernehmen unter den Eheleuten wiederherstelllen" solle, ist nicht an die Spitze gestellt, sondern offenbar nachträglich an einer ganz unpassenden Stelle (zur Marginalie „Versagung des Unterhalts") eingeschoben worden.

Neben den zahlreichen schuldhaften und unverschuldeten Scheidungsgründen steht die seit dem Project von 1749 dem preußischen Recht eigentümliche Scheidung aufgrund übereinstimmenden Willens der Ehegatten. Die Norm des Landrechts hätte, so wie sie am Ende beschlossen wurde, bei strenger Anwendung sehr häufig die Scheidung unmöglich gemacht, da sie voraussetzte, dass die Ehe „ganz kinderlos" war. Für die Konsequenz, mit der Svarez seine grundsätzlichen Absichten verfolgte, ist es bezeichnend, dass er ihr – gewissermaßen für den äußersten Fall – die Bestimmung hinzufügte: Ist einem Gatten die Ehe unerträglich geworden, weil er einen unüberwindlichen Widerwillen gegen den anderen gefasst hat, so kann er ihre Auflösung „ohne eigentlichen gesetzmäßigen Grund" verlangen und auch wenn Kinder vorhanden sind. Nur ist er dann für den schuldigen Teil zu erklären. Die beiden Tatbestände waren das zweite Hauptangriffsziel der konservativen Reformbewegung nach 1840.

Ein ganz eigenartiger Gesichtspunkt schließlich war bei der Gesetzgebung die Rücksichtnahme auf den von Friedrich II. in seiner Kabinettsorder an den Magdeburger Regierungs- (Oberlandesgerichts-) Präsidenten v. Tevenar ausgesprochenen Willen, die Scheidungen sollten nicht zu schwer gemacht werden, weil aus einer neuen Ehe noch eher Kinder zu erwarten seien. Diese bevölkerungspolitisch gemeinte Mahnung hat eine unverhältnismäßig starke Wirkung gehabt. Sie wurde von Svarez sogleich aufgegriffen und beeinflusste die Fassung einiger Scheidungsgründe bis ins Einzelne. Als die Förderung der „Population" obsolet geworden war, diente die Order den Reformern zum Spott; aber noch das Reichsgericht glaubte, sie (sicherlich zu Unrecht) als bloße Spezialweisung an das Magdeburger Gericht bezeichnen zu müssen, die deshalb für alle weiteren Fälle ohne Bedeutung sei.

Boten sich später bei den Tatbeständen der Scheidungsgründe viele Motive für Kritik und Reform, so blieb das Recht der Scheidungsfolgen – namentlich das hier dargestellte, auf dem Verschuldensprinzip beruhende Unterhaltsrecht – nahezu unangefochten. Hier und auch sonst in einzelnen Punkten des Scheidungsrechts war das ALR für die Frau vorteilhafter als andere Rechtsordnungen des 19. Jahrhunderts. Die unschuldig geschiedene Frau hatte nicht nur das günstige Wahlrecht zwischen einer Abfindung aus dem Vermögen des Mannes und einem standesgemäßen Unterhalt; vor allem war die Festigkeit dieser Normen der Unsicherheit des gemeinen Rechts überlegen, die in einzelnen Territorien (und am Ende des Jahrhunderts auch durch das Reichsgericht) der Frau jeden Unterhaltsanspruch versagte, da das römische Recht diesen nicht gekannt habe. Im Einzelnen zeigt sich auch hier, dass Svarez immer darauf bedacht war, das richterliche Ermessen zu beschränken; etwa indem bei der (für die Unterhaltsforderung maßgebenden) Abwägung des beiderseitigen Verschuldens nicht mehr, wie noch im Ehescheidungsedikt von 1782, dem Scheidungsrichter freie Hand gelassen ist, vielmehr die schweren und die minder schweren Scheidungsgründe aufgelistet werden. Eine rigorose Bestimmung – dass die Höhe des Unterhaltsanspruchs von allen späteren Veränderungen unberührt bleibt – ist zwar nicht von Svarez veranlasst, zeigt aber in ihrem Zweck, lästige Folgeprozesse abzuschneiden, noch deutlicher die Absicht, Rechtssicherheit auch auf Kosten der Einzelfallgerechtigkeit zu schaffen.

II. Die Auslegung

Die Rechtsprechung des preußischen Obertribunals zum Scheidungsrecht des ALR ist kürzlich von Mund eingehend dargestellt worden.[1082] In der vorliegenden Arbeit hatte die Heranziehung der Judikatur (und des Schrifttums) vor allem den Zweck, die Bedeutung der einzelnen Tatbestände deutlicher hervortreten zu lassen. Es hat sich dabei gezeigt, dass das oberste Gericht die Starrheit des Gesetzes nicht (z. B. durch psychologische Erwägungen) hat auflösen wollen. Seine Abhängigkeit von dem Gesetzeswortlaut geht so weit, dass es einmal sagt: Wenn die Ehegatten dem Scheidungsrichter schriftlich anzeigen, sie hätten sich versöhnt (und wenn dann die Ehefrau ihre Klage zurücknimmt), so bedeute das noch nicht, dass die Frau die Verfehlung ihres Mannes „ausdrücklich verziehen" habe (ALR II 1 § 720); sie könne deshalb nach wie vor wegen dieses Fehlverhaltens die Scheidung begehren. Wie eng sich das preußische Revisionsgericht an das Gesetz und nur an dieses gebunden sah, zeigt sich auch daran, dass es in seinen Urteilen niemals auf Ansichten des Schrifttums oder auf die reiche Rechtsprechung des gemeinen Rechts Bezug nimmt, auch wo dies nahelag, weil die Entscheidung von allgemeinen Rechtsprinzipien abhing.[1083]

Mund hat hervorgehoben und im Einzelnen belegt, dass die Revisionsinstanz das Landrecht anhand des Wortlauts und des Systems des Gesetzes (z.T. unter Heranziehung der Entstehungsgeschichte) ausgelegt hat.[1084] Zugleich hat die Autorin im Rahmen ihrer Untersuchungen die vorsichtige Vermutung geäußert, zeitweise habe sich das Obertribunal auch an den Zielen der Reform ausgerichtet und deshalb Scheidungen eher versagt als sonst.[1085] Mehrere Urteile, auf die sich die Autorin hierbei bezieht, sind in dieser Arbeit bei den einzelnen Tatbeständen besprochen. Dabei hat sich eine Tendenz dieser Art nicht feststellen lassen; meist beruhten die Entscheidungen nur auf einer um größte Exaktheit bemühten Gesetzesinterpretation. Ebenso ließe sich aus dem voranstehend wie-

1082 Zusammenfassung der Ergebnisse: Mund S. 173 ff.

1083 In den Kommentaren zum ALR werden dagegen manchmal Entscheidungen gemeinrechtlicher Gerichte zum Vergleich oder zur Kritik herangezogen.

1084 Mund S. 174.

1085 Mund S. 174 f. Ähnlich hatte Mikat (Bedeutung Savignys S. 684) gesagt, schon in der Rechtsprechung des Obertribunals habe sich manchmal ein „tiefes Unbehagen" an der Vielzahl der landrechtlichen Scheidungsgründe abgezeichnet.

dergegebenen, extrem gesetzesabhängigen Urteil zum Scheidungsverzicht schwerlich der Schluss ziehen, das Gericht habe 1852 – zwischen den beiden großen Reformbewegungen – die Absicht gehabt, umgekehrt Scheidungen soweit wie möglich zu erleichtern. Auch aus allgemeinen Erwägungen dürfte eine solche Tendenz wenig wahrscheinlich sein. Die strenge Bindung des Richters an das Gesetz war der Zeit selbstverständlich. Bornemann, der die Auslegungsgrundsätze der Jahrhundertmitte wiedergibt, sagt ausdrücklich, der Richter müsse sich auch dann an das geltende Recht halten, wenn es seiner „besseren Überzeugung“ widerspreche; Abhilfe dürfe er nur vom Gesetzgeber erwarten,[1086] also wohl auch nicht von (ohnehin umstrittenen) Reformabsichten. Es kommt hinzu, dass gerade bei den höheren Richtern jedenfalls zunächst keine Sympathie für die Reform bestand. Der Präsident des Obertribunals gehörte im Staatsrat zu ihren entschiedenen Gegnern.

Es spricht kaum etwas dafür, dass sich das Obertribunal teilweise nach den Reformabsichten gerichtet hat. Deutlich ist aber, dass die Rechtsprechung des Reichsgerichts in den letzten Jahren der Geltung des ALR die Neigung hatte, den bekannt gewordenen Prinzipien des Reichsgesetzgebers entgegenzukommen.[1087] Es ist in dieser Arbeit bei mehreren Tatbeständen gezeigt worden, wie sich die freie Auslegung des Landrechts durch das Reichsgericht dem neuen Recht angenähert hat. Hierzu hat vermutlich auch beigetragen, dass sich am Ende des 19. Jahrhunderts die Erkenntnis Bahn brach, dass die Entscheidungen des Richters ein Willens- und Wertungsmoment enthalten.[1088] So erklären sich die häufigen Bezugnahmen des Reichsgerichts auf das sittliche Wesen der Ehe, von

1086 Bornemann I S. 68. Dies allein entsprach auch dem Befehl an die Gerichte in der Einleitung des Landrechts (§ 46), den Gesetzen „keinen anderen Sinn [beizulegen] als welcher aus den Worten und dem Zusammenhang derselben … oder aus dem nächsten unzweifelhaften Grunde des Gesetzes deutlich erhellet“. Noch schärfer spricht sich das Publikationspatent vom 5.2.1794 aus: Den Richtern, die unter dem Vorwand einer aus dem Gesetz abzuleitenden Auslegung im Geringsten von dessen Vorschriften abweichen, wird königliche Ungnade und schwere Ahndung angedroht.

1087 Mund S. 176 f.

1088 Coing S. 328 unter Hinweis auf O. Bülow, Gesetz und Richteramt (1885).

dem in den Urteilen des Obertribunals zum ALR niemals die Rede gewesen war.[1089]

In der ersten Instanz gingen die Scheidungsprozesse oft unabhängig von der höchstrichterlichen Rechtsprechung ihren eigenen Weg, was bei dem Verfahrensrecht dargestellt worden ist.

III. Die Reformvorhaben

Entsprechend der in dieser Arbeit verfolgten Absicht sind die zahllosen Änderungswünsche und ihre Begründungen, aber auch die Argumente der Reformgegner, bei jedem einzelnen Tatbestand besprochen, insbesondere die ausführlichen und (anders als die späteren Vorhaben) das gesamte Scheidungsrecht erfassenden Vorschläge des Revisors (1830). Die grundsätzlichen Ziele der konservativen Reformbemühungen und die gesetzgeberischen Schritte zu ihrer (letzlich gescheiterten) Verwirklichung haben Buchholz, Blasius und Schubert geschildert.[1090] Im Folgenden sollen nur die Hauptverteter der unter der Herrschaft und nach dem Willen Friedrich Wilhelms IV. 1842 beginnenden energischen Reform mit ihren Beiträgen zur Umgestaltung des Gesetzes zusammenfassend charakterisiert werden. Es sind zwei konservative Politiker, der Richter (seit 1844 Gerichtspräsident) Ernst Ludwig von Gerlach und der Rechtsphilosoph und Staatsrechtler Friedrich Julius Stahl, sowie als Minister für die Gesetzesrevision, der die Reform von 1842 bis 1844 leitete, Friedrich Carl von Savigny.

Den Anstoß zu einer grundlegenden Reform gab Gerlach 1833 in seiner Schrift „Über die heutige Gestalt des Eherechts", die auf den damaligen Kronprinzen Friedrich Wilhelm größten Eindruck machte. In ihr sind sogleich die Grundlinien gezogen, die dann auch die Stellungnahmen Gerlachs zu den einzelnen Tatbeständen des Scheidungsrechts bestimmen sollten: Die Strenge, mit der Gerlach möglichst auf die Rechtsauffassungen des Reformationszeitalters zurückgehen wollte, und als

1089 Eine gewisse Rolle mag auch gespielt haben, dass sich das Reichsgericht nicht mehr durch die scharfen Verbote des preußischen Gesetzgebers eingeschränkt sehen konnte, eigene Wertungen in die Auslegung einfließen zu lassen.

1090 Alle legislatorischen Maßnahmen von 1825 bis 1861 sind bei Mund (S. 35-70) aufgeführt.

Folge seine Abneigung gegen die vielen Analogien, welche die „schlaffe" Konsistorialpraxis zu den biblischen Scheidungsgründen entwickelt hatte; ferner der Widerwille gegen die „sentimentale Humanität" der Aufklärungsepoche. Dass sich daraus eine gewisse Gleichgültigkeit gegen menschliches Wohlbefinden ergeben musste, sprach Gerlach privat aus: In einem Brief an seinen Bruder verteidigte er die Aufhebung vieler Scheidungsgründe mit der Bemerkung, dies werde zwar manche Härten und Übel zur Folge haben, doch sei das unvermeidlich und schrecke ihn nicht.[1091]

Den größten (wenngleich nur vorübergehenden) Erfolg hatte Gerlach in der Gesetzeskommission von 1842, die seinen Ansichten im Wesentlichen folgte; es ist dargestellt worden, dass zahlreiche Scheidungsgründe nach ihren Beschlüssen gänzlich entfallen sollten. Für die Argumente, mit denen Gerlach später als Abgeordneter in der Kammer für seine Auffassung eintrat, ist kennzeichnend, dass er in letzter Stunde mit zwei weiteren Abgeordneten den aussichtslosen Versuch machte, als Scheidungsgründe nur die beiden schriftgemäßen gelten zu lassen; ferner die Härte, mit der er es als gerechtfertigt bezeichnete, dass bei längerer Trennung von Tisch und Bett auch der unschuldige Teil zu leiden habe. Als einziger der Reformer bezog er sich ausgiebig auf tatsächliche Fälle, in denen das geltende Scheidungsrecht Unheil gebracht habe. Als Justizpraktiker wies er zudem darauf hin, dass die Scheidungsrichter bei Ermessensnormen den bequemeren Weg gehen und sich dem Willen der Ehegatten anpassen würden, so dass, wenn der Scheidung eine zeitweilige Trennung vorangehen soll, statt „kann" „muss" zu formulieren sei. Dass Gerlach die überragende Bedeutung des Verfahrensrechts erkannte, hängt gleichfalls mit seiner Erfahrung zusammen.

Auch Friedrich Julius Stahl hatte sich schon vor den Reformbestrebungen unter Friedrich Wilhelm IV. für ein konservativ-konfessionelles Scheidungsrecht eingesetzt, indem er 1837 als Abgeordneter der bayerischen Zweiten Kammer einen Antrag auf Abschaffung des landrechtlichen Scheidungsrechts in den früher preußischen Landesteilen Ansbach und Bayreuth und seine Ersetzung durch das materielle Recht der Konsistorialpraxis mit einem Gutachten unterstützte.[1092] Bereits hier zeigten sich Eigenschaften, mit denen er später auch in die preußische Debatte

1091 Brief an Leopold von Gerlach vom 28.5.1842 (zitiert bei Kraus I S. 317 Fn. 190).
1092 Dargestellt bei Masur S. 275 ff.

eingriff: unter Wahrung der grundsätzlichen Überzeugung nicht so weit zu gehen, dass der Widerstand unüberwindlich wurde – Stahl lehnte es ab, im Sinn des ursprünglichen Antrags auch die Rückübertragung der Scheidungsrechtsprechung auf die Konsistorien zu vertreten – und jedes brauchbare Argument beizubringen; Stahl rühmte schon hier den Code civil, dessen eherechtlichen Prinzipien seiner religiösen Auffassung an sich widersprachen, der aber in Bayern hohes Ansehen genoss.

1840 an die Berliner Universität berufen, nahm er an der Reformbewegung der folgenden Jahre kaum teil, wohl aber war er als Mitglied des Herrenhauses in der Session 1854-55 ihr wichtigster Wortführer. Im Wesentlichen mit Gerlach einig (der dann in der Session des Abgeordnetenhauses 1856-57 den konservativen Standpunkt vertrat), ist seine Argumentationsweise geschmeidiger als die seines Parteifreundes. Während Gerlach die Analogien zu den biblischen Scheidungsgründen nur mit Widerwillen duldet, meint Stahl, die Scheidungsgründe der älteren Konsistorialpraxis seien „dem gegenwärtigen Zustande für die bürgerliche Gesetzgebung entsprechend“.[1093] Anders als Gerlach ging er deshalb über mehrheitsfähige Anträge nicht hinaus. Im Einzelnen versuchte er gleichwohl (nicht immer mit Erfolg), die Tatbestände so zu formulieren, dass die Entscheidungen der Gerichte im Sinn der Eheerhaltung gelenkt werden sollten. Hier und auch sonst in den Debatten zeigt sich viel Scharfsinn, einige Male auch die Absicht zu überreden. Zugleich aber öffnen Stahls weitgreifende Darlegungen manchmal den Blick auf überraschende Zusammenhänge, z. B. wo er die vom Code civil gestattete, aber durch Hürden aller Art praktisch unerreichbar gemachte Scheidung par consentement mutuel in eine Verbindung bringt mit der raffinierten Herrschaftstechnik Napoleons.

Als letzter trat Savigny in die Reformdebatte ein. Zwar hatte er sich in vereinzelten Bemerkungen schon zuvor gegen das Scheidungsrecht des ALR gewandt, nämlich gegen die Möglichkeit, die Trennung der Ehe durch den bloßen Willen beider Ehegatten zu erreichen; zu einer umfas-

1093 Stahl Rechtsphilosophie II 1 S. 459. In der Diskussion des Herrenhauses äußerte er sich zwar weit schärfer: Das Scheidungsrecht des Entwurfs (das im Wesentlichen zu der gemeinrechtlichen Kirchenrechtspraxis zurückkehrte) sei „viel zu schlaff“ und sogar „antiprotestantisch“, doch geschah das offenbar in der Absicht, das Entgegenkommen der konservativen Fraktion als möglichst groß darzustellen, so dass jetzt die Gegenseite nachgeben müsse (Sten. Ber. Herrenhaus 1854-55 1. Bd. S. 258 [Stahl Reden S. 118]).

senden Prüfung und Bearbeitung der Materie sah er sich erst veranlasst, als er 1842 das Ministerium für Gesetzrevision übernahm. In seinem 1844 zum ersten Mal erschienenen Rechenschaftsbericht sind Verlauf und Ergebnisse der Beratung in der Gesetzeskommission und dem Staatsrat objektiv und in großer Klarheit dargestellt. Auf das römische Recht, dem sein wissenschaftliches Wirken galt, konnte Savigny hier nicht zurückgreifen; nur einmal findet sich ein Hinweis auf die Digesten, und auch nur in einem Nebenpunkt. Ebenso kommt er hier nicht auf seine grundsätzliche Auffassung vom Werden des Rechts zu sprechen.[1094] Rechtsdogmatische Fragen sind beiseite gelassen; so wird in der „Darstellung" an keiner Stelle erörtert, ob die Ehe ein Vertrag ist, so sehr dies Savigny an sich beschäftigte.[1095]

Wie Savigny mit seiner Abwägung der Rechtswerte (Rechtsschutz, Freiheit, Würde der Ehe) die Scheidung aufgrund gegenseitiger Einwilligung ablehnt und damit erreicht, dass diese Möglichkeit ebenso wie die Scheidung wegen einseitiger unüberwindlicher Abneigung aus allen Reformentwürfen verschwindet, ist bei der Erörterung von ALR II 1 §§ 716, 718 gezeigt worden. Noch höher als dieser Erfolg wurde ihm angerechnet, dass er die zahlreichen Tatbestände des Landrechts, die eine Scheidung wegen geringer Verfehlungen ermöglichten, nicht aufhob, aber auch nicht unverändert bestehen ließ, sondern durch die Voraussetzung einschränkte, dass hier nicht wie bisher jede, sondern nur eine die Ehe zerrüttende Verfehlung (wie Ehebruch und bösliche Verlassung) zur Scheidung berechtigen und dass dabei auch auf das Verhalten des schuldigen Ehegatten im Allgemeinen abzustellen sein sollte. Diesen sofort und von allen späteren Vorhaben, im Grundsatz auch vom BGB, übernommenen Vermittlungsvorschlag brachte er in den Staatsrat ein, als die Reform dort durch die Konfrontation ihrer Befürworter und Gegner zu scheitern drohte. Wenn Gerlach nun meinte, Savigny habe eine Abneigung gegen

1094 Die Einzelgesetzgebung hatte Savigny schon in seiner Programmschrift „Vom Beruf unserer Zeit für Gesetzgebung und Rechtswissenschaft" von 1814 für sich behandelt und dabei als Beispiel u. a. auf die augusteischen Ehegesetze hingewiesen, ohne zu wissen, dass ihm später eine gleichartige Aufgabe zufallen würde (S. 80 der Ausgabe von Stern [S. 15 der Originalausgabe]).

1095 Buchholz (Savignys Stellungnahme S. 164) stellt fest, dass Savigny für die Vertragsnatur der Ehe eingetreten sei, dass dies aber keine praktische Bedeutung erlangt habe. In seinem Brief an Stahl vom 27.7.1845 (bei Salzer S. 348) schreibt Savigny, er habe sich an dieser Frage „von langer Zeit her abgearbeitet".

alles „statesmanlike“[1096] , so war dies unrichtig, wenn zu einem Staatsmann auch die Fähigkeit gehört, Widerstände durch Kompromisse zu überwinden. Bei diesem Vorschlag sah sich Savigny auch wieder im sicheren Fahrwasser der Tradition.[1097]

Alle Gesetzesvorlagen der 1850er Jahre gingen von dem Beschluss des Staatsrats von 1844 aus; das von Savigny gefundene Prinzip wurde auch in den heftigsten Debatten der Kammern nicht angegriffen. Wo aber Savigny die Entscheidung offengelassen hatte, bei dem Scheidungsgrund der Geisteskrankheit, blieb der Tatbestand höchst umstritten, und die Ergebnisse schwankten bis zum letzten Augenblick, sogar noch bei den Beratungen des BGB im Reichstag. Hier stießen religiös-weltanschauliche Gegensätze aufeinander, deren Erörterung Savigny vermieden hatte.

Es sollte in dieser Arbeit gezeigt werden, wie das Scheidungsrecht des ALR – trotz mancher Besonderheiten – in der rechtsgeschichtlichen Überlieferung stand und wie gerade die Bemühungen um seine Reform weitergewirkt haben. Erst als der Gesetzgeber vor einigen Jahrzehnten das Verschuldensprinzip aufgab und den reinen Zerrüttungsgrundsatz einführte, endete diese Tradition. Die Gründlichkeit und der Scharfsinn, den herausragende Juristen des 18. und 19. Jahrhunderts diesem Teil des preußischen Rechts zugewandt haben, verdienen aber noch heute eine Würdigung, wie sie hier versucht worden ist.

1096 Gerlach an seinen Bruder Leopold von Gerlach am 26.4.1843 (Materialien zur Eherechtsreform S. 497).

1097 Savigny Darstellung S. 301 f. Er bezieht sich auf die Analogien, die das gemeine protestantische Eherecht zu den Scheidungsgründen des Ehebruchs und der böslichen Verlassung gebildet hatte, sowie auf die „tödliche Feindschaft“ in Coccejis Project und den „unversöhnlichen Hass“ in Svarez’ Ehescheidungsedikt, die dort die schuldhaften Scheidungsgründe kennzeichneten.

Literaturverzeichnis

Albrecht, Friedrich: Verbrechen und Strafen als Ehescheidungsgrund nach evangelischem Kirchenrecht, Stuttgart 1903

Albrecht, Matthias: Die Methode der preußischen Richter in der Anwendung des Preußischen Allgemeinen Landrechts von 1794, Frankfurt a. M. 2005 (Diss. Kiel 2004)

Allgemeine Deutsche Biographie. Herausgegeben durch die Historische Commission bei der Königlichen Akademie der Wissenschaften, München 1875 ff. (Nachdruck Berlin 1967 ff.) (zit. ADB [Bd., S.])

Bielitz, Gustav Alexander: Praktischer Kommentar zum allgemeinen Landrecht für die preußischen Staaten, 5. Bd. Erfurt 1827

Blasius, Dirk: Ehescheidung in Deutschland 1794-1945. Scheidung und Scheidungsrecht in historischer Perspektive, Göttingen 1987

– Reform gegen die Frau: Das preußische Scheidungsrecht im frühen 19. Jahrhundert, in: U. Gerhard (Hrsg.), Frauen in der Geschichte des Rechts, München 1997 S. 659-669 (zit.: Blasius, Reform)

Böhmer, Justus Henning: Doctrina de actionibus ad praxin hodiernam accomodata, 8. Aufl. Frankfurt a. M. 1745

Bornemann, Wilhelm: Systematische Darstellung des Preußischen Civilrechts mit Benutzung der Materialien des Allgemeinen Landrechts, 1. Bd. 2. Aufl. Berlin 1842, 5. Bd. 2. Aufl. Berlin 1845 (zit.: Bornemann I bzw. V)

Buchholz, Stephan: Savignys Stellungnahme zum Ehe- und Familienrecht (Ius commune Bd. VIII), Frankfurt a. M. 1979

– Eherecht zwischen Staat und Kirche. Preußische Reformversuche in den Jahren 1854-1861 (Ius commune Sonderhefte Texte und Monographien 15), Frankfurt a. M. 1981

– Preußische Eherechtsreform im Vormärz (1830-1848) (Ius commune Sonderhefte Texte und Monographien 15), Frankfurt a. M. 1981

– Recht, Religion und Ehe. Orientierungswandel und gelehrte Kontroversen im Übergang vom 17. zum 18. Jahrhundert (Ius commune Sonderhefte Studien zur Europäischen Rechtsgeschichte 36), Frankfurt a. M. 1988

Buchka, Gerhard v.: Das mecklenburgische Ehescheidungsrecht in seinem Verhältnis zur protestantischen Eherechtswissenschaft und zur Judikatur des Reichsgerichts, Wismar 1885

– Vergleichende Darstellung des Bürgerlichen Gesetzbuches für das Deutsche Reich und des Gemeinen Rechts, 2. Aufl. Berlin 1898

Coing, Helmut: Grundzüge der Rechtsphilosophie, 2. Aufl. Berlin 1969

Czeguhn, Ignacio: Das Gesetz zur Verhütung erbkranken Nachwuchses und seine Umsetzung vor den Gerichten, in: I. Czeguhn, E. Hilgendorf, J. Weitzel (Hrsg.), Eugenik und Euthanasie 1850-1945, Baden-Baden 2009 S. 147-159

Dernburg, Heinrich: Lehrbuch des Preußischen Privatrechts und der Privatrechtsnormen des Reichs, 3. Bd. Halle 1880

Dieterich, Hartwig: Das protestantische Eherecht in Deutschland bis zur Mitte des 17. Jahrhunderts, München 1970

Dilcher, Gerhard: Ehescheidung und Säkularisation, in: G. Dilcher, I. Staff (Hrsg.), Christentum und modernes Recht, Frankfurt a. M. 1984 S. 304-359

Dilthey, Wilhelm: Das Allgemeine Landrecht, in: Gesammelte Schriften XII. Bd., Leipzig/Berlin 1936 S. 131-204

Döhring,Erich: Geschichte der deutschen Rechtspflege seit 1500, Berlin 1953

Dölemeyer, Barbara: Frau und Familie im Privatrecht des 19. Jahrhunderts, in: U. Gerhard (Hrsg), Frauen in der Geschichte des Rechts, München 1997 S. 633-658.

Doerk, Eduard Moritz: Beitrag zur Vermittelung der Meinungen über die Preußische Eherechtsreform, Eisleben 1843

Dove, Richard W./Sehling, Emil: Scheidungsrecht, in: RE 21, S. 858-895

Droysen, Johann Gustav: Geschichte der preußischen Politik, 2. Teil, Die territoriale Zeit, Leipzig 1859

Duncker, Arne: Gleichheit und Ungleichheit in der Ehe, Köln/Weimar/ Wien 2003

Ebel, Friedrich/Thielmann, Georg: Rechtsgeschichte, Von der Römischen Antike bis zur Neuzeit, 3. Aufl. Heidelberg 2003

Eisenhardt, Ulrich: Deutsche Rechtsgeschichte, München 1995

Elert, Werner: Eine Richtigstellung zur Geschichte des evangelischen Ehescheidungsrechts, in: Neue kirchliche Zeitschrift XXXVIII. Jahrgang, Leipzig 1927, S. 522-548

Erle, Manfred: Die Ehe im Naturrecht des 17. Jahrhunderts, Göttingen 1952

Erler, Julius: Ehescheidungsrecht und Ehescheidungsprozeß einschließlich Ehenichtigkeit und Eheungültigkeit im Geltungsgebiet des Preußischen Landrechts, Berlin 1893

Förster, Franz/ Eccius, M.E.: Theorie und Praxis des heutigen gemeinen preußischen Privatrechts, 4. Bd. 5. Aufl. Berlin 1888

Forsthoff, Ernst: Deutsche Verfassungsgeschichte der Neuzeit, 4. Aufl. Stuttgart 1972

Friedberg, Emil: Beiträge zur Geschichte des Brandenburgisch-Preußischen Ehrechts, in: Zeitschrift für Kirchenrecht VII. Jahrgang, Tübingen 1867, S. 56-127

– Lehrbuch des katholischen und evangelischen Kirchenrechts, 4.Aufl. Leipzig 1895

Gerlach, Ernst Ludwig von: Über die heutige Gestalt des Eherechts, Berlin 1833

Gierke, Otto von: Der Entwurf eines bürgerlichen Gesetzbuchs und das deutsche Recht, Leipzig 1889

Gitzler, Ludwig: Handbuch des gemeinen und Preußischen Eherechts, Breslau 1840

Hartitzsch, Adolf Carl Heinrich von: Handbuch des in Deutschland geltenden Eherechts. Mit besonderer Angabe des Sächsischen und Preußischen Rechts, Leipzig 1828

Hattenhauer, Hans (Hrsg.): Das Allgemeine Landrecht für die Preußischen Staaten von 1794, 3. Aufl. Neuwied 1996

Hauser, Hugo: Die geistigen Grundlagen des Eherechts an der Wende des 18. zum 19. Jahrhundert, Philippsburg 1940

Heilfron, Eduard: Römische Rechtsgeschichte. Civilprozeß. Konkurs, 4. Aufl. Berlin 1900

–Deutsche Rechtsgeschichte. Staatsrecht. Kirchenrecht, 6. Aufl. Berlin 1905

– Römisches Recht als Grundlage des heutigen Rechts, Mannheim/Berlin/Leipzig 1920

Heller, Hermann: Staatslehre, Leiden 1934

Hesse, Hans Gert: Evangelisches Ehescheidungsrecht in Deutschland, Bonn 1960

Heussi, Karl: Kompendium der Kirchengeschichte, 13. Aufl. Tübingen 1971

Hinschius, Paul: Entscheidungen des Königlichen Obertribunals, in: Zeitschrift für Gesetzgebung und Rechtspflege in Preussen (Behrends Zeitschrift), 3. Bd. S. 562-578

– Svarez, der Schöpfer des preußischen Landrechts und der Entwurf eines bürgerlichen Gesetzbuchs für das Deutsche Reich, Berlin 1889

Hintze, Otto: Die Hohenzollern und ihr Werk, 4. Aufl. Berlin 1915

Hoffmeister, Johannes: Wörterbuch der philosophischen Begriffe, 2. Aufl. Hamburg 1955 [die rechtsphilosophischen Beiträge von K. Larenz]

Holtze, Friedrich: Geschichte der Stadt Berlin (Tübinger Studien für Schwäbische und Deutsche Rechtsgeschichte 1. Bd. 3. Heft), Tübingen 1906

Horn, Adam: Immanuel Kants ethisch-rechtliche Eheauffassung, Düsseldorf 1936 (Nachdruck Würzburg 1991)

Hubrich, Eduard: Das Recht der Ehescheidung in Deutschland, Berlin 1891

Hundrich, Ludwig: Über Ehen und Scheidungen in älterer und neuerer Zeit mit Hinsicht auf die neue Preußische Gesetzgebung, Breslau 1855

Jacobson, Heinrich Friedrich: Das evangelische Kirchenrecht des preußischen Staates und seiner Provinzen, Halle 1866

Karst, Thomas: Der Einfluss von Carl Gottlieb Svarez auf die preußische Gesetzgebung, in: SZ germ. Abteilung 120, Köln/Weimar/Wien 2003, S. 180-199

Kaser, Max/Knütel, Rolf/Lohsse, Sebastian: Römisches Privatrecht, 21. Aufl. München 2017

Kawerau, Gustav: Sarcerius, in: RE 17, 482-486

Koch, Christian Friedrich: Allgemeines Landrecht für die Preußischen Staaten, Zweiter Theil, Erster Band, Erste Abtheilung, 4. Aufl. Berlin 1871

Kolde, Theodor: Cranmer, in: RE 4, 317-329

Koser, Reinhold: Geschichte Friedrichs des Großen, 2. Bd. 6. Aufl. Stuttgart/ Berlin 1925 (Nachdruck Darmstadt 1963)

Kraus, Hans-Christof: Ernst Ludwig von Gerlach. Politisches Denken und Handeln eines preußischen Altkonservativen, 1. und 2. Teilband, Göttingen 1994 (zit.: Kraus I bzw. II)

Kulischer, Josef: Allgemeine Wirtschaftsgeschichte des Mittelalters und der Neuzeit, 2. Bd.: Die Neuzeit, München 1928 (Nachdruck Darmstadt 1958)

Kunisch, Johannes: Friedrich der Große. Der König und seine Zeit, 3. Aufl. München 2005

Larenz, Karl: Methodenlehre der Rechtswissenschaft, 2. Aufl. Berlin/ Heidelberg/ New York 1969

Lüke, Gerhard: Die persönlichen Ehewirkungen und die Scheidungsgründe nach dem neuen Ehe- und Familienrecht, in: W. J. Habscheid, H. F. Gaul, P. Mikat (Hrsg.), Festschrift für Friedrich Wilhelm Bosch, Bielefeld 1976 S. 627-643

Luthard, Chr. Ernst: Kompendium der Dogmatik, 10. Aufl. Leipzig 1900

Masur, Gerhard: Friedrich Julius Stahl. Aufstieg und Entfaltung, Berlin 1930

Mejer, Otto: Zum Kirchenrechte des Reformationsjahrhunderts, Hannover 1891

Menger, Anton: Das bürgerliche Recht und die besitzlosen Volksklassen, 4. Aufl. Tübingen 1908 (Nachdruck Darmstadt 1968)

Merckel, Johann Christoph: Commentar zum allgemeinen Landrecht für die Preußischen Staaten, 2. Theil 2. Aufl. Breslau/ Leipzig 1812

Mikat, Paul: Rechtsgeschichtliche und rechtspolitische Erwägungen zum Zerrüttungsprinzip, in: ders., Religionsrechtliche Schriften 2. Halbband, Berlin 1974 S. 915-1011 (zit.: Mikat Zerrüttungsprinzip)

– Zur Bedeutung Friedrich Carl von Savignys für die Entwicklung des deutschen Scheidungsrechts im 19. Jahrhundert, in: W. J. Habscheid, H. F. Gaul, P. Mikat (Hrsg.): Festschrift für Friedrich Wilhelm Bosch, Bielefeld 1976 S. 671-697

Mitteis, Heinrich: Vom Lebenswert der Rechtsgeschichte, Weimar 1947

Mitteis, Heinrich/ Lieberich, Heinz: Deutsches Privatrecht, 8. Aufl. München 1978

Möller, Cosima: Das römische Recht in der Rechtsprechung des Reichsgerichts, in: B.-R. Kern, A. Schmidt-Recla (Hrsg.), 125 Jahre Reichsgericht, Berlin 2006 S. 109-123

Molitor, Erich: Grundzüge der neueren Privatrechtsgeschichte, Karlsruhe 1949

Müller-Kabisch, Simon: Die Kündigung bei societas und locatio conductio rei, Baden-Baden 2011 (Diss. Berlin FU 2011)

Mund, Wiebke: Das preußische Ehescheidungsrecht in der Judikatur des Berliner Obertribunals von 1835 bis 1879, Frankfurt a. M. 2008 (Diss. Kiel 2008)

Neue Deutsche Biographie. Herausgegeben von der Historischen Kommission bei der Bayerischen Akademie der Wissenschaften, Berlin 1953 ff. (zit.: NDB [Bd., S.])

Pätzold, Erwin: Johann Casimir von Carmer, in: 200 Jahre Dienst am Recht, Berlin 1938 S. 331-336

Peters, W.: Die Ehescheidung und die Ungültigkeits- oder Nichtigkeits-Erklärung der Ehe im Geltungsbereiche des Preußischen Allgemeinen Landrechts, Berlin 1881

Püttmann, Hermann: Über die Reform der Preußischen Ehegesetze, in: Deutsches Bürgerbuch für 1845, Darmstadt 1845 S. 313-325

Realencyklopädie für protestantische Theologie und Kirche, 3. Aufl. hrsg. v. A. Hauck, Leipzig 1896 ff. (Nachdruck Graz 1969 ff.) (zit.: RE [Bd. S.])

Rehbein, H./ Reincke O.: Allgemeines Landrecht für die Preußischen Staaten mit Erläuterungen, Berlin 1882

Richter, Aemilius Ludwig: Beiträge zur Geschichte des Ehescheidungsrechts in der evangelischen Kirche, Berlin 1858

– Lehrbuch des katholischen und evangelischen Kirchenrechts, 8. Aufl., Leipzig 1886

Rönne, Ludwig von: Ergänzungen und Erläuterungen des Allgemeinen Landrechts für die Preußischen Staaten durch Gesetzgebung und Wissenschaft, 3. Bd. 7. Aufl. Berlin 1888

Rommen, Heinrich: Die ewige Wiederkehr des Naturrechts, 2. Aufl. München 1947

Roscher, Wilhelm: Grundlagen der Nationalökonomie, 24. Aufl. Stuttgart/ Berlin 1906

Salzer, Ernst: Zwei Briefe Savignys an Stahl, in: Konservative Monatsschrift 70. Jahrgang Heft 4, Berlin 1913 S. 346-349

Savigny, Friedrich Carl v.: Vom Beruf unserer Zeit für Gesetzgebung und Rechtswissenschaft [1814], in: J. Stern (Hrsg.), Thibaut und Savigny. Ein programmatischer Rechtsstreit auf Grund ihrer Schriften, Berlin 1914 (Nachdruck Darmstadt 1959) S. 69-166

– System des heutigen Römischen Rechts, 1. Bd. Berlin 1840

Scheurl, Adolf v.: Luther über die Ehescheidung, in: ders., Sammlung kirchenrechtlicher Abhandlungen, Vierthe Abtheilung, Erlangen 1873, S. 463-500

– Das gemeine deutsche Eherecht, Erlangen 1882

Schieder, Theodor: Friedrich der Große. Ein Königtum der Widersprüche, Berlin/Wien 1983

Schmidt, Eberhard: Rechtsentwicklung in Preußen, 2. Aufl. Berlin 1929 (Nachdruck Darmstadt 1961)

Schnabel, Franz: Deutsche Geschichte im neunzehnten Jahrhundert, 4. Bd., Die religiösen Kräfte, 2. Aufl. Freiburg i.B. 1951

Schönfeld, Walther: Grundlegung der Rechtswissenschaft, Stuttgart/Köln 1951

Schoeps, Hans-Joachim: Blankenburg Henning Karl Moritz v., in: NDB Bd. 2 S. 285 f.

– Das andere Preußen, 3. Aufl. Berlin 1964

Schreuer, Hans: Deutsches Privatrecht, Stuttgart 1921

Schubert, Werner: Die preußischen Regierungsintiativen zur Reform des Ehescheidungs- und Eheschließungsrechts in der Nachmärzzeit (1854-1861), in: SZ Kan. Abt. LXX, Wien/ Köln/ Graz 1984 S. 301-338

Schwab, Dieter: Grundlagen und Gestalt der staatlichen Ehegesetzgebung in der Neuzeit bis zum Beginn des 19. Jahrhunderts, Bielefeld 1967

Schwennicke, Andreas: Die Entstehung der Einleitung des Preußischen Allgemeinen Landrechts von 1794, Frankfurt a. M. 1993

Sohm, Rudolph: Kirchenrecht, 1.Bd. Die geschichtlichen Grundlagen, Leipzig 1892 (Neudruck München/Leipzig 1923)

–Kirchengeschichte im Grundriß, 7. Aufl. Leipzig 1892

Sprengler-Ruppenthal, Anneliese: Zur Rezeption des römischen Rechts im Eherecht der Reformatoren, in: SZ kan. Abteilung LXVIII, Wien/ Köln/Graz 1982, S.363-418

Stahl, Friedrich Julius: Die Philosophie des Rechts, 1. Bd.: Geschichte der Rechtsphilosophie, 2. Bd. Rechts- und Staatslehre auf der Grundlage christlicher Weltanschauung, 1. Abt.: Die allgemeinen Lehren und das Privatrecht, 5. Aufl. Tübingen 1878 (Nachdruck Darmstadt 1963) (zit.: Stahl Rechtsphilosophie I bzw. II 1)

– Die gegenwärtigen Parteien in Staat und Kirche, Berlin 1863

Stammler, Rudolf: Deutsches Rechtsleben in alter und neuer Zeit, 2. Bd.: Deutsches Rechtsleben während des 19. Jahrhunderts, München 1932

Stölzel, Adolf: Zur Geschichte des Ehescheidungsrechts, in: Zeitschrift für Kirchenrecht XVIII., Jahrgang, Freiburg i.B./ Tübingen 1883 S. 1-53

– Carl Gottlieb Svarez. Ein Zeitbild aus der zweiten Hälfte des achtzehnten Jahrhunderts, Berlin 1885

– Brandenburg-Preußens Rechtsverwaltung und Rechtsverfassung, 2. Bd. Berlin 1888

– Über die Fassung der landesrechtlichen Urtheile auf Scheidung wegen Ehebruchs, in: Gruchot 21, 321-346

Strauch, Dieter: Friedrich Carl v. Savignys Landrechtsvorlesung vom Sommer 1824, in: Staat Recht Kultur, Festgabe für Ernst von Hippel zu seinem 70. Geburtstag, Bonn 1965 S. 245-261

Stutz, Ulrich: Hinschius Paul H., in: ADB 50, 344-360

Taeger, Angela: „Im Familienglück lebt die Vaterlandsliebe". Dynamik und rechtliche Rahmung der Ehe in Preußen des 19. Jahrhunderts, in: J. Wolff (Hrsg.), Das Preußische Allgemeine Landrecht. Politische, rechtliche und soziale Wechsel- und Fortwirkungen, Heidelberg 1995

Teichmann, Albert: Grolmann Karl Ludwig Wilhelm v., in: ADB 9, 713 f.

– Hasse Johann Christian H., in ADB 10, 759

Thieme, Hans: Die preußische Kodifikation, in: SZ Germ. Abt. 57. Bd. Weimar 1937 S. 355-428

Treitschke, Heinrich von: Deutsche Geschichte im neunzehnten Jahrhundert, 5. Teil: Bis zur März-Revolution, 5. Aufl. Leipzig 1908

Trendelenburg, Adolf: Friederich der Große und sein Großkanzler Samuel von Cocceji. Beitrag zur Geschichte der ersten Justizreform und des Naturrechts, Berlin 1863

Treue, Wilhelm: Wirtschaftsgeschichte der Neuzeit, 2. Aufl. Stuttgart 1966

Triepel, Heinrich: Vom Stil des Rechts, Heidelberg 1947

Voltelini, Hans von: Die naturrechtlichen Lehren und die Reformen des 18. Jahrhunderts, in: Historische Zeitschrift 105. Bd. München/Berlin 1910 S. 65-104

Weil, Carl: Practische Bemerkungen zur Preußischen Ehescheidungs-Gesetzgebung, Erste Abtheilung: Das materielle Recht, Berlin 1859

Wieacker, Franz: Privatrechtsgeschichte der Neuzeit, 2. Aufl. Göttingen 1967

Wiegand, Friedrich: Dogmengeschichte III: Geschichte des Dogmas im Protestantismus, Berlin/Leipzig 1929

Wiegand, Wilhelm: Friedrich der Große, Bielefeld/ Leipzig 1902

Wiese, Georg von: Grundsätze des gemeinen in Teutschland üblichen Kirchenrechts, 5. Aufl. Göttingen 1826

Windscheid, Bernhard: Lehrbuch des Pandektenrechts, 2. Bd. 4. Aufl. Düsseldorf 1875

Wolf, Erik: Große Rechtsdenker der deutschen Geistesgeschichte, 3. Aufl. Tübingen 1951

Wolff, Paul: Teller Wilhelm Abraham, in: RE 19, 475-481

Zachariae von Lingenthal, Karl Eduard: Geschichte des griechisch-römischen Rechts, 3. Aufl. Berlin 1892 (Nachdruck Aalen 1955)

Anonyme Streitschriften der Jahre 1842 und 1843:

Das Ehegesetz in seiner historischen mit der Vernunft übereinstimmenden Bedeutung, Berlin 1842

Die Preußische Eherechts-Reform, Berlin 1842

Die Sitte ist besser als das Gesetz, Berlin 1842

Was Gott nicht zusammengefügt hat, das darf der Mensch scheiden! oder Stimmen über das Ehescheidungs-Recht, Berlin 1843

Der Ehescheidungsentwurf vom Juli 1842 nach seinem religiösen, gesellschaftlichen und juristischen Standpunkt betrachtet, Breslau 1843

Beleuchtung der preußischen Eherechts-Reform, Frankfurt a. d. O. 1843

Quellenverzeichnis

Archiv für Entscheidungen der obersten Gerichte in den deutschen Staaten, hrsg. von J.A. Seuffert, München 1847 ff. (zit.: SeuffA, Bd., Nr.)

Archiv für Rechtsfälle aus der Praxis der Rechts-Anwälte des Königlichen Obertribunals, redigiert von Theodor Striethorst, Berlin 1851 ff. (zit.: StriethA, Bd., S.)

Blätter für Rechtsanwendung zunächst in Bayern, hrsg. von J.A. Seuffert und C.C. Glück, Erlangen 1836 ff. (zit.: SeuffBl, Bd., S.)

Bolze, A. (Hrsg.), Die Praxis des Reichsgerichts in Civilsachen, Leipzig 1886 ff. (zit.: Bolze, Bd., S., Nr.)

Gerlach, Ernst Ludwig von, Aufzeichnungen aus seinem Leben und Wirken 1795-1877, 1. Bd. 1795-1848, hrsg. von J. v. Gerlach, Schwerin 1903

Aus dem Nachlaß von Ernst Ludwig von Gerlach, in: Von der Revolution zum Norddeutschen Bund, Politik und Ideengut der preußischen Hochkonservativen, hrsg. von H. Diwald, Erster Teil Tagebuch 1848-1866, Zweiter Teil Briefe, Denkschriften, Aufzeichnungen, Göttingen 1970

Entscheidungen des Königlichen Geheimen Ober-Tribunals, Berlin 1837 ff. (zit.: ObTribE, Bd., S.)

Gesetzrevision (1825-1848), II. Abteilung: Öffentliches Recht, Zivilrecht und Zivilprozeßrecht,

Bd. 5 Familienrecht I 1. Halbband (Hrsg. W. Schubert), Vaduz 1985 (zit.: GesRev 1, S.)

Bd. 6 Familienrecht II Halbband 1 (Hrsg. W. Schubert), Vaduz 1987 (zit.: GesRev 2, S.)

Bd. 6 Familienrecht II Halbband 2 (Hrsg. W. Schubert), Vaduz 1987 (zit.: GesRev 3, S.)

J.A. Gruchot (Hrsg.), Beiträge zur Erläuterung des Preußischen Rechts durch Theorie und Praxis, Hamm 1857-1871

J.A. Gruchot (Hrsg.), Beiträge zur Erläuterung des Deutschen Rechts, in besonderer Beziehung auf das Preußische Recht, Berlin 1872 ff. (zit.: Gruchot, Bd., S.)

Jahrbücher für die Preußische Gesetzgebung, Rechtswissenschaft und Rechtsverwaltung, hrsg. im Auftrage des Königl. Justiz-Ministeriums, Berlin 1814 ff. (zit.: Kamptz' Jahrbücher, Bd., S.)

Juristische Wochenschrift für die Preußischen Staaten, Berlin 1835-1848 (zit.: JW, Jahrg., S.)

Juristische Wochenschrift. Organ des deutschen Anwalt-Vereins, Berlin 1872 ff. (zit.: JW, Jahrg., S., Nr.)

D. Martin Luthers Werke, Kritische Gesamtausgabe (Weimarer Ausgabe), Weimar 1883 ff. (Nachdruck Graz 1964 ff.) (zit.: WA, Bd. S.)

Materialien zur preußischen Eherechtsreform im Vormärz, hrsg. von H. Liermann und H.J. Schoeps. Nachrichten der Akademie der Wissenschaften in Göttingen I. Philologisch- historische Klasse, Jahrgang 1961 Nr. 14, Göttingen 1961

Die gesamten Materialien zu den Reichs-Justizgesetzen, hrsg. von C. Hahn. Zweiter Band Materialien zur Civilprozeßordnung, 2. Aufl. Berlin 1881

Motive zu dem Entwurfe eines Bürgerlichen Gesetzbuches für das Deutsche Reich, Band IV Familienrecht, Berlin/ Leipzig 1888 (zit.: Mot. IV, S.)

Die Präjudizien des Geheimen Obertribunals, seit ihrer Einführung im Jahre 1832 bis zum Schlusse des Jahres 1848, Berlin 1849 (zit.: Präj. Nr. [Sammlung S.])

Protokolle der Kommission für die zweite Lesung des Entwurfs des Bürgerlichen Gesetzbuchs, Band IV Familienrecht, Berlin 1897 (zit.: Prot. IV, S.)

Richter, Aemilius Ludwig (Hrsg.), Die evangelischen Kirchenordnungen des sechszehnten Jahrhunderts, 1. Bd.: Vom Anfang der Reformation bis zur Begründung der Consistorialverfassung im Jahre 1542; 2. Bd.: Vom Jahre 1542 bis zum Ende des sechszehnten Jahrhunderts, Weimar 1846 (Nachdruck Nieuwkoop 1967) (zit.: Richter Sammlung I bzw. II, S.)

Savigny, Friedrich Carl von, Darstellung der in den Preußischen Gesetzen über die Ehescheidung unternommenen Reform, in: ders., Vermischte Schriften 5. Bd., Berlin 1850 S. 222-414 (zit.: Savigny Darstellung, S.)

Stahl, Friedrich Julius, Siebzehn parlamentarische Reden und drei Vorträge, Berlin 1862

Stenographische Berichte über die Verhandlungen der beiden Häuser des Landtages:

Erste Kammer bzw. Herrenhaus, Berlin 1849 ff. (zit.: Sten. Ber. Herrenhaus, Session, Bd. S.)

Zweite Kammer bzw. Haus der Abgeordneten, Berlin 1849 ff. (zit.: Sten. Ber. Abg.-Haus, Session, Bd., S.)

Stenographische Berichte über die Verhandlungen des Reichstags, Berlin 1871 ff. (zit.: Sten. Ber. Reichstag, Session, Bd., S.)

Svarez, Carl Gottlieb; Entwurf eines allgemeinen Gesetzbuchs für die Preußischen Staaten, hrsg. von P. Krause, Erster Teil, Erste Abteilung, Sstuttgart-Bad Cannstatt 1996

– Die Kronprinzenvorlesungen 1791/92, hrsg. von P. Krause, Zweiter Teil: Das positive preußische Recht, Stuttgart-Bad Cannstatt 2000

– Vorträge über Recht und Staat, hrsg. von H. Conrad und G. Kleinheyer, Köln/Opladen 1960

Verhandlungen des Zwanzigsten Deutschen Juristentages, Zweiter Band (Gutachten), Berlin 1889

Kolibri 360 GmbH
Ferdinand-Jühlke-Straße 7
99095 Erfurt, Deutschland
produktsicherheit@kolibri360.de